KB171275

학교에서의
DSM-5® 진단

Renée M. Tobin, Alvin E. House 지음 | 강진령 옮김

Σ 시그마프레스

학교에서의 **DSM-5**® 진단

발행일 | 2017년 3월 20일 1쇄 발행

저자 | Renée M. Tobin, Alvin E. House
역자 | 강진령
발행인 | 강학경
발행처 | ㈜시그마프레스
디자인 | 송현주
편 집 | 김은실

등록번호 | 제10-2642호
주소 | 서울특별시 영등포구 양평로 22길 21 선유도코오롱디지털타워 A401~403호
전자우편 | sigma@spress.co.kr
홈페이지 | http://www.sigmapress.co.kr
전화 | (02)323-4845, (02)2062-5184~8
팩스 | (02)323-4197

ISBN | 978-89-6866-916-3

DSM-5® Diagnosis in the Schools

* 책값은 뒤표지에 있습니다.
* 이 도서의 국립중앙도서관 출판예정도서목록(CIP)은 서지정보유통지원시스템 홈페이지
 (http://seoji.nl.go.kr)와 국가자료공동목록시스템(http://www.nl.go.kr/kolisnet)에서
 이용하실 수 있습니다.(CIP제어번호 : CIP2017005599)

역자 서문

정신건강은 개인의 행복한 삶에 중요한 요소다. 어린 시절의 정신건강은 성인기·노년기로 이어질 수 있다는 점에서, 그 중요성은 아무리 강조해도 지나침이 없다. 1952년 DSM-I이라는 이름으로 모습을 드러낸 이래, 더욱 정교하고 세련된 정신건강 진단도구로 다듬어진 DSM-5는 전 세계적으로 아동·청소년들이 겪고 있는 어려움에 대해 보다 완전하고 정확한 정보 수집을 위한 언어로 사용 가능한 유용한 도구로 발돋움하였다. 이 편람은 정신의학뿐 아니라 학교 장면에서도 정신건강 전문가들의 직업적 의무의 중요한 일부로 자리매김해왔다.

그럼에도 엄청난 분량과 복잡성으로 인해, 이 편람의 사용은 그리 쉽지 않다. 게다가 의학용어에 대한 부담감은 신규 사용자들에게는 적잖은 혼란과 좌절의 원인이 되고 있다. 이러한 상황에서 DSM-5 언어를 쉽게 풀어 쓴 '학교에서의 DSM-5 진단'의 출간은 초·중등학교 학생들을 대상으로 정신건강 서비스를 제공하는 전문가들에게는 희소식이 아닐 수 없다. 이 책에서는 아동·청소년 진단 관련 쟁점과 DSM-5 진단체계에 관한 개요를 시작으로, 아동·청소년의 주요 호소문제 평가를 위한 가이드라인을 제시하는 한편, 학교 장면에 DSM-5 적용에 있어서의 쟁점까지를 망라하고 있다.

오랫동안 아동·청소년들의 곁에서 이들의 정신건강을 돌봐온 이 책의 저자들은 자신들의 지식과 임상경험을 기반으로, DSM-5를 학교 장면에 적용할 때 유념해야 할 사안에 대해 비교적 소상하게 설명하고 있다. 저자들의 친절한 설명 외에, 역자는 독자들의 이해를 돕기 위해 추가 설명이 필요한 경우에 역자 주를 소괄호로 묶어서 본문에 삽입해 놓았다. 또한 DSM-5 텍스트의 내용을 인용하는 경우, 인용된 페이지 수는 번역본을 사용하는 독자들의 편의성을 높이기 위해 원서와 번역서의 것들을 병기하였다. 예를 들면, DSM-5 원서의 내용은 12쪽에 있고, 번역서에는 34쪽에 있다면, 인용 내용의 끝에 '(p. 12/34)'로 표기하였다.

끝으로, 이 책의 번역 기회를 제공해 주신 (주)시그마프레스 강학경 사장님께 깊이 감사드린다. 또한 깔끔하고 명쾌한 소통으로 멋진 역서가 나올 수 있도록 챙겨준 김갑성 차장님과 편집부의 김은실 차장님께 감사의 뜻을 전한다. 모쪼록 이 책이 학교 장면을 비롯해서 아동 · 청소년들을 위한 다양한 기관의 정신건강 전문가들을 위한 가이드 역할을 충실히 해서, 장차 이 땅의 귀한 아이들이 보다 행복하고 신명나는 삶을 영위할 수 있게 하는 데 일조할 수 있기를 바란다.

2017년 3월

차례

PART 2   호소문제 평가를 위한 지침

제13장 고도로 초점화된 증상패턴

제14장 물질관련 문제 및 기타 중독 행동

제15장 성격장애

제16장 추가 부호와 범주

PART 3 학교에서의 DSM-5 적용 : 쟁점과 논의

제17장 평가 윤리와 전문적 책임

제18장 사례기록 : 진단을 위한 데이터와 관련 문서

서론

이 책의 목적과 특징

이 책의 의도와 비의도

미국정신의학회(American Psychiatric Association, 2013b)의 **정신질환의 진단 및 통계편람 제5판(DSM-5)**의 효율적이고 정확한 사용은 다양한 임상, 재활 및 아동·청소년 서비스 기관에서 심리학자들의 직업적 의무에 필요한 일부가 되었다. 여러 가지 이유로, 이러한 발전은 공립학교로 확대되어 DSM-5로 진단적 결정을 내려야 하는 학교심리학자들에 대한 요구는 더욱 더 높아지고 있다. 유병률에 관한 연구에 의하면, 청소년의 1/5이 정신건강에 문제가 있다(Kessler et al., 2005, 2012). 이러한 결과와 일치하는 연구로, 돌(Doll, 1996)의 병인학적 연구에 따르면, "1,000명의 재학생이 있는 전형적인 학교의 경우, 180~200명의 학생들이 진단 가능한 정신의학적 장애가 있는 것으로 추산된다"(p. 29). 이 책은 학교기반 개업 임상가 또는 심리학자들이 DSM-5에 대해 좀 더 익숙해지도록 돕는 한편, 학교 장면에의 활용에 대한 자신감을 높여주기 위해 집필되었다. 그러나 DSM-5의 분량(806쪽 분량의 20개 장애군에 관한 장)과 분류체계의 복잡성(300개 이상의 진단)으로 인해, 이 편람의 사용은 그리 쉽지 않다. 체계의 구조와 신뢰성을 높이기 위해 채택된 규칙과 일부 집필방식은 신규사용자들에게는 편람의 복잡성을 더하게 되는 결과가 되었다. 이러한 조치들은 '의학적' 체계 사용에 대한 부담감과 결합되어 신규 사용자들에게는 적잖은 혼란과 좌절의 원인이 되고 있다. 우리는 이 책을 통해 독자들에게 DSM-5 체계에 대해 폭넓게 이해할 수 있는 기회를 제공하고자 한다(즉, ① DSM-5 체계가 시도하는 것은 무엇인가? ② 어떻게 조직되어 있는가? ③ 청소년 문제의 독특한 양상들을 가장 효과적으로 포착·소통하기 위한 방법은 무엇인가? 등).

DSM의 가장 최근 판의 표기방식이 바뀐 것은 흥미로운 일이다. 1952년에 출간된 DSM-I과 2013년에 출간된 현재의 DSM-5 사이에 출간되었던 판들은 로마숫자(II, III, III-R, IV, IV-TR)로 표기되었다. 그런데 현재 판은 아라비아 숫자로 바뀌었다. 변경 의도는 몇몇 연관된 인터넷 논의에서 분명히 밝혔듯이, 컴퓨터 소프트웨어 업데이트처럼 '미니개정'을 용이하게 하기 위함이다. 우리는 조만간 DSM-5.1을 볼 수 있을 것 같다. 이미 DSM-5의 전자버전과 인쇄본에서 주로 조판상의 사소한 변경사항이 있었다.

DSM은 몇 가지 관점에서 조망될 수 있다. 한 가지 방식은 마치 특정 주제(즉, 인간 존재의 흥망성쇠와 한계)에 관한 소통에 사용되는 언어처럼 생각하는 것이다. 진단을 잘하려면, 글을 잘 쓰는 것과 마찬가지로, 평가 대상인 청소년이 겪고 있는 어려움에 대한 완전하고 정확한 정보 수집을 위해 이 언어를 사용하는 것이다. 모든 언어가 그렇듯이, DSM은 인간의 상태와 우리가 존재하는 문화와 시간의 근원을 이해하는 기능이 있으며, 시간의 흐름에 따라 변하고 있다. 인간의 삶은 과거 수세기에 걸쳐 어떤 방식으로든 변해오고 있다. 이러한 변화와 함께 우리가 경험하는 문제도 변화하고 있다. 여러 다른 관점에서 볼 때, 인간의 경험은 여전히 우리의 조상들이 살던 시대의 것과 별 차이가 없다. 또한 이러한 많은 도전들은 시대가 바뀌어도 끊임없이 거듭되는 것 같다.

이 책은 DSM-5를 대신하고 있지는 않다. DSM-5를 활용하려는 심리학자라면, DSM-5 책이 필요할 것이다(전문가 메모 참조). DSM-5 활용에 관한 여러 다른 서적들이 시판 중에 있다. 이러한 서적들의 방대한 양의 글들은 주로 DSM 범주의 정의와 진단기준의 정리에 초점이 맞추어져 있다. 이러한 반복은 서적의 분량과 원가를 높이고 있을 뿐, 여전히 DSM-5를 대체할 정도는 되지 않는다. 이러한 서적들과는 달리, 이 책은 DSM-5의 범주를 반복하거나 다른 말로 바꾸어 기술하고 있지는 않다. 대신, 진단체계가 어떻게 구성되어야 하고, 이러한 구성이 주요 호소 문제뿐 아니라 독자들이 익숙해하는 다른 분류체계와 어떤 관련이 있는지를 보여 준다.

DSM-5의 활용에 관한 쟁점은 진단기준을 모두 암기해야 하는지에 관한 의문이다. 그동안 종전의 진단기준 암기를 돕는 다양한 방법들이 개발되었다. 예를 들면, 리브즈와 불런(Reeves & Bullen, 1995)은 DSM-IV 정신장애 또는 증후군 10가지(① 주요우울증, ② 조증, ③ 기분저하증, ④ 범불안장애, ⑤ 외상후 스트레스장애, ⑥ 공황발작, ⑦ 신경성 식욕부진증, ⑧ 신경성 폭식증, ⑨ 섬망, ⑩ 경계성 성격장애)에 대한 암기법을 출간했다. 이 방법이 유용할 수는 있겠지만, 우리는 진단기준의 암기를 권하지 않는다. 그 이유는 몇 가지가 있지만, 실용적 측면에서 보면 DSM-5의 진단범주와 기준 수가 너무 많다는 것이다. 아동에게서 흔히 나타나는 장애들에 대한 암기법 수십 가지를 배우려고 애쓰기보다는 **DSM-5 진단기준 탁상편람**(American Psychiatric Association, 2013a)을 활용하거나 독자적인 체크리스트를 개발하는 것이 훨씬 더 효율적일 것이다. DSM-5의 구조를 전반적으로 파악하는 데는 도움이 되겠지만, 전문심리학자에게 목록 암기의 유용성은 한계가 있다.

우리는 심리학자들의 업무수행 장소마다 DSM-5를 비치해둘 것을 권한다. 이 진단체계는 진단기준과 이와 연관된 특징을 직접 접하지 않고는 신뢰성 있고 정확하게 사용될 수 없다. 탁상편람(American Psychiatric Association, 2013a)은 특정 상황에서 유용한 정보자원이 될 수 있다. 이 작은 책에는 진단기준과 DSM-5 진단을 위한 **국제질병분류체계**(ICD-9-CM, ICD-10; World Health Organization, 1977, 1992, 1993)의 숫자부호가 수록되어 있다. 이 책은 휴대하기 간편하고, 평가가 진행되는 중에도 대충 훑어보기가 용이하다. 그러나 탁상편람은 진단에 대한 본문 내용과 관련된 진단적 특징이 생략되어 있다는 점을 명심해야 한다. 많은 진단적 결정, 특히 어려운 결정에 있어서 흔히 다양한 범주와 연관된 특징을 면밀히 고려해보는 일은 가장 경제적이면서도 완전한 진단에 중요하다. 만일 진단적 결정이 통보되어야 한다면, 이러한 정보는 반드시 검사자에게 제공되어야 한다. DSM-5는 진단이 필요한 장면에 비치되어 있어야 한다.

이 책의 집필방식 안내

서적의 분량 증가 및 많은 독자들의 접근성 결여를 초래한 DSM-5의 한 가지 특징
은 약어를 사용하지 않기로 한 저자들의 결정이다. 이 결정은 흔히 사용되는 용어
들에 대해서도 마찬가지다. 예를 들면, '주의력결핍 과잉행동장애'와 '외상후 스트
레스장애'는 본문에서 줄곧 사용되고 있다. 다른 많은 출판물에서는 이 용어가 일
단 사용되고 난 이후로는 'ADHD'와 'PTSD'로 표기될 것이다. 이러한 결정에는 장
단점이 있다. DSM-5 저자들은 진단적 글쓰기에서 흔히 결여될 수 있는 의사소통
의 명료성과 구체성 확보를 위해 노력해왔다. 이들은 독자들이 의미를 추론하게
하기보다는 아주 상세히 표현함으로써 자신들이 의미하는 바를 정확하게 전달하고
자 하였다. 'ADHD'는 정신건강 관련 문헌에서 자주 등장하는 용어로, 대부분의
DSM-5 잠재적 사용자들에게도 익숙할 것이다. 그렇지만 문헌상의 'ADHD'는 DSM-5
에서 정의하는 '주의력결핍 과잉행동장애'와 항상 그 의미가 같지는 않다. 저자들
은 의미하는 바를 명확히 기술함으로써, 발생 가능한 오해나 오역을 막고자 하였
다. DSM-IV-TR에서 '달리 명시되지 않는^{Not Otherwise Specified}'의 약어인 'NOS'의
사용조차 DSM-5에서는 폐지되었다. 대신, 각 장애 범주에 대해 전자의 명칭이 사
용되고 있다. 약어 사용의 지양은 간헐적인 DSM-5 사용자들에게는 본문에 나오는
약어의 해독을 위한 단서를 계속해서 찾아야 하는 수고를 덜 수 있다는 점에서 이
점이 될 수 있다. 따라서 우리도 이 책에서 장애의 전체 명칭을 사용하고 있다. 그
러나 이러한 명료성에 대한 대가는 본문이 다소 장황해지는 것으로, 간헐적인 독
자는 글을 읽다가 때로 길을 잃을 수 있다.

이 책에서 사용된 두 번째 집필방식은 DSM의 다양한 판들로부터의 진단적 독립
체들에 관한 것이다. DSM-5의 진단범주는 부연설명 없이 각 단어의 첫 글자가 대
문자로 표기되어 본문에 제시되어 있다. 예를 들면, DSM 이전 판에서 '품행장애'
진단범주는 항상 근거가 되는 판이 병기되었다[예, '품행장애(DSM-IV-TR)' 또는
'DSM-IV-TR의 품행장애']. 품행장애와 대부분의 다른 범주들의 정확한 정의는
DSM 다른 판들을 거치면서 개정되었다. 이렇게 개정된 많은 부분들은 미미한 정
도여서, 아마도 사용 또는 결과에 대해 거의 효과가 없었을 것이다. 그러나 그중에
는 개정된 범주로 확인된 인구에 대해 유의한 효과를 미친 변화들도 있었다(Tsai,

2014). 안타깝게도, 구체적인 문구나 진단기준의 개정이 어떤 영향을 미쳤는지는 후속연구에 의해 밝혀지기 전까지는 알 수 없다. 분명한 것은 진단범주의 적용에 대한 문구, 증상 기준, 또는 빈도수 기준의 개정 효과에 관한 많은 것들을 짐작하는 것은 그리 좋은 생각이 아닌 것 같다는 것이다. 현재 논의되고 있는 상황을 고려한다면, '품행장애'는 DSM-5에서 정의된 범주를 의미하고, '품행장애(DSM-IV-TR)'는 DSM-IV-TR의 본문에서 정의된 범주를 의미한다. 그리고 '품행장애'나 '품행문제'는 심리학 관련 문헌상에서 각 용어에 할당된 일반적인 의미를 지니고 있다.

세 번째 집필방식은 참고문헌에 관한 것이다. DSM-5(DSM의 이전 판 포함) 외에 특정 자료의 참고문헌은 미국심리학회(APA) 양식(저자, 출판연도, 쪽수 등)에 따른다. DSM 본문에 대한 참고문헌은 쪽수만 제시된다. 쪽수만 제시된 참고문헌은 DSM-5의 텍스트 버전을 의미하는 것으로 간주하면 된다(American Psychiatric Association, 2013b).

6가지 메모 유형과 목적

이 책에서는 독자들이 특정 쟁점에 주목하도록 다음과 같은 6가지 유형의 메모를 사용했다.

1. **'부호 메모'**는 아동·청소년 문제 분류를 위한 DSM-5 진단체계의 사용에 관한 것이다. 부호 메모 중에는 진단의 실제에 있어서의 흔한 오류를 확인함으로써 이를 피할 수 있게 하기 위한 것이 있는가 하면, DSM-5와 직접적인 관련은 없지만 심리진단의 폭넓은 활동과 관련된 보충자료를 제시하는 것이 있다.
2. **'적용 메모'**는 다른 전문가에 의해 내려진 진단의 해석과 제시된 정보의 완전한 이해를 돕기 위해 마련된 것이다. 적용 메모는 DSM-5의 집필방식뿐 아니라 의학보고서와 다른 전문가의 의사소통에서 흔히 사용되는 표현방식을 명료하게 하기 위한 노력의 일환이다. 정신의학적 진단은 매우 복잡한 현상(즉, 다른 사람들의 행위)을 요약·기술해 놓은 것이다. 분류에 있어서 법칙설정적 nomothetic 유사성의 유용성을 확보하기 위해 특정 분량의 개별기술적idiosyncratic 정보는 희생된다. 검사자들이 직면하게 되는 도전은 사용된 진단에 있어서

청소년의 가장 가치 있는 (유익한) 발현 증상의 특징에 관한 정보수집이다. 독자들에게 주어지는 도전은 개업 임상가들이 어떤 정보를 제공하는지를 가급적 충분히 이해하는 것이다. 적용 메모는 이러한 이해를 돕고자 한다.

3. '**전문가 메모**'는 "최적의 실행관련 권장사항, 즉 내담자에 대한 최고 수준의 전문적인 심리적 돌봄을 보장하려는 진단적 실행에 관한 제안들을 정리해 놓은 것이다. 내담자, 고용주, 동료들에 대해 최고의 서비스 제공을 보장하기 위한 노력은 개인적 책무에 대한 최상의 보호가 될 뿐 아니라, 개인적 만족과 전문적 자부심에 있어서 최고의 보상이 된다. 전문가 메모에는 만족할 만한 실행력 수준의 핵심요소와 모범적 수준의 전문적 돌봄에 관한 내용이 제시되어 있다.

4. '**IDEA 메모**'에는 장애인교육개선법Individuals with Disability Education Improvement Act(IDEA)과 수정조항 하에 DSM-5 진단과 특수교육 서비스 자격 분류 사이의 잠재적 관계에 관한 내용이 수록되어 있다. 아동들에 대한 서비스는 많은 개념적 · 분류적 체계의 맥락 내에서 제공된다. DSM-5와 다른 이해의 틀 사이의 상호관계 이해 — 이 경우, 미국 정부와의 관계 — 는 학교 및 아동 임상 심리학자들이 수행하는 정신건강 진단의 유용성을 크게 증진시킬 수 있다.

5. '**DSM-IV-TR 메모**'는 DSM 이전 판에 익숙한 사용자들에게 각 진단기준 세트의 변동사항을 신속하게 제공하기 위해 마련되었다. 이러한 정보를 메모 형태로 제시하는 이유는 특히 DSM을 처음 사용하는 독자들을 압도할 정도로 지나치게 상세하게 기술함으로써 불필요하게 본문의 가치를 떨어뜨리지 않도록 하기 위함이다.

6. '**저자 논평**'은 우리 관점에서의 의견이 제시된다. 책을 집필하는 특권이 있다면, 이는 관심 있는 쟁점에 대한 의견을 청중들에게 피력할 수 있다는 것이다. 동시에, 책임 있는 저술 작업에는 사실과 의견(또는 편견)의 분명한 경계를 짓는 선택이 요구된다. 독자들은 이 책의 진술에 대한 근거를 알 필요가 있다. 따라서 우리는 우리가 DSM-5의 내용을 제시하는 시점, 우리의 해석, 연구문헌의 제언, 그리고 우리의 전문적 의견과 경험을 명확히 밝히고 있다. 우리는 독자들과의 의견교환을 마다하지 않는다. 오히려 우리의 의견이 참작되기를 바란다. 그러나 이러한 논평은 DSM-5의 사용법을 가장 잘 이해할 수 있는 방법을 여러분들과 공유하기 위한 우리의 노력과는 다른 것이다.

1

진단적 쟁점과 DSM-5 사용

서론

DSM-5 사용법 습득을 위한 첫 과업은 정신건강 진단에 포함되어 있는 내용을 이해하는 것이다. DSM-5 분류체계의 대부분은 정신의학적 분류체계와 관련된 일반적인 쟁점과 DSM-5 저자들에 의해 제기된 쟁점들을 운용하는 구체적인 방식들로 구성되어 있다. 학교심리학자와 아동 임상심리학자들은 보통 대학원에서 이상행동 또는 발달적 정신병리 강좌를 통해 '의학적 모델'에 관한 일반적인 내용에 대해 알고 있다. 그러나 DSM-5의 관점에는 거의 한 세기 동안 인간문제 이해에 대한 특정 관점을 기술해온 노력이 반영되어 있다. 이러한 관점에 있어서 임상가들이 중추적인 역할을 담당하고 있다. 제2장에서는 진단과정의 기저 모델과 적용에 있어서 전문 검사자의 중요한 기여와 책임에 대해 탐색하고 있다. 제3장에서는 DSM 분류체계 모델과 이 체계에서 사용되는 중요한 구인^{constructs}에 대한 개관이 마련되어 있다. 제4장에서는 DSM-5 사용법의 학습과정에 대해 다루고 있다.

02

정신의학적 진단

학교심리학자들을 위한 쟁점

학교 과업으로서의 정신의학적 진단

학교 장면에서의 전통적인 교육적·심리적 측정은 인지능력과 학업성취에 대한 심리측정학적 평가와 함께 시작·발달되어 행동 적응과 성격에 대한 평가도 포함되었다. 평가 결과는 보통 표준점수를 동반하거나 동반하지 않은 상태로 기술적인 내러티브로 소통된다. 진단적 분류는 전형적으로 서비스 자격(예, '특수교육 자격')에 관한 진술과 자격 영역의 폭넓은 지정에 한정되었다(예, '정서 장해emotional disturbance'). 대부분의 학교심리학자들은 전문적 수준에서 DSM의 랜드마크인 DSM-III(American Psychiatric Association, 1980)의 출간에 대해 알고 있었겠지만, DSM-III만 하더라도 학교심리학자들의 전문적 활동 또는 일상 업무에 대해 직접적인 영향을 미치지는 못하였다. 그러나 DSM-III-R(American Psychiatric Association, 1987)이 출간되면서, 이러한 상황은 차츰 변화되었고, 학교 장면에서의 DSM 활용에 관한 출판물과 워크숍이 모습을 드러냈다. DSM-IV(American Psychiatric Association, 1994)는 미국 내 정신건강 서비스 제공에 있어서 광범위한 경제, 정치, 사회적 변화의 맥락에서 출간되었다. 많은 다른 효과들 중에서도 이러한 변화로 인해 증가 일로에 있던 학교심리학자들과 다른 아동 대상 개업 임상가들의 과업에 정신의학적 진단이 추가되었다.

아동의 행동·학습 문제에 대한 공식적인 의학적 진단에 관심을 집중시키는 원동력이 되고 있는 것은 여러 학군school districts에 영향이 미치고 있는 경제적 현실에 있어서의 변화다. 학군의 '사치품'이라는 비난에도 불구하고, 법에 규정된 자금지원이 없는 상태에서 제정된 계속적인 의무적 서비스에 관한 법률은 많은 학교에 재정적 부담을 안겨주었다. 이러한 상황과 함께 전통적인 세원tax sources으로부터의 학교재정 확보의 어려움은 더욱 심화되었다. 법으로 규정한 프로그램 운영비용 부담을 덜어주기 위한 대안적인 재정지원 방안 탐색은 특수교육 이면의 추가자금 제공에 대한 관심으로 이어졌다.

이러한 시도의 예로는 그레이스 나폴리카노Grace Napolitano 하원의원(캘리포니아주 민주당 소속)의 발의에 의해 공중보건서비스법Public Health Service Act에 대한 잠재적 수정조항으로, 2013학교정신보건법Mental Health in Schools Act of 2013(H.R. 628/S. 195)을 소개(및 위원회 상정)한 것이다. 이 법안에는 학교 정신건강 제공자와 서비스 증대를 위해 200만 달러(한화로 약 11억 7,650만 원－역자주)의 경쟁이 심한 지원금(각 학교에 최대 1억 달러) 지급을 제안하는 내용이 들어 있다. 총 85명의 하원위원과 65개 전문기관(미국상담학회, 미국심리학회, 미국학교심리학자협회 등)의 지지에도 불구하고, 이 법안은 가까운 시일 내에 통과될 것 같지 않아, 즉각적인 재정지원에 대한 요구는 계속될 것으로 보인다. 이러한 형태의 보조금 지원 프로그램 외의 재정지원 방법은 학교에서 제공되는 심리서비스에 대한 제3자 변제(즉, 상업적 보험과 정부의 건강보험) 가능성을 타진해보는 것이다.

이 시점에서 DSM은 이러한 그림에 들어가게 된다. 왜냐하면 정신의학적 진단의 다른 역할 중에서도 DSM은 변제결정에 있어서 확실히 보험회사와 정부기관의 일차적인 '취사선택' 기능을 하게 되기 때문이다. 만일 학군이 정신건강 서비스 변제에 접근할 수 있게 된다면, 자격을 갖춘 전문가가 적절한 DSM-5 분류와 이에 상응하는 ICD-9-CM(및 곧 ICD-10)의 보험심사를 위한 숫자부호를 결정할 필요가 있다. 이에 정신의학적 진단은 점차 학교심리학자들의 과업의 일부가 되었다. 진단적 분류에 대해 확대된 관심은 'School Psychology Review'(Power & DuPaul, 1996a)의 주제에 기여한 미니시리즈에서 찾을 수 있다. 이는 또한 2013년에 창간된 미국학교심리학자협회에서 출간하는 *Communiqué*에 실린 'DSM-5와 학교심리학'에 관한 일련의 논문에 반영되어 있다.

학교에서의 정신의학적 분류와 그 역할

심리측정은 인간의 행동과 적응의 이해 및 측정에의 많은 다른 접근들을 포함하는 폭넓은 과정이다. 정신건강 평가에 포함된 이러한 활동은 보통 학교심리학자들에 의해 전통적으로 사용되었던 평가절차와는 몇 가지 중요한 방식에 있어서 차이가 있다. 첫째, DSM은 범주적 분류체계를 대표한다. 즉, DSM의 사용 목적은 이 시점에서 청소년의 적응과 기능을 정확하게 반영하는 한 가지 또는 그 이상의 범주(들)에 도달하는 것이다. 분류 목적에는 치료 또는 다른 적절한 소인의 배정, 다른 전문가들과의 효율적인 소통, 그리고 프로그램 계획, 성과연구, 또는 기타 적용에 사용하기 위해 보관되는 통계기록이 포함될 수 있다.

추가로, 이 분류과정은 전적으로 개별 정신건강 전문가의 임상적 판단과 결정에 달려있다. 심리학자들은 DSM-5가 주로 의사들에 의해 작성된 문서이며, 일차적으로 의사의 사용을 위한 것임을 기억할 필요가 있다. 의학에서의 관점은 개업의가 적극적으로 관련 자료를 모으고, 그 자료를 평가하며, 작업 진단에 도달하고, 적절한 개입을 위해 진단에 따라 실행하는 것이다. 따라서 개업의에게 부여되는 상당한 정도의 권위와 책임은 많은 건강관련 전문직들의 전통적인 직무활동과는 다소 동떨어진 것이다. 심리학은 면밀한 입장 발달, 신중한 가설 설정, 그리고 합의에 의한 결정을 중시하는 학문적 전통에서 발달되어 왔다. 우리 중 한 사람이 메디컬센터의 임상심리학 인턴이었던 시절, 스태프들 가운데 수퍼바이저였던 한 정신과 의사는 심리학 인턴들과 정신과 레지던트들의 전형적인 구술발표에서 그가 관찰해 온 차이점을 지적했다. 인턴들은 데이터와 근거에 대해 조심스럽게 진술함으로써 최종적인 진단적 결론으로 이어지는 방식으로 소통하는 경향이 있는 반면, 레지던트들은 그들의 진단적 인상에 대한 진술로 시작하는 경향이 있었다. 만일 질문을 받는 경우에는 관찰과 근거와 함께 주장이 뒤따랐다. 이러한 결과는 전문가 훈련과 전통의 차이에 의한 것임을 이해하게 되었고, 의사들을 대하는 데 있어서 귀중한 교훈이 되었다. DSM-5 사용에 있어서 개업 임상가들의 판단과 결정이 보통 분류의 기초가 된다는 것을 인식할 필요가 있다.

내담자, 특히 아동들에 대한 범주적 진단분류의 사용에 있어서 고려되어야 할 중요한 쟁점들이 있지만, 대부분 여기서는 상세히 다루고 있지 않다. 이러한 주제의 개요를 대충 그려보는 것조차 이 책의 예상 분량을 초과하게 될 것이다. 프릭 외(Frick, Barry, & Kamphaus, 2009), 그리고 매시와 바클리(Mash & Barkley, 2009)는 청소년에게 있어서 정신의학적 증후군 진단과 분류와 관련된 많은 쟁점들에 관한 유익한 논의거리를 제시하고 있다. 일반적인 DSM의 접근(Kirk & Kutchins, 1992; Kutchins & Kirk, 1995)과 특히 DSM-5(Frances, 2013; Greenberg, 2013; Wakefield, 2013)에 대한 비판이 등장하였고, 다른 출판물들이 이어질 것이다. 이러한 중요한 관심은 아동기 행동문제를 이해·분류하기 위한 우리 노력의 긍정적 진화에 바람직하다.

그러나 이 책의 목적을 고려할 때, 분류를 위해 정신의학적 진단을 활용하기로 한 결정은 이미 내려진 것으로 볼 수 있다. 이 결정을 고려할 때, 의문점은 바로 이것이다. 즉, 가장 신뢰할 만하고, 정확하며, 유용한 결과를 산출하려면 DSM 분류체계는 어떻게 사용되어야 하는가? 이 책은 독자들이 적응상의 정서·행동·인지 장해의 이해·분류를 위한 접근의 주요 특징에 익숙해지도록 돕기 위해 집필되었다. 특히 우리는 현장에서 이 분류체계 활용에 대한 요구가 점차 증가하고 있는 학교심리학자들과 DSM을 주로 활용해야 하는 개업의들 사이의 오리엔테이션과 훈련에 있어서의 차이를 연결해주는 역할을 해왔다.

DSM-5 진단은 누가 할 수 있는가?

우리는 학교·임상·상담 심리학 전공 대학원생 강의시간, 그리고 교육전문가와 학교행정가 대상의 워크숍에서 다음과 같은 질문을 받아왔다. "누가 DSM으로 아동들을 진단할 수 있나요?" 우리의 첫 번째 스스럼없으면서 약간 장난끼 섞인 답변은 "원하는 사람은 누구나"였다. 이 답변은 청중들로 하여금 이 질문에 대해 좀 더 생각해보도록 자극하려는 의도가 있었다. 이들이 실제로 관심 있는 것은 "DSM을 적절하고 합법적·법적·윤리적으로 사용할 수 있는 사람은 누구인가?"라는 사실이다. 이 질문은 좀 더 생각해볼 필요가 있겠지만, 우리 의견으로는 아주 단도직

입적인 답변이 있다. 즉, 정신건강 진단을 내릴 수 있는 충분한 역량을 갖추고, 각 주의 법에 따라 그러한 행위를 할 수 있도록 법적으로 인정받은 전문가라면 할 수 있다. 굳이 DSM-5의 문구를 빌리면, "진단을 목적으로 DSM을 사용하려면, 임상 훈련과 경험이 요구된다"(p. 5/5*).

이러한 질문에 대해서는 실제로 고려해야 할 2가지 쟁점이 있다. 첫째, 정신건강 진단은 잠재적으로 내담자들에게 심각하고 지속적인 결과가 따르는 전문적 활동이다. 이 활동에 참여하고자 하는 사람은 가능한 최적의, 가장 책임 있는 방식으로 활동 수행에 적절한 준비와 훈련을 받았는지 확인할 책임이 있다. 전형적으로, 인간발달, 정신병리, 평가 등의 학과목이 포함된 전문적인 인간서비스 프로그램의 대학원 과정 훈련은 이에 필요한 훈련의 일부에 불과하다. DSM 같은 진단체계 활용에 관한 구체적인 학과목뿐 아니라 일선 기관에서 수퍼비전 하의 실습경험이 훈련과정에 포함되어야 한다. 이러한 준비과정에서 실습생들은 읽기와 논의를 완결 짓고, 경험이 풍부한 전문가의 수퍼비전 하에서 진단적 지각에 관한 질문과 피드백을 받을 기회를 가져야 한다. 둘째, 정신건강 진단은 미국 대부분의 주에서 법으로 제정된 활동이다. 전문가라면 자신의 서비스 수행을 관리·감독하는 관련 주법과 연방법에 대해 잘 알고 있어야 한다. 우리가 알고 있는 대부분의 주에서의 정신건강 진단은 면허를 취득한 정신건강 전문가들만이 할 수 있는 전문적 활동이다. 면허가 있고 법으로 규제를 받는 직업의 전문가 개개인은 자신이 전문적 역량의 범위 내에서, 그리고 자신이 속해 있는 주에서 전문직에 대해 설정한 경계 내에서 실행하고 있는지 확인해야 한다.

이러한 일반적인 답변은 또한 특별히 학교심리학자들에게도 적용된다. 맥브라이드 외(McBride, Willis, & Dumont, 2014)는 "우리는 DSM 진단이 대부분의 학교심리학자들의 역량 내에 있고, 숙련에 필수적인 훈련 수준이 이러한 장애들에 대한 적절한 치료 처방에 요구되는 훈련 수준보다 광범위하지 않다고 생각한다(p. 427)."고 썼다. 학교심리학자들 역시 발달적 정신병리와 이에 대한 평가, 진단, 그리고 치료에 숙달되어 있다. 진단에 있어서 흔히 학교심리학자들을 제한하는 것은 훈련을 받지 않아서가 아니라, 일부 주에서 학교심리학자들의 진단을 법적으로 금

---

* / 앞의 숫자는 DSM-5의 원서 쪽수이고, 뒤의 것은 번역서 쪽수다. — 역자주

지한 조치 때문이다. 흔한 예로는 주의력결핍 과잉행동장애의 진단이다. 일부 주의 경우, 흔히 기타 건강 손상 범주에서 관련 증상들에 대한 특수교육 서비스 검토를 위한 진단은 반드시 의학전문가(예, 의사)에게 맡기도록 하고 있다. DSM-5 진단에 숙달되어 있고, 아동의 기능에 대한 포괄적인 평가를 수행해온 잘 훈련된 학교심리학자들에게 특정 상황에서는 진단을 하지 못하게 하는 것은 납득하기 힘들다. 이러한 예는 DSM 활용에 필요한 자격과 이와 관련된 법적 쟁점의 이해의 중요성을 여실히 보여주고 있다. 전문가가 특정한 직무수행 역량을 갖추도록 훈련받는 것과 소속된 주의 법이 전문가가 어떤 일을 할 수 있도록 허용할 것인지의 사이에는 차이가 있다. 여기서는 서로 분리되어 있지만 상호 관련된 2가지 쟁점이 있음을 알고 있을 필요가 있다. 법과 지역의 관습에 대해 우리가 이해하는 것과 우리의 전문적 능력에 대해 우리가 이해하고 있는 것을 결합시키는 것은 쉽다. DSM 진단 제공에 있어서 일부 주에서는 이 2가지 쟁점에 대한 의견의 일치를 보지 못하고 있다. 여러 주에서 이러한 절차를 간소화하기 위해 비용효율성이 높은 학교심리학자들의 활용을 법적으로 제한하고 있는 것은 참으로 안타까운 일이다.

아동 · 청소년 진단에 있어서 발달적 고려사항

앞서 언급한 것처럼, 공간 제약으로 인해 DSM-5 같은 범주적 진단체계의 장단점에 대한 상세한 논의는 피했지만, 대부분의 논평가들은 이 체계를 아동 · 청소년들에게 적용하는 것은 특히 쉽지 않다는 사실에 동의한다. 이 절에서 우리는 아동 · 청소년 대상의 정신의학적 진단에서 반드시 고려되어야 할 발달 양상의 일부에 대해 논의한다.

　전형적인 성인 내담자가 정신건강 전문가를 찾아와서는 자신이 서비스를 찾게 된 관심사(예, 슬픔과 통곡, 절망적인 부부갈등, 또는 진로방향에 관한 질문)에 대해 털어놓는다. 가장 흔히 사용되는 평가 도구/접근은 임상 면담이다. 성인 내담자가 털어놓는 언어적 정보를 근거로 전문가는 평가(DSM 진단 포함)에 도달하고, 치료계획을 제안하며 사례를 처리한다. 이러한 교류에서 흔히 암묵적인 것은 바로 자신의 상황에 대한 내담자의 보고가 대부분 정확하고, 내담자의 성격과 인지기능이 시간의 흐름에 따라 비교적 안정적이며, 치료를 위해 해야 할 일이 대체로 내담자의 바람과 목표에 따라 설정되었다는 가정이다. 성인들과의 작업에서 이러한 양식은 진단으로 이어지는 상담을 포함해서 서비스 제공의 많은 측면에 영향을 미친다.

주로 아동·청소년 대상의 전문가들은 통상적으로 아주 다른 초기 특성을 다루게 된다. 청소년들은 거의 대부분 치료나 다른 심리서비스를 스스로 찾지 않는다. 대신, 성인 보호자(부모, 교사, 기타 관심 있는 성인들)가 이들을 의뢰한다. 왜냐하면 보호자가 청소년의 적응, 기능, 진척, 또는 행복에 관심이 있기 때문이다. 기본적으로 자명한 이치는 아동·청소년들이 걱정하는 것은 이들의 보호자가 걱정하고 있는 것이 아닐 수 있다는 것이다. 예를 들면, 동물에 대한 공포는 아동의 가장 흔한 극도의 불안 반응을 일으키는 것으로 알려져 있다. 그러나 동물에 대한 공포는 아동 대상의 전문적인 상담·심리치료 기관에서 가장 흔히 보이는 공포는 아니다. 학교에 대한 공포는 아동들의 불안 문제들 가운데 빈번하지 않다. 그러나 역사적으로 '학교공포증school phobia'은 임상장면에서 가장 흔히 볼 수 있고 연구되는 아동기 공포 중 하나로 손꼽혀왔다(Miller, Barrett, & Hampe, 1974). 이러한 불일치는 아동·청소년 정신병리 평가에 있어서 가장 중요한 요인의 하나를 설명하고 있다. 즉, 성인들은 자신들의 염려를 초래하는 행동 때문에 어린아이들을 의뢰한다는 사실이다. 이러한 선행조건은 어떤 문제가 주목되고 탐색되어야 하며, 더 잘 이해되어야 하는지에 대해 상당한 영향을 미치게 되어, 이러한 인식에 의해 진단이 내려지게 된다.

아동·청소년들은 또한 성인들에 비해 환경적 변수에 더 영향을 받는 것 같다. 즉, 이들의 행동은 상황적으로 더욱 더 특이하다. 문제를 비롯해서 청소년들의 적응과 기능의 많은 측면은 성인 대부분의 경우에 비해 보다 더 유동적이고 점진적이다. 이러한 가소성plasticity은 범주적 분류체계에 있어서 문제가 된다. 이 체계에서는 분류 대상 또는 개인들이 고의적으로 변화되지 않는다면 비교적 일정하다고 가정하기 때문이다. 이처럼 환경적 우연변수에 대해 반응성이 더 크다는 것은 청소년 문제 이해·진단에 있어서 상황적 특성과 변수 평가에 보다 높은 수준의 주의를 기울여야 함을 의미한다. 예를 들면, 최소한 2개 장면에서 증상 발현이 있어야 한다는 DSM-5 주의력결핍 과잉행동장애 진단의 필수요건은 확인된 인구와 이들의 양식 특성에 크게 영향을 미친다. 상황에 따른 증상 발현을 필수로 요구하는 것은 주의력결핍 과잉행동장애가 있는 것으로 확인되는 아동의 수와 허위양성 진단을 감소시키는 반면, 허위음성 진단의 증가와 보다 심각한 문제가 있는 아동에게 초점이 옮겨가게 할 수 있다. 이로써 주의력결핍 과잉행동장애로 진단되는 아동의 양식modal 특성이 달라질 수 있다.

　환경적 특성에 주의를 기울일 필요성 외에, 청소년과 성인들 간의 언어적 · 인지적 차이가 고려되어야 한다. 임상면담 맥락에서의 구두보고 자료는 흔히 성인 평가에 비해 아동 · 청소년 평가에서는 훨씬 수용하기 어려운 자료로 간주된다. 예를 들면, 임상적으로 우울한 아동(특히 유치원 · 초등학교 저학년 아동)은 슬프다고 보고하지 않을 수 있다. 아이들은 신체적 문제나 "기분이 안 좋아요."와 같이 모호한 말로 호소할 수 있다. 아이들의 비언어적 행동은 이들의 안녕에 대해 다른 사람들의 걱정을 유발시킬 수 있다. 이들은 필수로 보고하지는 않지만, 이전에 즐기던 활동의 감소를 보일 수 있다. 우리 학생들 중 한 사람의 말에 따르면, 아이들은 우울에 대해 '말을 번지르르하게 잘하기talk the talk'보다는 '실제 행동으로 보여주는walk the walk' 경향이 있다. 부모뿐 아니라 다른 부수적인 정보제공자들과의 면담, 행동평정척도, 자연관찰, 그리고 공식적인 심리검사는 성인 평가에 있어서보다 아동 · 청소년 평가에 있어서 더욱 중요한 역할을 한다. 이러한 차이점은 아동 · 청소년 대상의 DSM-5 활용에 대해 시사하는 바가 있고, DSM 체계에 대한 되풀이되는 일부 불만사항에 초점이 모아진다. 이 책에서 우리는 DSM-5 분류체계를 아동 · 청소년 평가에 적용하는 데 있어서 추가적인 정보 자료가 특히 유용할 수 있는 몇 가지 경우들을 짚어보고자 한다.

DSM-5 진단체계 개관

정신장애와 기타 상태의 기본 정의

DSM-5는 정신장애 분류와 관계가 있다. 이 진술의 의미를 정확하게 이해하려면 몇 가지 고려되어야 할 사항이 있다. 첫 번째 쟁점은 '정신장애mental disorder'(한국판 DSM-5 번역서에서는 '정신질환'으로 번역되었다. −역자주)의 정의, 즉 진단 가능한 상태가 발현되었는지의 여부를 전문가들이 결정하는 기준에 관한 것이다. 또한 정신장애와 기타 흥미로운 현상(특히 개인의 관찰 가능한 특성, 자기보고, 정신장애의 원인과 예방에 관한 이론) 사이의 관계가 고려되어야 한다. 끝으로, DSM-5가 범주적categorical(질적) 분류체계라는 사실을 인식·기억하는 것이 중요하다. 행동 현상의 차원적demensional(양적) 모델을 고려하려는 노력에도 불구하고, DSM-5는 명시적·근본적으로 범주적 체계다. DSM-5는 진단기준의 충족 여부의 결정에 필요한 규칙을 제공함으로써, 특정한 행동패턴이 이에 합당한 진단군에 포함될 수 있도록 되어 있다. 범주적 분류의 주요 장점은 진단이 치료, 배정, 의뢰 같은 배치 결과를 알려주는 편이성이다. 자주 논의되었던 정신건강 진단의 한 가지 '장점'은 적절한 치료 노력의 촉진이다. 만일 타당하고 신뢰성 있는 분류체계와 경험적으로 검증된 치료방법이 있다면, 진단은 내담자들과 가장 도움이 되는 개입 방법과 연결시켜주는 운송수단이 된다.

DSM-5에는 DSM-IV-TR, DSM-IV, DSM-III-R, DSM-III에서와 같이, '정신장애'의 정의가 제시되어 있다. 이러한 판들에서 제공되었던 정의들 사이에는 아주 경미한 차이점이 있다. DSM-III 이후, DSM-5에서 정신장애로 분류된 인지·행동 장애는 정의와 관련된 2가지 특성(발병된 개인에게서의 심각한 개인적 고통 및/또는 심각한 적응 실패) 중 한 가지 또는 둘 다에 의해 진단되어 왔다. 논의된 추가 기준은 이차적 진단기준의 다양한·특별한 경우로 간주될 수 있다. '장애'라는 용어가 DSM-5의 정신·정서·행동 문제에서 사용되는 경우, 그 의미는 부합되는 다른 특정 기준 외에 이 2가지 일반적인 기준 중 한 가지 또는 둘 다 부합된다는 것이다. 정의에 의하면, 모든 정신장애는 이러한 기본적인 DSM-5 진단기준을 충족시킨다. 즉, "정신장애는 기저 정신기능의 심리적, 생물학적, 또는 발달과정에 있어서 기능이상을 반영하는 개인의 인지, 정서조절, 또는 행동에서 임상적으로 심각한 장해가 특징인 증후군이다"(p. 20/21).

본문에서의 논의는 ① 특정 사건(예, 사랑하는 이의 죽음)에 대한 예측 가능한 또는 문화적으로 입증된 반응을 제외하고, ② (본래의 원인에 상관없이) 사회적, 직업적, 또는 다른 중요한 기능에 있어서 심각한 고통 또는 장애와 연관이 있는 문제여야 한다는 필수요건, ③ 사회적 일탈과 정신장애의 경계선에 관한 언급 : "앞서 기술된 바와 같이, 일탈 또는 갈등이 개인에게서 기능이상을 초래하지 않는다면, 개인과 사회 사이의 사회적 일탈행동(예, 정치적, 종교적, 또는 성적)과 갈등은 정신장애가 아니다."(p. 20/20)라는 것까지 계속 이어진다. DSM 체계의 뚜렷한 특징은 (DSM-III 이후로는) 분류가 사람들에 대한 분류가 아니라 사람들이 겪는 장애를 대상으로 이루어져야 한다는 공식 선언이었다.

정신장애 또는 다른 형태의 장애의 개념에는 지속적인 일련의 연관된 특성에 대한 지각이 포함되어 있다. 기본 요소는 개인과 (주관적) 자기보고에 관한 객관적인 자료다. '징후sign'는 개인의 관찰 가능하고 객관적인 특성이다. 예를 들면, 두려운 대상과 마주칠 때의 심박수 증가, 발한, 행동 회피는 내담자의 불안 징후다. '증상symptom'은 개인의 주관적인 보고를 의미한다. 두렵거나 긴장되거나 공포스러운 상황에서 벗어나고 싶다는 내담자의 진술은 모두 불안 증상이다. 많은 징후와 증상들이 함께 나타날 수 있는 관찰 또는 통계적 결정은 증후군 확인의 기초가 된다. '증후군syndromes'은 징후와 증상들 간의 공변이covariance 패턴이다. 이 3가지 용어 사용에 있어서 저자들 간의 일치성이 높아지고 있는 추세다. 징후, 증상, 증후군은 정서·행동 문제에 대한 많은 현대 개념화의 기본 요소를 제공한다.

DSM-5에서 대부분의 진단기준 A의 필수요건은 각 진단의 관련 증후군 확인을 위한 기준으로 구성되어 있다. 증후군은 많은 학생들이 정신장애의 정의와 관련된 특성으로 생각하는 경향이 있는 개념이다. 그렇지만 마찬가지로 중요하고 핵심적인 다른 요소들이 있다. 또한 기간에 대한 필수요건이 포함되어 있다. 일부 증후군들은 사건으로 확인된다. 일부 불안장애 정의의 핵심요소로 사용되는 '공황발작'에 대한 논의에는 동반 발생하는 징후와 증상이 포함되어 있다. 이러한 군집은 증후군의 전형적인 제시방법이다. 기분장애에 관한 논의에는 시간에 대한 필수요건 사용에 관한 설명이 포함되어 있다. 주요우울 증후군에는 일련의 증상과 징후들이 최소 2주간(이 기간은 '우울 삽화'로 간주됨) 발생해야 한다는 추가적인 필수요건이 명시되어 있다. 또한 배제exclusion 기준 — 만일 발현된다면 특정한 진단을 내릴 수 없는 다른 문제(정신장애 또는 일반적인 의학적 상태)의 확인 — 이 있을 수 있다.

장애는 특정한 추가 기준에 부합되는 증후군으로 명시된다. DSM-5에 있어서 모든 장애의 필수요건은 심각한 정도의 개인적 고통, 기능손상, 또는 개인적 상실 위험의 증거다(앞서 제시된 '정신장애'의 기본 정의 참조). DSM-5에 남아 있는 것으로서, DSM-III에서 DSM-IV로의 한 가지 변화는 대부분의 진단기준 세트에 이 필수요건들이 명시적으로 포함되어 있다는 것이다. 이러한 반복은 개념상의 변화를 나타내는 것은 아니지만(필수요건은 DSM-III같이 일찍부터 있었음), 근본적인 필수요건들은 DSM-IV 이전까지는 계속해서 반복되지 않았다. 필수요건들을 (본문의 여러 줄 분량으로) 대부분의 DSM-5 진단기준 세트에 추가하기로 한 결정은 검사자에게 모든 정신장애들이 특정 유형의 행동 또는 정서 문제의 구체적인 기준에 부합되어야 할 뿐 아니라, DSM-5에서 정신병리를 정의하는 특성도 나타내야 한다는 사실을 상기함으로써 역치 이하의 임상문제에 대한 과잉진단을 감소시키고자 하는 시도다. DSM-5 사용에 있어서 검사자의 기본 과업은 개인이 호소하는 어려움이 DSM 체계 내에서 정신장애로 합리적으로 개념화될 수 있는지의 여부를 결정하는 것이다.

'질병illness'은 알려진 병인학과 병태생리학pathophysiology, 즉 문제의 원인과 메커니즘에 대한 완전한 이해가 존재하는 장애다. DSM-5에서 정의되는 장애들 중, 질병으로 개념화될 수 있는 지점까지 근접한 것은 거의 없다. 실제로, 일부에서는 대부분의 인간 행동의 실행은 정의에 합리적으로 부합되는 질병으로 간주될 수 없다는 입장을 고수하고 있다. 그럼에도 불구하고, 몇 가지 정신장애에 관한 최근 연구에서는 적어도 몇 가지 질병들이 궁극적으로 이러한 형태로 이해될 것이라는 아주 흥미로운 가능성을 제기하고 있다. 이러한 유형의 이해는 흔히 의학적 연구목표의 하나다. 또한 행동·정서 문제에 관한 지식을 확대하려면, 이러한 문제의 일부에 대한 우리의 견해를 근본적으로 재조직해야 할 필요성이 수반되어야 할 것이다. 예를 들어 자폐증에 관한 일부 연구에 의하면, 이러한 행동과 부적응 패턴이 몇 가지 병인학적 과정의 최종적인 공통 경로가 될 수 있고, 이 과정의 일부는 궁극적으로 질병으로 잘 개념화될 수 있다. 그러나 이러한 주제는 현재의 DSM 진단체계의 적용에 초점을 맞추고 있는 이 책의 범위를 한참 벗어나는 것이다.

정신장애는 DSM-5에서 분류되는 유일한 문제가 아니다. 적응과 기능에 있어서 혼란의 원인이 되는 다양한 인간관계의 어려움과 다른 상태들이 고려대상이다. 그 이유는 이러한 문제들은 흔히 임상적 주의의 초점이 되기 때문이다. DSM-5의 715/787쪽에서 시작되는 '임상적 주의의 초점이 될 수 있는 기타 상태'는 평가대상자들의 삶에서 폭넓은 문제 상황의 분류를 위해 제공되었다. 이러한 많은 기타 상태들이 개업 심리학자 또는 상담자들에 의해 자주 목격되는 문제들 사이에 존재할 수 있다. 이러한 문제들은 DSM-5에서 중요한 것으로 간주되고 있다. 또한 이들을 부호화하기 위한 장치가 마련되어 있지만, 이러한 문제들은 DSM-5에서 의미하는 정신장애에는 해당되지 않는다. 왜냐하면 정신장애의 기본 필수요건(심각한 고통, 기능손상 및/또는 특별한 위험)에 부합되지 않기 때문이다. 이러한 기타 상태들의 정의와 관련된 측면은 검사자의 판단에서 볼 때, 임상적 주의를 요하는 것들이다. 이 아이디어를 손쉽게 실행하려면, 치료계획을 개발하여 이러한 기타 상태들 중 하나에 대해 언급하거나 문제를 관련 정신장애에 대한 개입계획의 구체적인 치료목표에 포함시켜야 한다. 청소년 대상의 진단에 있어서 한 가지 또는 그 이상의 기타 상태를 확인하는 데는 이러한 공식적인 정당화 절차가 필수로 요구되지는 않는다. 그러나 이러한 문제들이 청소년들에게 심각한 어려움을 초래하고 있고 주의가 필요하다는 사실을 정당화하는 명확한 시사점이 있다.

문제가 치료의 초점이 될 만큼 충분히 심각해야 한다는 필수요건은 '임상적 주의의 초점이 될 수 있는 기타 상태'의 확인에 사용되는 일반적인 진단기준이다. 이는 또한 청소년에게 정신장애가 있는 경우, 연관된 증상 영역에 대해 추가 진단을 내릴 것인지의 여부 결정에 사용되는 일반적인 진단기준이기도 하다. 예를 들면, 수면문제는 우울 증상이기 때문에 수면장애는 십 대들에게는 보통 주요우울장애와 함께 진단되지 않을 것이다. 그러나 수면 장해sleep disturbance가 중요한 치료의 초점이 되어야 한다고 판단되는 경우에는 독립적인 진단이 내려질 수 있다. 만일 청소년이 평가와 치료를 위해 수면장애 전문가에게 의뢰된다면, 의료보험 처리를 위해 수면장애는 일차 진단, 우울장애는 이차 진단이 될 것이다.

임상적 주의의 초점이 될 수 있는 기타 상태들 외에, 아동 · 청소년의 다양한 심리적 · 사회적 · 의학적 특징은 DSM-5에서 분류될 수는 있지만, 정신장애로 이어지는 것은 아니다. 이러한 것들에 대해 기술하기에 앞서, DSM-5 분류체계의 전체적인 조직을 살펴볼 필요가 있다.

다축분류체계의 폐지

1980년 DSM-III을 기점으로, 미국정신의학회의 진단체계는 5개 '축' 또는 정보범주를 중심으로 구축되었다(표 3.1 참조). 진단에의 다축적 접근이 각 내담자를 전체 인간(즉, 단순히 증상보다는 적응과 기능의 여러 측면에서의 검토가 권장됨)으로서 보다 완전한 평가를 보장하기 위한 수단으로 권장되었다. 그 후에 개정된 DSM의 2가지 사항은 이러한 축의 내용이 약간 수정되었을 뿐, 기본 구조는 그대로 유지되었다. 만일 '축'이라는 용어가 차원이나 연속변수만을 의미하는 것으로 채택되었다면 독자들에게 혼란을 초래할 것이다. 이러한 축들 중 오직 하나, 즉 축 V, 전반적 기능평가Global Assessment of Functioning(GAF)는 연속형 척도로 되어 있다. 다른 축에는 다른 유형의 정보(급성 임상 문제, 개인의 지속적 특성, 의학적 상태, 환경적 스트레스 요인 등)에 대한 다양한 범주적 분류들이 포함되어 있다.

DSM-5에서는 평가의 다축적 접근이 폐지되었다(저자 논평 1. 다축체계의 폐지에 대한 한탄 참조). 임상적 주의의 초점이 되는 모든 정신건강 진단, 의학적 진

표 3.1 DSM-IV-TR 다축평가

축 I : 임상장애와 임상적 주의의 초점이 되는 기타 상태

DSM-IV의 기본 몸체에 있는 진단의 대부분은 축 I에서 내려졌다. 이 진단들은 보통 내담자에게 검사자의 주목을 집중시키는 급성 임상 상태들이었다. 축 I 장애의 대부분은 특정 시점에 내담자의 삶에서 발달된 고통('발병'), 특정 기간에 걸쳐 내담자를 힘들게 하다가('경과'), 결국 끝을 맺는 것('관해 상태')으로 간주되었다.

임상적 주의의 초점이 되는 기타 상태(흔히 'V 부호'라 불림) 역시 축 I에 부호화되었다. 이 상태들은 아동의 적응 또는 장애의 경과나 예후에 영향을 미칠 수 있는 쟁점들이었지만, DSM-IV의 의미에서는 정신장애가 아니었다. 일부 예로는 신체적 아동학대, 부부갈등, 그리고 경계성 지적기능을 들 수 있다. 이 모두는 청소년의 적응에 심각한 영향을 미칠 수 있는 중요한 쟁점들이었지만, 정신장애로 간주되지 않았던 것들이었다.

축 II : 정신지체, 성격장애

축 II는 DSM-III, DSM-III-R, DSM-IV를 거치면서 몇 가지 형태를 취하였다. DSM-IV-TR에서는 오직 정신지체(DSM-5에서는 지적장애)와 성격장애만이 축 II에 부호화되었다. 성격 특성과 자아방어는 기록될 수 있었다(그렇지만 이들 요소들은 ICD에 지정된 부호로 기록되지 않았다).

축 III : 일반적인 의학적 상태

의학적 진단들이 부호화되었고, 기타 관련 있는 건강 정보가 기입될 수 있었다.

축 IV : 심리사회적 · 환경적 문제

고려해야 할 추가적인 상황 변인들(예, 빈곤, 의학적 돌봄에의 제한된 접근, 성적 학대, 청소년 법정 개입)은 축 IV에 언급되었다.

축 V : 전반적 기능평가(GAF)

검사자는 증상과 개인의 사회적 · 직업적/학교 기능 둘 다를 고려해서 내담자의 전반적인 적응수준을 평가하였다.

단, 그리고 기타 상태들은 함께 수록된다. 달리 명시되지 않는다면, 독자들은 첫 번째로 주어지는 진단이 일차 진단(청소년이 찾아온 이유 또는 치료의 초점이 되는 첫 번째 문제)으로 추정할 것이다. 몇 가지 요인이 다축체계의 폐지에 기여해왔을 것이다. 하나는 정신건강 진단과 기타 의학적 상태의 감별에 대한 불만이었다. 또한 축 I과 축 II의 구분을 위해 명확한 개념적 정의를 내리는 것에 대한 어려움

때문이었다. 축 II를 만든 본래의 의도는 '증상이 더 심한 축 I 장애에 주의를 기울이게 되면서 흔히 간과되는 장애들의 발현 가능성 고려'를 보장하기 위함이었다 (American Psychiatric Association, 1980, p. 23). 논의의 초점은 지속성 대 급성 문제에 더 맞추어졌지만, 명확한 개념적 정의를 도출해내기는 어려웠다. 여러 장애들은 그 후 몇 차례의 반복을 거쳐 축 I과 축 II 사이를 옮겨다녔다. 그러나 또 다른 불만은 축 V의 GAF 척도의 신뢰성 문제였을 것이다. 몇 가지 다른 고려사항들이 이러한 변화에 있어서 역할을 해왔을 것이다. 이러한 쟁점들에 대해서는 DSM-5에서 간략하게 논의되고 있다(p. 16/18). 이러한 이유와 상관없이, 이러한 변화로 DSM-5와 이전의 4개 판(즉, DSM-III, DSM-III-R, DSM-IV, DSM-IV-TR) 사이의 조직과 개념화에 있어서의 근본적인 차이가 생겼다.

최근 판에서 진단은 임상적 요구의 우선성 또는 치료를 찾는 이유에 따라 수록되어 있다. 대부분의 DSM-5 진단범주에 있어서 진단은 '아형 또는 증상 발현'과 '명시자'의 사용을 통해 세분화된다. 아형subtypes은 현상학적 특성의 '상호배타적이고 공동으로 총망라하는' 패턴이다(p. 21/23). 예를 들면, 품행장애는 문제의 발병 연령을 기반으로 3가지 아형(① 아동기 발병형, ② 청소년기 발병형, ③ 명시되지 않는 발병)이 있다. 명시자specifiers는 '상호배타적 또는 공동으로 총망라하도록 의도되지는 않고', 대신 '진단범주 내의 사람들 중 보다 동질적인 하위집단에 대한 정의를 내릴 수 있는 기회를 제공'하기 위한 의도로 만들어졌다(pp. 21~22/23). 예를 들면, 상동증적 운동장애의 진단에는 몇몇 명시자[① 자해행동을 동반하는 경우, ② 자해행동을 동반하지 않는 경우, ③ 알려진 의학적·유전학적 상태, 신경발달장애 또는 환경적 요인과 연관된 경우, 그리고 심각도 수준(경도, 중등도, 고도)]가 있다. 뚜렷한 양상 명시자는 잠재적으로 임상과 관련된 구분을 가리킨다(예, 좋은 병식 있음, 혼재성 양상 동반, 쓰기 손상 동반). 경과 명시자는 장애의 현재 상태를 가리킨다(예, 부분관해 상태, 완전관해 상태). 보통 DSM-5 진단은 내담자의 현재 상태를 반영하는 것이다. 현재 완전히 발현되지 않는 이전의 진단들은 조건(예, '부분관해 상태', '완전관해 상태')과 함께 표시된다. 심각도 명시자는 "장애의 강도, 빈도수, 기간, 증상수, 또는 다른 심각도 지수에 대한 검사자의 판단을 가리킨다"(p. 22/23).

심각도 명시자는 흔히 DSM-5에서의 명시자 부류로 사용된다. 경도, 중등도, 고

저자 논평 1. 다축체계의 폐지에 대한 한탄

DSM-III에서 획기적이었던 것은 '다축적' 분류체계의 도입이었다. 정신건강 진단은 부호화된 증후군과 장애 목록 이상의 것이었다. 즉, 진단은 환자에 관해 최대한 많은 유용한 정보를 소통하기 위한 의도적인 노력의 일환이었다. 이러한 목적을 성취하기 위해 채택된 메커니즘은 최대한 많은 데이터를 경제적으로 수집할 수 있도록 진단을 5개 축으로 세분화하는 것이었다. 축 I은 임상적 주의의 초점이 되는 임상 증후군과 기타 상태들('V 부호' 포함. 당시의 ICD-9 체계에서는 정신장애가 아닌 임상적 주의의 초점은 보통 V와 숫자로 된 부호가 지정되었기 때문임)이 망라되어 있다. 축 II는 극적이고 증상이 심한 축 I 상태의 맥락에서 완전히 고려되지 않았던 보다 만성적 또는 지속적 상태를 확인하기 위한 것이었다. 주요 문제는 축 II를 정의하는 것과 축 II에 어떤 것이 수록되어야 하는가였다. 이러한 질문에 대한 만족스런 답은 없었다. 성격장애(및 성격 특성)는 항상 축 II에 수록되었다. 자폐증은 DSM-III에서는 축 I에 있다가 DSM-III-R에서 축 II로 옮겨졌다가 DSM-IV에서는 다시 축 I로 옮겨졌다. 학습장애는 DSM-III와 DSM-III-R에서는 축 II에 있다가 DSM-IV에서는 축 I로 옮겨졌다. 축 III은 의학적·생리학적 상태를 위한 용도로 사용되었다. 축 IV에는 축 I 또는 축 II 상태의 발현, 예후, 또는 치료에 대한 반응에 영향을 미치는 환경적·심리사회적 상태들이 포함되었다. 축 V는 전반적 기능평가(GAF) 척도였다.

처음부터 이러한 체계와 관련된 다수의 구체적인 문제들이 있었다는 사실을 인정하자. 구체적인 문제로는 축 I과 축 II 구분의 어려움, 정신장애와 의학적 장애들이 실제로 동일한지의 여부에 관한 철학적 쟁점, 축 IV 발달에 미치는 부적절한 주의집중, 축 V 평가의 신뢰도 결여, 축 V 척도 요인의 이질성[일부 구체적인 행위(예, 자살시도)가 평가에 강력한 영향을 미침], 그리고 부각되지 않은 기타 쟁점들이 있다. 실제로, 다축체계와 관련된 문제들이 있었지만, 다양하고 서로 연결된 임상적 표현에 관한 영향에 대해 최대한 폭넓게 고려하도록 안내하기 위한 목적이 가치가 있고, 이러한 문제들에 대해 언급하기 위한 노력을 계속할 만하다. 대신, DSM-5 저자들은 이 프로젝트를 포기했다. 정신건강 진단은 다른 의학적 진단처럼 될 것이다[냉소적인 시선으로 보는 사람들은 이것이 이러한 변화에 대한 가장 강력한 동기라고 의심할 것임(즉, 장애가 생긴 인간 행동의 범주적 개념화에 첨부된 단일 ICD 부호)]. 우리의 내담자가 현재 처해 있는 도전적인 상황에 대해 최대한 온전한 인간 상태로 표현하려는 노력이 사라졌다. 변화는 이루어졌다. 다축체계는 사라졌다. 우리 학생들은 "그냥 그대로네요."라고 말할 것이다. 이 경우, 그냥 슬퍼질 뿐이다. 우리는 좀 더 잘할 수 있는 능력이 있다.

도 명시자는 사례가 대부분의 진단에 대해 기준에 완전히 부합되는 경우에 사용된다. 단, 일부 진단에 대해서는 명시자에 대한 명시적인 기준이 제공된다. 심각도 명시자 선택에 있어서는 빈도수와 질적 양상이 고려된다. 경도 지정은 발현 증상이 진단기준의 필수요건에 부합되는 경우에 한해서 사용된다. 고도는 보통 기록될 수 있는 진단에 필요한 최소의 증상보다 훨씬 많은 증상 발현을 의미한다. 중등도는 경도와 고도 사이에 중간 정도의 증상 빈도수가 있는 경우에 사용된다. 그러나 심각도 명시자의 배정은 증상의 강도 및/또는 기능 영향에 대한 추가적인 고려사항으로 인해 복잡해진다.

부연설명을 위해 다시 품행장애에 대해 생각해보자. 이 진단에는 지난 12개월 동안 15가지 증상 가운데 적어도 3가지 발현이 필수로 요구된다. 이 장애에 대한 진단기준이 부합되는 경우, 보통 3~4가지 증상이 있는 아동은 경도, 12가지 또는 그 이상은 고도, 그리고 이러한 양극단 사이는 중등도 품행장애로 명시된다. 경도의 배정에는 필요한 3가지 증상과 사소한 정도의 타해harm to others가 필수로 요구되는 반면, 고도의 배정에는 진단기준에 필요한 3가지보다 많은 품행문제 또는 '상당한 정도의 타해'가 필수로 요구된다. 즉, 품행장애 증상들 중 3가지 또는 4가지가 부합되지만, 반복적인 상황에서 다른 아동들에게 심각하게 해를 입히는 행위를 한 아동은 당연히 '고도' 품행장애가 있는 것으로 분류될 수 있다. 학교에서 흔히 다른 아동들을 괴롭히고, 주기적으로 자주 싸움을 걸며, 다른 아동을 야구방망이로 심하게 때린 아동은 흉기로 공격함으로써 해를 입힌 것을 토대로 고도 품행장애가 있는 것으로 진단될 것이다. 우리의 경험에 의하면, 심각도 명시자 사용에 있어서 평가자 내 및 평가자 간 신뢰도는 기분 진단에 대한 의견일치보다도 심각하게 낮을 것이다. 이러한 식별수식자qualifiers로 일부 유용한 정보가 포착·전달될 수 있지만, 독자들은 기본 진단에서보다는 이 결정에 포함된 더 큰 주관적 판단의 정도를 살펴봐야 한다.

또 다른 명시자 그룹인 경과 명시자는 내담자의 현재 상태와 이전의 정신건강 병력과의 대조 기능이 있다. 일반적으로, 부분관해 상태는 이전에 진단기준에 완전히 부합되었지만, 기존 증상들의 일부만이 현재 남아 있음을 의미한다. 완전관해 상태는 현재 증상이 완전히 없지만, 검사자의 판단에 의하면 내담자의 적응 과거력을 기록하는 것이 임상적으로 관련이 있음을 의미한다. 완전관해 상태와 회복 사이에 절대적인 경계는 없다(장애가 더 이상 주목의 대상이 아닌 경우). 내담자가 회복되었다고 판단되는 경우에도, 검사자가 이러한 정보가 사례 이해를 위해 가치가 있다고 생각한다면, 장애의 이전 과거력을 기록해야 한다. 실례로, 읽기문제에 관한 문헌에 의하면, 읽기곤란의 배경에서 완전히 해결된 발달성 구음문제 병력이 있을 수 있다. 이러한 아동에 대한 진단은 다음과 같다.

특정학습장애, 읽기 손상 동반, 이전의 말소리장애 병력(회복됨)

또는

특정학습장애, 읽기 손상 동반, 말소리장애, 완전관해 상태

이 2가지 사이의 구분은 검사자에게 달려있지만, 관련 변수에는 아동의 연령, 말소리장애 기준에 부합되었던 이래로 경과된 시간, 그리고 아동의 현재 구음이 '정상 한계 내'의 스펙트럼상에 위치하는 것이 포함된다.

일부 장애들과 이와 연관된 증후군(조증 삽화, 주요우울 삽화, 물질의존)에 있어서는 부분관해 상태와 완전관해 상태 식별수식자에 대한 구체적인 기준이 있다. 실례로, 물질의존장애에 있어서 경과 명시자로는 ① 조기 완전관해, ② 조기 부분관해, ③ 지속적 완전관해, ④ 지속적 부분관해가 있다. 만일 12개월 또는 그 이상의 기간 동안 물질의존 또는 물질남용 증상이 없었다면, 지속적 완전관해 식별수식자가 사용된다. 그러나 이러한 경과 명시자들은 2가지 추가적인 명시자(작용제 치료 중 또는 통제된 환경에 있음) 중 한 가지에 의해 배제된다.

또한 편람에는 전문적 개입이 요구되지만 DSM-5 정신장애의 정의에는 부합되지 않는 행동과 상황적 문제들이 수록되어 있다. 앞서 언급된 것처럼, 임상적 주의의 초점이 되는 기타 상태 부류는 DSM-5의 적용범위를 크게 확장시키고 있다. 여전히 'V 부호'로 알려져 있고, ICD-9-CM에서는 더 이상 V로 시작되지 않지만, 이러한 상태들로 인해 검사자들은 많은 청소년들의 삶에 있어서 실질적인 관심사(가족 갈등, 신체적·성적 학대, 실업, 정체성 쟁점 등의 문제)에 대해 언급할 수 있게 되었다. 이 절은 DSM-5에서 크게 확장되었고, 이전에는 없었던 많은 새로운 범주들이 생겨났다. DSM-5의 이 절의 내용에 익숙해지는 것은 아동 임상심리학자와 학교심리학자들에게는 중요하다(임상적 실행과 관련해서 미국 내에서 ICD 부호의 시사점에 관한 간단한 논의에 대해서는 부호 메모 1을 참조할 것).

비의학적으로 훈련을 받은 검사자들에게 있어서 의학적 진단의 사용은 DSM-5의 적용에 있어서 가장 문제가 되는 측면 중 하나다. 그러나 증가 추세의 아동기 장애에 관한 이해와 많은 의학적 상태의 관련성은 부인될 수 없다. 스코돌(Skodol, 1989)은 DSM-IV에서 비의학적 정신건강 전문가들에 의한 축 III(일반적인 의학적

> ### 부호 메모 1. ICD-10의 시사점
>
> DSM-5에는 각 장애별로 알파벳과 숫자로 된 부호가 수록되어 있다. 이러한 부호들은 세계 보건기구에 의해 국제질병분류체계에서 설정된 것들이다. DSM-5에는 ICD 제9판과 제10판의 부호들이 수록되어 있다. 그 이유는 제10판이 1992년에 출간되었음에도 불구하고 미국에서는 여전히 제10판이 임상적으로 사용되지 않고 있기 때문이다. 애초에 10번째 개정은 2014년 가을에 실행하는 것으로 계획되었으나, 1년이 지연되어 2015년 10월 1일이 되어서야 성사되었다. ICD-10은 미국에서는 ICD-10CM으로 표기될 것이다. 이는 미국에서 채택된 ICD 제10판의 임상적 수정의 의미를 담고 있다. 이 주제에 관한 논의와 참고문헌은 굿하트(Goodheart, 2014)를 참조하라.

상태)의 사용에 대해 논의하면서, 축 III에 대한 표기는 다축적 평가를 기록하는 사람에 의해 진단이 내려지고 있지 않다는 의견을 피력했다. 그는 비의학적 임상가들도 축 III에 이들의 정보자원을 표시하기를 원할 수 있다고 제안했다. 이러한 단순한 조치는 의학적 진단을 이들의 평가에 포함시키는 것에 대한 검사자들의 불안을 감소시키는 한편, 비의사들nonphysians이 의학적 질병을 진단하는 것에 대한 전문적 우려를 방지할 수 있을 것이다(전문가 메모 1 참조). 다축체계는 DSM-5에서 폐지되었지만, 사례개념화와 진단에서 이러한 정보자원과 함께 의학적 정보를 제공하는 것은 여전히 권장되고 있다.

진단 순위 : 진단 관례, 위계, 다중진단

일반적으로, DSM-5에서는 내담자가 경험하는 가장 두드러지는 문제가 완전히 기술될 수 있도록 복수진단을 적극 권장하고 있다. 이렇게 포괄적으로 포함시키는 것은 DSM 위원회에 의한 분류에 대한 접근과 **국제질병분류체계(ICD)** 저자들의 분류에 대한 접근 사이에 가장 극명하게 대조되는 점들 중 하나다. ICD-9(World Health Organization, 1977)의 철학은 진단은 가급적 인색하게 할 것을 권장하는 것 같다. 이러한 접근은 미국 내에서는 ICD-10 시행과 함께 변화되어, 복수진단 지정을 필요로 하는 내담자의 요구를 수용할 수 있을 것으로 보인다(World Health Organization, 1992, 1993). 앞서 언급한 바와 같이, DSM-III 이후로부터의 DSM 철학은 복수진단의 권장이었다. 이러한 접근의 결과는 개별사례에 대해 전형적으

> ## 전문가 메모 1 : 비의사에 의한 의학적 진단 사용
>
> 다음의 예에 제시된 것처럼, 우리는 학교심리학자 또는 기타 비의학전문가의 모든 의학적 정보 또는 결정사항 제시를 최선의 임상활동으로 권장한다.
>
> > 어머니는 자녀가 청소년 발병 당뇨가 있다고 보고하였음
> > 유전학적 핵형이 3염색체성 21로 판명됨
> > 발작장애로 진단됨
> > 소아과 전문의, 제임스 리, MD.

로 한 가지 이상의 진단이 내려지는 것이다. 진단 확대로 야기되는 혼란은 DSM에 대한 비판거리가 되어 왔다. DSM의 이전 판과 비교할 때, 진단의 우선권에 대한 규칙(DSM-IV-TR, pp. 6~7, Fauman, 1994 참조)의 대부분은 더 이상 DSM-5에서는 적용되지 않는다. DSM-5에서는 검사자에게 더 큰 권한을 부여함으로써 사례에 대한 최상의 개념화 창출과 최적의 진단 결정을 촉진시키고 있다.

그러나 일부 진단의 가능성은 계속해서 다른 진단에 비해 우선시되고 있다. DSM-IV에서처럼, 명백한 조증 또는 경조증 삽화 과거력의 발현은 영원히 우울장애보다는 양극성장애 진단으로 이어진다. 실제로 이전의 조증 또는 경조증 삽화시기에 대한 결정은 검사자에게는 도전이 될 수 있다. 특히 타인 또는 자신에 의해 '양극성'으로 보이는 것은 일부 인구에서 다소 흔한 것 같다. 안타깝게도, 많은 이러한 용어들은 지속적인 기분 변화를 나타내기보다 분노 또는 충동조절(예, "나 열받았어.") 문제가 있는 것에 대한 캐치프레이즈가 되어온 것처럼 보인다. 증상평정척도(예, 아동조증평정척도Child Mania Rating Scale)를 사용하는 경우에도, 보통 정보제공자들이 전하는 정확한 행동을 결정하기 위한 질문들을 통한 추적조사가 이루어져야 할 것이다. 검사자는 조증 삽화, 경조증 삽화, 주요우울 삽화에 대한 기준과 지속성 우울장애(기분저하증)에 대한 진단기준을 주의 깊게 읽고 자주 검토해야 한다. 또 다른 우선순위에 관한 명시적 규칙으로는 성인들에게 있어서 품행장애와 반사회성 성격장애 사이에 관한 것이다(반사회성 성격장애의 진단은 18세 이전의 아동·청소년에게는 내릴 수 없음). 성인의 경우, 반사회성 성격장애 진단기준에 부합된다면, 이 진단은 품행장애 진단보다 우선시된다.

　　DSM-5에서의 진단적 표시의 일반 규칙은 어떤 문제든지 알려진 생물학적 질병 또는 화학물질로 인해 발현된 것으로 판단된다면, 이러한 영향은 진단에서 우선시 된다는 것이다. 대부분의 진단기준 세트에는 이를 명확하게 하는 기준(예, '물질의 생리적 효과에 기인하지 않는', '또는 다른 의학적 상태')이 포함되어 있다. 이러한 조치는 DSM-IV의 패턴을 이어받은 것이다. 즉, 여기에는 "~은(는) 물질(예, 남용 약물 또는 치료약물)의 직접적인 생리학적 효과 또는 일반적인 의학적 상태로 인 한 것이 아니어야 함" 같은 진술이 포함되어 있다. 이렇게 반복하는 것은 독자들에 게 이러한 상태들이 다른 정신장애 진단에 선행된다는 사실을 말해주는 것이다. 예를 들면, 알코올 남용의 결과로 나타난 고도 및 지속적 우울 증상은 주요우울장 애로 진단되어서는 안 되고, 대신 약물남용으로 인한 우울장애로 진단되어야 한다.

　　세 번째 일반 지침은 특정한 임상적 상황이 서로 다른 2가지 진단에 의해 설명 될 수 있는 상황에 관한 것이다. 이러한 상황에서 검사자는 가능한 모든 데이터를 검토하는 한편, 어떤 진단이 내담자의 상황을 가장 잘 나타내는지에 관한 결정을 내려야 한다. 독자들에게 가능한 대안적 개념화에 대한 경각심을 불러일으키기 위 해 사용되는 문구는 다음과 같다. 즉, 진단기준 세트에서 "~은/는 ~에 의해 더 잘 설명되지 않아야 한다."이다.

아동ㆍ청소년 정신건강과 DSM-5

아동ㆍ청소년들에게 있어서 정신건강 문제에 대한 우리의 이해는 성인에 대해 성 취해온 지식수준에 비해 뒤처져 있다. 몇 가지 요인이 이러한 차이에 기여해왔다. 또한 이러한 요인들 중 일부는 계속해서 영향을 미치고 있다. 수십 년에 걸쳐, 아 동ㆍ청소년들의 정서ㆍ행동 문제는 성인들이 겪는 어려움의 연장선상에 있는 것으 로만 취급되었을 뿐, 정신병리 발달에 영향을 미칠 수 있는 아동기와 청소년기의 독특한 발달 양상에 대한 인식이 거의 없거나 아예 없었다. 이러한 발달 양상에 의 해 필요하게 된 연구방법들(예, 대규모 척도, 종단연구, 자연관찰법)은 흔히 시간 소모적이고, 노동집약적이며, 비용이 많이 든다(더욱이 진척을 더디게 하는 요인 임). 어느 정도의 위험성이 포함된 연구(예, 개입연구 또는 집중평가연구)의 경우, 아동ㆍ청소년 대상의 연구수행에 관한 당연한 유의사항이 있다. 그러나 이러한 위험성을 회피한다면, 우리의 학습속도가 늦춰지는 대가를 치뤄야 한다. 끝으로, 변화속도가 빠른 아동 또는 청소년의 정신병리는 행동이 비교적 지속적인 성인들의 것과는 다소 차이가 있다. 아동·청소년들은 배우고, 성장하고, 발달하면서 행동이 변화된다. 일부 정신병리 패턴 역시 시간의 흐름에 따라 뚜렷한 변화가 생긴다. 그러나 아동·청소년들의 구인construct은 성인들에게서 보이는 것들에 비해 유동성이 있고 일관성이 덜한 양상을 보인다. 성인들의 경우, 정신병리 패턴은 일반적으로 일상의 일부로 자리 잡는다.

현재 아동 대상의 학교심리학자 또는 다른 심리학자들에게 있어서 정확한 DSM-5 사용법 학습에 있어서 가장 중요한 점은, DSM-5에는 '아동들만을 위한 절'이 없을 뿐 아니라 '아동들만을 위한 진단' 역시 없다는 사실을 인식하는 것이다. DSM-III에서 DSM-III-R, DSM-IV, DSM-5에 이르기까지, 미국정신의학회의 확고한 입장은 기본적인 정신건강 현상은 연령이나 발달단계와 상관없이 근본적으로 동일하다는 것이다. 예를 들면, 고도 우울증 발현과 경험은 아동, 청소년, 성인, 노인 인구에게 있어서 유사해 보인다. 연령과 연관된 양상에 대해 인정하는 일부 문구들이 있지만, 대부분의 경우에는 경미한 변이 정도로 간주된다. 마찬가지로, '아동기 조현병'에 관한 논의는 성인 조현병 범주와 분리되어 있지 않다. 조현병으로 이름 붙여진 장애의 핵심 증상은 개인의 연령과 관계없이 기본적으로 동일한 것 같다. 발달적 양상이 이러한 발현에 대해 일부 이차적인 부연설명을 제공하고 있지만, 근본적으로 동일하다는 것에는 변함이 없다. 이러한 구조화의 한 가지 결과는 학교심리학자들이 보통 성인 또는 노인 인구들을 대상으로 활동하는 심리학자들처럼 DSM-5의 전체 본문내용에 익숙해져야 한다는 것이다.

학교심리학자들이 자신의 모든 진단적 결정의 근거라고 안전하게 가정할 수 있는 아동들만을 위한 절이나 장은 없지만, DSM-5에서는 장과 주제 제시가 일반적인 발달순서에 따라 조직되어 있다. 삶의 초기에 나타나는 주요 문제영역은 대체로 본문의 앞부분에 제시된다. 진단범주의 첫 장인 신경발달장애는 보통 초기 삶에 있어서 처음 내려지는 진단들에 초점을 맞추고 있다(예, 지적장애, 주의력결핍 과잉행동장애). 그러나 이러한 발달적 순서는 포괄적인 영역에 관한 것일 뿐, 구체적인 진단과는 관련이 없다. 예를 들면, 배설장애는 본문의 아주 뒤편에 수록되어 있고, 파괴적, 충동조절 및 품행 장애 역시 마찬가지다. 임상 아동 전문가들은 이

체계를 적절하게 사용하기 위해 DSM-5의 본문 전체에 대해 잘 알고 있을 필요가 있다.

DSM-5에 있어서 긍정적인 변화가 있다면, 이는 발달적 고려사항에 훨씬 더 중점을 두고 있다는 점이다. 진단 제시가 평생에 걸쳐 어떻게 변화될 수 있는가라는 주제에 대해 대부분의 범주에서 아주 상세히 논의되고 있다. 문제 세트의 경과(발병 패턴, 기간, 악화 및 관해 패턴)는 대부분의 DSM-5 진단들의 정의에 핵심이다 (예, 조현병). 그러나 DSM의 이전 판들은 증상상symptom picture이 아동, 청소년, 성인, 노인 인구에게 있어서 어떻게 다를 수 있는지에 대해서는 덜 주목하였다.

04

DSM-5 사용을 위한 학습

범주적 분류

DSM-5의 각 진단에 대한 가장 중요한 정보는 시작 문장에서 찾을 수 있다. 즉, '진단적 특징'이라는 소제목 하에 "[장애명 또는 장애 부류]의 핵심적 특징은 …이다."라는 문장이다. 이러한 진술은 각 진단의 개념적 기초를 제공한다. 각 구체적인 진단(또는 진단군)의 진단기준에는 핵심적 특징으로 확인된 상황에서 발현되는 다른 패턴들이 기록되어 있다. 핵심적 특징은 특정 친구의 주소와 같다. 그러나 이를 찾기 전에 검사자는 그 친구가 올바른 '도시'에 살고 있는지부터 확인할 필요가 있다. 이러한 개념은 대부분의 절과 장의 최종적인 2가지 진단(달리 명시된 및 명시되지 않는 장애 중 선택)에 의해 상세히 제시된다. 이 2가지 진단적 선택은 DSM-IV의 '달리 명시되지 않는'이라는 진단명이 대체된 것이다. 이 진단명을 통해 ① 장애부류의 진단기준에 부합되지 않지만 여전히 임상적 주의와 진단을 필요로 하는 이유를 명시하거나, ② 기준이 부합되지 않는 이유(즉, 명시되지 않는 장애)에 관한 정보를 생략한다는 것을 나타낼 수 있다. 이 2가지 선택적 대안에는 진단기준이 수록되어 있지 않다. 이러한 이유로 때로 평가자가 진단기준의 제한에 의해 방해받지 않고 원하는 대로 어떤 진단이든지 내리기 위해 사용할 수 있는 '공수표'라는 말로 경멸적으로 묘사되기도 한다. 이러한 비판은 달리 명시된/명시되지 않는 진단 적용에 대한 타당한 견해는 아니다. 이 진단은 평가자가 특정 사례가 일반적인 문제 영역의 사례로 가장 잘 이해된다고 결론을 내리는 경우에 적용된다. 즉, 청소년 문제는 핵심적인 특징을 공유하고 있는 일련의 어려움 내에서 가장 잘 포착된다.

여기 이러한 지향성에 있어서의 차이에 대한 예가 있다. '신경발달장애' 장에는 주의력결핍 과잉행동장애에 관한 절이 있다. 이 장애에는 주의력결핍 과잉행동장애의 범주와 달리 명시된 주의력결핍 과잉행동장애 및 명시되지 않는 주의력결핍 과잉행동장애의 범주가 포함되어 있다. 이 절은 다음과 같이 시작된다. 즉, "주의력결핍 과잉행동장애의 핵심적 특징은 기능 또는 발달을 저해하는 부주의성 및/또는 과잉행동-충동성의 지속적 패턴이다"(p. 61/62). 기본적인 주의력결핍 과잉행동장애의 범주에는 주의력결핍 과잉행동장애 기준 세트로부터의 다양한 증상의 결합에 기반을 둔 3가지가 포함되어 있다. 달리 명시된 및 명시되지 않는 주의력결핍 과잉행동장애의 범주는 한 단락으로 되어 있고 "이 범주는 사회적, 직업적, 또는 다른 중요한 기능 영역에서 임상적으로 심각한 고통 또는 손상을 초래하는 주의력결핍 과잉행동장애의 특징적 증상이 두드러지지만, 주의력결핍 과잉행동장애 또는 신경발달장애의 진단적 부류에 있는 장애들 중 어떤 것에도 진단기준이 완전히 부합되지 않는 발현 징후들에 적용된다"(p. 65/68). 검사자는 주의력결핍 과잉행동장애의 다양한 기준에 부합되지 않는 아동(또는 성인)의 진단에 있어서, 달리 명시된 또는 명시되지 않는 주의력결핍 과잉행동장애 범주를 자유롭게 사용할 수 있다. 검사자의 재량 허용에 대한 기대는 고려 중인 문제 행동·적응 패턴이 범주의 핵심적 특징에 포함되고, 이러한 진단들 중 하나가 수집된 데이터에 대한 최적의 구성 원리여야 한다는 것이다. '달리 명시된/명시되지 않는'의 선택권으로 인해 평가자는 상당한 자유도를 확보할 수 있는 반면, 진단체계를 책임 있고 적절한 방식으로 사용해야 한다는 부담을 안게 된다. DSM-5의 저자들은 진단분류체계가 전문가에서 단순 기술자로 전락시키는 경직되고 요리책과 같은 방식으로 적용되도록 제작되지 않았다는 점을 강조하고 있다. 이들은 "진단기준이 진단의 '가이드라인'으로 제공되고, 임상적 판단에 의한 정보를 토대로 사용되어야 한다."(p. 21/22)

고 적고 있다. 이 점은 직접적으로 달리 명시된/명시되지 않는 진단의 사용과 관련된다.

감별진단

아동·청소년 진단에 DSM-5를 사용하는 학교심리학자 또는 다른 전문적 검사자의 일차 과업은 적응과 기능에 있어서 문제의 성격을 가장 잘 포착하는 범주(들)가 어떤 것인지를 결정하는 것이다. 검사자의 주의를 끄는 청소년들의 호소내용은 잠재적으로 부적응의 몇 가지 다른 패턴의 징후일 수 있다. 예를 들면, 아동이 쉬는 시간과 수업을 위해 이동하는 시간 중에 공격행동을 나타낸다는 교사의 보고는 적응장애, 기분장애, 품행장애, 또는 어떤 다른 진단을 가리킬 수 있다. 아동, 아동의 문제에 관한 과거사, 그리고 수반되는 어려움에 관한 추가 자료 수집을 통해 다양한 진단 가능성에 있어서 합리적인 선택을 할 수 있게 된다. 다른 범주의 '용인 ruling in'(확인) 또는 '배제ruling out'(고려대상에서 제외, 적용 메모 1 참조)는 '감별진단'의 과정으로 알려져 있다. 대부분의 주요 진단의 경우, DSM-5 본문에는 어떤 대안적 개념화를 가장 먼저 고려해야 하는지에 대해 기술되어 있고, 관련된 차이점에 대해 정리되어 있다.

DSM-5를 처음 사용하는 사람은 이 편람의 감별진단에 관한 부분에 의해 압도될 수 있다. 우리들 대부분에게도 처음에는 '모든 것이 감별진단에 해당되는 것'처럼 보인다. 그러나 조금만 경험하게 되면, 특정 기저의 관계들이 익숙해지면서, 감별진단 과정이 보다 더 선택적으로 될 것이다. 퍼스트(First, 2014)는 기능에 있어서의 29가지 장해들에 대한 의사결정체계를 제시하고 있다. 이들 중 많은 것들이 아동·청소년들과 관련되어 있다. 특정 사례에 대한 기초적인 고려사항 외에, 이러한 의사결정체계는 초심자들이 DSM-5의 구조를 전반적으로 살펴볼 수 있도록 돕는 데 유용하다.

> **적용 메모 1. '배제'**
>
> '배제ʳᵘˡᵉ ᵒᵘᵗ'라는 문구는 DSM-5에는 없고 DSM에서 사용되는 어휘에 속하지도 않는다. 그러나 이 문구는 정신의학적 진단에서 흔히 사용되고 있고, 특히 의학적 장면에서 의학적 훈련 또는 경험이 많은 전문가들의 보고서에서 흔히 접할 수 있는 표현이다. 이 표현의 의미에 대해서는 비의사들 사이에는 흔히 다소 혼란이 있다. '배제'는 전형적으로 적극적으로 고려되고 있지만 아직 충분한 데이터가 확보되지 않은 대안적 진단을 나타내는 데 사용된다. 예를 들면, '적대적 반항장애, 품행장애 배제'라는 진단적 진술은 적어도 한 장면에서 권위에 순종하고 규칙 준수에 분명히 문제가 있다고 검사자가 결론을 내렸고, 보다 심각한 품행장애 관련 문제가 있을 수 있지만 아직 결정적인 증거를 확보하지 못한 상태임을 의미한다(DSM-IV와는 달리 DSM-5에서는 적대적 반항장애와 품행장애를 동시에 진단할 수 있다는 사실을 참조할 것. 제11장의 DSM-IV-TR 메모 참조). '배제'는 상기시켜주는 메모 또는 진단이 (현재) 고려사항으로부터 결정적으로 확인되거나 제외되도록 하는 정보를 계속해서 탐색하기 위한 지침으로 생각될 수 있다. 다시 말해서, 이 용어는 DSM에서 사용되지는 않지만 임상 보고서와 지역사회 기관의 차트 메모에서 접하게 될 것이다.

진단 순서

복수진단이 내려지는 경우, 현재 통용되고 있는 방식은 임상적 중요성 또는 예견되는 임상적 주의 순으로 진단명을 기입하는 것이다. 또한 첫 번째로 기입되는 진단은 보통 평가 이유에 관한 것이다. 이것은 평가로 이어진 호소문제(들)에 대한 개념화 또는 이해다. 그러나 일부 사례들의 경우, 첫 번째 (가장 중요한) 진단은 평가 이유는 아닐 것이다. 이러한 예에서 편람은 검사자가 의뢰와 연관된 진단 다음에 '(주 진단)' 또는 '(방문 이유)'를 기록하도록 하고 있다(적용 메모 2 참조).

진단의 신뢰수준

편람에서는 특정 진단에의 도달에 있어서 신뢰 대 불확실성 수준의 변이가 허용된다. 불확실한 사례의 경우, 진단에 있어서 덜 확실하다는 것을 나타내기 위해 진단명 다음에 '(잠정적)' 명시자를 붙인다. 예를 들면, 적대적 반항장애 진단에는 적어도 6개월에 걸쳐 화남/과민한 기분, 논쟁적/반항적 행동, 또는 앙갚음 등의 8가지 증상 가운데 적어도 4가지 패턴이 필수로 요구된다. 만일 8가지 증상 중 3가지에

> ## 적용 메모 2. '주 진단'/'방문 이유'
>
> 특정한 진단들 중에서 평가의 이유가 되는 것을 확인하는 데는 두 가지 방식이 있다. 첫째, 더 이상 구체화될 것이 없다면, 첫 번째 수록된 진단이 평가 이유와 일치한다고 가정하는 것이다. 둘째, 다른 진단이 접촉사유인 경우에는 두 가지[통원환자 장면에서의 '(방문 이유)' 또는 병원이나 다른 입원환자 장면에서 '(주 진단)'] 중 하나로 기록된다. '(주 진단)'은 아동 또는 청소년이 몇 가지 진단을 받았는데, 병원에 입원 결정이 첫 번째로 기록된 진단을 근거로 내려지지 않을 때의 입원 사유를 뜻한다. 이러한 구분에도 불구하고, 독자들은 '(주 진단)'이라는 문구가 흔히 입원환자와 통원환자 장면에서 많은 전문가들이 접촉사유를 표시하기 위해 사용되고 있다는 사실을 금방 알게 될 것이다.

대한 명백한 증거와 명백한 기록문서가 없는 네 번째 증상의 조짐이 있다면, '적대적 반항장애(잠정적)' 진단이 내려질 수 있다.

'잠정적'이라는 문구사용의 요점은 필수로 요구되는 특성이 발현되고 있고, 이와 마찬가지로 후속 자료가 입증할 것이라고 검사자가 생각하고 있다는 것이다. 이러한 지정은 달리 명시된 또는 명시되지 않는 파괴적 행동장애의 사용과 대치될 수 있다. 검사자가 달리 명시된 또는 명시되지 않는 파괴적 행동장애로 진단하는 경우, 이는 검사자가 정신장애의 증거가 있고 정신장애의 일반적인 유형이 파괴적 행동장애의 핵심적 특징에 부합된다고 확신하고 있지만, 추가적인 정보가 적대적 반항장애(또는 달리 정의된 파괴적 행동장애)의 패턴에 합치될 것으로 확신하지 않고 있음을 의미한다.

진단기록 방법

DSM-5의 진단범주는 진단기준과 진단명(예, 신경성 폭식증)으로 정의된다. 각 진단범주와 연관된 것은 2가지 형태의 숫자로 표기되는 부호다. 첫 번째 4자리 또는 5자리 숫자[3자리 숫자 다음에 소수점을 찍고 하나 또는 2자리 숫자를 붙임(예, 307.51)]는 특정한 정신장애에 대해 **국제질병분류체계, 임상수정판(ICD-9-CM)**에서 사용되는 부호가 제공된다. 두 번째 알파벳과 숫자로 표기되는 4글자로 된 부호(알파벳 한 글자 다음에 2자리 숫자를 쓰고, 소수점을 찍은 다음에 한 자리 숫자를 붙임)는 해당 장애에 대해 **국제질병분류체계, 제10판**(ICD-10)에서 사용되는 부호가 제공된다. 제9판과 제10판 부호 둘 다 포함시키기로 한 결정은 개업 임상가들이 제10판을 일상적인 도구로 사용해야 한다는 인식의 전환이 아직 이루어지지 않았다는 판단 때문이었다. 그러나 DSM-5의 저자들은 개업 임상가들이 곧 제10판을 일상적으로 사용할 것으로 예견하고 있다. ICD-9-CM과 ICD-10의 부호는 진단기준(예, '307.51 [F50.2] 신경성 폭식증', p. 345/371) 또는 진단부호가 제시된 명시자에 의해 결정되는 경우에 진단기준의 부호 메모에 제시되어 있다(예, 신경성 식욕부진증에 대한 ICD-9-CM 부호는 307.1이고, 이 장애의 ICD-10 부호는 아형, 즉 신경성 식욕부진증 제한형은 F50.01, 신경성 식욕부진증 폭식/제거형은 F50.02임. p. 339/364). 추가로, 모든 진단의 장애명, ICD-9-CM 부호, ICD-10 부호는 요약 개관('DSM-5 분류', pp. xiii-xl/xiv-xliii)과 'DSM-5 진단 및 부호(ICD-9-CM과 ICD-10)의 알파벳순 목록'(pp. 839~862/920~954)이 들어 있는 부록에 제시되어 있다. 이러한 부호들은 또한 ICD-9 CM의 863~876쪽과 ICD-10의 877~896쪽의 이러한 각각의 부호체계를 위한 분리된 부록에 숫자로 표기되어 있다.

모든 DSM-5 진단들은 ICD-9-CM 진단에 합당하다. 그렇지만 모든 DSM-5 진단범주가 ICD-9-CM에 들어 있음을 의미하는 것은 아니다. ICD-9-CM 부록을 검토해보면, 많은 DSM-5 진단들이 동일한 숫자 부호로 되어 있음을 알 수 있다. 즉, DSM-5에서 구분해 놓은 것들 중에는 ICD-9-CM에서는 단일 범주로 합쳐진 것들도 있다. 이와 유사한 패턴은 DSM-5와 ICD-10 부호들 간의 관계에서도 찾을 수 있다. ICD-9-CM과 ICD-10에는 DSM-5에는 없는 진단들이 수록되어 있다. 관련된 문제 영역별로 DSM-5의 달리 명시된 및 명시되지 않는 장애의 진단은 흔히 이러한 경우의 진단에 사용된다. 또 다른 예로는 'V 부호'(정신장애는 아니지만 임상적 중요성이 있는 진단범주)는 DSM-5보다 ICD-9-CM에 더 많이 수록되어 있다. 보험이나 정부 변제를 받기 위해 제출해야 하는 모든 서류는 ICD-9-CM의 숫자로 표기된 부호를 토대로 작성되어야 한다(미국에서는 곧 ICD-10 부호로 변환될 것임. 제3장의 부호 메모 1. ICD-10의 시사점 참조). 이러한 부호들은 DSM-5에 편리하게 수록되어 있어서, 대부분의 경우 학교심리학자들은 ICD-9-CM을 따로 구비할 필요가 없다.

앞서 언급한 바와 같이, 조만간 미국보건사회복지부는 **국제질병분류체계, 제10판**

(ICD-10)의 부호 사용을 요구하게 될 것이다. ICD-10의 몇 가지 버전이 이미 출간되었다. ICD-10은 정신장애와 일반적인 의학적 상태에 대해 이용 가능한 부호의 수를 크게 확장하고 있다. 이러한 범주 확장의 역학에는 순수하게 숫자로 표기된 부호(001~999)로부터 알파벳과 숫자로 된 부호(A00~Z99) 체제로 옮겨가는 것이 포함된다. ICD-9의 경우처럼, 정신건강 문제에 관한 부호의 대부분은 여전히 제V장에 남아 있지만, ICD-10 부호는 알파벳 F로 시작된다(ICD-9에서처럼 290과 319 사이의 숫자가 아님). 예를 들면, 신경성 폭식증은 ICD-10에서는 F50.2로 부호화된다. 모든 DSM-5 범주는 ICD-10에서는 합법적인 진단이지만, 재차 말하건대, 완벽하게 일치하는 것은 없다. 예를 들면, ICD-10에는 DSM-5에 없는 '신경성 폭식증, 비전형적임, F50.3'(World Health Organization, 1993)이 있다(달리 명시된 섭식장애, [낮은 빈도수와 제한된 기간의] 신경성 폭식증으로 분류될 것임).

다른 자원들로부터의 진단적 인상에 대한 해석

진단적 분류의 목적이 아동 또는 청소년에 관한 최대한 많은 정보를 소통하기 위함이라는 점에서, 진단개념화 과정에서 다른 전문가들의 정보를 고려해보는 것은 분류에 있어서 가치 있는 일이다. 학교심리학자들은 흔히 다양한 자원과 관점들로부터의 자료를 분석하는 위치에 있다. 이러한 자료에는 일상적으로 부모, 교사, 학교에서 근무하는 다른 성인들의 보고 내용뿐 아니라 행동평정척도 점수, 인지·학업성취검사 결과, 교실에서 실시된 표준화된 검사점수, 성적, 아동과의 면담결과 등이 포함된다. 또한 점차 학교시스템 외부의 전문가들로부터의 보고 자료들이 유입되고 있는 실정이다. 임상 또는 학교심리학자들로부터의 독립적인 심리평가, 언어능력과 청각에 관한 보고서, 신경과 전문의, 신경외과 의사, 정신과 의사들의 퇴원환자 요약서 또는 사례일지, 청소년 법정 직원들로부터의 사회적 과거력 보고서, 화학물질 의존 프로그램 평가서 등과 같은 자료들은 아동·청소년 대상의 학교심리학자들의 데이터베이스 일부가 될 것이다. 이러한 전문가 중에는 아동의 상황에 대한 인상 요약을 소통하기 위해 DSM-5 형식을 사용하는가 하면, DSM 언어로 표현된 제3의 자원들로부터의 인상을 전달해야 할 전문가들도 있을 것이다. 많은 학교심리학자들은 이미 다양한 분야의 전문가들 사이에서 DSM-5의 폭넓고 다양한 임상적 활용에 익숙해질 것이다. 이러한 접근은 우리 각자로 하여금 최대한 명확한 진단개념화를 하고, 진단적 인상을 뒷받침하는 징후와 증상의 단서로 여겨지는 자료 수집을 위한 동기부여의 원동력이 될 것이다.

적어도 단기적 측면에서 과거 기록을 검토하는 경우, 검사자는 DSM의 이전 판들(즉, DSM-IV, DSM-IV-TR)로부터 진단을 마주하게 될 수 있다. DSM-5의 첫 번째 부록에는 DSM의 제4판에서부터 제5판(pp. 809~816/893~900)까지의 진단 범주에 있어서의 변동사항에 대해 일반적으로 논의된 내용이 수록되어 있다. DSM-IV-TR의 부록 D의 'DSM-IV-TR에 있어서의 변동사항에 대한 주석이 달린 목록'(pp. 829~843) 역시 이와 동일한 목적으로 사용되었다. 우리는 가끔씩 사무실에 DSM의 이전 판들을 구비해 놓을 가치가 있음을 깨닫곤 한다.

2

호소문제 평가를 위한 지침

서론

심리서비스에 의뢰된 아동·청소년에 대한 평가는 대상 아동에 대해 전문가의 주의를 끌게 한 호소문제로 시작한다. 아주 흔히, 청소년의 성인 보호자들은 아동의 행위, 수행 및/또는 정서에 대해 우려의 목소리를 낸다. 이로써 진단개념화 과정이 시작된다. 호소문제는 진단의 가능성을 제기하는 동시에 진단 가설의 정교화를 위한 조사 영역을 암시한다. 후속자료가 수집되면서 아동의 적응에 관한 임상상이 점차 상세히 그려지게 된다. 진단적 분류의 목적은 평가자료 내에서의 가장 중요한 패턴을 인식하고, 아동 또는 청소년의 적응, 기능, 문제에 관해 가장 도움이 되는 정보를 가장 잘 설명하는 진단(들)을 할당하는 것이다.

이 책의 이 부분에서는 보호자들의 가장 흔한 호소내용의 일부에 대해 DSM-5 진단이 어떻게 배정되는지에 대해 살펴볼 것이다. 이에 대한 논의는 주제별로 이루어질 것이다. 문제의 넓은 영역—즉, 행동화 또는 외현화된 행동문제—에서 시작해서, 잠재적 관련성이 있는 진단범주에 대해 논의될 것이다. 우선적으로 고려할 진단범주는 보통 가장 두드러지거나 가장 자주 적용되는 것들이다. 이어서, 상대적으로 대안적 가능성이 낮은 진단범주들에 대해 차례로 논의될 것이다. 보통 DSM-5 내의 여러 장들로부터 추출된 가능한 진단들에 대해 검토할 것이다. 그 이유는 인간의 문제는 오직 한 가지 진단개념화가 첫 접촉으로부터 명백할 정도로 단순하고 간단한 경우는 드물기 때문이다. 우리의 1년차 대학원생들이 DSM-5 체계에 대해 배우기 시작하면서 이들 사이에 흔히 발생하는 혼란과 좌절의 근원은 "여러분은 시작부터 이 모든 걸 알아야 합니다."라는 말이다. 실제로, 검사자는 일반적으로 전체 분류체계와 체계의 논리에 대해 잘 알고 있을 필요가 있다. 왜냐하면 각 사례에 대해 DSM-5의 일부 영역들로부터의 감별진단이 고려될 필요가 있기 때문이다. 이러한 어려움을 다루기 위해 DSM-5에는 각 진단에 '감별진단' 절이 마련되어 있다. 퍼스트(First, 2014)는 평가자가 가장 가능성이 높은 선택에 대해 생각하도록 돕고, 고려 중인 진단들 사이의 중요한 차이점을 정리해주기 위해 감별진단을 위한 고려사항에 관한 자료를 정리해 놓았다. 우리는 이 책의 조직이 독자들로 하여금 DSM-5 틀에 대해 신속하게 익숙해지도록 돕는 한편, 이러한 이해가 분류체계의 효율적인 활용에 도움이 되기를 바란다.

이러한 목표 달성에 도움이 되기 위해서는 본문을 비교적 간단하게 집필할 필요가 있었다. 이러한 간결성은 다음 몇 가지 방법으로 달성되었다. 구체적인 진단에 관한 논의는 문제의 패턴, 경과, 변형에 관해 많이 알려져 있는 경우에도 아주 간결하게 기술하였다. 실제로 많이 알려져 있고 그 문제가 대부분의 개업 심리학자들에 의해 잘 이해되고 있는 특정 문제의 경우, 이렇게 잘 알려진 지식은 반복하지 않았다. 여기에서의 목적은 청소년들에게 있어서의 행동·정서 문제에 대한 일반적인 논의는 하지 않는 것이다. 아동 정신병리에 관한 좋은 교재들이 있다. 특히 매시와 바클리(Mash & Barkley, 2014)는 DSM을 아동기 문제의 평가·치료에 관한 논의의 틀로 사용하고 있다. 이 책의 이 부분에서 우리는 DSM-5의 범주에 대해 기술하고, 관련된 진단적 쟁점을 명료화하며, 임상 정보가 DSM-5에서 어떻게 제시되는지를 보여준다.

많은 전문적 제시로부터의 또 다른 출발은 의도적으로 참고문헌의 인용을 적게 하는 것이다. 비교적 논란거리가 되지 않는 행동문제에 관한 진술은 단순하게 제시되어 있다. 제시된 참고자료는 특별히 결과와 관련이 있거나, 최근의 경험적 연구를 대표하거나, 때로 심리학사의 흐름에 있어서의 고전적인 위상 때문에 선택되었다. 우리의 개인적인 전문적 경험에 근거한 의견과 결론은 마찬가지로 미력하나마 우리의 능력이 미치는 한도 내에서 확인된 것들이다.

05

지적능력과 인지 문제

개관

지적능력과 인지에 관한 문제는 DSM-5에서는 3가지 영역인 ① 지적발달장애(종전의 정신지체), ② 전반적 발달지연, ③ 신경인지장애에서 일차적인 초점이 되고 있다(V 부호의 하나인 '경계성 지적기능' 역시 일부 사례에 적용할 수 있음). 첫 번째 2가지 영역은 DSM-5의 신경발달장애 장에서 찾을 수 있는 반면, 세 번째 것은 신경인지장애에 관한 분리된 장에서 다루고 있다. 신경인지장애 장에서는 이전에 기질적 정신장애로 알려졌던 장애들에 대해 다루고 있다. 응용심리학자들은 이러한 영역에 있어서 아동 평가에 기여할 준비가 잘되어 있다. 그렇지만 DSM-5의 신경인지 문제(예, 섬망Delirium)에 대한 진단의 사용은 학교심리학자들의 가장 큰 '(활동 범위의 확대를 위한) 스트레칭'의 하나가 될 수 있다.

지적기능이 공식적인 심리측정이 언급되거나 처방되는 DSM-5의 일부 영역들 중 하나라는 사실을 인식할 필요가 있다. 그러나 이러한 영역에서조차 여전히 검사자의 임상 평가와 판단이 강조되고 있다. 공식적인 검사가 판단 범위 내에서 한계를 설정할 수 있겠지만, 최적의 진단적 분류 결정에 있어서 검사자의 일차적 책임을 대체·대신할 수는 없다. 이러한 장단점과는 별개로, 이전 판들과 마찬가지로 DSM-5는 평가에 관한 편람일 뿐, 검사에 관한 편람은 아니다.

지적장애 및 관련 문제

지적장애의 정의와 하위분류체계

종전에 정신지체(저자 논평 2 참조)로 불렸던 지적장애는 DSM-5에서는 진단에 관한 논의가 거의 요구되지 않는다. 학교심리학자들은 DSM-5에서 지적장애의 개념화에 아주 익숙하다는 사실을 알게 될 것이다. 왜냐하면 이 장애가 이전의 미국정신결함협회에서 세 부분으로 나눈 개념(① 정상 미만의 지적기능, ② 한 가지 또는 그 이상의 영역에서의 적응행동 손상, ③ 아동기 또는 청소년기 발병)을 기반으로 이루어져 있기 때문이다(Grossman, 1983; Heber, 1959, 1961)(적용 메모 3 참조). DSM-5의 대부분의 다른 진단범주들과는 달리, 지적장애 진단에는 명시적으로 표준화된 검사가 필수로 요구된다. 이 경우, DSM-5에서는 적어도 평균치에서 2 표준편차 미만(측정오차 ±5점)인 IQ를 산출하는 개별적인 표준화된 검사가 필수로 요구된다. 이 기준은 지적 결손에 있어서 다른 분류체계들과 일치하는 것이다.

DSM-5에서 지적장애의 하위분류는 적응기능 결함의 심각도만을 근거로 이루어진다(적용 메모 4 참조). 미국지적발달장애협회(AAIDD; Schalock et al., 2010)에

> ### 저자 논평 2. 지적장애 꼬리표 붙이기
>
> 우리는 '정신지체'에서 '지적장애'로의 명칭 변경이 참으로 불행하고 조언이 잘못 이루어졌다고 생각한다(다채로운 형용사들이 많이 있었지만, 편집위원장과 변호사들이 이러한 명칭들을 사용하지 못하게 함). DSM-5의 저자들은 이러한 변화가 '정신지체'라는 용어가 경멸적이고 상처를 준다는 사실을 반영한 것이라고 한다. 이들의 주장은 이러한 관찰에 있어서는 확실히 맞다. 이들의 해법은 임상적으로 중립적이고 감정을 상하지 않게 하는 새로운 '명칭'을 사용하는 것이었다. 만일 정신건강 역사 전체를 이해하지 못한다면, 이러한 명칭 변경이 괜찮을 거라고 생각할 수 있다. 그러나 그렇지 않다. 이전에도 반복적으로 시도된 적이 있지만, 한 번도 효과가 있었던 적이 없었기 때문에 우리는 이렇게 단호히 말한다. '멍청이', '백치', '바보 천치' 따위의 말들이 인

지적 불리함 수준을 논의하기 위해 사용된 임상 용어였던 시기가 있었다. 이러한 용어들은 어느 순간부터 법조계와 정치인들에게 던져진 언어적 암초가 되었다. 이러한 상처를 주는 경멸적인 용어들은 '정신결함'이라는 중립적인 임상적 용어로 대체되었다. 이 역시 결국 상처를 주게 된다는 주장에 따라 "정신지체"로 대체되었다. 언어의 불쾌한 부분을 제거하기 위한 초기 시도는 '정신지체'를 '발달장애'로의 대체를 옹호하였다. 이 명칭이 대체된 지 얼마 되지 않아, 우리 중 한 사람은 놀이터에서 한 아동이 다른 아이에게 "야, DD(발달장애의 약어로, '발달장애아'라고 놀리는 말 — 역자주)."라고 부르는 소리를 들었다.

문제는 용어가 아니다. '정신지체'는 현재 논의 중인 현상을 완벽하게 수용 가능하고 정확하게 기술하고 있는 용어. 지적장애가 있는 사람들 거의 대부분의 공통적인 특징은 이들이 배우거나 무엇을 할 수 없는 것이 아니라, 얼마나 빨리 배울 수 있고 어떤 상황에서 특정 기술을 습득할 것인지에 관한 것이다. 이들의 학습은 느리다. 그리고 이들은 최적의 교수적 접근으로부터 훨씬 더 많은 혜택을 누리고 있다. 우리는 이 용어가 '지적장애'보다 표면적으로도 훨씬 더 기술적이고 본질적으로 덜 제한적이라고 주장한다.

실질적인 문제라면, 우리는 개인차의 현실에 직면할 필요가 있다는 것이다. 즉, 우리는 모두 똑같지 않다는 것이다. 이러한 현실은 이 세상에 흥미와 가능성 둘 다를 가져다주는 동시에, 편견, 차별, 고정관념, 그리고 기타 문제에 대한 기회가 된다. 우리는 이러한 차이점을 실제로는 차이가 거의 없게 만들기 위해 애쓰고 있다(예, 피부색). 우리는 현실세계에 실제로 존재하는 차이(예, 인지능력)로 인한 문제가 있다는 사실은 그리 놀라운 일이 아니다. 개념적 기능에 있어서 차별화하기를 원하는 용어들을 접하기까지, 우리가 가장 낮은 분포로 사용하는 용어는 어떤 것이라도 우리 문화에 의해 우리를 속상하게 하는 사람들에게 던져지는 '언어적 암초'로 재빨리 흡수될 것이다. '정신지체'에서 '지적장애'로의 용어 변경은 좀 더 깊은 쟁점에 대한 겉치레에 불과한 해법이다. 이에 대한 대가는 실제로는 아무것도 하지 않았음에도 불구하고 이러한 변화를 통해 우리가 마치 문제를 해결한 것처럼 착각하는 것이다. 이미 언급된 바와 같이, 용어는 변경되었고, 개업 임상가들은 새로운 문구로 옮겨갈 필요가 있을 것이다.

적용 메모 3. 지적장애와 발달 : 발병연령 기준

DSM의 이전 판들과는 달리, 제5판에서는 발달시기 동안의 발병에 대한 보다 흔한 진단기준을 위해 18세 이전에 발병해야 한다는 진단기준을 폐지하였다. 개업 활동 중인 학교심리학자들에게 있어서, 이러한 변화는 지적장애에 대한 DSM 정의를 AAIDD가 채택한 정의뿐 아니라 IDEA의 상세한 정의와도 보다 밀접하도록 조정된 것이 된다. DSM에서는 만일 둘 다 발달시기 동안 발현된다면, 지적장애 진단이 결손의 다른 유형들(예, 외상성 뇌손상 또는 기타 신경인지장애)과 함께 배정될 수 있게 하고 있다. 또한 DSM에서는 조기 및 지속적 개입과 지지는 이 진단의 제거로 이어질 수 있다는 점을 인정하고 있다.

의해 가장 최근에 개정된 지적장애의 정의에 대해 DSM-5에서는 인지능력이 아니라 하위분류에 관한 결정을 적응기능 결함수준의 근거로 삼았다. 즉, DSM-5 사용자들은 개념적·사회적·실행적 영역에서의 기능을 근거로 심각도를 명시해야 한다(전문가 메모 2 참조). DSM-5에는 한 가지 또는 그 이상의 영역에서의 기능이 다른 영역에서의 것과 다른 경우에 있어서의 결정 규칙에 대한 지침이 제공되어 있지 않다는 점에 주목할 필요가 있다. 대신, 검사자들이 이러한 결정에 있어서 임상적 판단을 내리도록 권장하고 있다(저자 논평 3 참조).

지적장애의 유전학적·생리학적·신경학적 기반에 대한 이해에 있어서의 진보는 결국 대규모의 고도로 이질적인 인구에 대한 우리 견해가 더욱 명료해지는 결

적용 메모 4. DSM-5 지적장애의 하위분류 : 심각도 수준

DSM-5에서 지적장애의 하위분류는 개념적·사회적·실행적 영역에서의 기능 수준을 기반으로 이루어진다. DSM-5에는 필수로 요구되는 지원수준에 의해 정의되는 4가지 구체적인 집단(경도, 중등도, 고도, 최고도)이 제시되어 있다. 또한 DSM-5에는 다른 발달단계에서의 발현에 관한 지침이 제시되어 있다. 심각도가 경도로 분류된 학령전 아동들은 개념적 영역에서는 거의 또는 아무런 차이를 나타내지 않을 수 있지만, 학교에 입학하게 되면서 학습문제가 뚜렷해질 수 있다. 성인기가 되면, 추상적 사고보다는 구체적 사고와 함께, 학습기술의 적용에 있어서 결손이 나타날 가능성이 높다. 사회적 영역에 있어서 심각도가 경도로 분류된 사람들은 또래들에 비해 의사소통, 언어, 대화, 그리고 정서조절에 있어서 미성숙하고 기술이 부족해 보일 가능성이 높다. 심각도 명시자가 경도로 분류된 사람들의 경우, 실행적 영역에서의 차이는 성인기까지는 덜 뚜렷할 것이다. 이때가 되면 흔히 의학적, 법적, 직업적, 그리고 자녀양육 책임에 있어서의 지원이 요구될 가능성이 높다.

중등도 심각도 수준으로의 분류는 지연된 언어와 학업전 기술을 나타내는 학령전 아이들에 대해 명시된다. 학교에 입학하게 되면서 중등도 범위로 분류된 아동들은 주요 학업영역(즉, 읽기, 쓰기, 수학)과 화폐 및 시간의 이해에 있어서 느린 진척을 보인다. 심각도 수준이 중등도인 사람들의 경우, 개념적 발달은 기껏해야 초등학교 수준에서 절정을 이룰 것으로 예견된다. 따라서 일상적인 개념적 과업에 지원이 요구된다. 사회적 영역에서는 전형적인 또래들에 비해 의사소통과 사회적 기술에 있어서 뚜렷한 차이가 예견된다. 이러한 차이는 모든 관계에서 뚜렷하고 고용 유지와 생활상의 결정을 위해 지원이 필수로 요구될 가능성이 높다. 실행적 영역에서는 개인이 개인적 욕구(예, 위생, 배변, 섭식, 옷 입기)에 있어서 독립을 성취하려면, 보통 장기간의 훈련과 지원이 요구된다. 성인기에는 감독관, 동료직원, 그리고 다른 사람들로부터의 추가적인 지원과 함께 고용이 가능하다. 중등도 명시자로 지정된 사람들 중 소수에게서 부적응행동이 나타날 수 있다.

고도 명시자는 글로 된 언어, 시간, 그리고 화폐를 거의 이해하지 못하면서 제한된 개념적 및

의사소통 기술을 지닌 사람들에게 배정된다. 고도 명시자로 분류된 사람들은 평생 동안 일상생활의 제반 활동(예, 위생, 섭식, 배설)과 의사결정 등에 있어서 광범위한 지원이 필수로 요구된다. 고도 명시자가 배정된 사람들 중 적잖은 소수민족들에게서 부적응행동이 나타난다.

최고도 명시자는 구체적인 대상에 한정된 개념적 기술을 지닌 사람들에게 배정된다. 이 명시자로 지정된 사람들의 의사소통은 대개 비언어적이고 비상징적이다. 실행적 지원의 필요성 측면에서 최고도 명시자는 일상생활의 모든 측면에서 광범위한 도움이 필수로 요구되는 상태를 가리킨다. 이 하위범주에서는 동반 발생하는 신체 및 감각 손상뿐 아니라 부적응행동도 관찰된다.

이러한 주요 진단 외에도, 밀접하게 관련된 3가지 DSM-5 범주(① 전반적 발달지연, ② 명시되지 않는 지적장애, ③ 경계성 지적기능)가 있다. 전반적 발달지연 진단은 임상 심각도가 신뢰성 있게 평가될 수 없는 5세 이하의 아동들에게 한정된다. 이에 비해, 명시되지 않는 지적장애의 진단은 감각, 운동, 행동 및/또는 정신건강 쟁점들로 인해 능력 평가가 어렵거나 불가능한 5세 이상의 사람들에 한해서 적절하다. 따라서 명시되지 않는 지적장애는 지적장애의 증거가 강하게 추정되지만, 수용 가능한 지적기능의 측정방법이 없는 경우에 대해 적용된다(내담자가 검사를 받을 수 없거나, 비협조적이거나, 달리 평가가 불가능한 상태인 경우). 이 진단이 마련됨으로써 DSM-5는 상당히 유연해졌지만, 동시에 검사자의 지적 정직성이 요구되는 상황이 되었다. 이 진단의 의도는 평가가 쉽지 않은 경우에 '손쉬운 타개책'을 제공하기 위한 것은 아니다. 특정한 아동 또는 청소년(또는 성인)이 수용 가능한 심리측정학적 특성을 갖춘 양적 도구로 타당성 있게 평가될 수 없는 시기의 결정은 온전히 검사자에게 달려있다.

진단에 대한 차원적 · 경험적 접근을 채택하기 위한 시도의 일환으로, DSM-5에는 경계성 지적기능에 대한 V 부호도 포함되어 있다. 이 범주는 인지 및 적응 기능이 치료와 관련되지만, 지적장애의 진단기준에는 부합되지 않는 사람들에게 적합하다.

저자 논평 3. 지적장애의 심각도 수준

전형적으로, 과거의 지적장애 분류체계들은 심각도를 기반으로 하위분류로 세분화되었다. 이러한 추세는 DSM-5에서도 계속되고 있지만, 심각도에 대한 평가방법은 변경되었다. 과거의 DSM 분류는 IQ 검사 결과를 기반으로 이루어진 반면, 현재의 접근은 적응 기능의 3가지 영역(개념적, 사회적, 실행적)을 고려한 것을 기반으로 경도, 중등도, 고도, 최고도로 분류하는 것이다. DSM-5(p. 34∼36/34∼35)에 있는 표 1에는 각 심각도 수준에 따른 적응기능 영역에 관한 기술들이 매트릭스 형태로 제시되어 있다. 이러한 변화에 대한 근거는 지능검사 결과보다는 적응기능이 필요로 하는 지원 수준의 결정요인이라는 것이다. 이처럼 중요해진 적응행동의 위상은 AAIDD 분류체계 최근 판의 IQ 수준에서 벗어나는 근거였다(Schalock et al., 2010). 또한 DSM 본문에는 IQ 측정이 점수의 낮은 범위에서는 타당도가 낮다는 저자들의 주장이 제시되어 있다. 이 두 번째 주장은 논란의 여지가 있다. 즉, 우리는 지적 결함이 실제로는 가장 낮은 범위에서 더 안정적이고 타당하지만, 이러한 낮은 점수들에 대한 우리의 측정치는 부실하다고 반박할 것이다. 아마도 이렇게 비교하는 것은 트집 잡는 것일 수 있다. DSM은 적응행동에 대한 임상적 판단을 병행해왔는

데(대안적인 측정도구의 예로는 내담자 및 기관계획검사Inventory for Client and Agency Planning, 바인런드 적응행동척도Vineland Adaptive Behavior Scales, 독립적 행동척도Scales of Independent Behavior, 적응행동 평가체계Adaptive Behavior Assessment System가 있음), 어쨌든 좋다. 그리고 초점을 맞추고 있는 3가지 영역을 고려하는 데 도움이 되는 매트릭스를 제공하고 있는데, 이 역시 좋다. 그러나 사용법에 대해서는 아무런 언급이 없다.

3가지 영역에 있어서 아동의 수행에 대한 우리의 판단이 일치되지 않는다고 가정해보자(개념적 영역은 최고도, 사회적 영역은 경도, 실행적 영역은 중등도). 어떻게 해야 하는가? 심각도 수준을 어떻게 배정해야 하는가? 완벽하게 합리적인 결정규칙에 따른 숫자가 제공될 수 있어야 할 것이다[즉, ① 최고치 : 여기서는 야심적 논쟁과 일부 자료가 제공될 수 있음, ② 최저치 : 가장 제한적인 요인을 알고 있을 필요가 있음, ③ 평균치 : 비공식적으로 또는 수준에 대해 값을 할당해서 어림셈에 의해 산정함, ④ 3가지 영역 중 하나에 우선 배정하거나 우선순위의 등급을 할당함(예, 실용성은 장기적인 성과에 있어서 가장 중요하므로, 의견이 불일치하는 경우에 이 척도를 사용한다. 다른 주장들이 이 3가지 영역 중 각 영역에 대해 앞선 것일 수 있음을 인정한다)]. 이들 중 어떤 것이든지 불일치 사이에 판정방법에 관한 명확한 지침 '역할을 했을' 것이다. 우리 모두는 맘에 드는 답변을 들을 수 있었을 것이고, 이러한 선택권의 채택 여부에 따라 기쁠 수도 있고 슬플 수도 있을 것이다. 그러나 결과에 관계없이 우리는 우리가 이러한 결정을 내려야 한다는 것을 알고 있었어야 했을 것이다. 대신, 우리는 임상적 결정을 내려야 할 입장에 있다. DSM 저자들은 임상적 결정과 책임의 필요성을 강조하고 있다. 우리는 이 주장에 전적으로 동의한다. 그러나 이러한 결정은 신뢰할 만한 위치에 있지 않았다. 그것은 결정을 내리기 위한 위치였을 뿐이었다. 이 일이 완수되어야 하는 방법 전반에 대해 우리에게 말해 달라. 그리고 DSM-5.1 또는 6 또는 그 어떤 것의 준비에 있어서 이 일이 어떤 결과를 산출하는지 살펴보라. 우리는 여기서 명확한 결정규칙의 결여가 인상에 의존하는 (신뢰할 수 없는) 판단에 영향을 미칠 것으로 예견한다.

전문가 메모 2. DSM-5와 AAIDD의 지적장애 정의

지적장애에 대한 AAIDD와 DSM-5의 정의에는 이전의 개념화에서 밝혔던 3가지 기본 요소가 그대로 남아 있다(① 심각한 평균 이하의 지적기능, ② 적응적 기술 영역에 있어서의 관련된 제한점, ③ 발달시기 동안의 발병). 그러나 DSM의 이전 판들에 비해, 지적장애에 대한 DSM-5에서의 정의는 AAIDD의 지적장애 개념과 더 일치되고 있다. 즉, AAIDD처럼 DSM-5에서는 적격성 결정 시의 지적기능과는 대조적으로 한 가지 또는 그 이상의 일상생활 활동에서의 적응기능 결손에 우선순위를 두고 있다. 따라서 보다 큰 강조점은 적응행동에 있어서의 결손에 두고 있고, 하위분류는 지적장애가 있는 사람들의 적응을 극대화하는 데 필요한 지원의 강도에 기반을 두고 있다.

사소한 강조점의 이동처럼 보이는 실행적 시사점은 잠재적으로 매우 중요하다. 왜냐하면 적응행동에 더 주목함으로써 이처럼 중요한 적응 영역에 대한 타당하고 신뢰할 수 있는 측정에 대한 요구가 더 커지게 되기 때문이다. IQ 검사에서 70~75점 사이의 점수를 받은 사람(그리고 적응행

동에 있어서 임상적으로 심각한 손상이 있는)이 지적장애가 있는 것으로 분류될 수 있는 가능성
은 잠재적으로 어마어마한 시민 인구에 대한 공식적인 분류에 영향을 미칠 수 있다. 검사에 의한
지능보다 지원수준을 근거로 지적장애의 하위분류를 하는 것은 근본적으로 이전의 분류체계에서
사용되던 표준화된 방법에서 벗어날 뿐 아니라, 아직 신뢰성·타당성이 입증되지 않은 방법이 요
구된다. DSM의 이전 판들에서처럼, 지적장애 심각도의 4가지 수준은 그 경계가 모호하다. 진단
과 하위분류 결정을 위해 3가지 기능 영역의 비중을 어떻게 두어야 하는지에 대한 지침도 없다.
진단에는 적어도 한 가지 일상생활 활동에 있어서 결함 또는 손상된 효과성이 필수로 요구된다.
그러나 이러한 결함에 대한 결정은 온전히 검사자의 판단에 달려있다. 학교심리학자들은 DSM-5
가 이제 연령에 기초한 진단기준, 즉 발달시기 내에서 다른 진단체계들과 일치하는지를 확인해야
할 것이다.

IDEA 메모 1. 지적장애와 IDEA

지적장애는 IDEA 특수교육 서비스 수혜 자격 여부 확인이 필요한 질환이다. 그러나 이렇게
누가 봐도 알 수 있을 만큼 간단한 진술은 다양한 문서와 실제에 있어서 '지적장애'의 다양한 의
미로 인해 복잡해진다. 일반지능이 평균 이하여야 한다는 여러 주의 정의에 의해 확인된 아동은
정신장애에 속하는 DSM-5의 지적장애 진단에 해당될 수도 있고 그렇지 않을 수도 있다. 치료와
관련된 지적 및 적응 기능에 대한 검사점수가 평균 이하인 아동들은 DSM-5의 정신장애 범주에
속하지 않는 경계성 지적기능에 해당되는 V 부호가 배정된다. 특히 이 범주의 하단부에 속하는
아동의 일부는 IDEA의 '지적장애' 분류 하에 특수교육 서비스 수혜 자격을 얻게 될 것이다. 이러
한 상황은 '학습장애'에 대한 대안적 개념화로 경도 지적장애의 일반적인 패턴을 보이는 일부
아동들을 분류하려는 일부 학군들의 노골적인 경향성으로 인해 혼란이 더욱 가중되고 있다
(Gresham, MacMillan, & Bocian, 1998; Gresham, MacMillan, & Siperstein, 1995).

과로 이어질 것이라는 점은 고려할 가치가 있다(State, King, & Dykens, 1997 참
조). 킹 외(King, State, Shah, Davanzo, & Dykens, 1997, p. 1662)는 지적장애
가 "미국 내에 있는 사람들의 활동을 심각하게 제한하는 만성 질환 중 첫 번째로
꼽힌다(Centers for Disease Control [and Prevention], 1996)."고 밝히고 있다.
이러한 발달과 함께 21세기에 학교 및 임상 심리학자들에게는 흥미로운 도전거리
가 될 것이다. IDEA 메모 1에는 지적장애가 IDEA 서비스 적격성과 어떤 관련이
있는지에 대해 언급되어 있다. 그리고 이어서 전문가 메모 3에서는 지적장애가 교
육가능성의 기대와 어떤 관련이 있는지에 대해 논의된다.

> **전문가 메모 3. 지적장애와 교육가능성 기대**
>
> 정신의학에서 '지적장애'의 전통적인 5-범주 모델(경계성, 경도, 중등도, 고도, 최고도)에 대한 유일하게 심각한 반발은 측정된 인지능력에 의해 정의되었던 3-범주 모델(교육가능, 훈련가능, 보호관찰)이었다. 이 모델은 교육에 있어서 당시 '정신장애 아동mentally handicapped children'이라고 불렸던 아동들을 대상으로 교육가능성에 대한 기대를 정착시키기 위해 개발되었다. 이 진단체계의 본래 목적은 돌봄에 대한 책임 설정이었다. 공법 94-142의 통과를 앞두고, 훈련가능으로 분류된 많은 아동과 보호관찰로 분류된 모든 아동이 무료 공교육에서 제외되었다. 공법 94-142(그리고 이것이 대체된 IDEA)에서는 학업기술에 관한 좁은 초점에서 적응행동 발달이 포함된 보다 넓은 개념으로 '교육'이란 용어를 재정의하였다. 이러한 변화는 지적장애가 있는 아동 대부분을 공교육에 포함시키는 결과로 이어졌고, 교육적 분류체계의 기능적 중요성이 크게 축소되었다. 이 체계에 대한 견해는 하드먼 외(Hardman, Drew, & Egan, 2014)의 논문에서 논의되고 있다. 이들은 교육가능 범위를 IQ검사 점수 55~70으로, 훈련가능 범위를 IQ검사 점수 40~55로 구분하고 있다.

경계성 지적기능

DSM-5 언어에 의하면, 경계성 지적기능은 정신장애가 아니라는 사실을 반복할 필요가 있다. 대신, 이는 '임상적 주의의 초점이 되는 기타 상태' — 임상 평가와 치료를 정당화할 수 있지만, DSM-5의 정신장애의 정의에는 속하지 않는 행동문제와 기타 합병증 — 라는 제목의 장에 있는 범주들 중 하나다(부호 메모 2 참조). 제목에서 짐작할 수 있듯이, 이 장에서는 제한된 인지 · 적응 능력이 개인의 삶에 있어서 몇 가지 해로운 결과를 초래한다는 점을 암시하고 있다. 학교심리학자는 V 부호들이 일반적으로 아동 · 청소년 평가에 있어서 유용하면서도 구체성 · 객관성 결여로 좌절의 원인이 되기도 한다는 것을 알게 될 것이다. 안타깝게도, V 부호의 지속적인 사용을 권장하는 데 도움이 되는 진단기준 세트는 없다.

> **부호 메모 2. 'V 부호'**
>
> DSM-III와 DSM-III-R에서 '임상적 주의의 초점이 되는 기타 상태' 절의 모든 범주에 대한 부호들은 V자로 시작된다. DSM-IV 또는 DSM-5에서는 더 이상 이렇게 하지 않아도 된다. 그렇지만 비공식적인 명칭은 계속해서 자주 사용되고 있다. V 부호는 진단이지만, 정신장애의 진단은 아니다. 이 부호는 전문적 반응을 정당화하는 것이지만, 정신장애의 정의 관련 기준에는 부합되지 않는 상태의 진단일 뿐이다.

연관된 문제와 진단

지적기능 수준이 낮은 아동들은 다른 행동문제의 발생 위험이 높다(Einfeld, Ellis, & Emerson, 2011; Harris, 2006; Whitaker & Read, 2006; Yoo, Valdovinos, & Schroeder, 2012). 지적장애가 있는 아동·청소년들의 공격행동, 자해행동, 상동증적 행동, 과활동성, 언어 문제가 기준 유병률보다 높은 것으로 보고되었다(Aman, Hammer, & Rojahn, 1993; Bregman, 1991; Jacobson, 1982; Scott, 1994). 현재 지적장애로 진단되는 장애가 있는 사람들을 대상으로 6년간 실시된 연구에 의하면, 이들은 심각할 정도로 조현병(DSM-III 기준)으로 과잉 진단된 것을 비롯해서 대표적인 '모든 범위의 정신의학적 진단'을 받은 것으로 조사되었다(Menolascino, 1988, p. 111). 교육자들은 이러한 문제를 이 장애의 일부로서만 설명하기보다는 가급적 지적장애가 있는 아동·청소년들과 연관된 정신건강 문제와 이들의 치료 가능한 정서·행동 장해들을 인식함으로써 이들을 도울 수 있을 것이다. 검사자는 다른 행동문제로부터 지적장애가 있는 아동을 보호할 수 있는 것이 아무것도 없다는 사실을 깨달아야 한다. 이러한 상황은 이러한 문제들이 지적장애와 달리 연관이 없다고 하더라도 마찬가지다. 아동·청소년 적응수준의 부정적 변화는 환경적 스트레스 또는 동반이환된 정신장애 등, 새로운 문제 발생 가능성을 높인다. 발달장애가 있는 내담자들과의 경험에서, 우리는 이들의 수행력이 명백히 악화되었음에도 불구하고 평가에서 간과되었던 주요우울 삽화와 조증 삽화를 보았다. 내담자의 심각한 우울과 초조 문제는 때로 처참한 결과로 이어졌다는 점에서 치료가 가능한 장애로 인식되지 않았다.

경도에서 중등도 지적장애에 있어서, DSM-5의 다른 진단범주에는 합리적으로 적용할 수 있게 되어 있다. 그렇지만 이 진술조차도 바람직한 경험적 데이터에 근거를 두고 있지 않다. 그러나 지적 결함의 심각도 상승과 함께 평균범위에 속하는 지능을 가진 사람들에게 일차적으로 개발된 범주의 타당도에 관한 우려의 목소리도 있다(Einfeld & Aman, 1995). 동시에, 연관된 행동·정서 문제의 가능성은 지적장애의 심각도 증가에 따라 상승하는 것 같다(Campbell & Malone, 1991; Einfeld & Aman, 1995; Einfeld et al., 2011). 지적장애가 있는 아동·청소년들과의 작업에 있어서 우리는 잔류(명시되지 않는 지적장애) 진단을 사용하는 경우가 있었다. 아인펠드와 아만(Einfeld & Aman, 1995)은 지적장애가 있는 청소년들의 행동·정서 증상들에 대해 다변량분석을 통해 일부 일관성 있는 장해의 차원들을 산출하였다. 이러한 영역들에 관하여 DSM-5에 수록되어 있는 잠재적으로 관련된 진단들은 표 5.1에 제시되어 있다.

몇몇 저자들은 지적장애가 있는 사람들에게 있어서의 동반이환된 정신장애에 대한 DSM-5 진단범주의 민감성과 적용가능성을 높이기 위해 진단범주의 개정에 대해 논의했다(King, DeAntonio, McCracken, Forness, & Ackerland, 1994; Reiss, 1994; Szymanski, 1994). DSM-5 진단범주의 수정과 함께, 검사자는 진단의 근거에 대해 분명하고 구체적으로 명시해야 할 책임이 있다. 캐이(Kay, 1989)는 심리측정학적 검사가 지적장애와 정신병 사이의 감별진단에 유용할 수 있다고 제안했지만, 우리는 이에 관한 후속연구가 실행되었는지는 알지 못한다.

킹 외(King et al., 1994)는 지적장애로 진단된 많은 사람들이 단일 진단범주에 잘 들어맞지 않는다는 의견을 제시하고 있다. 다른 진단들 사이에서의 동반이환이 아주 흔하고, 하위증후군 발현 역시 그렇다. 지적장애가 있는 아동은 특정 진단의 기준에 완전히 부합되지는 않지만, 아동의 적응을 상당히 저해하고 상황을 복잡하게 만드는 기분 또는 불안 장애의 양상을 보일 수 있다. 잠정적 및 '배제' 진단은 흔히 지적장애가 있는 내담자의 차트에서 발견된다(King et al., 1994). 앞서 언급한 것처럼, 주요 DSM-5 진단군에서 명시되지 않는 분류의 사용은 기타 행동문제를 보이는 아동·청소년들과의 작업에 도움이 된다는 사실이 입증되어 왔다.

지적장애와 흔히 동반 발생하는 몇몇 장애들에 대해 구체적으로 언급할 가치가 있다. 상동증적 운동(반복적, 비기능성, 그리고 자기자극 운동행동)은 특히 지적장애의 심각도가 높아짐에 따라 흔히 지적장애와 연관되어 나타난다(Campbell & Malone, 1991). 만일 이러한 행동이 치료의 초점이 될 만큼 문제가 된다면, 상동증적 운동장애 진단(제6장에서 논의되었음)이 지적장애 진단과 함께 내려질 수 있다. '자해행동 동반' 명시자는 적용 가능한 경우에 기재되고, 또한 '알려진 신경발달장애와 연관 있음' 명시자도 동반하게 될 것이다. 자해행동은 지적장애의 심각도와 환경적 영향과 연관성이 있다(Campbell & Malone, 1991).

지적장애 진단은 자폐스펙트럼장애 진단과 동시에 내려질 수 있는데, 실제로 이 2가지 장애는 흔히 동반이환된다(제7장 참조). DSM-5에는 자폐스펙트럼장애가 흔히 손상된 지적기능과 연관성이 있다고 기록되어 있다(p. 40/39). 지적장애, 자폐

표 5.1 지적장애가 있는 인구에서 다른 장해 증상에 관해 고려되어야 할 DSM-5 진단

장해 영역	진단/용인 또는 배제되어야 할 상태
신경발달	주의력결핍 과잉행동장애(ADHD) 달리 명시된 또는 명시되지 않는 ADHD
공격적 또는 반사회적 행동	적대적 반항장애 간헐적 폭발장애 품행장애 달리 명시된 파괴적, 충동조절 및 품행 장애 명시되지 않는 파괴적, 충동조절 및 품행 장애 품행 장해 동반 적응장애 정서 및 품행 장해 함께 동반 적응장애 아동 또는 청소년 반사회적 행동 – 이 행동이 정신장애가 아닐 가능성
사회적 위축	자폐스펙트럼장애 사회불안장애(사회공포증) 명시되지 않는 불안장애 불안 동반 적응장애 불안 및 우울 기분 함께 동반 적응장애
기분	파괴적 기분조절부전장애 주요우울장애 지속성 우울장애 월경전불쾌감장애 명시되지 않는 우울장애 우울 기분 동반 적응장애 양극성장애 순환성장애
강박 및 관련 장애	강박장애 수집광 발모광(털뽑기장애) 피부뜯기장애
급식 및 섭식장애	이식증 되새김장애
배설장애	유뇨증 유분증
운동장애	상동증적 운동장애 투렛장애 지속성(만성) 운동 또는 음성 틱장애
명시되지 않는 성격장애	
명시되지 않는 정신장애 (비정신병적)	

스펙트럼장애, 그리고 반복적 자해행동을 보이는 아동은 중요한 임상적 주의의 초점이 되는 자해행동을 포함하고 있지 않다면, 추가로 상동증적 운동장애로 진단되어서는 안 된다.

몇몇 사례에서 지적장애로 진단된 사람은 추후에 정신능력 수준 하락을 겪을 수 있다. 이러한 새로운 어려움은 기존의 지적장애 외에 신경인지장애로 진단될 것이다. 기능의 병전수준 결정에 있어서의 실용적 쟁점을 고려함에 있어서, DSM-5에서는 주요신경인지장애(종전의 DSM-IV-TR에서는 치매)와 지적장애의 동시 진단은 임상적 상황의 핵심 양상이 지적장애의 단일 진단에 의해 적절하게 포착되지 않는 경우에 한해서 사용되어야 한다고 제안하고 있다. 예를 들면, 3염색체성 21, 즉 지적장애와 연관성이 있는 유전학적 상태가 있는 사람은 성인 중기에 알츠하이머병이 발달될 것이고, 추가로 정신능력 소실을 겪게 될 것이다. 이러한 감퇴 현상은 주요신경인지장애(치매)와 지적장애로 적절하게 진단될 것이다.

신경인지장애

DSM-5의 신경인지장애 장에서는 이전의 기능수준으로부터의 변화를 대표하는 임상적으로 심각한 정신능력 결함에 대해 다루고 있다. 신경인지장애는 DSM-III-R에서는 기질적 정신장애로 불렸다. 이 명칭은 '비기질적' 정신장애에 대한 생물학적 근거의 결여를 암시할 수 있다는 우려 때문에 폐지되었다. 스트럽과 블랙(Strub & Black, 1988)은 이러한 생물학적 기반의 정신과정 문제를 '신경행동장애neuro-behavioral disorders'로 지정할 것을 제안하였다. 그러나 DSM-IV 저자들은 이렇게 함축적인 제목보다는 '섬망, 치매, 기억상실 및 기타 인지장애'라는 장 제목의 사용을 선호·선택하였다. DSM-5에서 저자들은 스트럽과 블랙이 제안한 것과 유사한 제목을 택하였다. DSM-5의 다른 장들에 비해 이 장에서는 잠재적으로 알려진 원인들이 발달 후기에 발생하는 병리 현상들을 다루고 있다. 이 범주에는 성인들에게 흔히 적용되는 것들이 수록되어 있지만, 일부는 아동과 청소년들에 관한 것이므로, 학교심리학자는 이 진단군에 관한 지식을 갖추고 있어야 한다.

섬망

섬망Delirium에는 의식과 인지의 급성 장해가 포함되어 있다. 스트럽과 블랙(Strub & Black, 1988)은 이 장애에 '급성 혼돈상태'라는 명칭을 붙임으로써 이 문제의 명확한 상을 전달하고 있다. 그러나 보다 전통적인 용어가 대중적이며, DSM-5에서 사용되고 있다. 아동 · 청소년들에게 있어서의 섬망은 이들이 건강관리 기관을 찾게 하는 심각한 의학적 상태 상황에서 나타난다.

주요 및 경도 신경인지장애

이전에 '치매'로 불렸던 장애가 DSM-5에서는 주요신경인지장애Major Neurocognitive Disorders로 재표기되었다. 이 장애에는 이전에 갖추어져 있던 정신능력의 소실이 포함된다. DSM-5에서 주요신경인지장애는 한 가지 또는 그 이상의 인지기능 영역(복잡한 주의력, 실행기능, 학습과 기억, 언어, 지각-운동, 또는 사회적 인지)에서 이전의 수행력으로부터 명백한 감퇴로 정의된다. 이러한 정의는 기억과 한 가지 다른 영향을 받은 인지능력 영역에서의 감퇴라는 DSM-IV의 진단기준으로부터 크게 변화된 것으로, 치매에 관한 전반적인 문헌과 일치되는 것이다. 즉, 기억은 항상은 아니지만, 흔히 손상의 첫 번째 영역이다. 신경인지장애의 범주에서는 이러한 손상의 경과나 안정성에 관한 추정 없이도 인지적 결손 패턴이 확인된다. DSM-5에서는 다시 추정되는 병인에 따라 주요 및 경도 신경인지장애로 감별된다. 이러한 구분은 흔히 현재의 진단 능력을 뛰어넘는 것일 수 있지만, 이는 DSM-IV의 선례를 이어가는 것이다.

  학교심리학자들에게 특별한 흥밋거리가 있다면, 이는 학령기 아동들에게서 달갑지 않게 자주 발생하는 외상성 뇌손상에 의한 주요 또는 경도 신경인지장애다. 다른 의학적 상태로 인한 주요 또는 경도 신경인지장애(예, 납중독뇌병증) 역시 학교 장면에서 나타난다. 추가로, 학교심리학자들로서는 교육자들과 관련성이 있는 신경인지장애와 기타 의학적 장애들과의 연관성에 대해 알고 있는 것이 유용할 수 있다. 예를 들면, 지적장애의 공통 병인인 3염색체성 21(다운증후군)을 지닌 모든 사람들은 성인기가 되면 알츠하이머병의 신경학적 특성이 발달될 것이다(Pietrini et al., 1997).

주요 및 경도 신경인지장애가 구체적인 병인들과 연관이 있다는 주장은 DSM-5 에서 보다 더 생물학적 측면이 강조되고 있는 점과 일치하지만, 검사자들은 특히 평가의 초기 단계에서는 이러한 장애의 원인을 명백히 규명할 수 없을 것이다. 병인에 대한 명확한 진단에는 보통 가능하지 않은 뇌 조직 표본처럼 침습적 평가가 필수로 요구된다. 대부분의 신경인지 진단은 '거의 확실한probable' 또는 '가능성 있는possible'으로 표시될 것이고, 많은 진단들이 '명시되지 않는' 또는 '다수의 병인으로 인한'으로 남게 될 것이다. 명확한 병인을 파악하려는 것과는 대조적으로, 대부분의 신경인지장애의 추정 진단들은 증상 패턴과 증상 진척 및 경과를 기초로 이루어진다. 부수적인 정보를 제공하는 사람들과의 접촉을 통해 이러한 패턴들은 흔히 비교적 신뢰성 있게 파악될 수 있다. 심리전문가들은 보통 이 영역에서 높은 전문성을 갖추고 있어서 가치 있는 기여를 할 수 있다. 심리 · 신경심리학적 검사는 주요 및 경도 신경인지장애(예, 기억, 전반적 지적기능, 언어, 지각운동 능력) 결정에 필요한 인지기능 영역의 일부에 대한 유용한 증거를 제공할 수 있다. 실행기능과 사회적 인지는 측정이 덜 용이하지만, 계속해서 노력과 발달의 초점이 되어야한다.

경도신경인지장애Mild Neurocognitive Disorder는 주요신경인지장애와 유사한 패턴을 보이지만, 둘 다 심각도의 역치가 낮고, 독립적인 기능에 있어서 절충의 여지는 없어 보인다. 이러한 구분은 흔히 일상생활의 적응행동에 있어서 완전한 독립성이 여전히 발달 중에 있는 청소년들과 특히 아동들에게 있어서 어려울 것이다. 행동에 대한 후향적 및 현재의 평정에 기초한 적응행동 척도의 사용은 이 영역에서 특히 유용할 것이다. 대부분의 심리검사자들로서는 청소년들에게 있어서 가장 자주 접하는 신경인지장애는 아마도 두부 외상으로 인한 이차 상태들일 것이다. 청소년 대상의 외상성 뇌손상 평가와 치료에 관한 문헌들은 꾸준히 늘고 있다(Davies, 2014). 경도신경인지장애의 범주는 '뇌진탕후 장애'의 가능한 공식적인 진단적 인식을 제공할 것이다. 소위 말해서 '경도 두부 외상'(즉, 명확한 신경학적 징후가 없는 두부 외상)에 따른 정신적 어려움과 신경행동적 증상들의 확인 가능한 패턴 개념은 수십 년 동안 연구되어 왔고, 신경학 및 신경심리학 문헌에서 논의되었다.

명시되지 않는 신경인지장애

명시되지 않는 신경인지장애는 주요 및 경도 신경인지장애 또는 섬망의 3가지 확인된 패턴의 핵심적 특징에 부합되지 않는 인지능력에 있어서의 후천성 결함의 잔류 분류다. 경도신경인지장애의 진단범주에 부합되지 않는 뇌진탕후 현상의 경우, 이러한 잔류범주가 적절하다. 이는 검사자가 증상 발현을 정신장애의 정의에 부합되는 것으로 인식하고 있다고 추정하고 있음을 의미한다.

외상성 뇌손상으로 인한 주요 또는 경도 신경인지장애

외상성 뇌손상traumatic brain injury이라는 주제는 1990년 특수교육 서비스 수혜 자격 요건에 외상성 뇌손상을 포함시킨 이래 학교 장면에서 관심이 높아져왔다. IDEA 메모 2에서는 외상성 뇌손상이 IDEA 서비스 적격성과 어떤 관련성이 있는지에 대해 제시되어 있다. 미국질병통제예방본부(Faul, Xu, Wald, & Coronado, 2010)에 의하면, 50만 명이나 되는 0~14세의 미국 거주 아동들이 외상성 뇌손상으로 응급 의학과를 찾고 있다. 매년 대략 35,000명의 0~14세 청소년들이 외상성 뇌손상의 이차적인 잔류 장애 수준의 피해를 입고 있다.

　아동들에게 있어서의 외상성 뇌손상은 인지·행동 문제의 위험요인이다(Begali, 1992; Rutter, 1981). 고도 외상성 뇌손상과 행동·적응 문제 사이의 연관성은 잘 정립되었지만(Brown, Chadwick, Shaffer, Rutter, & Traub, 1981; Fay et al., 1994; Fletcher, Ewing-Cobbs, Miner, Levin, & Eisenberg, 1990; Knights et al., 1991; Max, Smith, et al., 1997; Rivara et al., 1993), 경도 외상성 뇌손상과 정신의학적 성과 사이의 관계는 좀 더 폭넓게 논의되고 있다(Max & Dunisch, 1997). 아동·청소년들에게 있어서 외상성 뇌손상 이후 첫 3개월 동안에 '새로운' 정신의학적 장애(즉, 부상 전에는 관찰되지 않았던 장애)의 발달은 부상의 보다 큰 심각도, 보다 낮은 부상전 지적능력, 병전 행동문제 병력, 그리고 정신의학적 문제의 가족력과 연관성이 있다(Max, Smith, et al., 1997). 외상성 뇌손상에 따른 초기 인지적 문제에는 일반적인 지적기능, 인지적 유연성, 기억, 언어적 유창성이 포함되는데(Slater & Bassett, 1988), 이는 아동 또는 청소년의 학교 및 지역사회 복귀에 중요한 시사점을 지니고 있을 수 있다. 학교심리학자에 의한 면밀한 평가와

IDEA 메모 2. 외상성 뇌손상과 IDEA

1990년 공법 94-142(전장애아교육법Education of All Handicapped Children Act)가 IDEA(공법 101-476)로 개정되었을 때, 외상성 뇌손상 범주가 학교체계를 통한 특수교육과 기타 서비스 수혜 대상으로 추가되었다. 외상성 뇌손상은 DSM-5 분류체계상에서는 정신장애가 아니다. 그렇지만 몇몇 다른 장애에서는 병인학적 요인이 될 수 있다. 외상성 뇌손상은 심각한 의학적 상태다. 또한 주요 또는 경도 신경인지장애 및/또는 기타 정신장애의 대부분에 있어서 병인학적 요인이 될 수 있다. 외상성 뇌손상으로 인한 아동 또는 청소년의 정신기능 및/또는 행동상의 적응의 악화 또는 상실은 정신장애다. 외상성 뇌손상으로 이어지는 초기 외상을 극복한 거의 모든 아동들은 결국 학교로 되돌아가게 된다(Carney & Schoenbrodt, 1994). 그 후, 이들의 적응은 뇌손상의 인지적 및 정서적/행동상의 결과에 의해 극적으로 달라질 수 있다.

추적 서비스가 이러한 아동의 학업과 사회적 세계로의 성공적인 재진입을 크게 촉진시킬 수 있다. 외상성 뇌손상과 흔히 연관성이 있는 증상들에 대한 인식과 소통은 적응문제를 최소화시키는 데 도움을 줄 수 있다. 피로, 질병, 화학물질 영향(처방물질, 처방전 없이 구매 가능한 물질, 불법물질), 그리고 스트레스는 외상성 뇌손상의 전형적인 후유증이다. 이 모두는 중요한 교육적 시사점이 있을 수 있다. 맥스 외(Max et al., 1997)의 종단연구에 의하면, 부상의 심각도, 부상전 가족 기능, 그리고 부상전 적응의 과거력은 모두 외상성 뇌손상 이후 두 번째 1년 동안 '새로운' 정신의학적 문제의 지속적 발현과 관련이 있었다.

학교심리학자로서는 아동들에게 있어서 외상성 뇌손상의 많은 잠재적 결과에 민감해야겠지만, 최근의 외상성 뇌손상 병력이 자동적으로 신경학상 손상이 적응문제에 있어서의 병의 원인임을 의미하지는 않는다는 사실도 인식할 필요가 있다. 아동들에게 있어서 외상성 뇌손상과 연관된 부적응의 독특한 패턴은 없다. 발현된 문제는 정신건강상의 어려움이 있는 일반 집단의 아동들의 것과 본질적으로 동일하다(Max, Sharma, & Qurashi, 1997). 두부 외상에 앞서 발생한 만성적인 문제들은 명백히 외상성 뇌손상에 의한 것이 아니다. 외상성 뇌손상에 따른 장기간의 적응문제 악화에 대해 가장 적절한 해석을 내리는 일은 도전적이면서 보통 조심스럽게 실행되어야 한다. 각별히 유의하는 것은 법적 소송이 진행 중이거나 소송을 앞둔 상황에서는 신중한 선택이다. 심리학자들에게 있어서 사례의 중요한 요인은 보통 아동의 현재 행동, 능력, 결손, 그리고 어떻게 하면 이 영역들에 대해 가장 잘 기술되는가다. 원인 또는 병인에 관한 질문은 흔히 이차적이다. 법의학적 영역에 있어서 원인에 대한 쟁점은 보통 중심이 되는 관심사다. 어려운 현실은 우리는 보통 이 2가지 사건이 차례로 발생하더라도 확실히 인과관계가 있다고 말할 수 없다는 사실이다. 우리는 아동이 사고를 당했고 두부 외상이 지속되고 있다는 사실을 알고 있을 뿐이다. 우리는 아동이 현재 어떤 인지 또는 학업 측정에서도 낮은 점수를 받고 있거나 학교에서도 잘하지 못하고 있음을 알고 있다. 우리가 '합리적 수준의 심리적 확실성을 가지고'(많은 법의학적 증언에 있어서 인정이 되는 구문) 두부 외상이 현재 발현되는 좋지 않은 지적 수행의 원인이 되었다는 사실을 알고 있는지의 여부는 또 다른 일이다. 인과관계에 대해 신뢰한계가 주어진 상태라면, 우리는 이러한 쟁점들에 관한 의견 제공에 있어서 유의할 것을 권장한다.

06

학습, 의사소통, 운동 문제

개관

학습, 의사소통, 운동문제는 DSM-5의 신경발달장애 장의 3가지 주요 영역(특정학습장애, 의사소통장애, 운동장애)에서 다루고 있다(추가적인 V 부호인 교육문제역시 일부 사례에 적용할 수 있음). 응용심리학자, 특히 주로 학교를 대상으로 활동하는 개업 심리학자들은 학습과 의사소통 문제 평가에 아주 능숙하다. 그럼에도많은 응용심리학자들은 DSM-5에 수록된 학습 및 의사소통 문제에 대해 이용 가능한 진단들이 그리 만족할 만한 수준이 아니라는 사실을 알고 있을 것이다. 이와는 달리, 운동문제 평가에 경험이 별로 없는 응용심리학자들이 있을 것이다. 이들은 신체적 또는 직업적 치료자같이 관련 전문분야 전문가들과의 자문을 통해 도움을 얻을 수 있을 것이다.

  학습과 의사소통(지적기능 평가 외에)이 DSM-5의 공식적인 심리적 또는 언어적평가가 언급된 또는 규정된 유일한 영역이라는 사실은 주목할 만하다. 앞 장에서언급했듯이, 이러한 영역에 대한 공식적인 검사 외에 검사자의 임상적 평가와 판단이 여전히 강조된다. 공식적인 검사는 가치 있는 자료를 제공하지만, 최적의 진단적 분류를 결정하는 데 있어서 검사자의 일차적 책임을 대체하지는 않는다. 진단과정은 기술자의 암기 활동이 아니라 인간 경험을 이해하기 위해 활용된 소견들의 섬세한 상호작용과 통합이라는 사실을 기억할 필요가 있다.

학습장애 및 관련 문제

정의 및 학습장애 분류

학습문제에 관한 대부분의 논의와 일관되게, DSM-5에서는 학습장애가 공식적인 학령기(즉, 발달시기) 동안의 발병과 함께 '핵심적인 학업기술 습득의 지속적인 어려움'(진단기준 A)으로 정의된다(p. 68/71). DSM-5에서의 진단은 읽기, 수학, 쓰기의 폭넓은 범주에 있어서의 결핍뿐 아니라 읽기속도, 유창성, 이해력, 철자, 계산에 있어서의 정확성과 능숙도에 관한 구체적인 기술에 있어서의 결핍 정도를 기초로 이루어진다. 특정학습장애는 심리검사가 명시적으로 고려되는 몇몇 범주들 중 하나다. 그러나 학습장애의 개념을 어떻게 운용할 것인지에 있어서 많은 미해결된 쟁점들이 남아 있다. 이는 학습문제의 경계 설정을 위한 노력에 있어서의 핵심적인 갈등이다. 저조한 학업 수행력은 다양한 영향으로 인해 발생할 수 있다. 학업 실패를 설명하는 데 있어서 정신장애 자체는 필요충분조건이 아니다. 이러한 지속적인 퍼즐 외에도, 학습문제에 관한 전통적인 관념에 대한 도전은 연구를 통해 계속되고 있다(Colker, Shaywitz, Shaywitz, & Simon, 2014; Shaywitz, Escobar, Shaywitz, Fletcher, & Makuch, 1990; Shaywitz, Shaywitz, Fletcher, & Escobar, 1990 예시 참조).

　특정학습장애Specific Learning Disability에 대한 IDEA의 정의와 일관되게, DSM-5에는 특정학습장애Specific Learning Disorder 진단 시 증상이 지적장애, 감각결함, 기타 정신장애 또는 신경학적 장애, 언어유창성, 교육적 경험 결여, 그리고 기타 심리사회적 변수에 의해 더 잘 설명되지 않는 상황인지를 검사자가 확인하도록 권장하는 문구가 포함되어 있다. 특정학습장애와 지적장애는 동시진단이 가능하지만, 지적장애와 학습장애의 동시진단의 실행적 적용은 제한되어 있다. 단, 특별한 경우에 한해서 가능할 것이다(예, 경도 지적장애와 매우 심각하고 초점화된 특정학습장

> ### DSM-IV-TR 메모 1. DSM-5에서의 특정학습장애에 대한 변화
>
> DSM-IV-TR에 비해 DSM-5를 사용한 특정학습장애 진단에 있어서의 몇 가지 주요 변동사항에 주목할 필요가 있다. 첫 번째 주목할 필요가 있는 변동사항은 3가지 분리된 장애들(즉, 읽기장애, 수학장애, 쓰기장애)이 단일 장애, 즉 특정학습장애로 결합된 것이다. 이 진단이 제공된 이후, 임상가는 이 장애의 특정 증상 발현(즉, 읽기, 수학, 쓰기 손상 동반)의 지정을 위해 명시자뿐 아니라 증상의 심각도(즉, 경도, 중등도, 고도)를 사용하게 되었다. 한 가지 이상의 손상이 나타나는 경우, 임상가는 모든 해당 영역에 대해 분리하여 명시자를 제공해야 한다. 이러한 변화에 대해 비판이 전혀 없는 것은 아니라는 사실에 주목할 필요가 있다(예, Colker et al., 2014). 콜커 외(Colker et al., 2014)는 난독증(또는 읽기장애)을 다른 학습장애와 결합하는 것에 대해 반박하는 법적·의학적·과학적 증거를 제시하고 있다. 이들은 난독증이 학습장애의 하나로 잘 정립되어 있으므로, '기타 학습장애'의 잔류 진단으로 구분되는 다른 '잘 정의되지 않은' 학습문제들과는 잘 분리된 귀감이 되는 분류로 구분되어야 한다고 주장하고 있다. 이들은 또한 읽기장애를 독특한 범주로 구분하는 것에서 멀어지는 조치로 인해 발생할 수 있는 잠재적인 법적·입법적 혼란에 대해 언급하고 있다. 주메타 외(Zumeta, Zirkel, & Danielson, 2014)는 제정법과 법적 주도성에 관한 연구를 통해 특정학습장애에 대한 언급(전문가 메모 4의 관련 내용 참조)에 있어서, 보다 일반적인 방식으로 유사한 문제에 대해 언급하고 있다. 이러한 논쟁들은 그동안 자폐장애, 아스퍼거장애, 광범위성 발달장애를 자폐스펙트럼장애의 단일 범주로 통합하는 것에 관한 일부 우려의 목소리와 일치하는 것이다.

애). 그러나 개념적 시사점은 중요하다. DSM-5에서의 특정학습장애 진단은 이전 판에 비해 검사자에게 개별사례에 대해 면밀한 평가에 대한 권한을 더 부여하는 등, 훨씬 더 유연한 방식으로 기술되어 있다. 위에 제시된 DSM-IV-TR 메모 1에는 DSM의 최근 판으로부터의 학습문제 진단의 변동사항에 대한 상세한 논의가 제시되어 있다.

DSM-5에서 특정학습장애의 3가지 명시자는 일차적 학업문제 영역들을 반영하고 있지만, 특정학습장애 진단 시 명시자 지정은 필수요건은 아니다. 명시자를 통해 검사자는 특정 또는 모든 손상된 학업영역을 지정할 수 있다. 3가지 주요 명시자로는 읽기 손상 동반, 쓰기 손상 동반, 수학 손상 동반이 있다. 한 가지 이상의 명시자를 적용해야 하는 경우, 모든 명시자가 포함되어야 한다. 예를 들면, 아동은 315.00 (F81.0) 특정학습장애 읽기 손상 동반, 단어 읽기 정확성 손상 동반, 그리고 315.2 (F81.81) 특정학습장애 쓰기 손상 동반, 철자 정확성 및 쓰기 명료성 또는 조직 손상 동반으로 진단될 수 있다. (사람들은 흔히 한 가지 이상의 영역에서

> **전문가 메모 4. 정신건강 진단도식에 대한 폭넓은 사회적 시사점**
>
> DSM-5의 저자들은 DSM-5를 의사와 다른 정신건강 전문가들을 위한 도구로 제시하면서 이 편람을 의도되지 않았던 영역에의 적용에 유의해줄 것을 당부하고 있지만, 현실은 이 편람이 법적·입법적 적절성과 교육적 결정에 사용될 것이라는 것이고, 문서의 구성과정에서 이러한 현실에 대해 적절한 주의가 기울여지지 않았다. 주메타 외(Zumeta et al., 2014)는 진단범주에 있어서의 변화가 가져올 지대한 사회적·법적·입법적·교육적 결과에 대해 논의하고 있다. 이번 판의 편집자들이 전문가들을 위한 정신의학적 분류체계에 대해 작업만 했을 뿐이라는 점에서 이들에 대해 다소 동정적인 사람이 있겠지만, 상호 연결되어 있는 이 세상에서 다른 기관과 구성원들이 좋든 나쁘든 간에 이들이 바꾸어놓은 것에 의해 영향을 받지 않을 거라고 믿고 변경된 범주 내용에 대해 반응하는 것은 순진함의 소치다. 이러한 변동사항들은 학교, 연방 및 주 입법 적절성 위원회, 대학에서 학생들의 장애에 대해 언급할 책임이 있는 기관들, 그리고 민사 및 형사소송 사건들에 대해 판결하게 될 법정에서의 개별교육프로그램(IEP) 회의에서 문제가 될 것이다. 향후 개정 과정에서 정신건강 전문들과 다른 '이해 관계자들' 사이에 어떤 적절한 균형이 이루어져야 하는지는 쉽게 답할 수 없는 문제지만, 향후 답변에 도달하는 과정은 가급적 명확하고 대중화된 것이어야 한다.

결핍이 나타나므로, 우리는 이 장의 후반부에서 '연관된 문제와 진단'이라는 소제 목하에 보다 상세히 논의하고 있다.) 학습장애 진단의 복잡성에 관한 배경에 대해 독자들은 플러내건과 알폰소(Flanagan & Alfonso, 2010)의 논문을 참조하기 바란다. IDEA 메모 3에는 학습장애가 IDEA 서비스 적격성과 어떤 관련이 있는지에 대한 논의가 제시되어 있다.

이 범주에서의 또 다른 주요 변화는 DSM-IV에서 표준화된 검사점수에 초점을 맞추던 것으로부터 활용 가능한 제반 자료에 대한 보다 포괄적인 평가로 초점을 이동한 것이다. 진단기준 언어에 있어서의 변화 역시 개입에 대한 반응 접근의 채택에 대한 기대를 반영하고 있다. 즉, 이는 '이러한 문제를 표적으로 한 개입의 제공에도 불구하고 적어도 6개월 동안 지속된 증상들'이라는 내용이다(p. 66/69, 추가된 강조점). 예를 들면, DSM-IV-TR를 사용한 읽기장애 진단에는 표준화된 검사로 측정된 읽기 성취와 연령, 인지능력, 그리고 교육 사이의 불일치가 필수로 요구되었다. DSM-5를 사용한 특정학습장애 읽기 손상 동반의 진단에는 개인의 수행력을 심각하게 기대수준 이하로 떨어뜨리거나 일상의 기능을 저해하는 적어도 한 가지 읽기 곤란 증상(예, 읽기 유창성 또는 독해력)이 필수로 요구된다. 또한 이러한 증

IDEA 메모 3. 학습장애와 IDEA

'특정학습장애specific learning disability'는 IDEA의 특수교육 서비스 수혜 자격이 있는 상태를 입증하는 진단명이다. DSM-5에서 확인되는 특정학습장애Specific Learning Disorder는 '특정학습장애' 판정의 기초로, 아동에게 IDEA 서비스 적격자로 인증할 수 있는 근거가 된다. 그러나 아동에 대한 서비스 자격 부여에 필수로 요구되는 적성과 성취 측정 사이의 불일치도(예, 표준점수 22점) 또는 일반학급에서의 결함 언급이 목표인 증거기반 개입에 대해 지속적으로 반응이 없었다는 사실을 명시하도록 되어 있는 특정 주 또는 지역의 특정학습장애에 대한 개념화 때문에 DSM-5와 IDEA의 학습장애에 대한 견해차가 생길 수 있다. 이 책의 본문에서 논의된 바와 같이, DSM-5에서는 "손상된 학업기술이 개인의 생활연령에 따른 기대수준에 비해 상당히 양적으로 낮고, 학업/직업 수행 또는 일상생활의 활동 …의 심각한 저해를 초래해야 함"(p. 67/69)이 필수로 요구된다. '상당히 낮은'에 대한 정확한 조작적 정의는 제시되어 있지 않지만, DSM-5에서는 진단 결정에 있어서 포괄적인 평가가 실시되어야 하고, 개인의 과거력과 기능의 제반 영역으로부터의 정보가 필수로 고려되어야 한다는 요건이 제시되어 있다. DSM-5에서 항상 그렇듯이, 궁극적인 결정요인은 검사자의 전문적 판단이다. 교육적 분류가 항상 주 또는 학군의 공식기준을 엄격히 준수함으로써 결정되는 것이 아니라는 사실이 분명하지만(MacMillan, Gresham, Siperstein, & Bocian, 1996), 한 가지 중요한 차이점은 DSM-5에 있어서 임상적 판단의 결정적인 역할은 정당화되고 바람직한 것으로 보이는(p. 19/20) 한편, 특수교육 분류의 경우와는 달리 팀이 아니라 개인의 결정에 달려있다는 것이다. 요약하면, IDEA에서의 '특정학습장애' 개념은 DSM-5의 것과 본질적으로 동일하지만, 이 2가지 체계 사이에 분류 경계는 항상 완벽하게 일치하는 것은 아니다. 예를 들면, 지적 재능이 있는 남자아이가 DSM-5의 특정학습장애 진단에 부합되지만, 학교기반 팀에서는 이 학생이 자신에게 주어진 지적능력의 잠재력을 충분히 수행하지 못하고 있음에도, 적절하게 수행하고 있다는 판단(예, 평균 C를 받고 있음)하에 이 아이에게 IDEA 특수교육 서비스 수혜자격을 주지 않기로 결정할 수 있다.

상은 발달적·학업적 과거력, 학업성적, 그리고 포괄적 평가 또는 17세 이상의 사람들의 경우, 문서로 기록된 손상에 대한 과거력 등, 모든 정보의 통합에 의해 입증되어야 한다. DSM-5의 경우, 학습문제는 반드시 개인의 학령기에 시작되어야 한다. DSM-5는 또한 배제 목록 제공에 있어서 보다 더 포괄적이다. 또한 이러한 배제는 편리하게도 IDEA 분류에 사용되는 것들과 일치된다(예, 적절한 교육기회, 수업을 위한 언어 유창성 결여).

끝으로, 특정학습장애 진단에는 6가지 가능한 증상 중 한 가지 또는 그 이상이 필수로 요구된다. 이 6가지 목록에는 읽기 및/또는 쓰기에 있어서 다른 결함과는 독립적으로 '철자법 문제'가 포함된다. 종전에 315.9 달리 명시되지 않는 학습장애였던 것은 DSM-5에는 없다. 그러나 단일 학업기술에 있어서의 결함을 허용하여 특정학습장애 진단에 부합되게 함으로써 이러한 사람들을 포함시킬 수 있게 되었다. DSM-IV-TR 하에서 달리 명시되지 않는 학습장애로 진단되었을 수 있는 경우에 대한 진단은 DSM-5 하에서는 다른 방식으로 취급될 필요가 있을 것이다. 검사자들은 구체적인 학업영역 또는 보다 폭넓은 결함 영역을 확인할 수 없겠지만, 손상된 하위기술을 결정할 필요가 있을 것이다. 폭넓은 결함 영역을 확인할 수 없는 상황임에도 불구하고, 특정학습장애의 진단은 학습장애의 기본 개념을 반영해야 한다. 즉, 여기에는 일반적인 지적기능, 부적절한 노력, 학업성취에 대한 낮은 하위문화적 가치, 또는 많은 정신장애(특히 파괴적 행동장애, 기분장애, 불안장애, 정신병적 장애)로 인한 예견된 삶의 파탄에 의해 더 잘 설명될 수 없는 학업 곤란과 실패가 포함되어 있어야 한다. 다른 개념화(경도 지적장애, 경계성 지적기능, 또는 학업 문제 — 물론 후자의 2가지는 정신장애가 아님)가 더 타당한 경우, 사회적으로 더 수용 가능한 특정학습장애의 진단적 분류가 사용될 수 있는 실제적인 위험이 있다. 진단적 분류체계(DSM-5 포함)가 정직하고 정확하게 사용될 때, 우리는 궁극적으로 최고의 혜택을 누릴 수 있다는 제안만 할 수 있을 뿐이다. 이러한 변화의 잠재적 함정에 대한 관련 논의는 64쪽의 전문가 메모 4를 참조한다.

학업 또는 교육 문제

경계성 지적기능 같은 학업문제는 V 부호로 표시된다. 이러한 분류는 정신장애로 인해 발생하지 않는 학업문제의 경우에 대해 사용된다. 예를 들면, 아동이 학습장애나 의사소통장애, 또는 이러한 결과를 설명할 수 있는 기타 정신장애가 없는 상태에서 수업을 따라가지 못하는 경우다. 우리의 경험에 의하면, 학업문제의 지정은 아동 또는 청소년의 적응, 가족상황, 사회적 관계, 그리고 환경에 대한 보다 심층적인 조사를 위한 단서로 활용되어야 한다. 학업수행에 있어서 갑작스럽거나 점진적인 변화는 아동 · 청소년기의 많은 발달 장애물로 인한 문제의 초기 객관적 징후(즉, 또래압력, 성생활, 물질사용 실험, 생활방식 선택, 또는 시간 · 노력에 대한 시간제 고용 요구)일 수 있다. 저조한 학업수행은 가장 잘 정립되어 있는 학업중단의 위험요인 중 하나로(Oakland, 1992), 진지한 평가와 공격적인 조력을 필요로 한다.

연관된 문제와 진단

아동의 학습문제와 기타 인지적·행동적·정서적 특성 사이의 연결고리는 복잡하고 완전히 이해되지 않은 상태다. 이러한 현실은 현재 활동 중인 학교심리학자들에 의해 잘 파악되고 있다. 특정학습장애와 많은 기타 주요 정신장애(품행장애, 적대적 반항장애, 주의력결핍 과잉행동장애, 주요우울장애, 기분부전장애, 불안장애) 사이뿐 아니라, 특히 특정학습장애와 학업 저성취 사이에 통계적 연관성이 있다고 보고되어 왔다. 발달성 협응장애 및/또는 의사소통장애의 과거력(이 장의 후반부 참조)은 특정학습장애가 있는 많은 아동들의 배경에서 발견된다. 이러한 이전의 문제는 대개 해결되었거나 실제로 진단이 필요할 정도로 충분히 심각한 적이 없었을 수 있다. 끝으로, DSM-5에서 정의된 특정학습장애 진단 내의 다수의 학업 영역 및/또는 하위기술에 대한 진단범주에 부합되는 일은 특정 아동에게서 흔하다. 실제로, 복수진단은 예외보다는 규칙이다. 그동안 학습장애가 있는 아동들의 사회적 문제에 대해 이목이 집중되어 왔다. 이러한 동반발생하는 쟁점들은 특정학습장애와 연관된 동반이환, 특히 '비언어적 학습장애nonverbal learning disabilities'로 이름 붙여진 문제에 대한 중요한 요인일 수 있다. 특정학습장애가 있는 아동의 사회적 학습문제는 아동기 학습문제 과거력이 있는 성인들에게 있어서의 성격특성 장해와 성격장애의 높은 위험도에 기여하는 중요한 영향이 될 수 있다(Khan, Cowan, & Roy, 1997). 그러나 특정학습장애에 관한 많은 다른 주제들의 경우에서처럼, 이러한 관계에 대해 충분히 이해하기 위해서는 많은 추가적인 연구들이 필요하다. 우리는 특정학습장애에 대한 경험적·개념적 이해에 있어서의 진척이 이루어지려면, 몇몇 연구자들이 제안한 것처럼, 이러한 이질적인 진단의 군집화를 줄이기 위한 하위기술subskill 명시자 수준에 관한 연구가 필수로 요구될 것이라고 확신한다(예, Colker et al., 2014).

특정학습장애와의 동반이환

읽기 문제는 학교 장면에서 마주치는 가장 흔한 학업문제이면서 가장 흔히 연구되고 있는 문제다. 앞서 언급한 것처럼, DSM-5 개념화를 통해 검사자들은 폭넓은 학업영역에서의 결핍뿐 아니라 이러한 영역들에서 좁은 하위기술의 결함을 명시화할 수 있게 되었다. 따라서 검사자들은 광범위한 읽기 영역(예, 읽기 유창성, 독해력)의 것들을 포함한 손상뿐 아니라 기타 손상에 대해 구체적으로 확인할 수 있게 되었다. 특정학습장애 읽기 손상동반 및 조음과정 문제 사이에는 강력한 연관성이 있다. 또한 말소리장애(종전의 DSM-IV-TR 하에서는 조음장애)의 과거력이 발견될 수 있다. 특정학습장애 내의 다른 2가지 학업영역 명시자들과의 잦은 동반이환의 연관성이 있다. 특정학습장애 읽기 손상 동반은 또한 다른 정신장애들, 특히 주의력결핍 과잉행동장애, 의사소통장애, 발달성 협응장애, 자폐스펙트럼장애, 파괴적 행동장애, 그리고 (나이 든 아동 또는 청소년들의 경우) 기분장애와 물질사용장애와의 연관성을 보이고 있다. 이러한 연관성의 성질, 방향, 그리고 인과관계를 푸는 것은 지속적인 과업이면서 성별특이적 경로에 의해 복잡해질 수 있다(Frick et al., 1991; Shaywitz, Shaywitz, et al., 1990; Smart, Sanson, & Prior, 1996).

특정학습장애 수학 손상 동반과 특정학습장애 쓰기 손상 동반은 DSM-5에 학습문제의 추가적인 명시자로 제시되어 있다. 임상경험에 의하면, 수학 기술에 국한된 학습장애는 아동·청소년들 사이에서 발생하지만, 쓰기 문제의 독특한 발생에 관해서는 덜 명백한 상태다. 쓰기 문제는 보통 읽기 문제와 연관되어 발생한다. 해당 아동은 실제로 읽기, 쓰기, 수학에 있어서 심각한 손상과 함께, DSM-5의 주요 영역 명시자 3가지 모두에 대한 기준에 부합될 수 있다.

DSM-5의 본문에서는 특정학습장애 쓰기 손상 동반, 그리고 특정학습장애 읽기 손상 동반과 관련된 특정학습장애 수학 손상 동반에 관해서는 덜 알려져 있음을 인정하고 있다. 한 가지 짚고 넘어갈 점은 손글씨 쓰기가 형편없다는 사실 하나만으로는 특정학습장애 쓰기 손상 동반으로 진단되지 않는다는 사실이다. 반면, 철자 문제는 보통 읽기 결함과 함께 발생하지만, 이제 DSM-5 하에서 특정학습장애로 진단될 수 있는 단일 증상이다. 단, 읽기 기술에는 문제가 없지만 철자 장애만 있는 흥미롭고 특이한 경우도 있다(소위 말해서 '양성 철자 통합운동장애benign spelling dyspraxia'). 낮은 수준의 손글씨 쓰기는 발달성 협응장애의 증상일 수 있다(이 장의 후반부 참조). 이러한 다양한 범주들 사이의 경계는 개념적으로 문제가 있다. 또한 개별 아동에 대한 진단은 궁극적으로 특정 아동의 어려움에 대한 핵심 양상을 가장 의미 있고 충분히 포착하는 진단 또는 진단의 복합에 대한 검사자의 최적의 판단이 필수로 요구된다.

의사소통장애

'신경발달장애' 장에는 의사소통장애들도 포함되어 있다. 이 절에서는 청소년들에게서 흔히 발견되는 몇몇 언어와 말 문제들[① 언어장애, ② 말소리장애, ③ 아동기발병 유창성장애(말더듬), ④ 사회적(실용적) 의사소통장애, ⑤ 명시되지 않는 의사소통장애]을 다루고 있다. DSM-IV 시대에 작성되었지만, 학교 및 아동 임상 심리학자들을 위한 이러한 특수 영역의 잘 작성된 서론은 코헨(Cohen, 2001)의 글이다. 여전히 다소 오래된 참고문헌이지만, 캔트웰과 베이커(Cantwell & Baker, 1987)의 저서는 계속해서 이 주제와 관련성이 있다. 언어 — 아이디어를 상징적으로 표현, 처리, 소통할 수 있는 능력 — 는 인간 뇌의 가장 복잡한 생성 기능들 중 하나다. 구어oral speech는 사람들 대부분의 이러한 상징적인 의사소통을 위한 주요 운송수단 중 하나다. 의사소통 문제는 전형적인 발달을 방해할 수 있는데, DSM-5 내의 범주화는 그저 대충 만든 것처럼 보인다(American Speech-Language-Hearing Association[ASHA], 2012, DSM-5에 대한 개정 권장사항 참조). 학교심리학자들은 개입을 통지하기 위한 의사소통 문제의 여러 측면에 대한 평가에 잘 준비되어 있다(Bray, Kehle, & Theodore, 2014). 평가와 행동적 개입 관련 지원 외에, 자격이 있는 말/언어 치료자들과의 협력이 권장된다. 다음의 IDEA 메모 4에는 의사소통장애가 IDEA 하의 서비스에 대한 적격성과 어떻게 관련되어 있는지에 대해 제시되어 있다.

의사소통장애는 특정학습장애와 인지 문제와 연관성이 있어 왔다. 읽기 문제와 이전의 구음 또는 언어 문제 과거력 사이의 연결성에 대해서는 앞서 논의되었다. 의사소통장애는 또한 아동들에게 있어서 외상성 뇌손상의 후유증일 수 있다(Cahill, Murdoch, & Theodoros, 2005; Jordan, Murdoch, Buttsworth, & Hudson-Tennent,

IDEA 메모 4. 의사소통장애와 IDEA

말 또는 언어 손상은 IDEA 특수교육 서비스 수혜자격을 부여하는 질환으로 알려져 있다. DSM-5에 의해 정의되는 의사소통장애는 IDEA에 의해 명시되는 말 또는 언어 결함과 전형적으로 동일한 것으로 간주된다. 그렇지만 특정 주 또는 지역에 따라서는 DSM-5의 기준보다 더 제한적인 말 또는 언어 손상으로 보다 구체적인 조작적 정의를 내릴 수도 있다(IDEA 메모 3 참조).

1995; Jordan, Ozanne, & Murdoch, 1990). 아동의 경우, 일과성 '후천성 실어증'은 뇌염이나 외상성 뇌손상 같은 일반적인 의학적 상태와 연관성이 있을 수 있다. 만일 언어 파탄이 일반적인 의학적 상태의 급성 회복 기간 이후에도 지속된다면, 의사소통장애 진단이 적절하다. 외상성 뇌손상에 의해 이차적으로 발생하는 의사소통장애는 일정한 기간이 지나서도 지속될 수 있고, 학업적 · 사회적 적응에 있어서도 중요한 시사점을 지니고 있을 수 있다. 부상 시점의 연령이 어린 것과 부상의 심각도가 큰 것은 둘 다 좋지 않은 예후와 연관이 있다(Ewing-Cobbs, Miner, Fletcher, & Levin, 1989; Jordan, Ozanne, & Murdoch, 1988; Yorkston, Jaffe, Polissar, Liao, & Fay, 1997). 외상성 뇌손상에 의해 이차적으로 발생하는 의사소통장애는 구어와 문어 생성 둘 다에 해당될 수 있다(Yorkston et al., 1997). 또한 특정학습장애 쓰기 손상 동반의 연관된 진단이 확실시될 수 있다(외상성 뇌손상은 이 책의 제5장 '주요 및 경도 신경인지장애' 절에서 보다 심도 있게 논의됨).

DSM-5에서는 한 가지 언어문제(언어장애), 2가지 말 문제(말소리장애와 아동기 발병 유창성장애), 한 가지 언어장애로 이해될 수 있는 새로운 의사소통장애(사회적 의사소통장애), 그리고 잔류 사례들을 위한 한 가지 범주(명시되지 않는 의사소통장애)로 구분되어 있다.

언어장애 범주에는 DSM-IV의 2가지 언어장애 범주(표현성 언어장애와 혼재성 표현수용 언어장애)가 포함되어 있다. 표현성과 수용-표현성 아형의 결여는 이 주제에 관한 연구문헌을 혼란스럽게 하는 것 같다. 새로운 범주인 사회적(실용적) 의사소통장애는 사회적 의사소통의 어려움에 초점을 맞춘 또 다른 언어장애처럼 보인다. 이 2가지 장애는 상동증적 행위의 결여와 연령-전형적 행동 레퍼토리에 의해 자폐스펙트럼장애(의사소통 손상이 정의 관련 양상임)와 감별된다. 이 2가지의 경우, 의사소통 결함은 지적장애 또는 감각 · 운동 결함의 측면에서 기대되는 정도를 초과하는 정도여야 한다.

DSM-5에는 2가지 말장애가 포함되어 있다. 첫 번째 것은 이전에 조음장애 (DSM-IV)와 발달성 구음장애(DSM-III)로 불렸던 말소리장애다. 이 문제의 기본 특징은 말 음소 생성 곤란과 함께 수정되지 않았다. 두 번째 것은 이전에 말더듬으로 불렸던 아동기발병 유창성장애(말더듬)다. 진폭, 목소리, 또는 지연된 말 같은 기타 흔한 말 문제에 대한 논의는 없다. 말소리장애와 아동기발병 유창성장애(말더듬)의 정의는 말 병리 분야 내에서는 전형적으로 논의된다. 만일 말 장해가 동반이환된 상태에 의해 합리적으로 설명될 수 있는 것보다 더 심하다면, 말 문제는 지적장애 또는 신경학적 장애들(감각 또는 말-운동 결손 포함)과 동시에 진단될 수 있다. 말소리장애는 구음곤란 과거력이 읽기장애와 기타 학습장애의 일부 사례들에서 흔하기 때문에 많은 학교심리학자들의 관심을 끌 것이고(앞서 언급한 것처럼), 읽기장애의 조음과정 패턴 확인에 도움을 줄 것이다. 흔히 연령 증가와 함께 개선 또는 해소되는 구음문제는 다양한 동시적 발달문제들과 연관성이 있다(Namasivayam et al., 2013).

명시되지 않는 의사소통장애의 범주에서는 고통 또는 손상의 원인이 되고 이 절의 4가지 공식적인 진단에 의해 잘 포착되지 않는 언어장애와 말장애에 대해 다루고 있다. 이 분야의 전문가들이 구분하고 있지만, DSM-5에서는 공식적으로 분류되지 않는 말·언어 문제들 — 목소리장애, 발달성 조음장애, 일차적 발달성 명칭실어증, 그리고 말·언어 병리학자들이 대상으로 삼는 기타 현상들 — 의 범위를 고려할 때, 이 잔류 범주는 가장 대충 해놓은 기록의 범주에서도 벗어나는 증상들에 대해 제한적으로 사용되는 이질집단이 될 것이다. 말·언어 문제는 심리학자들이 제한된 훈련 또는 전문성을 갖추어야 하는 영역으로 들어오고 있지만, 학교심리학자들의 전문성으로는 의사소통장애의 평가와 행동적 개입에 대해서만 허용되고 있는 실정이다(Bray et al., 2014).

끝으로, 여기서는 선택적 함구증(제9장에서 논의됨)에 대해 간략히 언급할 필요가 있다. 왜냐하면 선택적 함구증은 때로 의사소통 문제로 생각되기 때문이다. 그러나 DSM-5에서는 이 장애를 의사소통장애와 같은 진단군에 편성되지 않았다. 이 장애는 '불안장애' 장에 배치되어 있다. 이러한 배치 변화는 DSM-IV에서 시작되었다. 이는 현재 선택적 함구증을 기저 불안의 발현으로 이해하고 있음을 반영하고 있다(Dummit et al., 1997; Keeton & Budinger, 2012). 선택적 함구증이 있는 아동의 약 1/3만이 다른 말 또는 언어 문제의 과거력이 있다(Steinhausen & Juzi, 1996).

운동장애

발달성 협응장애

발달성 협응장애^{Developmental Coordination Disorder}는 DSM-5 신경발달장애의 운동장애 절에 첫 번째로 등장한다. 이 절에 있는 다른 장애로는 상동증적 운동장애, 틱장애, 달리 명시된 틱장애, 그리고 명시되지 않는 틱장애가 있다. 발달성 협응장애는 학문적 성취 또는 일반적인 일상 활동(놀이 포함)을 심각하게 저해하는 운동협응 발달에 있어서의 손상이 특징이다. 이 장애의 범주는 시각 손상을 포함한 일반적인 의학적 상태로 인한 것이 아니어야 한다. 이 장애의 진단은 지적장애 진단과 함께 내려질 수 있지만, 운동실조증 수준이 반드시 지적장애의 연관된 양상에서 기대되는 것보다 훨씬 더 심각한 정도여야 한다. 이와 마찬가지로, 이 장애의 진단은 자폐스펙트럼장애 진단과 함께 내려질 수 있지만, 운동실조증 수준이 반드시 자폐스펙트럼장애의 연관된 양상에서 기대되는 것보다 훨씬 더 심각한 정도여야 한다. 이 장애는 또한 주의력결핍 과잉행동장애와 동시에 진단될 수 있다. 그러나 이 장애가 학습장애와 밀접한 연관성이 있기 때문에 여기서 논의된다. IDEA 메모 5에는 이 장애가 IDEA 서비스의 적격성과 어떤 관련이 있는지에 대해 제시되어 있다.

　발달성 협응장애는 발달의 다양한 측면과 학습·행동 문제 사이의 가능한 연결성에 관한 연구를 촉진하기 위해 DSM-III-R에 소개되었다. 일부 임상가들은 비특이성 운동실조증을 '연한^{soft}' 또는 '경미한^{minor}' 신경학적 징후로 취급해왔다. 이 진단범주에 있어서 DSM의 최근 판으로부터의 변화에 대한 상세한 논의에 대해서는 다음에 제시된 DSM-IV-TR 메모 2를 참조한다. 이 DSM 진단에 관한 경험적 문헌들은 거의 없다. 따라서 이 진단의 유용성에 대한 검증 결과에 대해서는 조기에 알 수는 없을 것이다. 그러나 그동안 관련된 개념들에 대해서는 연구되어 왔고, 학업문제와 연관성이 있는 것으로 밝혀졌다. 플레처-플린 외(Fletcher-Flinn, Elmes, & Strugnell, 1997)는 뉴질랜드에서 30명의 아동들이 '선천성 발달성 협응장애'로 진단되었고, 25%의 아동들이 고도의 읽기 문제, 30%가 고도의 철자 장애가 있다고 보고했다. 철자법 문제는 시각 구별과 연관이 있었으나, 읽기문제는 그렇지 않았다. 또한 음운 인식과 철자법 문제는 읽기 문제와 연관이 있었다. 운동제어와 서투름, 시각-공간 지각, 그리고 주의력 문제 사이의 연관성에 관한 연구는 계속되

> ### DSM-IV-TR 메모 2. DSM-5에서의 발달성 협응장애에 대한 변화
>
> 발달성 협응장애의 진단기준은 DSM-IV-TR에서 DSM-5로 오면서 크게 바뀌지 않았다. 주요 변화는 반드시 '발달시기 동안' 발병되어야 한다(p. 74/78)는 진단기준 C와 진단기준에 배제에 관한 내용이 추가된 것이다. DSM-5에서는 운동 결함이 지적장애, 시각 손상, 또는 운동능력에 영향을 미치는 다른 의학적 상태(예, 뇌성마비)에 의해 더 잘 설명되지 않아야 한다는 필수요건이 마련되어 있다. 또한 DSM-5의 진단기준에는 DSM-IV-TR에서와는 달리 운동 기능이 필수로 요구되는 단순한 일상 활동의 수행이 아니라, 구체적으로 운동 기술의 습득과 실행이 포함되어 있다.

> ### IDEA 메모 5. 발달성 협응장애와 IDEA
>
> 발달성 협응장애의 DSM-5 진단은 장애가 아동의 교육적 수행에 악영향을 미치는 경우, 다른 건강 손상 범주를 통해 아동이 IDEA 특수서비스에 적격하다는 자격의 근거가 될 수 있다. 만일 이 진단이 IDEA에서 제공하는 서비스 수혜자격 부여에 사용된다면, 이 범주에 대한 기능 손상 기준은 특별한 중요성을 갖게 될 것이다["진단기준 A에서 운동기술 결함이 생활연령에 적절한 일상생활 활동(예, 자기돌봄과 자기관리)을 뚜렷이 지속적으로 저해하고, 학업/학교 생산성에 영향을 미친다."(p. 74/78)].
>
> 우리는 학습문제가 있는 아동·청소년들, 특히 소위 말해서 '비언어적 학습장애' 패턴에 맞는 아이들에게서 발달성 협응장애 진단으로 표시된 현상을 발견했다. 우리는 특정학습장애 수학 손상 동반[이 장애는 또한 루크(Rourke, 1989)에 의해 비언어적 학습장애의 개념과 연결되어 왔음]으로 진단된 아동들에게서 발달성 협응장애의 동반이환 진단 가능성에 대해 면밀히 평가할 것을 제안한다. 이 범주에 대한 인식이 높아짐에 따라 아동들에게 있어서의 감각, 운동, 인지, 학업 발달 간의 관련성에 대한 이해도 높아질 것이다. 우리의 임상 경험에 있어서 특정학습장애의 동반이환된 진단은 특정학습장애와 기타 건강 손상 범주 하의 특수교육 서비스에 대한 적격성 결정에 도움이 되었다(이 2가지 중 한 가지에 대한 적격성 판정을 받게 되면, 아동은 관련된 특수교육 서비스 수혜 자격을 얻게 됨).

고 있다(Hellgren, Gillberg, Bahenholm, & Gillberg, 1994; Henderson, Barnett, & Henderson, 1994).

틱장애

틱장애^{Tic Disorders}는 5가지 진단으로 분류된다(① 투렛장애, ② 지속성(만성) 운동 또는 음성 틱장애, ③ 잠정적 틱장애, ④ 달리 명시된 틱장애, ⑤ 명시되지 않는

틱장애). 폭넓게 기술하면, 이 범주에는 틱의 패턴(음성 및/또는 운동)과 기간(1년 미만 또는 이상)의 다양한 결합 형태가 제시되어 있다. 가장 나중에 제시된 2가지 범주(즉, 달리 명시된 틱장애와 명시되지 않는 틱장애)의 경우, 18세 이전의 발병이 필수로 요구된다. 투렛장애에는 운동 및 음성 틱과 장기간 지속되어야 한다는 필수요건이 둘 다 요구된다. 지속성(만성) 운동 또는 음성 틱장애는 운동 또는 음성 틱 중 한 가지와 장기간의 필수요건이 요구된다. 잠정적 틱장애는 1년 미만 동안 문제의 원인이 되어온 특정 패턴이 요구된다. 달리 명시된 틱장애는 기능을 저해하지만, 다른 진단기준에는 부합되지 않는 심각한 문제가 필수로 요구된다(예, 18세 이후 발병). 그리고 명시되지 않는 틱장애는 임상가가 이러한 증상들의 발현을 인식하고 있지만, 충분한 정보가 수집되지 않았기 때문에 다른 틱장애의 진단기준에 부합되지 않는 이유를 명시하지 않기로 선택하는 경우에 사용된다. 많은 심리적 관심이 투렛장애와 여러 틱장애, 강박장애, 그리고 주의력결핍 과잉행동장애를 포함하고 있는 신경행동장애 스펙트럼의 가능성에 집중되어 왔다. 투렛장애와 주의력결핍 과잉행동장애 사이뿐 아니라, 투렛장애와 강박장애 사이에는 뚜렷한 동반이환이 있다. 월터와 카터(Walter & Carter, 1997)는 투렛장애가 있는 아동 대부분은 학습장애 또는 인지장애가 없음에도 불구하고, 이들에게서 학습문제가 지나치게 부각되고 있다고 지적하고 있다. 틱장애가 있는 아동들은 주기적으로 불안 증상, 특히 강박 패턴뿐 아니라 주의력결핍 문제에 대해 평가를 받아야 한다.

상동증적 운동장애

상동증적 운동장애Sterotypic Movement Disorder(DSM-III에서는 비전형적인 상동증적 운동장애, DSM-III-R은 상동증/습관장애)는 '억제할 수 없는' 것 같은 성질의 반복적·비목적성 운동 행동으로 구성된다. 이러한 행위로는 자해가 해당된다. 이 경우, 자해행동 명시자가 진단에 추가된다. 만일 행동이 알려진 유전학적 또는 의학적 상태와 연관된다면, 이 상태도 명시되어야 한다. 이러한 행동 유형은 흔히 자폐스펙트럼장애와 연관성이 있다. 상동증적 운동장애는 지적장애와도 연관될 수 있다. 상동증적 또는 자해 행위가 치료의 초점이 될 만큼 충분히 문제가 된다면, 이 진단은 지적장애 또는 자폐스펙트럼장애와 동시에 내려질 수 있다.

07

극히 비전형적인 증상 패턴

자폐스펙트럼장애와 정신병

개관

DSM-5에서 가장 심각한 행동장애에 대한 개념화는 다음 2가지 고려사항의 상호 작용을 반영한다[① 질적으로 뚜렷하고 파괴적인 징후와 증상 출현(예, 정신병적 증상, 심각한 행동 결손, 상동증적 자기자극), ② 장해의 시간적 양상(발병 연령, 기간)]. 자폐스펙트럼장애에는 전형적인 발달의 이전 기간이 있든 없든 간에 삶에서 이른 시기에의 발병뿐 아니라, 전형적인 발달의 다양한 측면 — 상호 사회적 반응성, 의사소통, 더욱 복잡한 행동의 레퍼토리 — 에서의 주요 파탄이 포함된다. 정신병적 장애에는 다양한 기간(① 1개월 미만, ② 1~6개월, ③ 6개월 이상)에 걸쳐 발생하는 특징 증상(즉, ① 망상, ② 환각, ③ 최고도의 행동 와해, ④ 음성 증상)이 포함된다. 이러한 2가지 부류(및 정신병적 증상들이 나타나는 몇 가지 다른 장애들)는 인간에게서 보이는 가장 심각하고 혼란스러운 행동 및 적응 장해의 일부를 정의하기 위한 가장 최근의 시도를 나타낸 것이다. 연구는 계속되고 있지만, DSM-5가 자폐스펙트럼장애와 정신병적 장애들의 경계 설정에 있어서 최고 권위를 갖게 될 것 같지는 않다. 그럼에도 불구하고, DSM-5의 구성은 DSM의 이전 판보다 진보되었고, 합리적으로 객관적이고 신뢰성 있는 평가의 기초가 되고 있는 것으로 보인다.

자폐스펙트럼장애

지적장애에서의 뚜렷한 행동 결핍뿐 아니라 아주 지나치게 특이한 행동 또는 '일탈' 행동과 연관된 아동기의 심각한 장애 발생이 얼마 전부터 조명을 받아왔다. '아동기 정신병'과 '아동기 조현병' 같은 명칭들은 거의 의미가 전달되지 않을 정도로 포괄적이고 중요하지 않은 방식으로 이러한 아동들에게 적용되었다(Creak, 1961, 1963의 예시 참조). 자폐스펙트럼장애같이 이러한 장애들에 대한 현재의 정의는 이들의 핵심 양상들(주요 발달영역에서의 다수의 손상과 삶의 초기 발병)을 부각시키고 있고, 이러한 정신병리는 청소년과 성인들에게서 보이는 흔한 형태의 정신병적 장애들과의 구별에 도움을 주고 있다. 이전 모델과 비교할 때, DSM-5에서의 중요한 변화는 몇 가지 진단범주가 하나의 포괄적인 진단으로 통합된 것이다. 이러한 변화는 표면적으로는 DSM-III 범주로부터 DSM-IV에서 실행된 분할과는 반대되는 것처럼 보인다. 그러나 이러한 변화는 자폐스펙트럼장애를 기능의 연속선상에 제시한 것을 보다 깊이 인식하고 있음을 반영하고 있다. 따라서 현재의 진단기준을 통해 검사자들은 자폐스펙트럼상에서 개인의 증상 발현을 특징짓는 데 도움을 주는 명시자를 확인할 수 있게 되었다. 즉, 종전에 DSM-IV-TR에서는 4가지 진단범주에서 다루어지던 것이 이젠 한 가지 진단에서 다루어지고 있다. 다음에 제시된 DSM-IV-TR 메모 3에는 자폐스펙트럼장애의 분류에 있어서 DSM-IV-TR로부터 DSM-5로의 변화에 대해 기술되어 있다. 또한 그다음에 있는 IDEA 메모 6에는 자폐스펙트럼장애가 IDEA 서비스에 대한 적격성과 어떻게 관련되어 있는지에 대해 제시되어 있다.

DSM-IV-TR 메모 3. 5개에서 하나로 합쳐진 자폐스펙트럼장애

자폐스펙트럼장애^Autism Spectrum Disorder의 범주는 DSM-IV-TR로부터 DSM-5로의 변화에서 가장 크게 변화된 부분들 중 하나다. 종전에는 4가지 진단범주(즉, ① 자폐장애, ② 레트장애, ③ 아스퍼거장애, ④ 달리 명시되지 않는 광범위성 발달장애)에서 다루어지던 것이 이젠 한 가지 진단(자폐스펙트럼장애)에서 다루어지고 있다. 이러한 다른 범주들은 DSM-5에서는 더 이상 분리된 장애로 수록되어 있지 않다. 예외적으로, 아동기 붕괴성장애는 DSM-5에서 완전히 삭제되었으므로, 개업 임상가들은 이러한 경우에 대해 자폐스펙트럼장애로 진단하도록 안내되고 있다. 예를 들면, 종전에는 DSM-IV 하에서 레트장애로 진단되던 아동들은 DSM-5에서는 레트증후군과 연관성이 있는 자폐스펙트럼장애 진단을 받게 될 것이다. 사회적 의사소통 결함만이 제한된 흥미, 행동, 활동의 제한된 범위가 없는 상태에서 나타나는 경우, 검사자들은 사회적(실용적) 의사소통장애 진단의 적절성을 고려하도록 권장된다.

IDEA 메모 6. 자폐스펙트럼장애와 IDEA

미국 교육부의 IDEA 2004 웹사이트에 의하면(www.gpo.gov/fdsys/pkg/PLAW-108publ 446/html/PLAW-108publ446.htm), '자폐증'은 다음과 같이 정의된다.

(1) 자폐증Autism이란 일반적으로 3세 이전에 나타나고, 아동의 교육적 수행에 악영향을 미치며, 언어적 · 비언어적 의사소통에 심각한 영향을 미치는 발달장애를 의미한다. 자폐증과 연관된 다른 특성으로는 흔히 반복적 활동과 상동증적 운동, 환경적 변화 또는 일상생활에서의 변화에 대한 저항, 그리고 감각 경험에 대한 특이한 반응이 있다.

(2) 이 절의 단락 (c)(4)에서 정의된 바와 같이, 아동의 교육적 수행이 일차적으로 아동이 정서 장해 때문인 경우에는 자폐증이 적용되지 않는다.

(3) 3세 이후에 자폐증 특성을 나타내는 아동은 이 절의 단락 (c)(1)(i)의 기준이 충족된다면 자폐증으로 구분될 수 있다.

DSM-5의 자폐스펙트럼장애 진단기준은 이전 모델에 비해 보다 더 밀접하게 IDEA의 자폐증 정의에 맞추어져 있다. 즉, 자폐스펙트럼장애의 진단범주에는 보다 포괄적인 IDEA의 '자폐증' 범주 하에서 적격성을 위해 고려되었던 이전의 4가지 뚜렷한 장애들(즉, ① 자폐장애, ② 레트장애, ③ 아스퍼거장애, ④ 달리 명시되지 않는 광범위성 발달장애)이 포함되어 있다. 앞서 논의된 것처럼, 자폐스펙트럼장애에 대한 DSM-5의 단일 범주는 IDEA 특수교육 서비스 수혜 자격을 획득할 가능성이 더 높은 손상의 발현과 함께 손상의 연속선을 반영하고 있다. 결정에 있어서 중요한 열쇠는 장애가 아동의 교육적 수행에 미치는 범위일 가능성이 높다. 동반이환된 장애와 심각도에 대한 명시자 사용은 아동의 손상 범위(학업기능에 대한 영향 포함)를 기록 · 문서화하는 데 도움이 될 것이다. 우리의 경험에 있어서, 자폐스펙트럼장애를 나타내는 아동들은 흔히 504 하의 수용시설 또는 IDEA 특수교육 서비스에 적격한 것으로 간주된다. 일부의 경우, 스펙트럼의 보다 높은 기능의 끝부분에 속하지만, 자폐증 범주 하의 기준에 부합되지 않는 아동들은 전반적인 적응장해로 고통받는 아동들에게서 보이는 기능손상의 심각도 때문에 IDEA 서비스 수혜 자격을 비교적 쉽게 획득할 수 있다. 파트 B의 '정서 장해' 범주 또는 '기타 건강 손상' 범주가 이러한 경우에 학업적 · 사회적 · 개인적 적응상의 장애를 기록하는 데 사용될 수 있다.

고려되어야 할 추가 진단

정신지체는 자폐스펙트럼장애로 진단되는 아동의 75~80%까지에 있어서 발생하고, 중요한 예후의 의미를 지니고 있다. 만일 아동의 일반적인 지적기능이 심각한 수준(70 미만의 IQ)까지 절충된다면, 추가로 지적장애로 진단한다. 자폐스펙트럼장애와 연관성이 있는 신경학적 문제에는 보통 청소년기에 발달되는 발작장애가 포함된다. 자폐스펙트럼장애가 있는 아동들에게 있어서 지적장애와 발작장애 발달 사이에는 연관성이 있다. 또한 둘 다 좋지 않은 예후와 연관성이 있다(Morgan, 1990).

배제된 진단

상동증적 · 비목적성 운동 행동(자기 자극) 역시 자폐스펙트럼장애가 있는 아동들의 특징이다. 로바아스 외(Lovaas, Newsom, & Hickman, 1987)의 연구에 의하면, 이러한 반응들은 양성이 아니다. 특히 빈도수가 높은 경우, 이들은 아주 적절한 학습의 심각한 걸림돌이 된다. 상동증적 운동은 자폐스펙트럼장애의 증상이지만 이 증상이 독립적인 치료의 초점이 되는 자해행동을 초래한다면, 이 장애가 유일한 진단이 된다. 다양한 다른 진단들(예, 발달성 협응장애, 의사소통장애, 이식증, 되새김장애, 선택적 함구증, 반응성 애착장애) 역시 (대부분의 경우) 보다 전반적인 범주는 보다 구체적인 진단들을 포함하는 DSM 범주의 일반적인 위계적 배치에 있다는 점에서 배제된다.

정신병

심각한 파탄 및 와해된 부적응 아동 또는 청소년과 마주치는 경우, 검사자가 고려해야 할 두 번째 진단군은 전통적으로 '정신병psychoses'이라는 명칭하에 포함되어 왔던 것들이다. 이 장에는 ① 망상장애, ② 단기 정신병적 장애, ③ 조현양상장애, ④ 조현병, ⑤ 조현정동장애, ⑥ 물질/약물치료로 유발된 정신병적 장애, ⑦ 다른 의학적 상태로 인한 단기 정신병적 장애, ⑧ 다른 정신장애와 연관된 긴장증(긴장증 명시자), ⑨ 다른 의학적 상태로 인한 긴장증 장애, ⑩ 명시되지 않는 긴장증, ⑪ 달리 명시된 조현병 스펙트럼 및 기타 정신병적 장애, ⑫ 명시되지 않는 조현병 스펙트럼 및 기타 정신병적 장애에 대한 진단범주들이 포함되어 있다. DSM-5의 '조현병 스펙트럼 및 기타 정신병적 장애' 장 서론에는 이 영역과 관련된 증상들에 대한 정의와 이 범주 내에서 진단에의 접근방법에 관한 간략한 논의가 제시되어 있다. 즉, DSM-5에서는 검사자가 보다 심각한 진단범주를 고려하기에 앞서 보다 덜 심각한 장애들(예, 망상장애)과 시간제한적인 장애들(예, 단기 정신병적 장애)은 배제하도록 하고 있다. 이러한 변화는 다음에 제시된 DSM-IV-TR 메모 4에 상세히 제시되어 있다. 그다음으로는 정신병적 증상들이 나타나는 몇몇 장애들과 함께 정신병적 장애에 관해 논의되고 있다. 다음의 IDEA 메모 7에는 정신병적 장애가 IDEA 서비스에 대한 적격성과 어떻게 관련이 있는지에 대해 제시되어 있다.

IDEA 메모 7. 정신병적 장애

DSM-5에서 조현병과 기타 정신병적 장애는 확실히 IDEA의 '정서 장해' 범주에 포함될 자격이 있다. 정신병적 장애Psychotic Disorder는 일반대중과 정신건강 전문가 집단의 구성원들을 위해 제시되는 심각한 정서 장해의 전형적인 예다. 조현병과 기타 정신병적 장애들의 파괴적 증상들과 삶에 엄청난 손상을 입히는 결과들은 IDEA 제정법에 있는 장애 상태에 대한 필수요건을 쉽게 충족시킨다.

DSM-IV-TR 메모 4. DSM-5에서 조현병의 변화

DSM-5의 조현병 진단범주는 DSM-IV로부터 크게 변하지 않았다. 한 가지 변화는 적어도 3가지 양성 증상(망상, 환각, 또는 화해된 말) 중 적어도 한 가지 증상이 발현되어야 한다는 것이다. 또한 DSM-IV-TR에는 조현병의 5가지 아형(편집형, 와해형, 긴장형, 감별불능형, 잔류형)이 포함되어 있지만, 이 아형들은 DSM-5에는 없다. 끝으로, 명시자는 이 두 판 사이에 약간 차이가 있다. DSM-5에서는 검사자로 하여금 개인이 자신의 첫 삽화 또는 다수의 삽화들을 경험하고 있는지와 개인이 현재 진단기준을 충족시키고 있는지(즉, 급성), 개선되고 있지만 여전히 진단기준의 일부에 부합되는지(즉, 부분관해 상태), 또는 과거에는 진단기준에 부합되었지만 현재는 부합되지 않는지(즉, 완전관해)의 여부를 제시하도록 요구하고 있다. 예를 들면, 첫 활성 삽화를 겪고 있는 사람에게 조현병, 첫 삽화, 현재 급성 삽화 상태 진단이 내려질 수 있다. 검사자들은 또한 적절한 경우에 긴장증 발현을 제시하고 심각도(즉, 경도, 중등도, 고도)를 명시해야 한다.

조현병

DSM의 이 장에서의 핵심 증후군의 정의가 있다면 바로 조현병의 정의다. 조현병 Schizophrenia은 크래펠린Kraepelin의 '조발성 치매dementia praecox'에 관한 최초의 논의 와 블로일러Bleuler의 '조현병schizophrenias'의 일차성 및 이차성 증상의 정교화 이래 대표적인 정신병적 장애로 군림해왔다. 조현병은 적어도 6개월 동안 몇 가지 지속 적인 장해의 징후와 함께, 적어도 1개월 이상 지속되는 일련의 특징적 증상들로 정의된다. DSM-5 기준 A의 증상 세트에는 양성 및 음성 증상들이 포함되어 있다. DSM-5의 양성 증상(5가지 증상 중 4가지)으로는 ① 망상, ② 환각, ③ 와해된 말, ④ 극도로 와해된 또는 긴장증 행동이 있다. 첫 번째 3가지 양성 증상 중 적어도 한 가지는 진단을 위해 반드시 발현되어야 한다. 음성 증상 세트 — 즉, 기분 둔마, 황폐화된 사고, 그리고 목표 지향적 활동 문제 — 는 다섯 번째 진단기준 증상을 구성하고 있다. 우울 기분은 때로 음성 증상으로 논의되지만, DSM-5에서는 연관 성이 있는 증상으로서만 포함되어 있다. 음성 증상에 대한 보다 충분한 논의가 도 움이 되었을 것이다. 카펜터 외(Carpenter, Heinrichs, & Wagman, 1988)는 이러한 증상들에 대한 유익한 논의를 제공하고 있다. 이 진단을 위한 추가적인 필수요건 으로는 일반적인 적응수준의 하락(또는 아동·청소년의 경우, 기대되는 발달적 진 척 실패), 문제행동에 대한 설명을 위해 조현정동장애 배제 및 정신병적 양상을 동 반한 기분장애 배제, 이 장애의 원인으로 일반적인 의학적 상태와 물질사용 효과 배제가 포함된다. 앞 페이지의 DSM-IV-TR 메모 4에서 논의된 것처럼, 조현병의 아형들은 타당도에 관한 염려 때문에 DSM-5에서는 삭제되었다.

아동기 또는 청소년기 발병 조현병의 독특한 증상 세트는 없다. 즉, 동일한 기준 세트가 전체 연령에 사용된다. 조현병은 보통 청소년기 후기 또는 성인기 초기에 처음 삽화가 나타난다. 그렇지만 아동기 발병과 청소년기 초기 발병 사례들에 대 한 기록이 있고, 조현병 진단기준 세트로 진단될 수 있다(Asarnow, 1994). 웨리 (Werry, 1996)는 아동기 또는 청소년기에 발달되는 조현병에 대해 '조기 발병early onset', 그리고 13세 이전에 발달되는 조현병에 대해서는 '매우 이른 발병very early onset' 이라는 용어들을 제안했다. 이러한 용어들을 알고 있는 것은 유용하지만, DSM-5 에서는 차이를 두고 있지 않다. 아동기 발병 조현병에는 발달 양상의 증거가 있다. 즉, 서서히 진행되는 발병이 전형적이고, 보통 아동기 초기의 적응과 말·언어 문제의 과거력이 있으며, 아동이 6~9세에 이른 후에 한해서 양성 증상들이 나타나는 것이 그것이다(Asarnow, 2013). 조현병으로 진단되는 아동의 약 2/3는 다른 정신장애의 진단기준에도 부합될 것이다(Russell, Bott, & Sammons, 1989). 아동기 발병 조현병과 가장 흔히 동반이환되는 진단은 파괴적 행동장애(품행장애와 적대적 반항장애)와 우울장애다(Asarnow, 2013). 이 가장 심각한 진단을 아동에게 적용하기에 앞서 가능한 대안적 설명에 대한 면밀한 검토와 고려가 선행되어야 하지만, 절대적으로 이러한 상태를 나타내는 경우들도 있다.

조기 발병 조현병에 대한 주요 감별진단상의 도전은 제I형 양극성장애다. 웨리(Werry, 1996)는 제I형 양극성장애가 아마도 과거에는 청소년들에게 있어서 저진단되었을 것이고, 현재는 정신병적 증상의 명백한 증거를 보이는 청소년들에게 있어서는 과잉 진단될 것임을 지적하고 있다. 웨리(Werry, 1996, p. 33)는 아동·청소년들 대상의 이 2가지 장애에 대한 장기 추적연구를 기반으로, 다음과 같이 조현병에 대해 호의적인 제안을 하고 있다(① 오랜 병전 비정상성, ② 3개월 이상 지속된 정신병, ③ 악화되고 있는 경과, ④ 조현병 가족력). 그러나 웨리는 장기추적만이 확고한 결론에 도달하기 위한 유일한 근거가 된다고 경고하고 있다. 또한 검사자들은 추가적인 증거를 기반으로 초기의 개념화를 기꺼이 재고할 것을 조언하고 있다. 이는 청소년 대상의 모든 진단 활동에 대한 현명한 조언이다.

조현병은 자폐스펙트럼장애와 동시에 진단되거나 자폐스펙트럼장애 병력이 있는 사람에게 진단될 수 있다. 이러한 경우에 있어서 명시적인 필수요건은 증상상에 반드시 뚜렷한 망상 또는 환각이 포함되어야 한다는 것이다. 자폐스펙트럼장애 병력이 있는 아동들에게 있어서 조현병의 동반 발생은 우연에 의해 기대되는 것보다 더 많지 않은 것 같다(Asarnow, 2013). 조현병, 기분장애, 자폐스펙트럼장애, 그리고 기타 정신장애들 사이의 경계와 관계는 여전히 지속적으로 진척되고 있는 유전학 및 뇌 연구와 함께 활발한 조사 영역으로 남아 있다.

아동들에게 있어서의 정신병적 환각을 다른 현상들과 감별하는 것은 임상적으로 도전적인 일이다. 필로우스키(Pilowsky, 1986)는 아동들에게 있어서 명백한 환각 행동 평가를 위한 몇 가지 가이드라인을 제시했다. 그는 아동이 실제로 지각적 왜곡을 겪고 있다는 평가자의 확신을 증대시킬 수 있는 경우의 몇 가지 측면을 제안하고 있다[① 환각에 대한 자발적 보고(vs. 질문에 의해 도출된 자료), ② 생생한 환각(vs. 모호하거나 분명하지 않은 경험에 대한 보고), ③ 환각의 현실에 대한 아동의 믿음(vs. 경험의 본질에 관한 의구심 및 의심), ④ 아동의 외부로부터 오는 지각 경험(vs. 경험이 아동의 내부로부터 발생한다는 믿음), ⑤ 지각에 대한 의지적 통제의 명백한 결여(vs. 마음대로 목소리를 묵살할 수 있는 능력)]. 아동들에게 있어서의 환각에 관한 경험적 문헌은 제한적이다. 우리의 경험에 의하면, 필로우스키 제안의 특성은 부정적인 예측력보다는 더 긍정적인 예측력이 있다는 것이다. 즉, 그가 실제 환각과 연관되어 있다고 믿고 있는 변수들의 발현은 없다고 믿는 것보다 훨씬 더 유익한 것 같다. 아동들에게 있어서의 환각은 많은 정상적인 현상들과 구별될 필요가 있다(Pilowsky, 1986)[즉, 직관적 심상(전체 시각적 회상은 청소년 또는 성인들보다 아동들에게서 훨씬 더 잦음), 가상적 동반, 그리고 입면기와 출면기 환각(아동이 잠이 들거나 깰 무렵에 발생하는 생생하면서 정상적인 환각)].

　아동들에게 있어서의 환각과 망상에 대한 평가는 부분적으로 상상, 환상, 꿈으로부터 현실을 구분하는 아동의 능력에 달려있다. 만일 아동의 정신연령이 6세 미만이라면, 이러한 차이는 점점 더 의심스럽게 되고, 진단적 주의가 요구된다. 우리는 아동들에게 있어서의 환각에 대한 자발적 보고 대 도출된 보고에 관한 필로우스키의 경고를 재삼 강조하고자 한다. 즉, 대부분의 아동들은 여러 조건하에 있는 성인들과의 의사소통의 영향을 아주 쉽게 받는다. 이는 아주 강력하게 지지되어온 경험적 소견이다. 대부분의 검사자들은 자신들의 질문이 얼마나 피검자의 답변에 영향을 미치는지에 대해 비교적 잘 모르고 있다는 것이 20년 이상 대학원생들과 겪은 우리의 경험이다. 요약하면, 평가자들은 어린 아동들의 환각에 대한 보고내용에 대해 이를 뒷받침할 증거가 없는 상태에서도 건강한 의심을 품은 상태에서 면접을 진행해야 한다.

조현양상장애

조현양상장애Schizophreniform Disorder는 증상 기간을 제외하면 조현병과 동일하다. 정의에 의하면, 조현양상장애는 조현병의 진단기준 세트에 부합되는 1개월 이상 6개월 미만의 장애다. 부호 메모 3에는 조현양상장애 기간의 필수요건에 대해 보다 상세히 논의되어 있다.

부호 메모 3. 아동·청소년에 있어서의 조현양상장애

만일 조현병(증상 기간 제외) 진단기준 세트에 부합되는 증상을 보이는 아동이 6개월 미만의 기간 내에 회복된다면, 올바른 진단은 조현양상장애다. 만일 이 아동이 회복되지 않은 상태에서 6개월이 지나지 않은 경우, 올바른 진단은 조현양상장애(잠정적)다. 만일 이 장애가 6개월 이상 지속된다면, 진단은 조현병으로 변경되어야 한다. 이 장해의 경과와 기간은 정신병적 장애에 대한 올바른 DSM-5 진단의 배정에 있어서 중요한 진단적 요소다.

단기 정신병적 장애, 조현양상장애, 그리고 조현병 간의 주요 차이점으로는 장해 기간이 포함된다(각각 1일에서 1개월, 1개월에서 6개월, 그리고 6개월 이상).

단기 정신병적 장애

단기 정신병적 장애Brief Psychotic Disorder는 정신병의 3가지 양성 증상(① 망상, ② 환각, ③ 와해된 말) 중 적어도 한 가지 증상이 단기 및 제한된 기간(1일에서 1개월) 동안 발현되는 것이 특징이다. 또한 극도로 와해된 또는 긴장증 행동이 발현될 수 있다. 그러나 이 증상만으로는 개인이 이 진단에 부합되지 않는다. '현저한 스트레스 요인(들)을 동반하는 경우' 명시자가 마련되어 있지만, 주요 스트레스 요인은 이 진단의 필수요건은 아니다. '산후 발병' 역시 명시자로 사용이 가능하다. 만일 증상들이 기분장애에 의해 더 잘 설명되지 않는다면, 단기 정신병적 장애 진단은 내려질 수 없다. 일반적인 의학적 상태 또는 물질사용(치료약물, 독소, 또는 남용약물)의 결과로 나타나는 정신병적 증상들을 배제하기 위해서는 면밀한 평가가 요구된다.

조현정동장애

조현정동장애Schizoaffective Disorder는 조현병과 주요우울, 조증, 또는 기분 증상의 혼재성 삽화의 진단기준에 동시에 부합되는 장해를 반영하고 있다. 이는 개념적·실제적 적용에 있어서 혼란을 초래하는 진단범주일 수 있다. 기분 증상, 특히 우울과 무쾌감증은 조현병 또는 다른 정신병적 장애가 있는 사람들에게 있어서 흔히 연관된 증상이다. 더 나아가, 순수한 기분장애(주요우울장애와 제I형 및 제II형 양극성장애)는 정신병 수준까지 악화될 수 있다(이 장의 후반부에 있는 '정신병을 포함한 추가적 진단범주' 참조). 그러나 조현정동장애 진단은 단 하나의 증상만이 포함되

> ### 🔖 부호 메모 4. 아동 · 청소년에 있어서의 조현정동장애
>
> 만일 아동 또는 청소년이 동시에 조현병과 기분 삽화(주요우울, 조증, 또는 혼재성)의 완전한 증상들을 보인다면, 올바른 진단은 조현정동장애다. 정동장애와 사고장애의 경계와 관계에 관한 열띤 논의와 연구는 계속되고 있다. 우리의 경험에 의하면, 조현정동장애와 함께 확인된 임상 인구는 보다 기분장애에 가까운 증상들이 발현되는 내담자들이 있는가 하면, 보다 조현병 또는 기타 정신병적 장애의 양상을 보이는 내담자 등 매우 이질적이다. DSM-5에 있어서, 감별은 조현정동장애의 '양극형'과 '우울형' 명시자에 의해 이루어진다. 후속 작업은 이 범주에 대한 중요한 개정으로 이어질 것이다.

는 경우에는 내려지지 않지만, 기분 삽화(주요우울, 조증, 또는 혼재성)와 조현병의 핵심 증상의 기준에 동시에 완전히 부합되는 경우에는 내릴 수 있다.

어느 정도 자신 있게 이 진단을 확진하려면 과거력에 대한 면밀한 기록이 필수로 요구된다. 또한 이러한 필요성은 이 장애가 있는 개인의 임상 상태에 의해 복잡해진다. 즉, 정신병적 장애가 있는 아동 · 청소년들은 보통 신뢰할 만한 역사학자들이 아니다. 정신병적 증상이 없어지거나 치료에 반응하기 시작할 때, 내담자는 면담에 보다 더 반응적이기는 하나, 정신병적 삽화로 인한 인지적 파탄 때문에 관심 대상의 정보를 기억하지 못할 수 있다. 우리의 경험에 의하면, 개인 문제의 경과 기간 동안 정기적으로 접촉해온 다수의 정보제공자들을 활용하는 것만이 이 진단에 대한 진단적 자신감을 얻게 될 수 있다. 부호 메모 4에는 조현정동장애에 대한 좀 더 심도 있게 고찰된 내용이 제시되어 있다.

망상장애

망상장애^{Delusional Disorder}[DSM-III에서는 편집증, DSM-III-R에서는 망상성(편집성)장애]는 다른 뚜렷한 정신병 증상이 없는 뚜렷한 망상이 포함된 정신병적 장애다. 개인은 조현병 병력이 없을 수 있다. 이 장애는 보통 청소년 또는 아동들에게는 나타나지 않는다.

공유된 정신병적 장애(Folie à Deux)

공유된 정신병적 장애^{Shared Psychotic Disorder}는 현저한 망상이 동반된 원발성 정신병

적 장애가 있는 개인과 오랜 친밀한 관계를 통해 습득된 망상이 특징이다. 여기서 필요로 하는 특수한 상황은 확실히 이러한 가능성 확대를 제한하지만, 아동들이 포함된 경우는 그렇지 않다. 아동들은 정신병이 있는 부모의 망상적 사고를 자연스럽게 믿게 되고, 이에 대해 스스럼없이 이야기를 나누게 될 것이다. 이러한 가족들과의 첫 접촉은 학교에서 이러한 생각들을 말로 나타내는 아동 또는 청소년에 대한 우려와 임상적 관심에 의해 이루어지게 된다. 가족들과의 추적 상담을 통해서만이 이 아동이 정신병적 장애가 있는 부모의 믿음을 반향하고 있음이 명백해질 것이다.

　이러한 특이한 범주는 치료적 관리에 대한 어려운 궁금증을 불러일으킬 수 있다. 일찍이 우리 중 한 사람이 훈련에서 목격한 사례에서, 한 미혼모가 예방접종을 위해 보건소에 세 딸을 데리고 왔다. 진료 중이던 레지던트 의사는 2명의 어린 여아들이 말하는 '미친 생각'에 대해 관심을 갖게 되었다. 그러나 어머니와 그녀의 딸들에 대한 염려에 관해 논의를 하던 중, 그녀가 두 딸들의 망상을 공유하고 있음(어머니가 근원임)이 명백해졌다. 세 번째, 즉 맏딸과의 면담에서 이 여아 역시 자신의 가족들이 독특한 사고를 한다는 사실을 알고 있었다. 그렇지만 이러한 사실에 대해 검사자에게는 말을 잘하려고 하지 않았다. 아이의 공적행동은 확대된 공동체와 상호작용하게 되면서 만일의 사태에 대비하고 있는 것처럼 보였다. 이 사례는 관련 전문가들 사이에 논쟁을 불러일으켰다. 젊은 어머니는 명백하게 망상이 있었고, 자녀들에게도 은연중에 망상적 사고를 가르쳐왔던 것으로 보였기 때문이었다. 동시에, 이 사례는 이 어머니가 자녀들의 의학적 요구에 대해 책임 있는 행동을 했다는 점에서 우리의 이목을 집중시켰다(우리가 근무했던 도시에서는 믿기 어려울 정도의 비율로 주민들이 자녀들에게 권장되는 건강검진과 예방접종을 받지 않았음). 게다가, 이 아이들에게는 방임 또는 학대를 받은 증거가 없었다. 이들의 의학적 건강상태에는 특이한 점이 없었다. 이들은 잘 먹고 잘 입는 것으로 보였고, 행복해하고 두려워하지 않으며, 보호자와도 긍정적인 애착이 형성된 것으로 보였는데, 망상이 있었던 것이었다. 맏딸은 외부인들과 가족들의 생각에 관해 말하는 것에 신중해야 함을 터득한 증거를 보였다. 젊은 어머니가 말하는 내용에 대해 우리는 그녀의 부모와 이야기를 나누었다. 우리는 그녀의 부모가 딸의 정신건강 병력에 대해 알고 있었고, 주기적으로 정신과 의사와 이야기를 나누고 있다는 사실을 알게 되었다.

기타 정신병적 장애

다른 의학적 상태로 인한 정신병적 장애와 물질/약물치료로 유발된 정신병적 장애는 구체적이고 확정된 병인과 연관이 있는 정신병적 증상들(망상 및/또는 환각)을 나타낸다. 이 2가지 장애는 아동, 특히 심각한 정신건강 문제의 가족력이 없는 아동에 대해 급성 정신병적 증상의 가능성을 둔 상태에서 적극 평가되어야 한다. 원발성 정신병적 장애 병력이 있는 청소년에게 있어서조차, 만일 이 청소년의 병력과 일치되지 않는 것 같은 상황에 관한 것이 있다면, 물질로 유발된 정신병적 장애의 가능성에 대해 공격적으로 고려되어야 한다. 비전형적 지각과정이 있는 아동들을 포함한 청소년들은 물질 실험의 위험 상황에 놓여있다. 조현병의 위험이 있는 사람들은 남용약물에 대해 강렬한, 불쾌한 및/또는 특이한 반응에 취약할 수 있다. 물질사용장애와 정신병적 장애의 동반이환된 증상 발현은 유감스럽게도 청소년과 젊은 성인들 대상의 정신건강 전문가 대부분에게 익숙하다.

　달리 명시된 조현병 스펙트럼 및 기타 정신병적 장애(또한 평가자가 진단기준에 부합되지 않는 이유를 명시하지 않기로 선택하는 경우에는 명시되지 않는 조현병 스펙트럼 및 기타 정신병적 장애 진단) 진단은 정신병적 증상의 증거가 있지만, 보다 구체적인 진단을 내리는 데 필요한 자료가 부족하거나 상충되는 다양한 경우들에 대해 사용된다. 사고장애, 정동장애, 언어장애, 그리고 과잉행동이 혼재된 증상을 보이는 사람들을 구분하기 위해 다양한 기술적인 진단명들이 임상 문헌에 제시되어 있다. 바클리(Barkley, 1990)는 자신이 '복합상영관 발달장애multiplex developmental disorders'라고 명명한 문제가 있는 아동들에 대해 논의했다. 라포포트(Rapoport, 1997)는 '다차원적 손상'으로 명명한 아동 집단에 대해 논의했다. 경우에 따라서는 달리 명시된 조현병 스펙트럼 및 기타 정신병적 장애는 추가적인 정보가 수집 및/또는 장애의 경과가 밝혀지게 되면서 보다 구체적인 진단으로 자리매김하게 될 것이다. 부호 메모 5에는 달리 명시되지 않는 정신병적 장애와 단기 정신병적 장애를 구분하기 위한 가이드라인이 제시되어 있다.

부호 메모 5. 달리 명시된 조현병 스펙트럼 및 기타 정신병적 장애와 단기 정신병적 장애

달리 명시된 조현병 스펙트럼 및 기타 정신병적 장애는 단기 정신병적 장애의 진단기준에 부합되지만 증상들이 아직 관해되지 않은 경우(정신병적 증상들이 1일 이상 1개월 미만 동안 지속되었지만 여전히 발현되는 경우)에 적절한 분류다. 만일 정신병적 증상들이 결국 1개월 미만 이내에 관해된다면, 진단은 달리 명시된 조현병 스펙트럼 및 기타 정신병적 장애에서 단기 정신병적 장애로 변경되어야 한다(부호 메모 4 참조).

동반이환 및 병전 장애들

역학 자료에 의하면, 좋지 않은 아동기 적응과 말 및 언어장애는 일부 정신병적 장애의 병전 위험요인이 될 수 있다(Asarnow, 2013). 품행장애에 대한 많은 다른 부정적인 예후와의 연관성 외에도, 정신병 진단을 받은 성인 인구들 사이에는 과도한 증상 발현이 있다. 물질남용과 (덜 자주) 물질의존은 조현병이 있는 사람들에게는 또 다른 동반이환되는 문제들이다. 이러한 연관성을 유발하는 기저의 메커니즘은 알려지지 않았다는 점에서 향후 연구를 위한 중요한 영역으로 간주된다.

A군 성격장애 3가지(조현형, 조현성, 편집성)는 한 가지 이상의 정신병적 장애의 병전 상태와 연관성이 있다는 가설이 제기되어 왔다. 이 가설은 논쟁의 쟁점이 되고 있고, 지속적인 관심의 대상이 되고 있다. 그렇지만 정신병적 장애로 진단되는 청소년들에게 있어서의 병전 적응과 성격적 특성에 대해 신뢰성 있는 정보 도출을 위한 노력을 기울여야 할 것이다. A군 성격장애 3가지는 성격 패턴이 급성 정신병적 삽화와는 다른 시간에 발생한다는 명백한 증거가 있는 경우에 한해서 조현병의 동반이환 진단으로 내려진다.

정신병이 포함된 추가적인 진단범주

여러 기분장애들은 정신병적 증상들이 나타날 정도의 심각도에 도달할 수 있다. 정신병적 양상 동반 명시자는 제I형 양극성장애의 경과 동안 발생하는 조증과 혼재성 삽화뿐 아니라 주요우울장애와 제I형 양극성장애의 경과 동안 나타나는 주요우울 삽화에 대해서도 사용될 수 있다.

08

기분 문제

개관

DSM-5에서 기분mood은 '주변 세계에 대한 지각에 색을 입히는 광범위하고 지속적인 정서'(p. 824/908)로 정의된다. 청소년들에게 있어서 기분 문제의 본질과 발현은 수십 년에 걸쳐 이목을 집중시켜왔다. 나이 어린 사람들, 특히 아동들에게 있어서의 심각한 정동 장해를 임상문제로 생각하는 것은 일부 연구자들로서는 받아들이기 힘든 문제였지만, 기분 문제가 어린 시절에 발생한다는 사실에 대해서는 점차 인정하는 목소리가 커지고 있다. 더욱이 축적된 자료에 의하면, 아동들에게 있어서의 우울 증상은 명백하게 몇 가지 발달 양상을 나타내고 있고 성인들에게 적용되던 우울증에 대한 전반적인 개념화가 아동·청소년들에게도 적용할 수 있게 되었다(Cicchetti & Toth, 1998; Kashani, Holcomb, & Orvaschel, 1986; Ryan et al., 1987). 우울장애와 관련해서는 알려진 바가 거의 없고, 아동·청소년들에게 있어서의 조증과 양극성장애에 관해서도 일치된 의견 또한 더더욱 없다(추후 논의 참조). 그러나 이 영역에서도 진전이 이루어지고 있다(예, Birmaher et al., 2014).

진단 결정에 있어서 핵심 아이디어는 기분 장해가 개인 문제의 일차적 양상으로 판단되어야 한다는 것이다. 이는 검사자에게 아동·청소년들에게 있어서의 우울증과 다른 정동 장해 단서에 대해 민감해야 할 뿐 아니라 다른 증상군과 환경적 사건들 사이의 복잡한 관계를 면밀히 평가하여 다양한 요소들의 일차성 및 이차성 상태의 견해에 도달해야 하는 상당한 책임을 부과하는 것이다.

역사적으로, 우울장애와 양극성장애(즉, 조증과 우울증을 포함하는 장애)는 DSM에서 기분장애를 다루는 장에 수록되었다. 이에 비해, DSM-5에서는 이러한 부류의 장애들은 2개의 장('양극성 및 관련 장애'와 '우울장애')으로 나누어 배치되었다. 전자의 장은 의도적으로 정신병적 장애(예, 조현병)를 다루는 장과 우울장애를 다루는 장 사이에 배치되어 있다. 이러한 변화는 의도적인 조치로, 양극성장애는 "증상학, 가족력, 그리고 유전학적 측면을 고려해서 2개의 진단부류 사이의 가교로서의 위치를 인정하는 의미로"(p. 123/131) 샌드위치처럼 되어 있다. 몇몇 연구에서 제I형 양극성장애와 조현병의 공통적인 유전학적 표지자와 위험요인으로 추정되는 것들을 밝혀냈다.

양극성 및 관련 장애 장에는 7가지 진단이 수록되어 있다(① 제I형 양극성장애, ② 제II형 양극성장애, ③ 순환성장애, ④ 물질/약물치료로 유발된 양극성 및 관련 장애, ⑤ 다른 의학적 상태로 인한 양극성 및 관련 장애, ⑥ 달리 명시된 양극성 및 관련 장애, ⑦ 명시되지 않는 양극성 및 관련 장애). DSM-5에서는 아동·청소년들을 포함해서 조증과 우울 증상을 나타내지만 제I형 양극성장애, 제II형 양극성장애, 또는 순환성장애의 진단범주에 완전히 부합되지 않는 사람들에 대해 언급하기 위해 명시적으로 달리 명시된 양극성 및 관련 장애 진단이 포함되어 있다.

우울장애에 관한 장에는 새로운 진단인 파괴적 기분조절부전장애, 그리고 긴 목록의 우울장애 명시자들을 비롯해서 8가지 진단범주가 포함되어 있다. 이 장에 포함된 진단으로는 ① 파괴적 기분조절부전장애, ② 주요우울장애, ③ 지속성 우울장애(기분저하증), ④ 월경전불쾌감장애, ⑤ 물질/약물치료로 유발된 우울장애, ⑥ 다른 의학적 상태로 인한 우울장애, ⑦ 달리 명시된 우울장애, ⑧ 명시되지 않는 우울장애가 있다. DSM-IV-TR 기준으로부터 DSM-5 기준으로의 변동사항에 관한 요약에 대해서는 이 장의 후반에 제시된 DSM-IV-TR 메모 6을 참조한다.

DSM-5의 이 2가지 장에는 기분 증상이 일차적 임상문제인 분류체계 내의 대부분의 증후군과 장애들이 합쳐져 있다. 아동·청소년들의 경우, 주요 추가적인 범주들은 기분 장해와 사별을 포함한 다양한 적응장애의 형태들이다(DSM-5에서는 제III편에 있는 '추가 연구가 필요한 진단적 상태'라는 제목의 장에서 다루어짐). 93쪽의 IDEA 메모 8에는 이러한 장애와 상태들이 IDEA 서비스 적격성과 관련 있는 장애와 상태들과 어떤 관련이 있는지에 대해 수록되어 있다.

특이성 기분 장해 패턴

DSM-5는 2가지 주요 기분 범주(조증과 우울증)에 초점을 맞추고 있다. 조증은 진단적 상태로서 계속해서 으뜸을 차지하고 있다. 만일 조증 삽화에 대한 기준이 발현되거나 발현된 적이 있었다면, 제I형 양극성장애 진단이 내려질 것이다. 만일 조증 삽화(경조증) 기준의 아역치 상태에 부합되거나 부합되었던 적이 있었다면, 제II형 양극성장애 진단이 내려질 것이다. 조증 또는 경조증 삽화 병력이 없는 현재 또는 과거의 우울증 삽화는 우울장애 진단이 고려될 수 있다. DSM-5에서는 일부 기분장애의 기준에 사용되는 일부 기분증후군에 대해 정의를 내리고 있다. DSM의 최근 판으로부터 이 진단범주의 변화에 대한 상세한 논의에 대한 내용은 102쪽의 DSM-IV-TR 메모 6을 참조한다. 확인된 기분 증후군으로는 조증 삽화, 경조증 삽화, 그리고 주요우울 삽화가 있다.

조증 삽화

조증 삽화는 "비정상적·지속적으로 고양된, 팽창된, 또는 과민한 기분과 비정상적·지속적으로 증가된 목표 지향적 활동 또는 기력"(p. 124/132)을 나타내는 기간이다. 조증 삽화를 경험하는 사람들은 비정상적으로 들뜨거나, 자신감 증가, 과대감, 그리고 과민하다. 이들은 끝없는 에너지를 가진 것 같고, 거의 잠을 자지 않으며, 거의 항상 바빠한다. 좋지 않은 판단력, 과도하게 즐거워할 만한 목표추구, 그리고 산만성은 이들의 기능적 행동에 손상을 초래한다. 정신병적 증상들은 조증 삽화 기간 동안 발현될 수 있다. 조증 삽화는 하루의 대부분, 거의 매일, 적어도 1주일 동안, 그리고 7가지 증상 중 3가지 이상의 비정상적인 기분의 발현으로 정의된다. 아동·청소년들에게 있어서 보다 전형적인 경우처럼, 만일 기분이 과민하기만 한 경우에는 4가지 증상이 필수로 요구된다. 역사적으로, 아동들에게 있어서의 조증 행동은 과민성과 공격적 발작, 그리고 성인들에 비해 보다 더 만성적 · 지속적인 것이 특징이라고 생각되었다(Biederman, 1997). 그러나 이러한 생각은 최근 들어 재고되었고, DSM-5에서 조증의 개념화에 이러한 생각들이 반영되었다. 좀 더 구체적으로 말하면, DSM-5는 양극성장애의 진단에 있어서 조증 기분의 뚜렷한 삽화 확인에 초점을 맞추고 있다. 폭발성 발작 사이에 만성(삽화성과 상반되는 의미로) 과민성과 분노 기분을 나타내는 아동 · 청소년들에 대한 진단을 위해 새로운 진단인 파괴적 기분조절부전장애가 포함되었다. 달리 말해서, DSM-5에서는 감별 진단 측면에서 만성 과민성과 삽화성 과민성 사이에 중요한 구분을 하고 있다(이 장의 후반부에 있는 '파괴적 기분조절부전장애'와 '과민한 아동' 절 참조).

　항우울제 약물치료, 전기충격요법, 광선요법, 또는 기타 약물(예, 코르티코스테로이드)에 의해 도출되는 조증 증상은 조증 삽화로 간주되지 않고, 제I형 양극성장애 진단을 위한 기록에도 사용되어서는 안 된다. 만일 주요우울장애가 있는 아동이 항우울제 치료약물에 대한 반응으로 조증 행동이 발달된다면, 주요우울장애 진단은 유지되고 두 번째 진단(물질로 유발된 양극성 및 관련 장애)이 추가된다. 신체적 치료에 대한 이러한 반응은 양극성 소질을 반영할 수 있다. 또한 개인은 향후 제I형 양극성장애 또는 제II형 양극성장애를 발달시킬 가능성이 높아질 수 있다. 치료에 대해 이러한 반응을 보이는 아동 · 청소년들에 대해서는 향후 독립적인 조증 증상 발현의 가능성에 대해 반드시 지속적인 관찰이 요구된다.

경조증 삽화

경조증 삽화는 보다 경미한 형태의 비정상적으로 고양된 기분이다. 이 기준에서는 단 4일간 지속적으로 팽창된, 고양된, 또는 과민한 기분, 그리고 7가지 추가적인 증상(기분 장해가 과민성인 경우에는 4가지)이 특징인 뚜렷하게 구분되는 정서적 경험이 필수로 요구된다. 청소년들에게 있어서 경조증 삽화는 무단결석, 비행, 학업실패, 또는 물질사용과 연관성이 있을 수 있다. 우울증에 대한 신체적 치료에 대한 반응으로 인한 경조증 증상 삽화는 경조증 삽화로 간주되지 않고, 제II형 양극성장애의 확진에는 사용되지 않는다(앞 절의 '조증 삽화' 참조).

주요우울 삽화

주요우울 삽화의 기준은 심각한 우울 경험의 경계를 정하고 있다. 9가지로 정의되는 증상들 중 5가지가 최소한 2주간의 증거에서 필수로 요구된다. 이러한 증상들은 개인의 이전 기능수준으로부터의 변화를 나타내고 있고, 심각한 고통 또는 기능 손상을 초래해야 한다. 아동 또는 청소년들에게 있어서의 주요우울 삽화의 증거로 사용되는 5가지 또는 그 이상의 증상들 중 한 가지는 반드시 ① 우울 또는 과민한 기분(성인의 경우, 우울 기분만 고려됨) 또는 ② 흥미 또는 즐거움 상실이어야 한다. 잔류 증상들 중 한 가지는 아동들에 대해서는 조정된다. 즉 성인들의 경우, 체중 감소에 대한 기준보다는 발달상 기대되는 체중 증가 실패는 아동들에게 있어서의 우울 증상으로 간주될 수 있다. 청소년들에게 있어서의 우울증의 다른 발달 양상에 관한 논의는 본문에 있다. 신체적 호소내용, 초조와 좌불안석, 그리고 기분일치성 환각은 사춘기 이전의 아동들에게서 보다 자주 나타날 수 있다.

IDEA 메모 8. 기분관련 장애/상태와 IDEA

기분에 중점을 둔 DSM-5의 정신장애 또는 상태의 진단은 IDEA의 '심각한 정서 장해' 하의 특수교육 서비스 대상 아동의 자격부여 결정의 근거로 사용될 수 있다. '일정한 시간 이상' 지속되고 교육적 수행에 악영향을 미치는 '일반적으로 광범위한 불행감 또는 우울 기분'은 '심각한 정서 장해'[IDEA, 2004, 공법 108-446, (c)(4)(i)항]를 가리키는 정의 관련 상태 중 하나다. 다른 확인된 상태는 또래들, 교사들과 만족스런 관계를 형성 또는 유지할 수 없는 것이다. 이러한 현상은 아동·청소년들에게 있어서의 우울장애 또는 양극성장애의 흔한 증상이다. 기분 장해로 인한 학업 또는 사회적 적응에 있어서의 기능 손상의 증거는 중요하다. 진단 외에 아동의 추가적인 심리사회적·환경적 특성과 아동의 기능에 대한 평가 또한 IDEA 서비스 적격성 확정에 중요할 수 있다.

심각한 정서 장해에 대한 IDEA의 기술은 자격이 부여되는 상태가 반드시 교육적 수행에 부정적인 영향을 미쳐야 한다는 필수요건을 포함한 일부 근거에 대해 비판을 받아왔다. 총명한 아동은 심한 우울증으로 인한 부담스런 상황에서조차 적절한 학문수행을 유지할 수 있을 것이다. 예를 들면, 전형적인 우울증은 학교 공부의 질을 떨어뜨리게 될 것이다. 학교수행에 있어서의 설명되지 않는 악화는 흔히 아동·청소년들에게 있어서 주요우울장애의 초기 외현적 증상이다. 클라리지오와 파이예트(Clarizio & Payette, 1990)의 아동기 우울증에 관한 학교심리학자들의 직무수행에 대한 설문에 의하면, 학교심리학자들은 공법 94-142보다는 DSM의 조작적 기준에 대해 훨씬 더 의존하고 있었다. 이러한 결과는 DSM-5와 IDEA의 경우에서도 마찬가지로 존속되고 있을 것이다.

청소년들은 행동화와 품행문제, 물질오용, 그리고 학업 수행 및 성취 하락을 보일 가능성이 더 높을 수 있다. 조증 증상은 주요우울 삽화의 확인을 방해하지만, 정신병 증상은 그렇지 않다.

기분이 포함된 정신장애

제I형 양극성장애, 제II형 양극성장애, 순환성장애, 달리 명시된 및 명시되지 않는 양극성장애

조증 삽화는 아동들에게서는 드물고(사례의 1% 미만; Biederman, 1997; Emslie, Kennard, & Kowatch, 1995) 청소년들에게서는 흔치 않다. 그러나 조증 삽화는 발생하지만, 평가자가 그 가능성을 고려하지 않으면 간과할 가능성이 높다. 제I형 양극성장애Bipolar I Disorder에는 현재 삽화 또는 DSM-5 진단범주에 부합되는 적어도 한 가지의 완전한 조증 삽화 과거력이 포함된다. 주요우울 삽화의 과거력이 있거나 없을 수도 있다. 제II형 양극성장애Bipolar II Disorder에는 현재 삽화 또는 적어도 한 가지 주요우울 및 적어도 한 가지 경조증 삽화(경도 조증 증후군)의 과거력이 포함된다. 아동·청소년들에게 있어서 순환성장애Cyclothymic Disorder에는 조증 삽화 또는 주요우울 삽화 기준에 완전히 부합된 적이 없는, 적어도 1년간의 '경조증 증상이 있는 많은 기간'과 '우울 증상이 있는 많은 기간'이 포함된다. 달리 명시된 양극성 및 관련 장애와 명시되지 않는 양극성 및 관련 장애는 구체적인 양극성장애의 진단기준에 부합되지 않는 많은 가능한 기분 증상들이 결합되어 있는 발현증상에 대해 적용된다.

감별진단

칼슨과 마이어(Carlson & Meyer, 2006), 엠슬리 외(Emslie et al., 1995), 그리고 겔러와 루비(Geller & Luby, 1997)는 아동·청소년기에 양극성장애로 진단하기 어려운 이유에 대해 논의하면서, 이 장애에 대한 DSM 기준을 반영하는 아동의 행동의 예들을 제시하고 있다. 이보다 앞서, 와인버그와 브룸백(Weinberg & Brumback, 1976)은 아동의 조증에 대한 대안적 기준을 제시했다. 이 자료를 검토해보면, 검사자로서 조증 행동의 가능한 신호들에 대해 민감해지는 데 도움이 된다. 그러나 정식으로 양극성장애로 진단하려면, DSM-5 기준을 충족시키는 증상들에 대한 증거가 필수로 요구된다.

나이 든 내담자들의 경우, 양극성장애와 주의력결핍 과잉행동장애의 감별진단을 올바르게 결정하는 데 있어서의 신뢰성은 높아지고 있다(Carr, 2009). 청소년들에게 있어서의 양극성장애는 삽화적이면서 비교적 환경과 우연성에 의해 영향을 받지 않을 것으로 예견된다. 반면, 주의력결핍 과잉행동장애는 지속적인 문제가 되는 경향이 있지만, 명백히 상황과 피드백에 따라 다르다. 이러한 상황은 주의력결핍 과잉행동장애와 양극성장애가 연관되어 있는 증거로 인해 복잡해진다(Biederman, 1997). 처음에는 주의력결핍 과잉행동장애로서 발현되었다고 보고되었다가 나중에는 양극성장애로 발달된 것으로 보인다고 보고된 사례들이 있었다(Yaylayan, Tumuluru, Weller, & Weller, 1996). 버매이어 외(Birmaher et al., 1996)에 의하면, 청소년들에게 있어서 제II형 양극성장애의 가능성에 보다 주의를 기울이는 것이 중요하다. 왜냐하면 이러한 기분장애의 증상들은 쉽사리 파괴적 행동장애 또는 성격장애(특히 경계성 성격장애)의 증상으로 오판할 수 있기 때문이다. 겔러와 루비(Geller & Luby, 1997)는 이전에 논의되었던 연구에서, 아동들에게 있어서 양극성장애는 증상 발현과 경과에 있어서 연령특이적 발달양상 때문에 저진단되고 있다고 주장하고 있다.

청소년들 사이에서 양극성장애를 조현병으로부터 감별하는 것 역시 문제가 될 수 있다(아동들의 경우에도 가능성이 있음). 청소년기 발병 조증은 조현병으로 오진되는 정신병적 증상들과 보다 자주 발현될 수 있기 때문이다(McGlashan, 1988). 웨리(Werry, 1996, p. 33)는 다음의 양상[① 발달적 비정상성, ② 급성(급속) 발병, ③ 양극성장애의 가족력]이 아동과 청소년의 양극성장애로 인한 정신병에서 보다 흔히 나타난다고 제안하였다(조현병과는 대조적임). 겔러와 루비(Geller & Luby, 1997)는 또한 조증 가족력이 청소년들 사이에서 양극성장애를 조현병으로부터 감별하는 데 있어서 중요한 조력 수단임을 강조하고 있다.

십 대들 사이에서 양극성장애의 감별진단에 있어 고려해야 할 다른 가능성은 물질관련 장애다. 이 2가지 장애들은 평상시 행동에 있어서의 갑작스런 변화, 정서 증상, 그리고 적응과 학업수행의 악화로 이어질 수 있기 때문이다. 이러한 도전은 청소년들에게 있어서 양극성장애가 급속 순환성과 함께 보다 특징적인 발생가능성에 의해 더욱 복잡해져서 물질사용에 의해 산출되는 '고저 기복'이 덜 명확해질 수있다. 더욱이, 실질적인 양극성장애와 물질관련장애 간의 동반이환율은 높다. 특히 제I형 양극성장애가 있는 많은 청소년들의 물질사용은 조증 삽화의 기타 과도한 행동과 함께 시작 또는 증가할 것이다. 청소년의 양극성장애 가능성 평가에 있어서, 가능하다면 다수의 정보제공자들로부터의 정보수집뿐 아니라 청소년의 물질사용 과거력에 대한 면밀한 검토가 필수로 권장된다.

겔러와 루비(Geller & Luby, 1997)는 양극성장애 가능성에 대한 평가를 받는 아동·청소년들에 대해 의사소통장애의 가능성도 평가할 것을 권장하고 있다. 아동은 사고장애를 암시하는 와해된 말 증상을 보일 수 있지만, 이러한 증상은 실제로는 일차성 언어 장해를 나타내고 있을 수 있다. 청소년들의 상호 소통의 필요성과 정신없이 소통하려는 시도는 사고비약flight of ideas 또는 압출언어pressured speech로 해석될 수 있다. 조증 증상이 있는 청소년들은 몹시 산만하고 연결성 약화 증상을 보일 수는 있지만, 근본적인 언어문제가 있는 것은 아니다.

양극성장애의 감별진단을 위한 다른 고려사항으로는 과잉성적 행동 발현이 포함된다. 과도한 목표 지향적 활동은 조증의 기본 증상이다. 그리고 한 가지 흔한 증상 발현은 성적인 말, 성적 행동, 그리고 성적 행동화의 증가다. 평소답지 않은 욕설, 어설프게 감춰진 자위행위, 잠재적 성적 파트너들에게 무분별한 잠자리 제의, 망상적 성격을 지닌 로맨틱한 환상, 전화 또는 온라인 섹스서비스 사용, 그리고 위험한 성적 행동(예, 무방비 상태에서의 성관계, 다수의 파트너, 거의 무차별적인 성적 파트너 선택)은 모두 나이 든 아동·청소년들에게 있어서 조증 삽화의 증상이 될 수 있다. 이러한 행동들은 또한 성적 학대의 과거력을 반영하는 것일 수 있다. 그러므로 학교심리학자가 아동·청소년들의 특이한 성적 활동을 직면하게 되는 경우, 이러한 가능성에 대한 면밀한 평가가 요구된다.

여성 청소년들에게 있어서 고려해야 할 최종적인 감별은 월경전불쾌감장애다. 이 범주를 둘러싼 논란이 어느 정도 있기는 하지만, 낮은 비율의 사춘기 이후의 여성들은 대인 간 기능에 있어서 손상이 없다면, 심각한 개인적 고통을 유발할 만큼 충분히 심각한 정도의 황체기 기분 기복을 경험한다는 사실을 부인할 수 없을 것이다. 이러한 발생은 계속되는 사회적·개인적 민감성과 월경과 연관된 오점 때문에 임상 인구에서는 잘 식별되지 않을 수 있다. 그러나 우울 또는 양극성 장애로 고통을 겪고 있는 대부분의 여성들의 일상 기분에 대한 평가 기록은 월경주기와는 공분산을 거의 또는 전혀 보이지 않을 것이므로, 자신 있게 감별진단에 도달할 수 있을 것이다.

아동·청소년들에게 있어서의 조증 의심 발견

양극성장애의 양성 가족력은 조증-우울증 행동과 깊은 연관성이 있다(Carr, 2009; Isaac, 1991). 그리고 양극성장애는 이러한 가족력과 함께 아동·청소년들에게 있어서의 진단적 고려사항에 포함되어야 한다. 추가로, 다음과 같은 특징을 나타냈다고 보고될 뿐 아니라 파괴적 행동을 나타내는 아동들의 경우에는 양극성장애를 고려해볼 것이 권장된다.

1. 일정한 기간 동안(수일에서 수 주까지) 지속되는 과민한 기분
2. 동요성 및 불안정적인 기분(기분이 최소의 자극에도 변화됨)
3. 잘 조직되지 않고 비기능적인 것 같은 폭발적 공격행동
4. 보통 효과적인 치료에 대한 좋지 않은 반응
5. 기복이 심한 증상 또는 치료에의 반응을 동반한 주의력결핍 과잉행동장애 진단의 과거력

양극성장애가 있는 것으로 의심되는 아동 또는 청소년들에 대한 평가에 있어서 한 가지 어려움은 정신장애 가족력을 결정하는 일이다. DMS-5에는 양극성장애의 가족력은 '양극성장애의 가장 강력하고 가장 지속적인 위험요인 중 하나'라고 제시되어 있다(p. 130/138). 많은 다른 연구자들(예, Carr, 2009; Isaac, 1991)은 가족력을 조증·경조증 증후군과 양극성장애의 심각한 위험요인임을 밝히고 있다. 이에 관한 질문은 다음과 같다. 즉, 면담을 통한 부모 또는 다른 정보제공자들이 제공하는 가족력을 얼마나 신뢰할 수 있는가? 포괄적인 평가 후, 정신건강 전문가에 의해 공식적으로 양극성장애로 진단된 한 명 또는 그 이상의 사람들이 포함된 가족력을 가지고 있는 것이 하나이다. 다른 하나는 내담자의 자기보고에만 의존하여 작성된 의학적 기록에 수록된 양극성장애로 진단되는 것이다. 또 다른 것은 자녀가 "기운을 펄펄 내기 때문에 양극성이 틀림없다."고 주장하는 것이다. 이러한 것

DSM-IV-TR 메모 5. DSM-5에서 양극성 및 관련 장애의 변화

DSM-IV-TR에는 양극성장애와 우울장애가 '기분장애' 한 장에 수록되었었다. DSM-5에서 이러한 장애들의 범주는 각각 '양극성 및 관련 장애'와 '우울장애' 장에 배치되어 있다. 양극성장애는 먼저 제시되어 있어서, 진단 결정에 있어서 조증 또는 아역치 조증 삽화가 우선된다는 점을 나타내고 있다. 즉, 조증 또는 경조증 증상은 양극성 범주(예, 제I형 양극성장애, 제II형 양극성장애, 순환성장애, 물질/약물치료로 유발된 양극성 및 관련 장애) 내의 진단들과 연관성이 있다. DSM-5에서는 또한 혼재성 삽화를 독립된 범주로 구분하지 않고 양극성장애의 폭넓은 명시자 목록에 추가시켰다. 이러한 명시자에는 DSM-IV-TR에서는 독자적인 진단범주가 있었던 의학적 상태, 치료약물, 그리고 기타 물질로 유발된 양극성장애가 포함되어 있다는 사실을 명심할 가치가 있다. 양극성 및 관련 장애의 DSM 기준에 대한 구체적인 변경내용은 다음에 상세히 제시되어 있다.

제I형 양극성장애

DSM-IV-TR에는 가장 최근 삽화(예, 단일 조증 삽화, 가장 최근의 우울 삽화)의 일차적 특성에 기반한 제I형 양극성장애의 6가지 다른 증상의 발현에 대한 분리된 진단범주가 마련되어 있다. DSM-5에는 이러한 모든 증상 발현들이 표로 제시된 다양한 증상 발현에 대한 다른 ICD 부호들과 함께 하나의 장애, 즉 제I형 양극성장애에 포함되어 있다. DSM-IV-TR과는 대조적으로, DSM-5의 조증과 경조증 삽화에 대한 진단기준 A에는 이젠 "증상이 하루의 대부분, 거의 매일 발현되어야 한다."(p. 124/132)는 진술이 포함되어 있다. 이와 유사하게, 기준 B에서는 "증상이 보통 행동으로부터의 변화를 나타내는 것이어야 한다."(p. 124/132)는 필수요건이 제시되어 있다.

제II형 양극성장애

이 장애의 진단범주에 대해서는 주요한 변화는 없었다.

순환성장애

DSM-5에는 우울 또는 경조증 삽화들이 증상이 나타나는 1년 동안 적어도 이 시간의 절반 동안 발현되어야 한다는 필수요건이 명시되어 있다. DSM-5에는 또한 주요 기분장애(즉, 주요우울장애, 제I형 양극성장애, 제II형 양극성장애)의 진단기준에 부합된 적이 없어야 한다는 필수요건이 명시되어 있다. 만일 이러한 장애들 중 하나에 대한 기준이 부합된다면, 개인은 더 이상 순환성장애Cyclothymic Disorder 진단에 적합하지 않다. DSM-5에는 불안증 동반이라는 새로운 명시자가 2가지 양극성장애의 명시자 목록에 추가되었다.

들은 모두 고려되어야 할 관련 자료들이지만, 자료마다 비중을 구분해서 참고해야 할 것이다. 최근 들어 '우울증'이라는 명칭은 흔히 심각한 정신의학적 장애로 입원한 사람들에 대해 가족구성원들에 의해 붙여졌다. 물론 이러한 환자들 중에는 실제로 우울장애가 있었는가 하면, 양극성장애를 가지고 있었을 것이고, 또 다른 환자들은 조현병 또는 다른 정신병적 장애가 있었을 수 있다. 현재 '양극성'이라는 말은 행동 또는 충동 조절의 재발성 경과에 대한 수용 가능한 표현이 되어버린 것 같다. DSM-5 용어의 의미에 따르면 이러한 사람들의 일부는 아마도 '양극성'일 수 있지만, 많은 사람들은 그렇지 않다. 이렇게 명칭을 잘못 붙이는 일은 물론 양극성장애에만 국한된 쟁점은 아니다. 우리의 결론은 이러한 결론의 근거가 되는 자료보다 더 나을 수는 없다. 부모, 교사, 그리고 다른 정보제공자들이 제공하는 정보는 청소년의 상황에 대한 명확한 이해에 매우 유용할 수 있다. 단, 우리는 이러한 정보가 다른 사람으로부터의 소통이고, 이것이 암시하는 모든 가능한 영향의 주제라는 사실을 기억해야 한다.

파괴적 기분조절부전장애

DSM-5에서 가장 흥미로운 변화 중 하나는 우울장애 장에 파괴적 기분조절부전장애Disruptive Mood Dysregulation Disorder라는 새로운 범주를 포함시킨 것이다. 청소년들에게 있어서 양극성장애의 과잉 진단 가능성에 관해 제기되어온 많은 우려 중 일부(특히 이전의 DSM-IV-TR의 달리 명시되지 않는 양극성장애 범주에 대한 과잉 진단)에 대해 언급한 것은 DSM-5의 진술된 의도다. 다른 관련된 우려는 이러한 진단을 받은 아동·청소년들의 치료를 위해 (미국식품의약청에서) 인가되지 않은 신경이완제 치료약물 사용이 큰 폭으로 증가되고 있는 것에 관한 것이었다. 이러한 새로운 범주가 이 2가지 쟁점 중 하나에 대해 적절하게 언급할 것인지의 여부는 지켜봐야 할 것이다.

 이 진단이 '양극성장애' 장이나 '파괴적 행동장애' 장이 아니라 '우울장애' 장에 배치된 것은 더욱 흥미로운 점이다. 서론 장에서는 이러한 배치가 청소년들이 성인이 되었을 때 추적조사를 해보면 단극성 우울 또는 불안장애를 겪고 있는 경향이 있다는 증거에 의해 정당화된다고 명시되어 있다. 이는 이러한 사람들 대부분이 계속해서 전형적인 양극성 진단을 받게 될 정도까지는 발달시키지 않는 것처럼 보인다. 진단적 경계를 어디까지, 그리고 어떻게 그을 것인지에 관한 쟁점은 가장 유용한 범주적 체계의 발달에 있어서 주요 도전거리 중 하나다. 이 모든 것 외에도 아동심리학, 정신의학, 그리고 관련된 전문분야에서 활동 중인 전문가들은 이에 견줄 수 있는 새로운 진단범주를 가지고 있다. 이러한 새로운 분류체계의 전반적인 영향은 향후 평가되어야 할 것이다.

파괴적 기분조절부전장애의 범주는 10세 이전 발병과 함께 발작 사이에 두드러지는 지속적 과민성과 분노 기분을 동반한 고도의 재발성 분노발작이 발현되는 "지속적 과민성과 잦은 극도의 행동 조절의 어려움 삽화"(p. 155/163) 패턴으로 개념화된다. 이 진단은 6세 이전의 아동들에게 내려서는 안 된다. 본문에서 6세 이후에 어떤 연령이 이 진단에 적절한지에 대해서는 다소 의견의 불일치가 있는 것 같다. 이 장의 서론에서는 '12세까지'(p. 155/163)로 언급하고 있다. 진단범주에는 이 진단이 '18세 이후'(p. 156/164)에 처음으로 진단되어서는 안 된다고 명시되어 있다. 또한 발달과 경과 절에는 "이 진단의 사용은 타당도가 설정된 집단과 유사한 연령 집단(7~18세)에 국한되어야 한다."고 제안하고 있다. 이러한 의도는 이 진단의 사용을 6~18세 기간에 국한시키기 위함이었던 것으로 보인다.

파괴적 기분조절부전장애와 양극성장애 사이의 명확한 감별 가능성 여부에 큰 관심이 모아지고 있다. 이 진단의 사용을 고려하는 경우, 개업 전문가들은 진단기준, 진단적 특징, 그리고 감별진단 절을 면밀히 고려해야 한다. 파괴적 기분조절부전장애 진단은 현재 적대적 반항장애, 간헐적 폭발장애, 또는 양극성장애 중 한 가지와 동시에 내릴 수 없다. 이 진단은 주요우울장애, 주의력결핍 과잉행동장애, 품행장애, 그리고 물질사용장애와는 동시에 내려질 수 있다. 본문에는 한 가지 명시적인 결정규칙이 제시되어 있다. 즉, 만일 아동이 파괴적 기분조절부전장애와 적대적 반항장애 둘 다의 진단기준에 부합된다면, 파괴적 기분조절부전장애 진단만 주어진다.

주요우울장애

주요우울장애Major Depressive Disorder(DSM-IV와 DSM-IV-TR에서는 주요우울장애로 알려졌지만, DSM-III와 DSM-III-R에는 주요우울증Major Depression으로 수록되었음)는 주요우울 삽화(앞서 언급된 것처럼, 9가지 기준 가운데 5가지가 필수로 요구됨)가 아동 또는 청소년들에게서 2주 또는 그 이상의 기간 동안의 완전한 발현을 기반으로 진단된다. (최소한) 5가지 증상 중 한 가지는 반드시 지속적 불쾌 기분 또는 무쾌감증이어야 한다. 아동의 경우, 슬픔뿐 아니라 과민성이 불쾌기분으로 고려되어야 한다.

만일 검사자가 명백한 설명 없이 반복되는 신체적 호소, 아동이 불행하고 슬픈 것처럼 보인다는 다른 사람들(교사, 부모, 또래)의 지각, 또는 학업수행 또는 행동에 있어서 설명되지 않은 악화와 접하게 되는 경우, 우리는 아동에 대해 주요우울장애의 가능성에 대해 감별적으로 고려할 것을 권장한다. 민감성 지수는 기분장애 가족력이 있는 경우에 현저히 증가된다. 아동·청소년들에게 있어서 불안은 흔히 우울증과 연관된 증상이다(Cummings, Caporino, & Kendall, 2014; Garber & Weersing, 2010; Tumuluru, Yaylayan, Weller, & Weller, 1996). 이전의 어떤 심각한 우울증 병력은 후속적인 임상적 우울증의 중요한 위험요인이다. 주요우울장애는 단일 삽화 또는 재발성으로 명시된다. 단일 삽화형은 향후 우울증의 위험요인인 반면, 재발형은 평생 동안 주요우울 삽화의 재발이 거의 확실시되므로 적절한 계획 수립이 요구된다.

DSM-5에서 사용 가능한 주요우울장애의 명시자는 계절성 패턴 동반이다. '계절성 정동장애'로 더 흔히 알려져 있는, 1년 중 특정 시간(보통 가을 또는 겨울)에 발생하는 고도 우울증은 이제 잘 수용되고 있다. 흔히 과도한 수면, 과식, 탄수화물이 풍부한 음식에 대한 갈망, 그리고 체중 증가와 연관된 계절성 정동장애는 성인들의 재발성 우울증 연구에 있어서 점차 주의가 집중되어 왔으나, 아동들에 대한 체계적인 연구는 거의 없는 실정이다(Giedd, Swedo, Lowe, & Rosenthal, 1998). 경험적 문헌이 제한적임에도 불구하고, 계절성 정동장애가 아동들에게서 발생하고 흔히 평가에서 간과된다는 결론에는 그만한 이유가 있다. 지드 외(Giedd et al., 1998)는 계절성 정동장애로 진단된 아동·청소년들을 7년간 추적 조사한 일련의 사례연구를 발표하였다. 이들에 의하면, 초반 1/4 기간과 후반 4/4 기간은 최고의 학교수행 패턴을 보이다가 중반인 2/4와 3/4 기간에서는 학업성취 악화를 보이는 이유는 바로 이 장애가 발현되었음을 암시할 수 있다. 이들의 문헌 검토에 의하면, 아동들에게 있어서 계절성 정동장애의 유병률은 3%로 추산된다. 이 경우의 대부분은 진단을 받지 않는다. 이러한 진단적 가능성에 대한 민감성은 학교심리학자의 가치 있는 서비스가 될 수 있다.

지속성 우울장애(기분저하증)

지속성 우울장애Persistent Depressive Disorder(DSM-III, DSM-III-R, DSM-IV, DSM-IV-TR

DSM-IV-TR 메모 6. DSM-5에서 우울장애의 변화

'기분장애'에 관한 장에서 우울장애를 양극성장애로부터 분리된 것 외에도, DSM의 우울장애 장에 대한 가장 큰 변화는 파괴적 기분조절부전장애라는 새로운 진단범주가 추가된 것이다. 이 새로운 장애는 이 장의 곳곳에서, 그리고 이 장의 '과민한 아동' 절에서 논의되고 있다. 학교와 관련된 우울장애에 있어서의 다른 구체적인 변화는 여기에 상세히 제시되어 있다. 다른 장에서처럼, DSM-5에는 달리 명시되지 않는 범주가 달리 명시된 및 명시되지 않는 범주로 대체되어 있다. 또한 DSM-5에는 우울장애의 광범위한 명시자 목록이 포함되어 있다. DSM-IV-TR에는 이러한 명시자에 자체적인 진단범주가 있었던 의학적 상태, 치료약물, 그리고 다른 물질로 유발된 우울장애가 포함되어 있었다는 사실에 주목할 필요가 있다.

주요우울장애

이 진단범주는 현재 임상가들에게 사별과 동시에 발생하는 주요우울장애 진단을 내릴 수 있는 보다 명시적인 재량권을 제공한다.

지속성 우울장애(기분저하증)

명칭 변경(즉, 기분부전장애Dysthymic Disorder에서 지속성 우울장애Persistent Depressive Disorder로) 외에, 이 기준은 대체로 동일하다. 명시자 목록은 보다 더 넓어졌다. DSM-IV-TR에 있어서, 명시자는 발병과 비전형적 양상에 대해 제공되었다. DSM-5에서 명시자 목록은 발병(즉, 조기 vs. 후기)과 비전형적 양상, 그리고 다른 양상들(즉, 불안증 동반, 혼재성 양상 동반, 멜랑콜리아 양상 동반, 비전형적 양상 동반, 기분과 일치하는 정신병적 양상 동반, 기분과 일치하지 않는 정신병적 양상 동반, 그리고 주산기 발병 동반) 전체뿐 아니라 관해 상태(즉, 부분관해 상태 또는 완전관해 상태), 심각도(즉, 경도, 중등도, 고도), 그리고 다른 기분장애(즉, 순수한 기분저하 증후군 동반, 간헐적인 주요우울 삽화, 현재 삽화를 동반하는 경우, 간헐적인 주요우울 삽화, 현재 삽화를 동반하지 않는 경우)를 포함할 정도로 확대되었다.

월경전불쾌감장애

이전에는 추가 연구가 필요한 기준 세트로서 DSM-IV-TR에 포함되었던 월경전불쾌감장애Premenstrual Dysphoric Disorder는 DSM-5에서는 '우울장애'장의 정신장애로 포함되어 있다. 이 기준은 몇 가지 차이가 있지만, DSM의 이 두 판에서는 기본적으로 동일하다. DSM-5에는 이 문제가 의학적 상태 또는 물질(예, 치료약물, 기타 치료)에 의해 더 잘 설명되지 않아야 한다는 필수요건이 포함되어 있다. DSM-5에서는 이전 판에 비해 증상의 시점을 기술하는 데 있어서 전문적인 의학용어를 덜 사용하고 있다. 즉, DSM-5에서는 월경 시작에 이르기까지와 시작 후 몇 주 동안의 기간과 관련된 증상에 대해 기술하고 있는 반면, DSM-IV-TR에서는 월경 국면에 따른 증상들에 대해 상세히 기술되어 있다(예, 황체기, 여포기). 따라서 DSM-5에서는 비의사들의 접근을 더 용이하게 하는 언어가 사용되고 있다.

에서는 기분저하증Dysthymia 또는 우울신경증Depressive Neurosis)는 보다 현란한 주요 우울장애보다 덜 심각한 만성 우울 상태다. 주요우울장애에서처럼, 아동·청소년 들에게 있어서의 지속성 우울장애에 대한 중요한 발달상의 수정이 기분 기준과 기간 기준에 대한 정의에 있어서 이루어졌다. 주요우울장애에서처럼, 부정적인 기분은 우울증 또는 과민성 중 하나가 될 수 있다(성인들에게 있어서는 우울 기분이 필수로 요구됨). 추가로, 진단에 필수로 요구되는 기간은 2년(성인의 경우)에서 1년으로 줄었다. 부정적인 기분 기간 동안 6가지 추가적인 증상 중 2가지가 필수로 요구된다. 카샤니 외(Kashani, Allan, Beck, Bledsoe, & Reid, 1997)는 어린 아동들의 경조증 증상에 관한 자료 수집에 있어서 다른 정보제공자들(아동, 부모, 교사)의 상대적인 유용성에 대해 논의하고 있다. 특히 나이 어린 아동들에게 있어서 지속성 우울장애 증상 발현은 전형적인 임상상과는 다를 수 있다. 카샤니 연구팀은 이 장애로 진단된 유치원 아동 집단에서 흔히 나타나는 정신운동 초조, 공격적 행동, 그리고 신체적 호소내용(DSM-5의 지속성 우울장애 증상에 속하는 것은 하나도 없음)을 발견했다(각각 75%, 100%, 100%; Kashani et al., 1997, p. 1431).

진단기준에는 아동·청소년들에게 있어서 필수로 요구되는 지속성 우울장애의 1년 기간 동안, 아동이 2개월 또는 그 이상의 기간 동안 증상에서 벗어난 적이 없어야 된다는 점이 명시되어 있다. 또한 지속성 우울장애의 첫째 동안 어느 시간에서든 완전히 진행된 주요우울 삽화의 발달은 지속성 우울장애보다 우선시되고, 이러한 청소년은 대신 주요우울장애로 진단된다. 지속성 '우울장애에 해당되는 1년간의 기간'이 지나면, 지속성 우울장애와 겹쳐진 주요우울 삽화는 두 번째 진단(지속성 우울장애와 주요우울장애)을 받는다. 많은 심리학 문헌에서 이러한 상황은 '이중우울증dual depression'으로 알려져 있다. 조증 삽화 또는 경조증 삽화의 발현은 지속성 우울장애보다 우선시되고, 제I형 또는 제II형 양극성장애 진단 중 한 가지가 대신 내려진다. 순환성장애의 어떤 병력이라도 지속성 우울장애 진단보다 우선시된다.

물질/약물치료로 유발된 장애

아동·청소년들에게 있어서, 기분 장해는 물질사용(물질/약물치료로 유발된 양극성 및 관련 장애와 물질/약물치료로 유발된 우울장애) 또는 일반적인 의학적 상태

(양극성 및 관련 장애 다른 의학적 상태로 인한 및 우울장애 다른 의학적 상태로 인한)의 결과로 발달될 수 있다. 즉, 우울증, 조증, 또는 둘 다는 질병, 부상, 또는 몇몇 다른 생리학적 영향에 대한 반응으로뿐 아니라 약물 또는 치료약물 중독이나 금단 기간 동안 발달될 수 있다.

달리 명시된 및 명시되지 않는 장애

달리 명시된 양극성 및 관련 장애와 명시되지 않는 양극성 및 관련 장애는 ① 이러한 정신장애의 범주들 중 하나에 대한 일반적인 기준에 부합되고, ② 어떤 구체적인 양극성장애의 기준에 부합되지 않는 임상상에 대한 잔류 범주다. 우울 기분에 대해서는 유사한 범주(달리 명시된 우울장애와 명시되지 않는 우울장애)가 제공된다. 이러한 진단들은 다른 구체적인 기분장애와 동시에 내려지지 않는다. 비전형적인 양상 또는 증상 발현은 구체적인 기분장애 다음에 명시될 수 있지만, 분리된 추가 진단으로 분류되어서는 안 된다. 만일 핵심 증상(즉, 조증 또는 우울 증상)이 이 장애의 흔히 연관된 증상이 아니라면, 이 범주는 다른 일반적인 진단군과 연관되어 진단될 수 있다. 예를 들면, 달리 명시된 우울장애는 강박장애와 연관되어 진단될 수 있지만, 조현병과 동시에 진단되어서는 안 된다. 왜냐하면 우울 증상은 흔히 이러한 정신병적 장애의 양상과 흔히 연관성이 있기 때문이다.

기타 기분관련 장애와 상태

기분 장해 동반 적응장애

앞서 살펴본 바와 같이, 적응장애Adjustment Disorder는 정신장애다. 즉, 이 장애는 DSM-5에서 정의된 것(임상적으로 심각한 고통, 적응행동 손상, 또는 구체적인 결과 위험)처럼 일반적인 매개변수들 내에 속해야 한다. 적응장애는 일반적으로 확인된 심리사회적 스트레스 또는 스트레스 요인에 대한 임상적으로 심각한 증상의 발달로 정의된다. 만일 증상들이 대안적·구체적 장애의 진단기준에 부합된다면, 알려진 스트레스 요인이 이 장애를 촉진시킨다고 해도 적응장애는 배제된다. DSM-5의 적응장애는 배제 분류체계다. 즉, 발현된 증상들을 설명하는 다른 진단 가능한 패턴이 없는 경우에 한해서 적응장애로 진단될 수 있다. 적응장애는 다른 진단들과 동시에 진단될 수 있지만, 이전에 진단된 정신장애들과 연관성이 없는 새로운 문제가 발달된 경우와 이러한 증상들이 명백한 촉발사건을 초래한 경우에서 한해서다.

적응장애는 경험된 현저한 증상들에 따라 아형으로 나뉜다. 5가지 구체적인 아형 중 3가지가 이 절과 관련이 있다(① 우울 기분 동반 적응장애, ② 불안 및 우울 기분 함께 동반 적응장애, ③ 정서 및 품행 장해 함께 동반 적응장애). 만일 우울증 증상상이 죽음에 대한 반응으로 발생한다면, 보통 적응장애로 진단되지 않고, 사별 진단이 내려진다.

사별

다른 임상가, 연구자, 그리고 전문 기관들에 의한 검토와 의견을 위해 제시되었던 DSM-5의 예비 판으로 부각되었던 몇 가지 논란거리 중 하나는 주요우울장애로부터 사별 배제Bereavement exclusion 진단의 폐지였다. DSM-IV에서 사별 상태(DSM-IV에서는 정신장애는 아니지만 임상적 주의의 초점이 되는 추가적인 상태였음)는 약 2개월 동안 주요우울장애 진단을 내리지 못하도록 했다. DSM-5에서는 사랑하는 이의 상실과 심각한 우울증 사이에 이와 같은 진단을 가로막는 관계를 없앴고, 임상가들에게 엄청나게 강렬하고 파괴적일 수 있는 정상적인 애도grief와 정신장애인 임상적 우울증 사이의 감별 기회와 과업을 동시에 부여하고 있다. DSM-5에서는 또한 '추가 연구가 필요한 진단적 상태'에 관한 장에 지속성 복합 사별장애Persistent Complex Bereavement Disorder 진단기준을 제안하고 있고, 이 진단의 가능성에 대해 논의하고 있다(이 진단은 현재 쓰여 있는 대로 DSM-5에서는 내리지 않음).

지속성 복합 사별장애는 DSM-5에서 정의된 정신장애가 아니라 연구목적을 위해 제안된 기준 세트로 DSM-5에 제시되어 있지만, 추가 연구를 위한 상태로서 포함되어 있다. 지속성 복합 사별장애의 진단기준에는 정상과 정신병리적 애도 반응 사이가 명백히 구분되어 있다. 이러한 논의에서는 정상적인 애도에서는 전형적으로 나타나지 않는 증상들이 강조되고 있다. 이는 호로위츠 외(Horowitz et al., 1997)가 제안한 '복합애도장애Complicated Grief Disorder'와 다소 유사하다. 이에 대한 기술에는 살인 또는 자살에 의한 외상성 상실의 경우에 대한 외상성 사별 동반 명시자가 포함되어 있다. 일반적으로 주요우울장애와 사별의 감별진단에는 ① 발현된 증상 고려, ② 생존자의 표현된 고통과 경험한 증상에 대한 개인적 해석, ③ 주요 의무에 대한 생존자의 기능 상태, ④ 생존자의 문화적 및 가족 배경, ⑤ 고인과 생존자의 관계, ⑥ 죽음에 대한 생존자의 반응 기간과 경과가 포함된다.

사랑하는 이의 상실은 일반적인 적용가능성과 뚜렷이 구분되는 범주가 만들어져야 하는 도전적인 주제다. 문화, 하위문화, 사회, 공동체, 가족, 그리고 개인들은 죽음에 대한 신념과 사고, 그리고 이러한 공유된 인간의 현실에 대해 적절하게 반응하는 법에 있어서 상당히 다르다. 이 주제에 대해 우리가 제공할 수 있는 가장 좋은 안내는 조심스럽고 아주 겸허하게 진행되어야 한다는 것이다.

과민한 아동

DSM의 어떤 이전 판보다도, 제5판은 과민성irritability을 나타내는 아동 · 청소년 분류에 있어서 보다 많은 지침들이 통합되어 있다. 이러한 변화는 성인들과 동일한 발달적 증상 발현이 이어지지 않는 아동들에게 있어서 양극성장애의 과잉 진단에 관한 우려의 목소리에 대한 반응에 의해 이루어진 것 같다. 즉, 양극성장애로 진단되는 아동들은 성인기가 되면 양극성장애 진단을 유지하기보다 우울 및/또는 불안장애로 더 진단되는 경향이 있다(p. 155/163). 이러한 관찰과 일치하는 것으로, 라이벤루프트 외(Leibenluft, Cohen, Gorrindo, Brook, & Pine, 2006)는 만성 증상 발현과 관련된 과민성의 삽화적 증상 발현에 대한 후유증에 있어서 차이가 있음을 발견했다. 좀 더 구체적으로 말하면, 이들은 처음에 삽화성 과민성이 발현되었던 아동들에게 있어서 성인기 초기의 조증 진단 패턴이 있는 반면, 처음에는 만성 과민성이 발현되었던 아동들은 성인기 초기에 우울증 진단을 더 받는 경향이 있다는 사실을 발견했다. 이러한 발견은 과민성의 기간과 특성에 대한 면밀한 평가의 중요성을 부각시키고 있다. 추가로, 의학적 · 행동적 · 상황적으로 수반되는 증상의 평가는 정확한 진단과 치료에 있어서 매우 중요하다(First, 2014).

아동들에게 있어서의 과민한 기분 또는 과민성은 다음에 제시된 바와 같이 몇몇 장애들의 진단기준에 나타난다.

양극성 및 관련 장애
- 제I형 양극성장애
- 제II형 양극성장애
- 순환성장애
- 물질/약물치료로 유발된 양극성 및 관련 장애
- 다른 의학적 상태로 인한 양극성 및 관련 장애
- 달리 명시된 양극성 및 관련 장애
- 명시되지 않는 양극성 및 관련 장애

우울장애
- 파괴적 기분조절부전장애
- 주요우울장애
- 지속성 우울장애
- 월경전불쾌감장애
- 물질/약물치료로 유발된 우울장애
- 다른 의학적 상태로 인한 우울장애
- 달리 명시된 우울장애
- 명시되지 않는 우울장애

파괴적, 충동조절 및 품행 장애
- 적대적 반항장애

성격장애
- 반사회성 성격장애
- 경계성 성격장애

외상 및 스트레스 관련 장애
- 외상후 스트레스장애
- 급성 스트레스장애
- 명시되지 않는 적응장애

다행스럽게도, DSM-5에는 이러한 장애들 사이에 감별진단을 위한 지침이 마련되어 있다. DSM-5의 감별진단 핸드북에서 퍼스트(First, 2014)는 또한 과민한 기분에 관한 많은 고려사항들을 상세한 의사결정 흐름도를 통해 친절하고 상세하게 설명하고 있다. 이 저자는 또한 과민한 아동과 관련된 몇몇 임상적 의사결정을 위한 방향을 제시하고 있다. 그러나 퍼스트는 우리가 여기서 하고 있는 것처럼, 구체적인 스트레스 요인에 대한 반응으로서의 과민성 범위는 제시하지 않았다.

일반적으로, 의사결정은 과민성에 대한 의학적 설명(과민성에 대한 설명으로 물질사용 또는 금단 포함) 배제로 시작된다. 만일 의학적 설명이 없다면, 기간에 대한 면밀한 조사가 필요하다. 아동은 뚜렷한 과민성 삽화를 나타내는가? 만일 그렇다면, 과민성은 증가된 활동과 연결되어 있는가? 아니면 우울증의 다른 징후들과 함께 나타나는가? 전자의 경우, 양극성 및 관련 장애 진단이 적절하다. 후자의 경우, 우울장애 진단이 적절하다. 만일 과민성이 만성(삽화성과 반대)이라면, 파괴적 기분조절부전장애 또는 적대적 반항장애 진단이 적절하다. 만일 과민성이 만성이고 극도의 정서적 발작과 연결되어 있으며, 아동이 10세 이전에 증상 발병된 6~18세인 경우, 파괴적 기분조절부전장애라는 새로운 진단이 가장 적절하다(파괴적 기분조절부전장애는 간헐적 폭발장애와 대조적이다. 간헐적 폭발장애는 파괴적 기분조절부전장애에서 보이는 만성 과민성이 결여되어 있어서 반복적이고 극도의 공격적 발작을 나타내는 사람들을 대상으로 사용된다. 그러나 만일 만성 과민성이 분노, 앙심, 불복종과 연결되어 있다면, 적대적 반항장애로 진단된다. 과민성이 기질에 관한 것으로 보이는 경우, 성인들에게 있어서의 성격장애 진단이 적절하지만, 아동들에게 있어서는 적절하지 않다. 끝으로, 만일 과민성이 확인 가능한 고통스런 사건에 대한 반응 또는 이후에 나타난 것이라면, 외상 및 스트레스 관련 장애(예, 외상후 스트레스장애, 급성 스트레스장애, 또는 명시되지 않는 적응장애) 중 하나로 진단하는 것이 적절하다.

여기서 이러한 의사결정 과정과 이 장애들 간의 차이점을 뒷받침하는 경험적 증거가 현재로서는 거의 없다는 사실에 주목할 필요가 있다. 예를 들면, 버크 외(Burke et al., 2014)는 적대적 반항장애와 새로운 진단인 파괴적 기분조절부전장애 사이의 차이점에 대한 문제 제기 결과를 제시하고 있다. 유아기에 있어서 DSM-5와 이 새로운 진단범주와 관련해서 이러한 변화가 얼마나 채택될 것인지, 그리고 임상 장면에서 보이는 증상 패턴들과 얼마나 잘 어울릴 것인지를 아는 것은 불가능하다. 오직 시간이 말해줄 것이다.

그동안 학교에서의 실행에 있어서 이러한 정보의 시사점이 무엇인지 고려해볼 필요가 있다. 짧게 답을 한다면, 이것이 과민성을 나타내는 아동에 대한 특수교육 서비스의 적격성을 고려할 때 커다란 차이를 가져올 수 있다는 것이다. 과민성과 관련되어 논의된 모든 장애에는 기저에 정서적 요소가 깔려있다. 그러므로 만일 이 정서 장해가 아동의 학업수행에 악영향을 미치고 있다면, 한 가지 또는 그 이상의 이러한 장애의 발현은 아동이 손쉽게 특수교육 서비스 수혜자격이 주어질 수 있는 근거자료가 될 것이다.

여기서 중요한 점이라면, DSM-5에서 과민성을 정서 장해로 간주하게 됨으로써 과거에는 특수교육 서비스 수혜 자격을 얻지 못했던 아동들까지 고려대상이 되면서, 고려대상 아동의 수가 크게 늘어나게 될 수 있다는 사실이다. 예를 들면, 품행장애와 적대적 반항장애로 진단된 아동(이전에 DSM-IV-TR에서는 금지되었던 결합)은 적대적 반항장애의 기저에 있는 정서 장해 때문에 특수교육 서비스 수혜 자격을 받게 될 것이다. 이전 같으면, 이 아동은 품행장애라는 단일 진단으로 '사회부적응socially maladjusted'이라는 명칭이 붙여져서, IDEA 서비스 수혜대상에서 제외됐을 것이다. 따라서 이러한 변화는 서비스 수혜대상 아동의 수에 주요한 시사점을 던져줄 수 있다.

기분장애 평가에 있어서의 쟁점

기분장애가 있는 아동 · 청소년들에 대한 초기 관심은 흔히 아동의 수행 또는 적응 수준의 변화에 의해 촉발될 것이다. 실제로, DSM-5에서는 아동들에게 기분장애 진단범주를 적용하는 경우, 기능에 있어서 주목할 만한 변화에 대한 관찰을 강조하고 있다. 특히 학교심리학자들은 학교 장면에서 우울증의 기본적인 표출로 동기 변화를 거론한다(Clarizio & Payette, 1990). 학업수행의 질 악화, 사회와 특별활동으로부터 철수, 및/또는 행동화 과거력이 없는 상태에서 행동문제 출현은 보호자의 관심 촉발 및 기분 장해 가능성을 제기하게 하는 청소년들에 있어서 부정적 변화의 예들이다. 아동들에게 있어서의 기분장애는 성인들에 비해 덜 삽화적일 수 있지만, 아동의 적응에 있어서 최근의 변화는 중요한 단서가 된다. 보다 지속적인 증상 발현(예, 기분부전장애)에 대해서조차, 정신건강 전문가들은 흔히 한 가지 질문을 던짐으로써 보상을 받게 된다. 즉, "이 아동은 항상 이랬었나요?"

발달 성향

다양한 기분장애들 사이에 유의한 상관관계가 있다는 증거가 있더라도, 이러한 패턴들은 아동들에게 있어서 뚜렷이 구분되는 임상적 현상에 의해 뒷받침될 수 있다 (Cicchetti & Toth, 1998; Keller, 1994; Simeon, 1989). 발달 성향developmental trends에 대한 인식은 특히 아동에 대해 수년간에 걸쳐 추적조사가 가능한 학교 장면에서 가치가 있다. 지속성 우울장애는 흔히 기분장애들 중 가장 이른 발병 연령을 보이는데, 유치원 시기만큼 이른 시기의 일부 아동에게 있어서도 확인될 수 있다(Kashani et al., 1997). 지속성 우울장애가 개인의 삶 내내 지속적 또는 간헐적 경과로 이어지는 경우가 있는가 하면, 다른 기분장애 패턴으로 발달되는 경우도 있다. 지속성 우울장애의 발병이 이를수록, 다른 동반이환된 장애의 발생 가능성은 더 커진다. 약 70%의 조기 발병 지속성 우울장애에 있어서, 아동은 결국 주요 우울장애를 발달시킬 것이다(Birmaher et al., 1996). 주요우울장애는 삽화성 경향이 있다. 즉, 지속성 우울장애는 주요우울장애로부터의 회복 기간 동안 발현될 수도, 발현되지 않을 수도 있다. 끝으로, 주요우울장애로 진단되는 청소년의 20~40%가 5년 이내에 제I형 양극성장애를 발달시키게 될 것이다(Birmaher et al., 1996).

　발달 성향은 또한 아동·청소년들에게 있어서의 양극성장애에 관한 증가 추세에 있는 문헌들에 분명히 제시되어 있다. 방금 언급한 것처럼, 우울증의 초기 증상이 발현된 많은 청소년들은 결국 조증 증상으로 '전환'될 것이다. 청소년들에게 있어서 조증 증상 발현은 흔히 성인 패턴의 발병, 즉 갑작스럽고, 이전의 적응과 불연속적이며, 치료에 반응적이고, 삽화 사이에서 완전히 해소된다(Geller & Luby, 1997). 만성 과민성에 비해, 삽화성 과민성 증상 발현은 성인기 초기의 양극성장애의 표현에 있어서 연속성을 보인다(Leibenluft et al., 2009). 앞서 언급된 바와 같이, 아동에게 있어서의 증상 발현은 새로운 진단인 파괴적 기분조절부전장애의 추가와 함께 부분적으로 DSM-5에서 언급된 논란이 많은 주제가 되어 왔다.

동반이환

동반이환comorbidity은 DSM-5에서 정의된 것처럼 기분장애의 예외라기보다는 규칙으로, 검사자의 과업을 복잡하게 만든다. 버매이허 외(Birmaher et al., 1996)는 연구에서 주요우울장애가 있는 청소년의 40~70%가 다른 정신의학적 진단을 받았고, 20~50%가 2가지 또는 그 이상의 동반이환된 진단을 받은 상태였다고 보고했다. 주요우울장애와 가장 자주 보고되는 동반이환된 장애로는 지속성 우울장애, 불안장애, 주의력결핍 과잉행동장애와 기타 파괴적 행동장애, 그리고 물질관련장애가 있다. 주요우울장애가 있는 201명의 아동과 715명의 청소년 대상의 좀 더 최근에 실시된 연구에서, 요비크 외(Yorbik, Birmaher, Axislson, Williamson, & Ryan, 2004)는 약 35%의 아동과 28%의 청소년에게서 동반이환된 불안장애, 15%의 아동과 6%의 청소년에게서 동반이환된 주의력결핍 과잉행동장애, 23%의 아동과 19%의 청소년에게서 동반이환된 파괴적 행동장애, 그리고 1%의 아동과 11%의 청소년이 물질을 남용했음을 발견했다. 특히 기타 내재화 장애들은 독립적인 진단이 부여될 만큼 분명한 사례로 개념화하기는 어렵다. 특히 청소년들에게 있어서의 불안과 우울에 관한 최근 연구에 비추어볼 때, 이는 기타 내재화 증상들을 주요 우울장애와 연관된 증상으로 간주하는 것과는 대조적이다(Cummings et al., 2014). 아동들에게 있어서 품행 장해와 관련된 정서문제의 평가와 연관된 방법론적 어려움은 여기서는 또 다른 주요 장애물이다. 또한 흔히 다수의 정보제공자들을 포함해서 반복적인 평가만이 임상상을 명료하게 할 수 있다. 전반적인 지시사항은 비교적 명확하다. 즉, 불안의 분리된 증상들은 주요우울장애의 연관된 증상으로 고려될 수 있다. 그러나 불안장애가 발생하고 있다면 불안장애로 인정되어야 한다. 또한 진단기준에 완전히 부합된다면, 불안장애로 진단되어야 한다.

아동·청소년들에게 있어서의 양극성장애에 관한 연구(Carlson & Meyer, 2006; Geller & Luby, 1997)에 의하면, 다른 행동문제와 높은 빈도수의 동반이환이 발견되었다. 양극성장애 평가를 받은 아동들 중, 거의 90%가 주의력결핍 과잉행동장애 과거력이 있었고, 청소년들의 유병률은 30%였다(Geller et al., 1995). 품행장애는 양극성장애 평가를 받은 아동의 약 22%와 18%의 청소년들이 품행장애로 진단되었다(Geller et al., 1995). 칼슨과 마이어(Carlson & Meyer, 2006)는 비동반이환의 예시들이 '낮음'에서 '없음'까지 다양한데, 이는 제I형 양극성장애와의 동반이환이 예외라기보다는 규칙임을 반영하는 것이라고 보고하였다. 이러한 결과들은 다음과 같은 개념적 질문을 제기하고 있다. 즉, 양극성장애 진단에 앞서 청소년들에게서 나타나는 주의력결핍 과잉행동장애와 파괴적 행동장애는 기분장애의 초기 증상 발현으로 간주해야 하는가? 아니면, 이 장애들은 분리된 동반이환 상태인가? 높은 비율로 보고되는 동반이환 역시 감별진단을 복잡하게 한다. 불안장애는 양극성장애가 있는 아동(33%)과 청소년들(12%)에게서 흔하다(Geller et al., 1995). 조증 행동과 다른 어려움 사이의 많고 빈번한 연합을 고려해볼 때, 양극성장애의 증거를 나타내는 청소년들을 평가하는 경우, 다른 가능한 진단들을 고려해보는 것이 중요하다.

기분평정척도 또는 다른 자기보고식 척도의 사용을 통해 기분의 주관적 경험을 계량화하는 것은 기분장애 경과의 모니터링에 도움이 될 수 있다. 기분장애에 대한 아동과 부모 간의 보고 내용의 일치도는 낮다(Cantwell, Lewinsohn, Rohde, & Seeley, 1997). 또한 아동 · 청소년들로부터의 자신들의 증상에 대한 긍정적인 보고는 보호자들의 부정적인 보고 내용보다 더 큰 비중을 두어야 할 것이다. 칼슨과 마이어(Carlson & Meyer, 2006)는 기분에 대한 평가가 부모와 아동의 보고내용 간의 낮은 일치도와 함께 도전적이라는 사실을 되풀이해서 주장하고 있다. 그러나 이들은 우리에게 장애의 증상들은 특히 조증 증상과 함께 한 가지 이상의 장면에서 명백해야 한다는 사실을 상기시켜주고 있다. 아동 · 청소년들에게 있어서 기간, 반응성, 그리고 정서상태의 안정성에 관한 명시적인 질문은 검사자의 진단적 인상을 뒷받침해주는 기분 삽화들에 대한 신뢰성 있는 근거자료 확보에 도움이 된다.

09

불안 문제

개관

불안anxiety은 아주 흔한 인간의 경험이다. 또한 불안 증상은 아동·청소년들이 가족, 사회, 학업, 그리고 개인적인 발달상의 도전에 반응하게 되면서 이들에게 흔히 나타난다. 초조, 긴장, 그리고 기타 불안 반응이 전형적인 양상보다 강렬하고 장기적이며, 파괴적인 경우, 불안장애 또는 다른 불안 기반 정신장애의 발생 가능성이 생긴다. 돌(Doll, 1996)은 역학적 연구를 통해 불안장애가 학교 아동들에게 있어서 가장 자주 진단되는 장해 패턴이라는 사실을 발견했다. 아동·청소년들에게 있어서의 불안문제에 대한 우리의 이해는 밀러 외(Miller et al., 1974)의 중대한 논의 이후 상당히 발전되었다. 그러나 여전히 잔재되어 있는 많은 쟁점과 논란거리로 인해 불안은 복잡한 주제로 남아 있다. 특정한 어려움은 불안 반응의 본질로부터 파생되는 반면, 다른 것들은 성인과 아동·청소년들의 불안 문제 사이의 구체적인 발달상의 차이를 반영하고 있다(Birmaher et al., 1997). 불안의 개념은 많은 연구자와 치료자들에게 매우 유용하면서도 좌절감을 안겨준다. 불안은 몇 가지 관점(생리학적, 행동적, 인지적, 현상학적)에서 고려되고 측정될 수 있는 다면적 구조를 지니고 있다.

불안의 생물학적 근거에 대한 이해는 긴장, 불안, 공포, 공황 등의 신경학적 및 신경호르몬 체계에 대한 보다 완전한 지식과 함께, 지난 수십 년 동안 엄청난 성장을 거듭해왔다. 다수의 신체증상들이 흔히 불안 반응으로 나타난다. 즉, 횡문근 긴장 증가, 근육 떨림, 발한 및 타액분비 변화, 심박수 증가, 혈압 증가, 사지의 체온 변화, 위산 및 위장 활동 변화, 안면근긴장 증가와 이와 연관된 지각 현상, 뇌활동 변화 등, 이 모든 반응에 대해 이미 연구가 진행되어 왔다. 불안이 과연 무엇인지에 대한 이해의 폭을 넓히는 것 외에, 이러한 신체변화는 또 다른 불안평가의 수단을 제공하였다. 또한 긴장상태 측정을 위한 여러 신체측정법들이 검사실 검사용으로 개발되었다. 잠재적으로 중요한 발달이라면, 불안의 다양한 생리학적 측정들이 완벽하게 공변이하지 않는다는 사실과 불안유발 자극이 제시될 때 많은 개별 변이성이 다른 생물학적 경로를 따라 서로 다른 사람들의 반응에 존재한다는 사실을 밝혀낸 것이다. 현재의 진단범주들은 역사적으로 인정된 주관적으로 보고된 경험들과 관찰된 행동특성을 기반으로 남아 있지만, 향후 진단개념화는 불안 반응을 매개하는 다른 생물학적 체계를 기반으로 이루어질 수 있을 것이다.

불안의 행동적 또는 운동적 측면에는 개인이 높은 수준의 공포 유발 단서와 직면할 때 보이는 전형적인 회피 또는 도피 행동이 포함된다. 강한 불안은 보통 혐오적인 경험이고, 공포 감소는 전형적으로 부적 강화물로 기능한다. 예를 들면, 이웃의 무서운 개를 만난 아이는 개를 피해 달아날 것이다. 그 후, 아이는 이 짐승과의 조우를 피하기 위해 그 장소를 회피하게 될 것이다. 성공적인 도피와 회피는 산출 또는 유지되는 각성의 감소에 의해 강화된다. 불안 문제에 대한 흔한 개념적 구조화에 의하면, 이 문제는 더 이상 기능하지 않는 과장된 불안조절 반응이다. 실제 위험(신체적 위험 또는 자존감에 대한 위험)으로부터의 도피는 보통 적응적이지만, 과대 평가된 위협에 대한 과도한 반응은 과도한 고통을 초래하거나 효과적인 대처를 제한하는 경향이 있다. 예를 들면, 우리 중 한 사람이 뱀 공포증이 있는 청소년을 평가한 적이 있었다. 이 아이는 자신의 룸메이트가 고무로 된 뱀을 그에게 던지자 허겁지겁 2층 침실 창을 통해 탈출하는 반응을 보였다. 그는 자신이 비현실적인 것이라는 사실을 알고 있었던 공포 때문에 심각한 신체적 피해를 무릅썼던 것이었다.

불안의 인지적 측면은 고양된 긴장과 각성과 함께 나타나는 고등정신과정의 파탄을 반영한다. 사고, 추상적 추론, 계획, 문제해결, 그리고 효과적인 회상 모두는 심각한 불안에 의해 방해를 받는다. 학생들이 자신의 검사점수가 나타내는 것보다 실제로는 더 많이 알고 있다고 말하는 경우, 흔히 이들의 합리화에 진실의 핵심이 있다. 불안은 인지과정을 저해한다. 많은 청소년들이 압박받는 상황에서 가장 잘 수행한다(또는 수행만 할 수 있다)고 힘주어 말할 수 있지만, 증거의 비중은 이러한 입장과는 대치된다.

끝으로, 우리 대부분에게는 너무도 익숙한 불안의 현상적 또는 주관적 경험이 있다. 우리가 통제할 수 없는 두려움, 절망감, 그리고 임박한 종말에 대한 감각이 있다. 우리는 ① 질식감, ② 임박한 죽음에 대한 공포, ③ 논리가 서지 않는 재앙의 예견, ④ 호흡, 삼키기, 말, 협응에 대한 통제력 상실을 경험할 수 있다. 불안은 인간의 삶의 일부로, 우리 대부분은 이러한 인간 정서를 사적인 경험 이상으로 더 친숙해한다. 청소년들은 성인들처럼 다양한 보고장치[예, '장해의 주관적 단위 subjective units of disturbance'(SUDs; Wolpe, 1990), 100mm의 선100-millimeter lines, 그리고 기타 평정척도들]를 통해 이러한 주관적 경험을 포착하는 법을 쉽게 학습할 수 있다. 아동들은 보통 연령에 적절한 아날로그식 보고방법(예, '공포 온도계')의 사용법을 배울 수 있다. 불안의 이러한 측면들은 엄격히 구분되지 않고 서로 적절히 뒤섞여 있다. 예를 들면, 한 학생이 걱정하던 시험이 임박한 사실을 '망각'하고 있다면, 이러한 회피는 인지적 징후인가, 행동적 징후인가? 추상적 경계에 관한 걱정보다 더 중요한 것은 불안이 다수 징후(즉, 증상)를 동반한 복잡한 반응이라는 사실을 인정하는 것이다. 불안 증상은 많은 정신의학적 장애의 일부로서 발생한다. 불안 증상은 우울증과 다른 기분장애에서뿐 아니라 신체형 및 해리 장애, 일부 수면장애, 그리고 물질사용장애에서 흔히 나타난다. 실제로, DSM-5에서 분류된 장애의 대부분에 있어서 불안 증상이 때로 발생할 수 있다. 그러나 불안 증상이 일차적 문제의 징후인 경우, 우리는 잠재적 불안장애(또는 다른 불안 기반 정신장애)로 문제를 개념화하고, 특징적인 증상 패턴(공황발작 또는 광장공포증 같은 불안증후군과 공포증, 강박반응, 또는 외상후 스트레스 반응 같은 달리 인식된 임상상) 탐색을 시작할 수 있다. 여기서는 조직에 있어서 '증상', '증후군', 그리고 '장애' 사이의 명확한 구분이 도움이 된다. 불안 증상은 다른 시간대와 상황에 있는 모든 아동들에게서 흔하다. 함께 공변하는 증상군인 불안증후군은 덜 자주, 그리고 다양한 기간 동안 발생한다. 불안증후군이 어떤 최소 기간 동안 지속되고 심각한 개인적 고통 또는 기능적 손상을 초래하는 경우, 불안장애(또는 불안을 중심으로 한 기타 장애)의 핵심적 필수요건이 충족된다.

불안 증상이 일차적인 임상적 관심인 이 분류체계에서 DSM-5의 '불안장애' 장에는 많은 증후군과 장애들이 함께 제시되어 있다. 과거에는 불안 기반으로 간주되었던 아동과 청소년들에게 있어서의 추가적인 진단들은 다른 관련된 장에 수록되어 있다. 이들은 강박장애, 반응성 애착장애, 외상후 스트레스장애, 불안 동반 적응장애, 그리고 회피성 성격장애다. DSM-5에서 개념상 주요 변화가 있다면, 이는 상황성 장애(외상후 스트레스장애, 적응장애)와 강박장애를 각기 독립적인 장으로 분리시킨 것이다. DSM-5에 새롭게 추가된 질병불안장애Illness Anxiety Disorder는 '신체증상 및 관련 장애' 장에 수록되어 있다. DSM의 판들 사이의 이 진단범주의 변화에 관한 상세한 설명은 DSM-IV-TR 메모 7에 제시되어 있다. (우리는 회피성 성격장애에 관해서는 사회불안장애의 감별진단과 연결되어 있는 이 장에서 논의하고 있는데, 이 장애의 본질적 속성에 관해서는 제15장에서 좀 더 상세히 논의된다.) IDEA 메모 9에는 이러한 장애들이 IDEA 서비스의 적격성과 어떤 관련이 있는지에 대해 제시되어 있다.

특정 불안 패턴

예상대로, DSM-5에서는 임상 장면에서 인정되어온 다양한 특정 증상군들을 명시함으로써 불안장애(와 다른 관련 장애)에 접근하고 있다. 첫째, 평가자를 위한 폭넓은 발견법은 많은 또는 대부분의 아동·청소년 문제가 불안 문제로 개념화될 수 있음을 인정하는 것이다. 둘째, 불안이 관련 증상이 될 수 있는 보다 전반적인 문제(일반적인 의학적 상태, 정신병적 장애, 기분장애)를 배제시키는 것이다. 그리고 셋째, 아동·청소년의 문제들 중 가장 구체적인 패턴 또는 가장 특징적인 증상 패턴을 확인하는 것이다. 덜 전반적인 장애의 진단에 앞서, 보다 전반적인 장애로 진단하는 것에 대한 쟁점은 불안장애의 평가와 진단에 있어서 중요하다. 증상으로서의 불안은 많은 정서·행동 장애에 있어서 흔하다. 즉, 불안이 문제의 핵심인 경우에 한해서 불안장애로 진단된다. 불안장애는 주요우울장애 같은 기분장애와 동시에 진단될 수 있지만, 불안장애가 분리된 문제라는 증거가 있는 경우에 한해서다. 예를 들면, 아동이 수년간 임상적 공포증Phobia 과거력이 있고 (이러한 문제가 지속되는 동안) 주요우울장애가 발달된다면, 2개의 진단이 내려져야 한다. 이러한 예시는 한 장애가 다른 장애의 연관된 증상인 경우에 2가지 장애로 진단하는 기본 상황을 분명히 보여주고 있다. 즉, 이러한 경우 2가지 기능이상이 독립적으로 발생했다는 증거가 있어야 한다. DSM-5의 '불안장애' 장은 분리불안장애에서 시작된다. 이 장애는 불안장애 장에 새롭게 추가된 것으로, '불안장애' 장에 첫 번째 범주로 옮겨졌다. 왜냐하면 이 장애가 공포, 불안, 및/또는 회피를 포함한 장해를 반영하고 있는 가장 이른 시기에 나타나는 장애라는 이유에서였다.

분리불안장애

분리불안장애Separation Anxiety Disorder는 아동들에게 보다 빈번히 발생하는 임상적 불안 증상 중 하나이며(Suveg, Aschenbrand, & Kendall, 2005), 아동과 보호자의 보고 사이에 합리적인 일치를 이루는 몇 안 되는 불안관련 정신장애 중 하나다(Cantwell et al., 1997). 분리불안장애의 정확한 진단에 있어서의 핵심 양상은 아동의 일차 보호자로부터의 아동의 분리가 강한 불안 반응의 유효 자극으로 기능하는 것이다. 이러한 현상은 아동이 보호자에 의해 어린이집 또는 학교에 남겨지거나 아동이 보모와 함께 집에 남겨지고 보호자가 떠나게 되는 상황에서 나타난다. 이러한 증상은 보통 보호자와의 재결합에 의해 신속하게 완화된다. 아동은 가정에서조차 보호자와 떨어지는 것을 어려워하는 문제가 있을 수 있다(예, 자신의 침대에서 자려고 하지 않음). 이전의 발달적으로 정상적인 공포(낯선 사람들에 대한 공포, 발달적으로 전형적인 분리불안)와 이 장애의 관계는 지속적인 관심의 대상이 되고 있다.

등교 회피 또는 거부는 대부분의 경우 분리불안장애의 증상으로 보고된다(Francis, Last, & Strauss, 1987에 의하면, 대략 75%). 그러나 공포반응이 상황(즉, 학교 또는 학교의 일부 측면에 대한 공포 vs. 보호자로부터의 분리에 대한 공포)에 있어서의 일부 자극 요소들에 대한 것이라는 가능성 평가와 배제에는 다소 주의가 요망된다. 평가자는 또한 분리불안이 어린 아동들 사이에서 흔하고 정상이라는 사실을 유념해야 한다. 그럼에도 불구하고 아동의 분리불안 경험의 강도와 질, 그리고 아동의 적응에 미치는 효과 평가는 중요하다. 분리불안장애는 보호자로부터의 분리에 대한 불안이 과도하고 부적응적인 정신장애다.

▮ DSM-IV-TR 메모 7. DSM-5에서 불안 및 관련 장애의 변화

DSM-5에서 불안장애의 증상 발현 구조와 순서는 DSM-IV에서 제공되는 것과는 다르다. 한 가지 눈에 띄는 변화는 종전에는 '유아기, 아동기, 청소년기에 보통 처음 진단되는 장애' 장에 배치되었던 분리불안장애와 선택적 함구증이 DSM-5에서는 '불안장애'에 수록된 점이다. 종전에는 DSM-IV의 불안장애 장에 포함되었던 몇몇 다른 장애들은 다른 독립적인 장들로 나뉘어 수록되었다. 즉, 외상후 스트레스장애, 반응성 애착장애, 그리고 탈억제성 사회적 유대감 장애는 새롭게 추가된 '외상 및 스트레스 관련 장애' 장에, 그리고 강박장애, 신체이형장애, 수집광, 발모광(털뽑기장애), 그리고 피부뜯기장애는 새로운 '강박 및 관련 장애' 장에 수록되었다. 한 가지 마지막 장애인 질병불안장애는 DSM에 새롭게 등장한 장애로, '신체증상 및 관련 장애' 장에 배치되어 기능을 저해하는 의학적 상태에 대한 고통 반응에 대해 적용되고 있다(이 책의 제10장 '신체증상 및 관련 장애' 절에 있는 이 장애에 관한 추가 논의 참조). '불안장애' 장에 수록된 장애들은 발달상 출현 순서대로 제시되어 있다. 즉, 이 장애들은 각각 전형적인 발병 연령을 반영하는 순으로 제시되어 있다. 분리불안장애가 전형적으로 가장 이른 시기에 발현되는 불안장애로 처음 제시되어 있고, 선택적 함구증, 특정공포증, 사회불안장애, 공황장애, 광장공포증, 범불안장애, 물질/약물치료로 유발된 불안장애, 다른 의학적 상태로 인한 불안장애, 달리 명시된 불안장애, 그리고 명시되지 않는 불안장애가 그 뒤를 잇고 있다.

불안장애의 진단범주를 고려할 때, 많은 것들이 동일하게 남아 있지만, 몇 가지 중요한 차이가 있다. 일부 장애의 경우, 기준이 재편성된 반면, 다른 것들은 조항이 추가 및/또는 삭제되었다. 장애별 핵심 변동사항은 다음과 같다.

분리불안장애

가장 큰 변화는 18세 이전에 발병되어야 한다는 필수요건이 삭제된 것이다. 따라서 이 진단은 이제 성인들에게도 내려질 수 있게 되었지만, 검사자들에게는 6개월 동안 회피, 불안, 또는 공포 증상의 패턴 탐색이 권장된다. 하지만 이 진단에서는 유연성이 허용된다. 아동·청소년들에게 있어서는 4주 동안 이러한 증상들이 발현되었다는 증거만 있으면 된다.

선택적 함구증

선택적 함구증 범주가 '불안장애' 장에 추가되었다. 이 기준에는 변동사항이 없다.

특정공포증

DSM-5의 언어는 DSM-IV-TR에서 보던 것과 유사하되 동일하지는 않다. 이 진단범주 역시 재편성되었고, 몇 가지 다른 변동사항이 있었다. 구체적으로 말하면, 이 기준은 '공포 또는 불안'을 나타내는 것으로, 단지 양자택일을 하는 것이 아니다. '과도하고 비합리적인'(p. 449)이라는 문구는 '실제 위험에 비해 지나친'이라는 문구로 대체되었다. 이전 판에서 연령 기반 적응은 아동들이 공포가 비합리적이거나 과도하다는 사실을 인식하지 못할 수 있다는 점에서 만들어졌지만, 적어도 6개월 동안 증상 증거의 필수적인 발현이 요구되었다. 최근 판에서 이러한 연령 기반 적응은 전체 연령의 사람들에게로 확대되었다. 달리 말해서, "공포, 불안, 또는 회피가 지속적이고 전형적으로 6개월 또는 그 이상 지속됨"(p. 197/208)이라는 기준은 아동뿐 아니라 모든 사람에게 적용된다. 또한 성인의 경우, 불안이 과도하고 비합리적이라는 사실을 인식해야 한다는 필수요건이 삭제되었다. 이 기준은 또한 진단의 필수요건인 기능상의 저해 규모에 대해 덜 구체적이다. DSM-5 에는 동일한 5가지 공포자극 명시자들이 포함되어 있다. 또한 이전 판과는 달리, 각 명시자에 대해 ICD-10 부호들을 적용할 수 있는 지침이 마련되어 있다.

사회불안장애

사회불안장애^{Social Anxiety Disorder} 는 DSM-IV-TR에서는 사회공포증^{Social Phobia}으로 불렸다. DSM-5에서 이 명칭은 소괄호로 묶어서 제시된다. 사회불안장애에 대한 변동사항 중 많은 부분이 특정공포증에 대해 업데이트된 부분과 유사하다. 즉, 내용은 이전 판과 유사하지만, 언어가 변경되었고 기준이 재편성되었다. 특정공포증 기준처럼, 사회불안장애 증상은 지속적일 필요가 있고(즉, 6개월 또는 그 이상), 실제에 비해 지나치며, 심각한 고통을 초래하는 것이어야 한다. 첫 번째 진단기준에는 DSM-IV-TR에 제시된 것처럼, 단순히 공포가 아니라 '공포 또는 불안'이 포함되어 있다. 공포가 과도하다는 사실을 개인이 인식해야 하고, 아동은 연령에 적절한 사회적 관계 능력의 증거를 보여야 한다는 필수요건은 삭제되었다. 수행불안^{performance anxiety} 역시 약간 다른 방식으로 언급되어 있다. 좀 더 구체적으로 말하면, 수행에 대한 기준은 예시로 옮겨졌고, 수행은 이 장애의 명시자로서만 포함되어 있다. 이에 비해, DSM-IV-TR에서는 일반^{generalized}형 명시자로만 세분되었다. 이는 DSM-5에서는 명시자에 포함되어 있지 않다.

공황장애 · 광장공포증

DSM-5에서 공황장애^{Panic Disorder}와 광장공포증^{Agoraphobia}은 2가지 선택권(광장공포증이 있는 공황장애와 광장공포증이 없는 공황장애)을 제공했던 이전 판과는 달리 따로 제시되어 있다. 공황장애의 진단기준 B 역시 DSM-IV-TR로부터의 2가지 분리된 목록이 결합된 것이다.

광장공포증은 종전에는 공황장애 또는 다른 장애들과 비교해서 기술되었지만, DSM-5에서는 분리된 장애처럼 보인다. 즉, 진단에서는 적어도 5가지 구체적인 상황들["① 대중교통 이용, ② 열린 공간에 있기, ③ 밀폐된 공간에 있기, ④ 줄을 서거나 군중 속에 있기, ⑤ 집 밖에 혼자 있기"(p. 217/231)] 중 적어도 2가지에서 '뚜렷한 공포 또는 불안'이 필수로 나타나야 한다는 요건이 명시되어 있다. 나머지 기준에는 개인이 6개월 또는 그 이상 임상적으로 심각한 고통 또는 손상을 초래하는 공포 또는 불안이 실제로 주어지는 정도보다 심각한 정도로 거의 항상 경험해야 한다는 필수요건이 명시되어 있다. 만일 다른 상태의 전형적인 증상 발현이 과도하다면, 다른 의학적 상태로 진단되어야 한다.

범불안장애

범불안장애Generalized Anxiety Disorder의 진단범주는 다소 재조직되었으나, DSM-IV-TR의 것과 비교할 때 본질적으로는 동일하다.

물질/약물치료로 유발된 불안장애

DSM-IV-TR에는 강박사고obsessions와 강박행동compulsions이 이 진단범주에 포함되어 있었으나, DSM-5에는 없다. DSM-5에서 불안 증상들에 관한 명시자들도 삭제되었다(예, 범불안 동반, 공황 발작 동반, 강박 증상 동반, 공포 증상 동반). 발병에 관한 명시자들(즉, 중독 기간 동안 발병, 금단기간 동안 발병)은 한 가지 추가된 것과 함께 남아 있다(즉, 치료약물 사용 후 발병).

다른 의학적 상태로 인한 불안장애

물질/약물치료로 유발된 불안장애와 유사하게, 이 범주는 DSM-IV-TR에서는 강박사고와 강박행동을 포함하지만, DSM-5에서는 그렇지 않다. 또한 DSM-5에는 없는 불안 증상들에 관한 명시자들이 포함되어 있다.

IDEA 메모 9. 불안관련 정신장애와 IDEA

불안장애의 진단(불안에 중점을 둔 기타 정신장애)은 IDEA의 '심각한 정서 장해' 또는 단순히 '정서 장해' 범주 하에서 아동에게 특수 서비스 수혜 자격을 부여하는 근거가 될 수 있다. '심각한 정서 장해'를 가리키는 확인된 상태들 중 하나는 '장기간에 걸쳐 지속되고 교육적 수행에 악영향을 미치는 현저한 정도까지 개인 또는 학교 문제와 연관된 신체적 증상 또는 공포를 발달시키는 경향성'[Individuals with Disability Education Improvement Act [IDEA], 2004, Public Law 108-446, paragraph (c)(4)(i)]이다. 심각한 불안 증상들은 쉽게 이 상태에 속하는 것으로 해석될 수 있다. 또 다른 확인된 상태는 '또래와 교사와의 관계 구축 또는 유지 불능'이다. 이는 아동·청소년들에게 있어서 불안 문제와 연관된 증상이 될 수 있다. 불안 문제에 의해 초래된 학업 또는 사회적 적응에 있어서의 기능 손상의 증거는 중요할 것이다. 공식적인 진단 외에, 심리사회적·환경적 고려사항과 아동의 기능과 관련된 상세한 추가 정보의 제공 역시 IDEA 서비스 수혜의 적격성을 확정짓는 데 중요할 수 있다.

자격결정 상태가 교육적 수행에 부정적인 영향을 주어야 한다는 IDEA 필수요건은 IDEA 체계 대 DSM 체계의 적용에 있어서 난제가 될 가능성이 있다. 아동 또는 청소년이 불행하고 심각한 사회적 부적응을 보이지만, 수용 가능한 학교수행을 유지하고 있을 수 있을 가능성이 있기 때문이다. 이 아동은 심각한 불안장애 또는 다른 관련 장애를 보이고 있지만, IDEA 서비스 수혜 자격을 얻지 못할 수 있다. 그러나 훨씬 더 전형적인 것은 심각한 불안 증상과 연관된 학업성취에 있어서 명백한 손상이다.

특히 아동에게 있어서 불안장애와 다른 불안문제 평가에 있어서의 한 가지 문제는 증상 발현의 많은 부분이 대체로 사적 경험의 성격을 띠고 있다는 것이다. 아동은 자신의 공포, 걱정, 그리고 긴장에 의해 극도로 고통을 받을 수 있다. 그러나 만일 이러한 경험들을 보고하지 않거나, 행동 회피/도피에 있어서 행동화하거나, 학업 또는 일상적인 과업에 있어서 명백하게 수행의 파탄 수준을 보인다면, 교사, 부모, 또는 다른 보호자들은 아동의 고통을 알지 못한 상태로 남아 있을 수 있다. 특히 나이 어린 아동들의 사적인 경험 평가에 있어서 내재된 어려움은 검사자들이 아동의 불안 문제를 암시하는 보고서 또는 행동을 공격적으로 탐색하고 다수의 자료를 이용할 필요가 있다. 어린아이들로부터의 불안 문제에 대한 암시는 보호자들로부터의 부정적인 보고보다 더 큰 비중을 두어야 한다(Cantwell et al., 1997). 아동들에게 있어서 공포와 극도의 공포조차 흔하고 보통 일과성이라는 현실을 인식하고 있는 동안, 학교심리학자 역시 불안 현상이 아동의 삶에서 지속되고 있거나, 많은 불행을 초래하고 있거나, 예견된 개인적, 사회적, 또는 학업적 발달에 있어서 실패에 기여하고 있는 암시에 대해 민감해질 필요가 있다. 우리의 인상에 의하면, 불안문제는 학령기 아동들에게 있어서의 진단율이 저조하다. 성인들은 흔히 아이들의 문제를 인식하지 못하거나 '정상적인' 성장통 정도로 여긴다.

선택적 함구증

선택적 함구증Selective Mutism(DSM-III와 DSM-III-R에서는 선별적 함구증Elective Mutism)은 '자발성 침묵voluntary silence'으로도 불렸다. 선택적 함구증은 드문 장애다. 선택적 함구증의 핵심 양상은 다른 상황에서는 언어적 의사소통 능력이 있음에도 다른 사람들이 있는 상황에서는 말을 하지 않는 것이다. 따라서 문제의 아동은 말을 할 수 있지만(다른 장면에서 관찰에 의해 기록됨), 적어도 하나의 구체적인 사회적 장면에서는 말을 하지 않는 선택을 함으로써 사회적 또는 교육적 문제를 초래하게 된다. 이 진단은 흔히 일차적으로 학교 장면에서 증상 발현이 되는 흥미로운 패턴으로서 내려진다. 흔히 발현되는 선택적 함구증 증상으로는 가정에서는 가족과 친구들과 자진해서 대화를 나누는 학령기 아동이 교사 및/또는 다른 사람들이 있는 경우 학교에서 말을 하지 않는 것이 포함된다.

과거에 선택적 함구증은 흔히 의사소통 문제 상황에서 논의되었지만, 선택적 함구증이 있는 아동의 약 2/3는 다른 특이한 말에 있어서의 특징은 없다. 이 문제는 의사소통 문제보다는 정서·행동 장해인 것 같다. 이 장애는 불안으로 인한 것으로 개념화되는데, 이것이 '불안장애' 장에 배치된 이유에 대한 설명이 된다. 이러한 견해는 이 장애가 보통 불안장애 상황에서 발현된다고 지적하는 연구(예, Dummit et al., 1997)에 의해 뒷받침되고 있다. 스타인하우센과 주지(Steinhausen & Juzi,

1996)는 수줍음과 내재화 행동문제가 100건이나 되는 일련의 DSM-III-R 선별적 함구증 사례에서 나타난 가장 빈번한 성격 양상이었다고 보고하였다. 선택적 함구증은 사회공포증과 동반이환될 수 있다. 이 경우, 두 장애 모두 진단되어야 한다. 스웨덴의 2개 학군 대상의 인구 연구에서는 이전에 추산되었던 것보다 높은 유병률—약 7~15세 아동 10,000명당 18건을 보였다(Kopp & Gillberg, 1997). 보다 최근의 연구에서는 선택적 함구증이 아동·청소년의 0.03~0.2%에게 영향을 미친다고 추산하였다(Carbone et al., 2010). 아동뿐 아니라 부모에게 있어서 선택적 함구증과 사회적 과묵성reticence의 연관성은 이 문제의 탐지와 인식을 억제하는 기능을 할 수 있다(Kopp & Gillberg, 1997).

평가에는 검사자가 다수의 정보제공자들(예, 교사, 부모 또는 보호자, 또래, 그리고 형제자매)로부터의 자료수집이 필수로 요구된다. 선택적 함구증과 수줍음, 자폐스펙트럼장애, 그리고 다른 불안장애와의 감별에는 해당 아동에 대해 잘 알고 있는 정보제공자들과의 면담에 대해 세심한 주의가 필수로 요구된다. 선택적 함구증(즉, 말하는 것이 아님)의 주요 증상은 학업수행을 저해하는 잠재력을 지니고 있는데, 특히 증상 발현 또는 다른 언어적 참여가 필수로 요구되는 부류에 속한다. 학업수행 외에, 선택적 함구증은 또한 사회적 기능과 또래관계에 영향을 미칠 수 있다. 만일 이러한 기능 영역 중 하나 또는 둘 다가 손상되어 있다면, '심각한 정서 장해'의 범주 하에 특수교육 서비스에 대한 적격성을 고려하는 이유가 될 수 있다.

공황장애

공황발작Panic Attack은 구분된 시간(즉, 10분 이내에 절정을 이룸) 동안 발생하는 강렬한 공포, 생리학적 각성, 그리고 (흔히) 광적인 도피행동 삽화다. 공황발작은 그 자체로 부호화될 수 있는 장애가 아니다. 다만, 다른 상태의 맥락에서 발생하는 장애다. 이러한 발작은 적어도 1개월 동안 걱정 또는 행동에 있어서 문제가 있는 변화에 이어 나타나는 경우, 개인은 공황장애 기준에 부합된다. 또한 개인이 공황발작과 함께 다른 불안장애, 정신장애, 또는 의학적 상태를 보일 수 있다. 이 경우, '공황발작 동반' 명시자가 적용될 것이다.

공황발작은 정상적인 경험과 충분히 뚜렷하게 구분되고 해로운 특성이 있는 장애로, 성인 내담자들이 보통 이러한 장애 발생에 대해 비교적 분명하고 신뢰성 있게 설명할 수 있다. 아동들에게 있어서 공황발작은 문헌에서 논의의 대상이 되어 왔지만, 분명한 것은 거의 없는 실정이다. 이러한 경험이 청소년기 이전에 얼마나 자주 나타나는지, 또는 이것이 사춘기 이전에 나타나기는 하는지의 여부조차 확실하지 않다(Bernstein & Borchardt, 1991). 비더만 외(Biederman et al., 1997)에 의하면, 공황장애와 광장공포증은 임상 인구에서 특정 빈도수를 가지고 발생하지만, 쉽게 인식되지는 않는다. 청소년 임상 인구(Kearney, Albano, Eisen, Allan, & Barlow, 1997)와 비임상 인구(Hayward et al., 1997)에 있어서의 공황발작에 관한 연구는 이 주제에 관한 지식의 보다 경험적인 기초를 제공하는 시작 단계에 있다.

광장공포증

광장공포증Agoraphobia은 성인 임상 장면에서 자주 나타나는 공포 증후군이지만, 이 장애는 아동·청소년들에게는 드물게 나타난다. 흔히 제공되는 광장공포증 모델에서는 이 장애를 필연적이지는 않지만, 보통 단서가 있거나 단서가 없는 공황발작 과거력과 연관성이 있는 것으로 간주한다. 즉, 광장공포증은 개인이 도피 또는 도움을 구하고 싶지만 얻을 수 없는 상황에서 느끼는 극심한 공포다. 광장공포증은 '공포에 대한 공포fear of fear' 또는 증가된 긴장의 생리학적 단서에 대한 파멸적 해석으로 여겨진다. 이러한 견해는 호소력이 있지만, 공황발작과 광장공포증의 관련된 유병률과 각각의 발병 연령에 관한 경험적 자료와는 일치되지 않는다(Biederman et al., 1997). 이 2가지 증후군에 관한 많은 경험적·이론적 의문점은 여전히 해결되지 않은 채 남아 있다. 공황발작과 광장공포증은 성인들의 불안 문제의 개념화에 있어서 유용하지만, 우리의 경험에 의하면 이 장애들은 청소년들의 상황에는 제한적으로 적용된다. 나머지 불안장애는 아동·청소년들에게는 비교적 드물게 발생한다. 이는 불안 증상에 초점을 맞춘 적응장애 진단들 중 하나로 간주된다.

특정공포증

공포fears는 아동들에게 있어서 흔하고, 강렬한 공포조차 어느 정도의 빈도수로 발생한다(Gullone, 2000; Milne et al., 1995). 이와는 대조적으로, '공포증phobia'은 과도하고, 부적응적이며, 지속적이고, (아동의 경우) '연령 또는 상태 특이적이지 않은 특수한 형태의 공포'(Marks, 1969, Miller et al., 1974, p. 90에서 재인용)로 정의되어 왔다. 경미한 정도의 공포는 흔하고 보통 일과성이다. 반면, 심각한 정도의 공포는 시간이 지나면서 지속되는 경향이 있다. 또한 공포증은 체계적인 개입이 없다면 안정적으로 지속되는 경향이 있다. 확인된 공포 자극에 대한 불안 반응의 강도와 예측가능성으로 진단은 아주 간단해진다. 공포증 유사 요소들은 특정공포증과 사회공포증뿐 아니라 강박장애와 외상후 스트레스장애의 임상상의 일부로 구성되어 있다.

　다른 불안장애들보다 더욱 심각한 특정공포증 — 별개의 상황 또는 대상에 대한 강렬하고 안정적인 공포 — 은 다른 불안 또는 우울 문제와 별도로 발생할 수 있고 또한 발생한다. 예를 들면, 혈액 또는 부상 등에 대한 공포증은 보통 유의한 동반이환율 없이 보고되어 왔다(Marks, 1988). 그러나 만일 공포증의 강도에 대한 공포가 있다면, 대부분의 경우는 다른 극도의 공포를 보일 것이다(Milne et al., 1995). 특정공포증의 중요한 요소는 부적응적인 반응으로 이어지는 상황에서 발현되는 실제적인 신체적 또는 심리적 위험 정도에 비해 과장된 불안반응이다. DSM-5에 명시되어 있는 5가지 공포 자극은 ① 동물, ② 자연환경, ③ 혈액-주사-부상, ④ 상황, ⑤ 기타로 구분된다. 한 가지 이상의 특정공포증이 발현되는 경우, 각 유형에 대해 부호가 제시된다.

사회불안장애(사회공포증)

공포 반응이 대인 간 자극에 의해 유발되는 경우, 사회불안장애^{Social Anxiety Disorder} 진단이 내려진다. 사회공포증^{Social Phobia}이 있는 청소년들은 다른 사람들에게 평가받는 느낌이 드는 상황에 놓이면 극도의 불안을 보인다. 이들은 다른 사람들에 의해 당혹스럽게 되거나, 망신당하거나 형편없는 사람으로 여겨질 것을 두려워한다. 경우에 따라서 이러한 현상은 특정 관심사에 집중된다(예, 얼굴이 빨개짐). 우리 중 한 사람이 진료한 한 청소년은 얼굴이 빨개지고 다른 사람들이 자신을 보고 비웃을 것 같다는 두려움 때문에 다른 사람들이 쳐다보는 상태에서는 거의 서 있지 못하였다. 달리 말하면, 공포는 무언가 '멍청한' 것을 말하거나 일반적으로 어떤 정의되지 않은 방식에 있어서 부족한 점이 드러나는 '어리석어' 보이는 일반적인 감각이다. 사회불안은 청소년과 성인들에게 있어서 비교적 흔한 반면, 사회불안장애는 사회적 평가에 관한 염려 차원에 있어서의 정점으로 개념화된다. 이 장애는 보통 청소년기에 발병한다(Herbert, 1995). 만일 치료를 받지 않으면, 경과는 흔히 개인적 · 사회적 · 직업적 손상을 동반한 만성이 된다. 이 장애는 물질남용 위험의 증가뿐 아니라 다른 불안장애와 흔히 동반된다(Herbert, 1995).

아동 · 청소년들에게 있어서 사회불안장애 진단은 DSM-5에 제시되어 있는 지시사항만으로는 해결하기 어려운 회피성 성격장애Avoidant Personality Disorder와의 경계에 대한 쟁점을 불러일으키고 있다. 이 2가지 진단은 대인 간 노출과 상호작용에 의해 유발되는 불안 증상에 초점을 맞추고 있다. 증상 정의에 있어서의 중첩은 매우 높은 동반이환율을 초래한다. 회피성 성격장애는 사회불안장애로 진단된 내담자의 25~70%에서 발생한다. 또한 사회불안장애는 회피성 성격장애가 있는 내담자들에게서 거의 항상 진단된다(Herbert, 1995). 이 2가지 범주는 뚜렷이 구분되는 현상학적 또는 증상학적 군집은 아닐 것이다(Francis, Last, & Strauss, 1992). 회피성 성격장애는 사회불안장애에서 반영되는 동일한 기본 패턴이면서도 더욱 심각한 징후를 나타낼 수 있다. 청소년과 특히 아동들(제15장 참조)의 성격장애를 고려함에 있어서의 골치 아픈 개념적 쟁점을 감안한다면, 우리는 아동들에 대해 사회불안장애와 회피성 성격장애를 감별진단 하는 경우, 사회불안장애 범주 사용을 권장한다.

'학교공포증school phobia'은 DSM-5에서 활용할 수 있는 진단이 아니다. 번스타인과 보차트(Bernstein & Borchardt, 1991)에 의하면, 등교 거부school refusal 사례에서 높은 비율의 분리불안 증상이 발현되었고, 이러한 아동들 중 많은 아이들이 분리불안장애의 기준에 부합되었다(이 장의 초반부 참조). 그러나 일부 아동들은 분리불안장애보다는 뚜렷한 학교공포 증상을 보이고 있고, 사회불안장애의 이형variant을 가지고 있는 것으로 가장 잘 개념화된다(Last, Francis, Hersen, Kazdin, & Strauss, 1987). 다른 불안 문제가 있는 아이들처럼, 학교 회피 또는 등교 거부 증상이 있는 청소년은 자신의 공포가 과도하거나 비합리적이라고 인정하지 않을 수 있다. 학교 회피 또는 등교 거부 증상은 또한 불안이 아닌 방종self-indulgence을 반영하는 품행문제 군집에서 발생할 수 있다. 치료 계획 수립에 있어서, 불안장애 증상 발현으로서의 학교 회피와 파괴적 행동장애의 증상 발현으로서의 학교 회피 사이의 감별진단이 중요하다.

범불안장애

범불안장애Generalized Anxiety Disorder는 구체적인 유발 자극 없이 발생하는 불안 증상과 걱정을 군집화하는 작업이 요구된다. 이 장애가 있는 개인은 전반적 · 지속적인 과도한 정도의 각성 패턴을 나타낸다. DSM-IV에서 아동, 청소년, 성인의 증상 발현이 본질적으로 동일하다고 공식적으로 인정되기 전까지는 아동들에게서 보이는 이러한 패턴은 아동기 과잉불안장애Overanxious Disorder of Childhood로 불렸다. 과도한 걱정('걱정스런 기대apprehensive expectation')은 아동에 관한 임상 문헌과 확실히 일치되는 범불안장애의 정의와 관련된 특징이다(Strauss, Lease, Last, & Francis, 1988). 불안장애, 우울증, 그리고 주의력결핍 과잉행동장애와의 높은 동반이환율 — 앞서 언급한 것처럼, 아동들에게 있어서의 많은 불안장애에서 보이는 동반이환 패턴 — 이 보고된다.

불안장애 내의 다른 구체적인 범주

아동 · 청소년들에게 있어서의 불안장애는 물질사용(물질/약물치료로 유발된 불안장애) 또는 일반적인 의학적 상태(다른 의학적 상태로 인한 불안장애)의 결과로 발달될 수 있다. 즉, 일반화된 초조와 긴장, 공포, 공황발작, 또는 강박 증상은 질병, 부상, 또는 몇몇 다른 생리학적 영향에 대한 반응으로뿐만 아니라 약물 또는 약물치료 중독 또는 금단 기간 동안 발달될 수 있다. 불안 문제는 또한 확인된 구체적인 증상 패턴과 일치하지 않는 상태(달리 명시된 또는 명시되지 않는 불안장애)로 발달될 수도 있다.

강박 및 관련 장애

DSM-5에서 강박장애는 불안장애 장으로부터 분리된 관련 장애 장으로 옮겨져서 첫 번째 장애로 수록되어 있다. 이 범주에는 ① 강박장애, ② 신체이형장애, ③ 수집광, ④ 발모광, ⑤ 피부뜯기장애, ⑥ 물질/약물치료로 유발된 강박 및 관련 장애, ⑦ 다른 의학적 상태로 인한 강박 및 관련 장애, ⑧ 달리 명시된 강박 및 관련

🔖 **DSM-IV-TR 메모 8. DSM-5에서의 강박 및 관련 장애에 대한 변화**

가장 큰 변화는 이러한 장애들이 불안장애 장이 아니라 가까운 독립적인 장에 배치된 것이다. 이 장에 있어서 구체적인 장애에 대한 변화는 이 메모에 기술되어 있다.

강박장애

강박사고가 실제 세상 문제에 관한 단순히 과도한 걱정이 아니어야 한다는 필수요건은 삭제되었다. 또한 개인은 강박사고가 자신의 마음에서 비롯된 것임을 인식하지 않아도 된다. 그리고 병식에 대한 명시자(즉, 좋거나 양호한 병식, 좋지 않은 병식, 병식 없음/망상적 믿음)와 과거 또는 현재 동반이환된 틱장애가 이 진단에 추가되었다.

신체이형장애

새로운 기준에는 개인이 어느 시점에서 용모에 대한 염려와 관련된 반복적 행동을 수행했어야 한다는 필수요건이 포함되어 있다. 또한 병식insight(강박장애에 대한 것들과 동일함)과 개인의 체격의 질에 초점을 맞춘 명시자(즉, 근육이형증Muscle Dysmorphia 동반)가 포함되어 있다.

발모광

DSM-IV-TR과는 달리, DSM-5 기준에는 모발 상실이 현저해야 한다는 필수요건이 포함되어 있다. 또한 개인이 반복적으로 자신의 머리카락 뽑는 행동을 소거 또는 감소시키려는 시도가 필수로 요구된다. DSM-IV-TR에서는 머리털을 뽑는 행동과 관련된 긴장감과 이러한 행동에 대한 즐거움, 만족감, 또는 안도감이 필수로 요구되었다. 그러나 DSM-5에서는 이러한 증상들이 필수로 요구되지 않는다.

이 장에 남아 있는 모든 장애들은 DSM-5에서는 새로 수록된 것들이다. 이러한 장애로는 수집광, 피부뜯기장애, 물질/약물치료로 유발된 강박 및 관련 장애, 다른 의학적 상태로 인한 강박 및 관련 장애, 달리 명시된 강박 및 관련 장애, 그리고 명시되지 않는 강박 및 관련 장애가 있다.

장애, ⑨ 명시되지 않는 강박 및 관련 장애가 포함되어 있다. 강박장애와 관련 장애들은 현재 분리된 장에 제시되어 있지만, DSM-5의 저자들은 '불안장애와 일부 강박 및 관련 장애들 사이에 밀접한 관계'가 있음을 인정하고 있다. 이는 DSM-5 장의 배치 순서에 반영되어 있다(p. 235/249). 이전 판과 비교할 때, 이 범주의 장애들의 진단범주에 있어서의 변동사항의 상세한 목록은 DSM-IV-TR 메모 8에 제시되어 있다.

강박장애

강박장애Obsessive-Compulsive Disorder는 이전에 여겨졌던 것보다 아동 · 청소년들에게

표 9.1 아동 사례에서 흔히 보고되는 강박사고와 강박행동

강박사고	강박행동
오염에 관한 주제	씻기
자해 또는 타해	반복
공격적 주제	확인
성적 주제	만지기
면밀성/종교성/숫자 세기	정리/배열
금지된 생각	수집
대칭 충동	기도
말, 질문, 고백 욕구	

출처 : March and Leonard (1996). Copyright 1996 by the American Academy of Children and Adolescent Psychiatry. Reprinted by permission.

있어서 더 흔한 것으로 점차 인식되고 있다. 그렇지만 이러한 문제를 잘 인식하지 못하는 현상은 계속되고 있다(March & Leonard, 1996). 강박장애가 있는 아동 · 청소년들은 흔히 다른 사람들의 부정적인 반응을 민감하게 의식하면서 자신의 강박행동을 은밀히 실행에 옮긴다. 아동 · 청소년들은 이차적인 문제 ― 강박적인 염려와 의례적인 행동으로 인한 학업문제, 화장실에 가겠다는 잦은 요청에 대한 교사의 염려, 또는 과도하게 씻는 행동에 대한 신체적 징후 ― 로 인해 학교심리학자의 주의를 집중시키게 될 수 있다(Adams, Waas, March, & Smith, 1994). 마치와 레너드(March & Leonard, 1996)의 아동 임상 사례에서 보고된 공통적인 강박사고와 강박행동은 표 5.1에 제시되어 있다. 씻기와 확인 의례는 임상 경과의 특정 시점에서 대부분의 아동들에게서 발생한다고 보고되고 있다(Swedo, Rapoport, Leonard, Lenane, & Cheslow, 1989).

침습적 사고intrusive thoughts 또는 의례적 행동 중 하나가 진단의 필수요건에 부합된다면, 이 2가지 양상의 유형들은 보통 임상 사례에서 나타난다. 행동은 반드시 아동의 고통을 유발하거나 과도한 시간을 소모시키거나 적응기능(학업수행, 사회활동, 또는 중요한 관계)을 저해해야 한다. 아동은 자신의 행동의 비논리적인 성질을 인식하고 있을 필요는 없다(이들은 보통 이렇지만). 만일 과도하고 무감각한 증상의 성질을 어느 정도 인정하지 않거나 아동이 강박장애 신념이 사실이라고 확신하고 있다면, 좋지 않은 병식 또는 병식 없음/망상적 믿음으로 기재되어야 한다.

다른 불안장애는 흔히 강박장애(특히 특정공포증, 사회불안장애, 범불안장애)가 있는 아동들에게서 나타난다. 틱장애(투렛장애 포함)는 일부 가족들에게 있어서 강박장애와 연관되어 있다는 증거가 발견되었다(March & Leonard, 1996; Pauls, Alsobrook, Goodman, Rasmussen, & Leckman, 1995). 파괴적 행동장애와 학습장애는 흔히 강박장애가 있는 아동들과 연관된 문제로 보고된다. 강박관련 장애들(즉, 발모광, 신체이형장애, 손톱 물어뜯기 같은 습관문제)은 덜 자주 동반이환되는 것으로 보고되고 있다(March & Leonard, 1996). 특히 강박장애와 투렛장애는 적어도 일부 사례에서 공통적인 유전자형의 대안적 표현형 방식으로 나타난다(March & Leonard, 1996). 강박장애, 투렛장애, 그리고 연쇄상구균 감염의 특성 표지자 사이의 연관성에 관한 보고는 의심할 여지없이 이러한 장애들의 가능한 신경학적 기초에 대한 탐색을 강화시킬 것이다(Swedo et al., 1997).

장애명의 유사성에도 불구하고, 강박장애와 강박성 성격장애는 아동 또는 청소년들에게 있어서 어떤 의미 있는 빈도수에서 공변하는 것 같지 않다.

강박장애와 함께 논의되는 장애

앞서 살펴본 것처럼, 몇몇 다른 장애들이 새로운 장에 강박장애와 함께 수록되었다. 이러한 장애로는 ① 신체이형장애(DSM-IV에는 신체형장애와 함께 수록됨), ② 수집광, ③ 발모광, ④ 피부뜯기장애, ⑤ 물질/약물치료로 유발된 강박 및 관련 장애, ⑥ 다른 의학적 상태로 인한 강박 및 관련 장애, 그리고 잔류범주인 ⑦ 달리 명시된 강박 및 관련 장애와 ⑧ 명시되지 않는 강박 및 관련 장애가 있다.

신체이형장애

신체이형장애Body Dysmorphic Disorder(또는 문헌에서 전통적으로 불려왔던 '신체기형공포증dysmorphophobia')는 신체적 용모에 있어서 몇몇 지각된 결함(예, 코가 너무 크다거나 가슴이 너무 작다거나, 부적절한 근육조직 등)에의 집착을 반영하고 있다. 염려는 심각한 개인적 고통 또는 기능 손상을 초래할 정도로 강렬하다(즉, 정신장애의 기준에 부합될 정도로). 신체이형장애는 청소년기에 발병될 수 있지만, 대부분의 알려진 사례에는 성인들이 포함되어 있다. 하루에 얼마 동안 기분 상하게 하는 신체부위(들)에 대한 되새김 또는 점검에 시간을 보내는지, 불안 증상의 발현과 강도, 그리고 특히 지각된 '기형'으로 인한 회피 행동 또는 사회적 위축에 대한 면밀한 검토는 임상 진단의 확진에 유용하다. DSM-5에는 18세 이전에 이 장애가 발병된 내담자들은 보다 높은 연관된 자살 위험, 보다 높은 동반이환율, 그리고 전형적으로 점진적으로 발병된다는 사실이 적시되어 있다. 위험요인으로는 강박장애 진단을 받은 일차친족뿐 아니라 아동기 방임 및 학대 과거력이 포함된다.

수집광

수집광Hoarding Disorder은 DSM-5에는 새로운 진단범주다. 본문에는 이 문제가 청소년기(11~15세)에 시작되고, 내담자의 20대에 기능적 행동을 저해함으로써 임상 심각도에 따라 악화되며, 평생 동안 누적되어 심각도가 점차 증가하는 경향이 있다고 기록되어 있다. 청소년들에게 있어서 이 장애에 관한 경험적 정보는 거의 없다.

발모광(털뽑기장애)

발모광(털뽑기장애)Trichotillomania(Hair-Pulling Disorder)은 오랫동안 유병률이 낮은 행동 장애로 알려져 있었다. 본문에는 이 행동이 유아들에게서 나타날 수 있지만, 아주 빠른 시일 내에 통제가 가능해진다고 기록되어 있다. 임상 사례에서는 털 뽑기의 높은 빈도수 및/또는 재발성 삽화와 함께 지속적인 문제가 있음을 보여준다. 발모광에 대한 임상 사례는 청소년과 성인뿐 아니라 아동들에게서도 나타난다. 가장 잘 정립된 위험요인은 강박장애 및/또는 강박장애가 있는 일차친족이다. 청소년의 경우, 우리는 발모광이 때로 모식증trichophagia(머리털을 먹는 이식증Pica의 형태)과 관련이 있다는 사실을 알게 되었다. 우리는 또한 ① 털뽑기가 의식적·고의적이며, 보통 이러한 행위에 의해 안도감을 느끼는 동시에 점차 혐오스러워지는 내적 감각의 지각과 연관된 경우와 ② 개인이 다른 활동(예, 독서 또는 TV 시청)에 초점을 맞추고 있는 동안 이러한 행동이 보다 '무의적으로', 자동적으로, 비의도적으로 발생하는 것 같은 경우 사이에 흥미로운 이분법적 구조가 있다는 사실에 주목해왔다. 우리의 임상 표집들은 너무 제한적이어서, 이 2가지 패턴에 대한 치료를 차별화해야 한다고 확신할 수는 없다. 플레스너(Flessner, 2011)는 아동들에게 있어서 반복적인 장애들(예, 발모광)에 대한 인지행동치료의 적용가능성을 검토하였다. 블록 외(Bloch, Panza, Grant, Pittenger, & Leckman, 2013)는 성인들에게는 긍정적인 결과가 있었다고 보고했음에도 불구하고, 아동의 발모광 치료에 N-아세틸시스테인의 효과가 없다는 결과를 발표하였다. 이 장애군에 있어서 연관된 장애들 모두에 대한 많은 후속 연구들이 요구된다.

피부뜯기장애

피부뜯기장애Excoriation (Skin-Picking) Disorder는 또 다른 DSM-5의 새로운 진단이다. 특히 청소년들에게 있어서 이 문제에 관한 경험적 문헌은 제한적이다. 본문에는 주요우울장애뿐 아니라 강박장애와 발모광의 연관성에 대해 기록되어 있다. 본문에는 또한 다른 반복적인 신체초점 증상들이 피부뜯기장애가 있는 사람들에게서 발생할 수 있고, 만일 이러한 증상들이 심각한 고통 또는 기능손상을 초래한다면, 추가로 달리 명시된 강박 및 관련 장애(신체초점 및 반복적 행동장애Body-Focused and Repetitive Behavior Disorder)로 진단되어야 한다는 내용이 기록되어 있다. 이러한 예는 '달리 명시된' 범주의 사용에 대해 분명히 보여주고 있다. 이 범주는 관련은 있지만 지정된 진단들과는 다른 문제행동을 확인하기 위한 진단이다. 우리는 또한 경계성 성격장애가 있는 사람들에게 있어서 자해행동으로서 피부뜯기 행동을 목격해왔다. 이러한 경우의 대부분에 있어서 피부뜯기는 경계성 성격장애의 연관된 증상으로 보인다는 점에서 별개로 진단되지 않는다.

외상 및 스트레스 관련 장애

강박 및 관련 장애에 대해 다루고 있는 새로운 분리된 장 외에, DSM-5의 저자들은 외상후 스트레스장애를 '불안장애' 장으로부터 외상 및 스트레스 관련 장애가 수록된 새로운 장으로 옮겨놓았다. 이 장에는 ① 반응성 애착장애(종전에는 유아기, 아동기, 또는 청소년기에 보통 처음 진단되는 장애), ② 탈억제성 사회적 유대감 장애(새로운 장애), ③ 외상후 스트레스장애, ④ 급성 스트레스장애, ⑤ 적응장애(종전에는 독립된 장이 있었음)가 포함되어 있다. 이러한 장애들은 모두 구체적인 외상성 또는 스트레스성 사건에 대한 노출을 필수로 요구하는 기준이 있으므로 함께 군집화된다. DSM-5에서 이 장애들에 대한 변동사항은 DSM-IV-TR 메모 9에 제시되어 있다.

DSM-IV-TR 메모 9. DSM-5에서의 외상 및 스트레스 관련 장애에 대한 변화

반응성 애착장애

현재 '외상 및 스트레스 관련 장애' 장에 제시되어 있는 DSM-IV-TR의 반응성 애착장애는 DSM-5에서는 2가지 분리된 장애(반응성 애착장애와 탈억제성 사회적 유대감 장애)로 나뉘어 있다. 이전의 것과 진단명은 동일하지만, 기준은 아주 달라졌고, 보호자와의 분리 및 긍정적인 정서 결여에 초점을 맞추고 있다. 새로운 기준에는 보호자로부터의 위안 추구와 반응성 미약 또는 결여가 필수요건으로 포함되어 있다. 이는 3가지 증상(① 다른 사람들에 대한 최소의 반응, ② 제한된 긍정적 정동, ③ 과민성, 슬픔, 또는 두려움 삽화) 중 적어도 2가지가 포함된 '지속적인 사회적·정서적 장애'(p. 265/283)가 특징이다. 중요한 점은 적절한 돌봄 결여가 이 증상들에 대한 설명이 될수 있어야 한다는 것이다. 즉, 아동이 심각하게 방임되었던 과거력, 적절한 애착형성의 기회 없이 일차 보호자의 다수 변경, 또는 애착 형성을 위한 기회가 부적절했다는 증거가 있어야 한다.

DSM-IV-TR에서는 5세 이전의 발병이 필수요건이다. 이 필수요건은 발병 시기(생후 9개월 이후에 눈에 띄어야 함)가 추가되었을 뿐, DSM-5에서도 유지되고 있다. 반응성 애착장애의 명시자 역시 변경되었다. 검사자들은 이제 이 장애가 지속성(즉, 12개월 이상 지속됨) 및/또는 고도(즉, 아동이 모든 증상들을 나타냄) 여부를 표시해야 한다. 또한 애착장애 진단기준으로서 무차별적인 사회성이 삭제된 사실은 주목할 만하다. 이 기준은 현재는 탈억제성 사회적 유대감 장애 진단의 기초를 형성하고 있다.

탈억제성 사회적 유대감 장애

DSM-5에 새롭게 수록된 탈억제성 사회적 유대감 장애Disinhibited Social Engagement Disorder는 종전에는 반응성 애착장애에 포함되어 있던 것으로, 다른 사람들과 지나치게 친근하고 무차별적으로 상호작용하는 사람들에게 적용된다. 기저의 원인(즉, 적절한 돌봄 결여)은 이 2가지 장애와 동일한 것으로 여겨진다. 그러나 증상 발현은 다르다. 즉, 내재화 증상은 반응성 애착장애가 있는 아동들에게서 나타나고, 외재화 행동은 탈억제성 사회적 유대감 장애가 있는 아동들에게서 나타난다.

외상후 스트레스장애

DSM-IV-TR로부터의 한 가지 주요 변경사항은 DSM-5에서는 6세 미만의 사람들에 대해 분리된 기준을 제공하고 있다는 점이다. 또한 DSM-5에서 새로운 점은 외상성 사건에 대한 2가지 추가적인 노출 가능성(① 가족구성원 또는 친한 친구에게 발생한 외상성 사건을 알게 된 것과 ② 외상성 사건의 특이성에 대한 반복적 또는 극도의 노출)이다. DSM-IV-TR에는 개인이 강렬한 공포,

무기력, 또는 무서움에 반응해야 한다는 필수요건이 있었다. 이에 비해, DSM-5에는 이러한 진단기준이 포함되어 있지 않다. 또한 이 진단범주는 다르게 나누어졌다. 즉, 다음의 범주(① 침습, ② 회피, ③ 인지 및 기분 변화, ④ 각성 및 반응성 변화) 내에서 적어도 한 가지 증상 발현이 필수요건에 포함되었다. DSM-5의 명시자도 달라졌다. 검사자들은 해리 증상이 발현되는지 여부를 표시해야 한다. 만일 발현된다면, 검사자들은 이인증depersonalization과 비현실감derealization 증상 발현을 표시해야 한다. '지연되어 표현되는 경우' 명시자는 종전의 '지연된 발병 동반' 명시자를 대체한 것으로, 발현된 증상들이 스트레스 요인에의 노출 이후 6개월 또는 그 이상 지난 후에 모든 진단기준에 부합됨을 나타내는 데 사용된다. 6세 미만의 아동들에 대한 기준 발달적 기대를 설명하기 위해 다소 조정되었다. 예를 들면, 6세 미만의 아동들은 회피 또는 기분 및/또는 인지 변화 중 한 가지 증상만 발현될 필요가 있다. 이러한 기준은 6세 미만의 아동들을 위해 결합된 것이다.

급성 스트레스장애

급성 스트레스장애Acute Stress Disorder는 DSM-IV에 새롭게 수록되었다. DSM-5에서, 이 진단범주는 이 장애에 대한 몇 가지 중요한 변동사항의 증거가 되고 있다. 외상후 스트레스장애에 있어서의 변화와 유사하게, 급성 스트레스장애의 기준에는 외상성 사건(들)에의 노출에 대한 2가지 추가적인 방법에 대해 상세히 기술되어 있다. 또한 이 기준에는 더 이상 개인이 외상성 사건(들)에 대해 공포, 무기력, 또는 경악으로 반응해야 한다는 필수요건이 없다. 진단은 현재 9가지 또는 그 이상의 증상 발현이 5가지 범주(① 침습 증상, ② 부정적 기분, ③ 해리 증상, ④ 회피 증상, ⑤ 각성 증상)로 군집화되어 있다. DSM-IV-TR로부터의 또 다른 주요 변화는 해리 증상을 필수로 요구했던 기준이 삭제된 것이다. 즉, DSM-IV-TR에서는 3가지 또는 그 이상의 해리 증상을 필수로 요구한 반면, DSM-5에서는 9가지 또는 그 이상의 증상들을 필수로 요구하고 있다. 이 증상들 중 일부는 해리 증상이지만, 필수로 포함될 필요는 없다.

돌봄관계 관련 장애

반응성 애착장애와 탈억제성 사회적 유대감 장애는 적절한 돌봄 결여에서 파생된 장애로 개념화된다. 기저의 애착 기능 이상의 내재화 증상들은 반응성 애착장애 진단에 해당되는 반면, 애착 결핍의 외재화 증상들은 탈억제성 사회적 유대감 장애라는 DSM-5 진단에 해당된다. DSM-IV-TR에서 이 2가지 장애는 모두 반응성 애착장애로 간주되었다. 따라서 이 2가지 진단은 유의해서 배정되어야 한다. 애착 문제에 관한 문헌에는 개념적 혼란의 증거가 뒤섞여 있고, 이 진단에 필수로 요구되는 추정적인 병리적 돌봄에 꼭 필요한 근거자료들이 누락되어 있다. 심각한 방치의 명백한 증거가 있다고 하더라도, 검사자는 자동적으로 애착장애로 추정해서는 안 된다. 이 주제에 관한 논의는 울가와 스콧(Woolgar & Scott, 2014)의 논문을 참고한다.

외상후 스트레스장애

외상후 스트레스장애Posttraumatic Stress Disorder에는 극도의 외상성 스트레스 요인에의 노출에 따른 3가지 정의 관련 증상들이 포함되어 있다. 핵심 증상으로는 ① 스트레스 요인의 반복적 재경험, ② 사건을 상기시키는 대상의 지속적 회피 및 전반적인 반응성 감퇴('무감각'), ③ 지속적 과잉각성이 있다. 이 장애의 서론이 DSM-III에 발표된 이래, 이 진단을 둘러싼 논란이 있어왔지만, 전반적으로 개업 임상가들의 임상 경험과 경험적 문헌들은 이 장애의 기본 타당도와 유용성을 뒷받침하고 있는 것으로 보인다. 외상후 스트레스장애의 정확한 진단에 관한 중요한 관심사는 이 절에서 논의되는 3가지 쟁점에 초점을 맞추고 있다. 즉, ① 스트레스성 사건의 성격, ② 증상의 정의 관련 패턴, ③ 장애의 경과가 그것이다. 이러한 논의 범위 이외의 중요한 추가적인 주제에는 아동으로 하여금 외상후 스트레스장애를 발달시키게 하는 성향을 갖게 하는 개인차 또는 병전 위험요인의 가능성과 외상후 스트레스장애의 기저에 있는 신경학적 변화의 가능성이 포함된다. 외상후 스트레스장애가 DSM-5에서 병인학적 상황이 명시되어 있는 몇 안 되는 장애들 중 하나라는 사실에 주목할 가치가 있다.

외상성 스트레스의 특성

전형적인 인간의 경험 범위 밖에 있는 심리적으로 방해하는 사건의 개념을 둘러싼 외상후 스트레스장애의 범주가 DSM-III와 DSM-III-R에서 구축되었다. 이러한 개념은 적용에 있어서 문제가 된다는 사실이 입증되었고, 결국 실행이 불가능하다는 이유로 받아들여지지 않았다. 외상후 스트레스장애의 진단기준 A에 있어서, 이러한 개념화는 DSM-IV에서 2가지 정의 관련 양상 — ① 죽음, 심각한 피해, 또는 신체적 온전성 상실의 위험, 또는 실제성에의 노출이 있음, ② 내담자의 반응에 강렬한 부정적인 정서(공포, 경악, 무기력), 또는 (아동의 경우) 와해된 행동이나 초조가 포함되어 있음 — 을 갖춘 외상성 사건의 명시화로 대체되었다. 이 장애에 대한 DSM-5의 진단기준에는 더 이상 이차적 양상이 필수요건으로 포함되어 있지 않다(즉, 강렬한 부정적 정서반응). 대신 침습, 회피, 인지 및 기분 변화, 그리고 각성/

반응성의 결합된 증상이 필수요건에 포함되어 있다. 이러한 변화로 부적응 패턴을 촉발할 수 있는 상황에 대해 유용한 개념화를 제공할 수 있게 되었다.

아동 · 청소년 외상의 흔한 원인으로는 신체적 · 성적 학대, 공동체 및 가정 폭력, 자연재해, 전쟁, 그리고 내전이 있다(Putnam, 1996). 그러나 앞서 언급된 다양한 외상성 사건의 유형이 필연적으로 외상후 스트레스장애로 이어진다는 사실은 임상적 · 경험적 문헌에 비추어볼 때 확실한 것 같다(McNally, 1993). 이러한 극심한 고통과 경험은 충분히 외상후 스트레스장애를 유발시킬 수 있지만, 필요충분조건은 아니다. 현재 사회적 분위기로 볼 때, 이는 성적 피해(강간, 근친상간, 또는 기타 급성 또는 만성형 성적 학대)의 경우처럼, 다른 유형의 외상성 사건들도 마찬가지라는 사실을 강조할 필요가 있다. 현재로서는 이러한 경향성은 성적 학대가 예외 없이 외상후 스트레스장애를 초래한다고 추정하는 것이지만, 이는 그 경우와는 다르다. 위험요인과 가능한 보호요인(주제 변수와 외상후 경험 둘 다)은 이 영역의 연구에 있어서 매우 흥미로운 주제다. 총 59편의 연구에 대한 메타분석(Rind, Tromovitch, & Bauserman, 1998)에 의해 뒷받침되고 있는 것처럼, 여기서는 성적 학대 과거력이 있는 아동에 대해 자동적으로 외상후 스트레스장애로 진단하는 것은 분류에 있어서 많은 오류로 이어질 수 있고, 이 범주를 오용하게 될 수 있다고만 말해두기로 한다.

증상 패턴의 정의

앞서 언급된 바와 같이, 외상후 스트레스장애의 핵심 증상상에는 3가지(6세 미만 아동의 경우) 또는 4가지(6세 이상 아동의 경우) 모든 요소들의 발현이 포함된다(① 외상성 사건의 재경험, ② 고양된 각성, ③ 외상과 연결된 자극 회피 및/또는 외상성 사건(들)과 연관된 인지 및 기분 변화). 이 모든 증상들은 개인의 전형적인 행동이 변화된 양상으로 발현되어야 한다. 몇 가지 구체적인 증상의 발현은 이러한 정의 관련 요소들 각각에 대한 증거로 사용될 수 있다. 연령에 따라 3가지 또는 4가지 모두는 진단을 내리는 데 있어서 반드시 발현되어야 한다. 아동에게 있어서의 외상후 스트레스장애 표출에 대한 연구(예, Scheeringa, Zeanah, & Cohen, 2011)와 함께, DSM-5에서의 긍정적인 변화는 6세까지의 어린 아동들에 대한 대안적 기준을 명시적으로 제시한 것이다. 블롬과 오버링크(Blom & Oberink, 2012)

는 외상후 스트레스장애의 요인 구조와 발달 양상에 대한 가치 있는 논의를 제공하였다. 필요한 기능 손상에 대한 일반적인 진술이 이 진단기준에 포함되어 있다. 문제가 되는 증상의 기간은 적어도 1개월이 되어야 한다.

확인된 외상후 스트레스장애의 비율은 사용된 진단기준 세트와 밀접하게 연결되어 있다. 또한 DSM-III로부터 DSM-III-R과 DSM-IV로의 변화는 이 장애로 분류된 아동 인구에 대해 유의한 효과가 있었다(Schwarz & Kowalski, 1991). 이러한 과거력을 고려해볼 때, 외상후 스트레스장애의 진단율은 새로운 DSM-5 기준의 적용에 따라 다시 변경될 것이다. 또한 슈바르츠와 코왈스키(Schwarz & Kowalski, 1991)는 외상성 사건에 따른 외상후 스트레스장애 증상의 탐지에 대한 다른 평가방법(성인용 자기보고 질문지 vs. 아동용 구조화된 면담)의 효과에 대해 언급하였다. 하위증후군 증상을 보이는 외상에 노출된 아동에 대한 일련의 평가는 검사자에게 회피, 각성, 또는 재경험 현상의 가능한 증거를 직접적으로 관찰할 수 있는 기회 제공에 도움이 될 수 있다. DSM-5에는 6세 이하 아동에 대한 새로운 별개의 기준 세트가 마련되어 있지만, 이렇게 반복적인 평가를 권장하는 것은 특히 발달 상태로 인해 진단이 복잡해지는 아주 어린 아동들 때문이다.

모타(Motta, 1995)는 학교심리학자들을 위해 학교 장면에서 흔히 관찰·보고되는 증상에 관한 논의, 평가도구, 그리고 구조화된 면담에 대한 검토 결과 외에도, 외상후 스트레스장애에 관한 멋진 검토 결과를 제공하고 있다. 모타는 이러한 도구들이 외상후 스트레스장애의 진단을 뒷받침하는 자료 도출에 있어서 도움이 될 수 있지만, 평가 결과는 결정적인 표준은 아니라는 의견을 적절하게 제시하고 있다("학교 정신건강 인력들은 흔히 아동의 실제 행동, 구두보고, 검사 및 질문지 자료, 그리고 아동에 대해 잘 알고 있는 사람들의 보고로부터 수집된 자료를 비롯한 다수의 입력된 자원을 기반으로 판단을 내린다"(1995, p. 70). 이러한 진술은 DSM-5의 철학과 임상적 적용과 일치하고 있다. 피츠제럴드와 코헨(Fitzgerald & Cohen, 2012)은 외상후 스트레스장애를 겪고 있는 아동에 의해 학교에서 발현될 수 있는 증상들을 요약한 유용한 자료를 제공하고 있다. 이들은 또한 학교에서 외상후 스트레스장애에 대해 효과적인 인지행동치료의 요약 내용을 제공하고 있다.

역학적 연구에 의하면, 외상후 스트레스장애는 놀라울 정도로 청소년들 사이에서 빈번히 발생한다. 매클로플린 외(McLaughlin et al., 2013)는 청소년들의

61.8%가 잠재적인 외상성 경험에 노출되었고, DSM-IV-TR을 기준으로 볼 때 평생 동안 외상후 스트레스장애의 유병률이 4.7%나 될 것으로 추산하였다. 기아코니아 외(Giaconia et al., 1995)는 지역사회에서 표집된 아동·청소년들의 6% 이상이 18세까지 삶의 어느 시점에서 외상후 스트레스장애의 기준에 부합되었다는 사실을 발견하였다. 이들은 또한 부분 증상이 흔했고, 이 진단기준에 완전히 부합되지 않는 경우에도 아이들을 매우 무기력하게 만들 수 있다는 사실을 발견하였다. 페퍼바움(Pfefferbaum, 1997)의 검토에서는 특히 치료되지 않은 외상후 스트레스장애의 만성 경과가 발달을 방해할 수 있는 아동들의 부분 증후군에 대한 치료를 임상적으로 고려할 것을 권장하였다.

외상후 스트레스장애의 경과

DSM-5에는 외상후 스트레스장애가 어느 연령에서든 발생할 수 있고, 증상상은 시간의 흐름에 따라 등락을 거듭할 수 있다고 기록되어 있다. 완전한 회복은 3개월 이내의 임상 사례 중 약 절반에서 발생한다고 보고되고 있다(p. 277/295). 그러나 사례에 따라서는 여러 해에 걸쳐 끈질기게 지속되기도 한다. 임상의 실제에서 문제가 되는 쟁점은 증상상이 시간의 흐름 또는 효과적인 치료에 대한 반응으로 인해 개선되면서 아동은 더 이상 외상후 스트레스장애의 기준에 완전히 부합되지 않을 수 있다. 이러한 상황은 처음에는 이 장애를 부분관해 상태로 기술함으로써 처리될 수 있지만, 아동의 상태가 계속해서 좋아진다면 결국 재분류 결정이 요구될 것이다. DSM-5에는 이에 대한 어떤 지침도 제공되어 있지 않다. 우리의 경우에는 외상의 재경험을 이 진단의 독특한 핵심으로 간주하고 임상상에서 증거가 나타나는 한 이 진단을 유지한다. 회피와 과잉 각성은 일부 불안장애의 특징일 뿐, 외상후 스트레스장애만의 특징은 아니다. 따라서 이러한 증상들이 지속된다고 해서 이 진단개념화를 계속 유지할 수는 없다.

유의한 동반이환이 주요우울장애, 양극성장애, 품행장애, 그리고 물질관련장애뿐 아니라 다른 불안장애에 대해서도 보고된다. 어린 아동들의 경우, 적대적 반항장애와 분리불안장애는 흔히 외상후 스트레스장애 진단과 동반된다. 외상후 스트레스장애의 대부분의 임상 사례들은 다른 정신장애의 기준에 부합된다. 물질 관련 여부(알코올 사용뿐 아니라 불법약물 및 처방약물 사용)는 면밀히 검토되어야 하는데, 특히 만성 사례의 경우에 그렇다. 데이킨과 부카(Deykin & Buka, 1997)는 물질의존과 외상후 스트레스장애 사이의 동반이환 패턴에서 성차가 있음을 발견하였다. 이 연구에서 여자 청소년들은 외상후 스트레스장애의 발생 이후 화학물질의존을 발달시키는 경향이 있었는데, 그 이유는 스트레스 반응과 연관된 정서적 고통을 조절하기 위한 것으로 추정된다. 남자 청소년들의 경우, 물질의존은 원발성 장애가 되는 경향이 있었는데, 이는 외상화가 될 가능성이 높은 상황에의 노출을 초래함으로써 외상후 스트레스장애로 이어지는 경향이 있었다.

급성 스트레스장애

급성 스트레스장애Acute Stress Disorder의 진단범주는 외상후 스트레스장애로 진단될 만큼 충분한 외상성 사건에 노출된 첫 1개월 이내에 3일 이상 및 1개월 미만의 기간(정의 관련 양상) 동안 특징적인 불안과 해리 증상의 발달을 의미한다. 증상상은 한 가지 주요한 예외를 제외하고는 외상후 스트레스장애의 것과 동일하다. 즉, 방금 언급된 바와 같이, 기간이 제한되어 있다. 이 장애는 외상성 사건에 노출된 후 3일 이상 1개월 미만 동안 발달되어야 하고, 1개월 미만 동안 지속되어야 한다. 만일 부적응이 1개월 이상 지속된다면, 이 진단은 다른 정신장애로 변경되어야 한다(외상후 스트레스장애 또는 다른 정신장애나 증후군이 가능함).

급성 스트레스장애와 외상후 스트레스장애는 정의에 있어서의 기간 요소 때문에 상호배타적이다. 외상후 스트레스장애 진단을 추가한 것은 급성 스트레스장애의 증거로 사용되었던 동일한 증상상을 재정의한 것이다. 이 두 장애는 동시에 진단되어서는 안 된다.

중요한 점은 DSM-5에서는 이전 판과는 달리 급성 스트레스장애 진단에 해리 증상 발현이 필수요건에 포함되어 있지 않다. 해리 증상은 외상성 사건들을 겪어온 사람들에게 있어서 흔하다. 이는 이들이 결과적으로 급성 스트레스장애 또는 외상후 스트레스장애를 발달시키게 되는지의 여부와 관계없이 그렇다. 해리증상의 평가는 문제가 될 수 있다. 해리 경험을 측정하는 척도는 아동용(Putnam, Helmers, & Trickett, 1993)과 청소년용(Armstrong, Putnam, Carlson, Libero, & Smith, 1997)으로 개발되었다. 또한 이 측정도구들은 이러한 증상 영역의 평가에 도움이 될 수 있다(이 책의 제10장 '해리장애' 참조).

성적 학대나 다른 어떤 외상성 사건을 경험했다고 해서 반드시 외상후 스트레스 장애 증상이 도출되지 않을 뿐 아니라 자동적으로 급성 스트레스장애가 발달되는 것이 아니라는 사실을 재차 짚고 넘어갈 필요가 있다. 극도의 외상성 경험에의 노출은 이 2가지 진단에 필요한 조건이지만, 충분한 조건은 아니다. 이 진단에는 이후의 특징적인 증상 패턴의 발달이 필수로 요구된다.

적응장애

불안 증상은 또한 개인의 삶에서 상황성 스트레스 요인에 대한 반응으로 발생할 수 있다. 불안 동반 적응장애 진단은 고통 또는 기능 손상을 초래하고, 확인된 심리사회적 스트레스 요인에 이어 발달되는 불안 발달로 확인된다(정신장애 기준). (불안 증상들을 포함하거나 포함할 수 있는 적응장애의 2가지 다른 아형 — ① 불안 및 우울 기분이 함께 동반되는 적응장애와 ② 정서 및 품행 장해 함께 동반 적응장애 — 은 앞 장에서 언급되었다.) 적응장애와 다른 장애들과의 관계는 이 진단군의 사용을 제한하는 몇 가지 규칙에 의해 구축되었다. 만일 초점 대상의 문제가 다른 정신장애로 설명될 수 없다면, 이 장애가 명백하게 심리사회적 스트레스 요인과 병인학적으로 관련이 있어 보여도 적응장애로 진단되지 않는다. 예를 들면, 반 아이들 앞에서 말하는 것에 대한 나쁜 경험의 명백한 반응으로, 한 학령기 남자아이가 그 후 6개월에 걸쳐 ① 남들 앞에서 말하는 모든 상황에서 반복적·지속적 공포를 보이고, ② 떨림, 울음, 발한이 동반된 필수적인 학급발표를 하고 질식, 메스꺼움, 현기증을 호소하며, ③ 어떻게 해서든 남들 앞에서 말하는 것을 회피하려고 시도하고, ④ 이러한 회피 때문에 (이전에는 흥미를 보였던) 학급 임원에 출마할 수 있는 기회를 포기하고 (이전에는 즐거워했던) 학교가 무섭다고 보고하고 있다고 가정해보자. 이 경우에는 사회불안장애, 수행형 단독으로 진단되어야 한다. 이 아동은 사회불안장애의 모든 기준에 부합되므로, 불안 동반 적응장애 진단보다는 이 진단이 내려진다.

만일 문제가 기존 장애의 악화에 의해 유발된 스트레스로 보인다면, 적응장애로 진단되어서는 안 된다. 예를 들면, 이전에 (임상적으로 심각한 고통을 초래한 사회적 상황에서의 수행불안 때문에) 사회불안장애, 수행 단독 기준에 부합되었던 여자아이가 사회적 기능에서 극도의 당혹감으로 고통을 받아오고 있어서 현재는 집단 행사와 파티에 대해 능동적 회피 행동을 나타낸다면, 적응장애 진단이 추가되어서는 안 된다. 추가 증상들은 이미 발현된 사회불안장애의 후속 발달인 것으로 보이기 때문이다.

더 나아가, 만일 스트레스 요인 또는 그 결과의 종결 후 6개월 이상 이러한 증상들이 지속된다면, 적응장애로 진단되지 않는다. DSM-5에서는 스트레스 요인이 6개월 이상 계속해서 기능에 영향을 미치는 것에 대한 인식에 있어서 유연성을 발휘하도록 하고 있지만, 여전히 스트레스 요인과 장애 행동 사이의 시간적 관계에 대한 필수요건이 있다. 이전 판들에서는 적응장애의 사용에 있어서 엄격히 시간을 제한하였다(특이하지 않은 실생활 상황은 무시해야 한다는 제한). 즉, 스트레스 요인은 때로 만성(예, 부모의 숙환)이거나 시간의 흐름에 따라 지속되는 문제(예, 부모의 실직으로 인한 재정적 및 대인 간 파탄)를 초래한다. 진단기준을 장애의 절대적인 기간으로부터 스트레스 요인과 관련 있는 기간으로 변경했다는 것은 이러한 경우들이 좀 더 민감하게 다루어질 수 있게 되었음을 의미한다. 그러나 적응장애는 결국 해결해야 할 근본적인 일과성 사건으로 간주된다. 스트레스 촉발사건 또는 그 결과의 종결 이후 6개월간의 증상 지속은 다른 범주 — 흔히 일반적인 문제 영역 내의 달리 명시된 또는 명시되지 않는 진단 일반적인 문제 영역 — 에 대한 이 진단의 변화가 필연적으로 요구된다.

불안 동반 적응장애와 달리 명시된 또는 명시되지 않는 불안장애 사이에서의 선택에 관한 질문은 검사자에게는 문제가 될 수 있다. 이러한 문제는 DSM-5에 의해 완전히 해결되지 않는다. 만일 아동 또는 청소년의 증상상이 특정 불안장애 진단에 완전히 부합되지 않는다면, 이러한 진단들을 내려서는 안 된다. 만일 확인 가능한 스트레스 요인의 발병 후 3개월 이내에 나타나는 (일차적 문제로서) 불안 증상의 증거가 있고, 명백히 그 스트레스 요인에 대한 반응이며, 6개월 이상 지속되지 않았다면, 적응장애 진단이 내려져야 한다. 만일 확인 가능한 상황성 사건에 의해 명백하게 촉발되지 않은 (일차적 문제로서) 불안 증상의 증거가 있다면, 달리 명시된 또는 명시되지 않는 불안장애 진단이 내려져야 한다. 또한 만일 이 문제가 스트레스 요인 및/또는 그 결과가 해결된 후 6개월 이상 지속된다면, 달리 명시된 또는 명시되지 않는 불안장애 진단이 내려져야 한다. 불확실한 경우의 범주에는 아동의 삶에 있어서의 사건과의 관계가 확실하지 않은 6개월간 지속된 증상들이 포함된다. (이전 판들과 유사하게) DSM-5의 분명한 의도는 뚜렷이 구분되는 일련의 상황에 대해 적응장애 진단의 사용을 제한하기 위한 것 같다. 적응장애는 아동·청소년들에게 가장 자주 사용되었던 DSM-III-R 진단들 중 하나(Newcorn & Strain, 1992)로, 이 범주의 잠재적 남용에 대한 염려가 지속되어 왔다. 우리가 권장하는 것은 만일 불안이 동반된 문제와 연결된 스트레스 관련 장애의 확인에 대해 실제로 의구심이 드는 경우에는 달리 명시된 또는 명시되지 않는 진단을 사용하라는 것이다.

동반이환

불안장애에 관해 염두에 두어야 할 좋은 발견법적 규칙은 동반이환이 예외적인 경우보다 규칙이 되는 경향이 있다는 것이다(Rapee, Schniering, & Hudson, 2009). 우울장애, 주의력결핍 과잉행동장애, 그리고 다른 불안장애들의 동반이환된 진단은 흔하다. 자주 보고되는 구체적인 불안장애들 간의 높은 상관관계는 불안문제의 범주화에 대한 DSM-5 접근의 궁극적인 유용성과 타당성에 대한 심각한 의문점을 불러일으킨다. 실행적 시사점이라면, 아동 또는 청소년들에게 있어서 불안장애의 증거는 기분장애와 주의력결핍 과잉행동장애의 증상 검토뿐 아니라 다른 불안장애의 가능한 증거에 대한 면밀한 검토를 촉발시켜야 한다는 것이다. 청소년들의 경우, 알코올과 기타 물질사용에 대한 면밀한 평가도 실시되어야 한다.

아동 학대

모든 징후 발현에 있어서 아동 학대와 방임은 너무도 많은 아동들의 삶을 엉망으로 만드는 돌봄의 끔찍한 붕괴 현상이다. 지난 수십 년에 걸쳐 이 주제에 대한 일반인들과 전문가들의 관심이 높아져 왔음에도 불구하고, 신뢰할 만한 유병률을 추산하는 일은 여전히 도전 과제로 남아 있다. 정의에 관한 쟁점, 실질적인 보고 보장, 그리고 대표성을 띠는 표본 확보의 어려움은 청소년들의 병리적 돌봄 문제를 모니터하기 위한 우리의 지속적인 노력을 복잡하게 만든다. 방임과 심리적 학대가 상대적으로 쉽게 드러나는 신체적·성적 학대보다 더 흔히 발생하는 것은 당연할 수 있다. 실제 발생 정도가 얼마나 되든 간에 그 발생률은 너무 높다. 방임과 학대의 후유증은 정신건강 시스템에서 목격되는 많은 내담자들의 삶에 너무도 분명히 나타난다. 학대와 방임은 계속해서 우리나라에서의 사회적 관심을 압박하고 있다.

이러한 문제의 해로운 영향에도 불구하고, 아동 학대 또는 방임은 아무리 심각하다고 하더라도 정신장애가 아니다. 다시 말해서, 정신장애는 개인이 생성한 증상 패턴이다. 학대 행위의 결과는 정신장애(예, 외상후 스트레스장애, 급성 스트레스장애, 적응장애, 반응성 애착장애, 탈억제성 사회적 유대감 장애)가 될 수 있지만, 그 행위 자체는 아니다. DSM-5에서 아동 학대와 방임은 '임상적 주의의 초점이 되는 기타 상태' 장에 수록되어 있다. 이 장에는 개입이 필수로 요구되지만, DSM-5의 정신장애 정의에 해당되지 않는, 개입이 당연히 요구되는 다양한 중요한 범주들이 수록되어 있다. DSM-5에는 아동의 신체적, 성적, 및/또는 심리적 학대와 아동 방임을 확인하기 위해 ICD-9-CM/ICD-10으로부터 크게 확장된 진단부호 목록이 제공되어 있다. 임상적 주의의 초점이 학대 또는 방임의 희생자 또는 가해자에 맞출 것인지의 여부, 접촉이 초기 또는 후기인지, 그리고 접촉이 정신건강 서비스를 위한 것인지의 여부에 따라 별도의 부호가 제공된다.

10

기타 내재화 문제

개관

몇몇 나머지 문제군들은 보통 '내재화' 또는 '과잉통제' 패턴들로 확인되는 경험적 군집에 속한다. 이러한 문제에는 ① 신체에 초점이 맞추어져 있지만 명백한 의학적 근거는 없는 염려와 문제, ② 일차적으로 심리적 욕구에 의해 동기화되는 호소 내용, ③ 자기감 또는 다른 실행 기능의 온전성에 있어서의 장해가 포함된다. 일반적으로 아동 · 청소년들에게 있어서 이러한 장해들은 다른 내재화 장애들에 비해 경험적 연구가 부족하고 확실하게 알려져 있지 않은 실정이다. 어느 정도까지 이러한 차이가 나는 것은 임상 (짐작컨대 일반) 아동 및 청소년 인구 사이에서 보다 낮은 기준율을 반영하고 있기 때문이다. 그러나 이는 또한 청소년들에게 있어서 이러한 현상의 성격과 현실에 관해 연구자와 개업 임상가들 사이에 기본적인 의견 일치가 상당히 결여되어 있음을 반영하고 있다.

신체증상 및 관련 장애

신체증상 및 관련 장애Somatic Symptom and Related Disorders는 일반적인 의학적 상태로 완전히 설명될 수 없는 신체적 증상 또는 염려가 나타나는 장애를 말한다. 중요한 것은 이 범주에 속한 장애들은 의학적 진단의 결여보다는 양성 증상 — 즉, 비정상적인 사고, 감정, 행동과 연관된 고통을 초래하는 신체적 염려 — 의 발현 때문에 한데 모아져 있다는 사실이다. 이 범주에 속해 있는 장애들은 정신건강 또는 학교 장면에서보다는 의학적 장면에서 더 흔히 목격된다. 이 장애군의 경우, 눈에 띄게 예외적인 인위성장애Factitious Disorder를 제외하고는 내담자들은 고의적으로 속이거나, 거짓말하거나, 자신들의 경험을 왜곡해서 표현하고 있다는 단서는 없다. 신체증상 및 관련 장애가 있는 내담자들은 의사에게 호소하는 문제를 실제로 겪고 있는 것 같지만, 보통 입증할 수 있는 신체적 소견을 토대로는 자신들의 문제를 충분히 이해하지 못한다. 신체증상 및 관련 장애에 관한 DSM-5의 장에는 다른 의학적 상태에 영향을 미치는 심리적 요인(이 장의 후반부 참조)이 포함되어 있다. 여기에는 진단될 수 있는 의학적 상태가 있다.

이러한 현상이 특히 아동·청소년들에게 있어서 얼마나 자주 발생하는지에 대해서는 자신 있게 말하기는 어렵다. 일반적인 권장사항은 평가자가 신체증상 및 관련 장애 진단에 대해 보수적으로 접근하는 것이다. 일반적인 의학적 상태를 놓치게 되면, 신체증상장애 진단의 지연된 수용 결과보다 훨씬 더 심각한 결과를 초래할 수 있다. 최소한, 신체증상장애 진단은 긍정적인 진단이 되어야 한다. 즉, 이 진단은 수집된 자료에 의해 '용인'되어야 한다. 즉, 문제에 대해 명백한 생물학적 근거가 없다는 사실만을 토대로 이 진단이 내려져서는 안 된다. 또한 어려움에 있어서 심리적 요인이 중요한 역할을 한다는 긍정적인 증거가 반드시 있어야 한다. 므라젝(Mrazek, 1994)은 증상들에 대한 신체적 설명이 결여된 상태에서 진단의 기초 구축의 어려움을 검토한 바 있다.

검사자들은 이후의 건강한 신체를 보장하는 신체증상 (또는 관련) 장애의 징후는 없다는 사실을 잘 기억해야 할 것이다. 아동 또는 청소년이 근거자료가 잘 수집된 신체증상장애가 있는 경우, 보호자들은 자녀가 보고하는 새로운 아픔, 통증, 또는 한계를 정신장애의 다른 표현이라고 추정할 수 있기 때문에 아동의 건강상태를 면밀히 지켜볼 필요가 있다. 예를 들면, 전환장애로 진단된 높은 비율의 아동들이 자신의 증상을 설명할 수 있는 신체적 장애가 있다는 사실이 입증되었다(Lehmkuhl, Blanz, Lehmkuhl, & Braum-Scharm, 1989). 이러한 결과는 전환장애로 진단되는 많은 환자들이 결국 신경학적 장애로 진단된다는 사실을 지적하는 성인들에 관한 문헌의 내용과 일치하고 있다(Katon, 1993).

이 영역에서 수행된 연구에 대한 검토에서 프릿츠 외(Fritz, Fritsch, & Hagino, 1997)는 성인들을 대상으로 개발된 진단기준은 진척을 방해할 뿐 아니라 아동·청소년들에게 유용하지 않다고 지적하고 있다. 예비 증거로는 신체증상에 대한 새로운 진단범주의 출현은 청소년 대상의 진단에 환영받는 추가물로 평가된다(Schulte & Petermann, 2011). 이 저자들은 신체증상장애의 진단기준이 DSM-IV의 신체형 장애에 대한 구 진단범주에 비해 아동·청소년들 분류에 더 적절하다는 사실을 입증하였다. 이러한 변화가 보다 나은 성과로 이어질지는 시간만이 말해줄 것이지만, 이 영역이 추가 연구와 발전이 절실하다는 사실만은 분명하다. 다음에 제시되는 IDEA 메모 10에는 신체증상 및 관련 장애가 어떻게 IDEA의 특수교육 서비스 적격성으로 이어질 수 있는지에 대해 언급되어 있다. 150쪽에 있는 DSM-IV-TR 메모 10에는 DSM의 이전 판으로부터 DSM-5의 이러한 일반적인 진단범주에 대한 변동사항에 관한 논의가 제시되어 있다.

신체증상장애

DSM-5에 새롭게 수록된 신체증상장애^Somatic Symptom Disorder의 증상 발현에는 내담자가 보고하는 생리학적 근거를 입증할 수 없는 다수의 신체적 호소내용과 증상들이 포함된다. 중요한 점은 이 장애가 비정상적인 사고, 감정, 그리고 기능을 저해하는 행동과 연결된 신체적 호소내용의 발현을 근거로 진단된다는 사실이다. 이러한 개념화는 초점이 의학적 진단 없음에서 심리적 증상 발현으로 옮겨졌다는 점에서 DSM-IV-TR에서 다루어졌던 신체형장애^Somatoform Disorders에 대한 접근으로부터의 출발로 볼 수 있다. 이러한 초점 이동의 영향은 아직 알려지지 않고 있는데, 특히 아동·청소년들에 대해 그렇다. DSM-5에 의하면, 이 장애의 기준을 통해 예전 같으면 이젠 삭제된 건강염려증^Hypochondriasis 진단에 부합되었을 내담자의 약 75%에게 진단을 내릴 수 있다. 질병불안장애는 현저한 신체증상은 없지만 기능

> ## IDEA 메모 10. 신체증상 및 관련 장애와 IDEA
>
> 신체증상 및 관련 장애의 진단은 아동에게 IDEA의 '심각한 정서 장해' 범주 하의 특수교육 서비스 자격 부여의 근거가 될 수 있다. 심각한 정서 장해를 가리키는 확인된 상태 중 하나는 '일정한 기간 동안' 지속되고 '교육적 수행에 악영향을 미치는 개인 또는 학교 문제와 관련된 신체증상 또는 공포 발달의 가능성'이다[Individuals with Disability Education Improvement Act, 2004; Public law 108-446, Paragraph (c)(4)(i)]. 심각한 신체증상들은 이 상태에 속한다. 다른 확인된 상태로는 아동·청소년들에게 있어서의 신체증상 및 관련 장애의 결과가 될 수 있는 '또래 및 교사들과 만족스런 관계 구축 또는 유지 불능'이 있다. 신체증상 및 관련 장애가 학업 또는 사회 적응에 기능손상을 초래하고 있다는 증거가 중요할 것이다. 심리사회적·환경적 영향과 아동의 전반적 기능에 관한 정보 역시 IDEA 서비스의 적격성 확정에 중요할 수 있다. 앞서 불안과 기분 문제에 대해 논의한 바와 같이(93쪽의 IDEA 메모 8과 120~121쪽의 IDEA 메모 9 참조), IDEA 하에 교육적 수행에 관한 정서 장해의 효과에 대해 기록으로 남길 필요가 있다.

을 방해하는 자신의 건강에 대해 강한 공포를 나타내는 나머지 25%의 사람들에게 진단을 내리기 위해 개발되었다.

역사적으로, 신체증상 및 관련 장애는 성인들에게만 진단되지만, 이 진단과 관련된 행동들은 청소년기 또는 아동기에 이미 시작되었을 수 있다. 프릿츠 외(Fritz et al., 1997)는 이 장애가 청소년들에게서 드물게 진단되는 이유는 이 현상이 없어서라기보다는 발달적으로 부적절한 기준 때문이라고 지적하고 있다. 아동기 우울증에 관한 문헌에 의하면, 어린아이들은 흔히 정서적 고통을 신체적 호소내용으로 표현한다. 비특이성(특이하지 않은-역자주) 복통과 두통은 청소년들에게서 비교적 잦은 신체증상이다(Fritz et al., 1997). 지속적인 연구들이 아동·청소년들의 신체적 행동에 대해 발달적으로 보다 더 유용한 개념화에 기여할 수 있을 것으로 기대된다.

질병불안장애

새로운 진단인 질병불안장애Illness Anxiety Disorder는 종전에는 신체증상장애 진단에 부합되지 않는 건강염려증으로 진단되던 사례의 1/4 정도에 대해 적용되고 있다. 신체증상장애로 진단되는 사람들과는 달리, 질병불안장애를 겪는 내담자들은 신체증상을 보고하지 않고(또는 아주 경미한 신체증상만을 보고함), 자신들의 기능을 방해하는 의학적 안녕에 관해 극도로 걱정하고 있음을 보고한다. 이는 자신의 건강상태가 좋지 않음에 대한 두려움과 집착으로 나타난다. DSM-5의 저자들은 질병 불안장애를 불안장애의 일종으로 인정하고 있지만, 이 장애를 '신체증상 및 관련장애' 장에 배치하였다. 그 이유는 이 장애가 정신건강 또는 학교 장면이 아니라 거의 의학적 장면에서만 나타나기 때문이다.

우리의 경험에 있어서 중요한 건강문제의 과거력이 없는 상태에서 건강에 대해 자주 걱정을 늘어놓는 아동·청소년들의 배경에는 흔히 질병과 질병 증상의 가능성에 대해 극도로 민감한 가족 패턴이 있다. 즉, 이전 세대로부터 형제자매 또는 아동에게 있어서 결정적인, 심신을 약화시키는, 또는 치명적인 질병의 가족력이 있을 수 있다. 중요한 개입 목표는 잠재적으로 중요한 신체증상의 보고에 대한 적절한 성인의 염려를 아이와 가족들이 묵살하지 않도록 돕는 것이다.

전환장애

전환장애Conversion Disorder는 보통 신경학적 또는 기타 의학적 문제를 암시하지만 입증 가능한 생물학적 근거는 없는 운동조절 또는 감각 기능의 발현이 특징이다. 신체증상장애의 많은 유동성 증상들에 비해, 증상 패턴은 보통 초점의 대상이 되고 또한 비교적 안정적이다. 전환장애는 ① 증상 또는 결함(즉, 쇠약감 또는 마비 동반, 이상 운동 동반, 삼키기 증상 동반, 언어 증상 동반, 발작 동반, 무감각증이나 손실 동반, 특정 감각 증상 동반, 또는 혼합 증상 동반) 유형에 따라, ② 증상 기간(급성 삽화 또는 지속성)에 의해, ③ 확인된 스트레스 요인(심리적 스트레스 요인을 동반하는 경우 또는 심리적 스트레스 요인을 동반하지 않는 경우)의 발현에 의해 하위분류된다.

전환장애에 관한 사례연구는 많은 이론적 논의의 기초가 되어 왔지만, 경험적 연구는 그리 흔치 않다. 시걸과 바텔(Siegel & Barthel, 1986)은 소아과 표본에 있어서 전환장애의 몇 가지 특성의 빈도수에 관한 연구결과를 발표하였다. 이들은 이러한 사례의 89%에서 확인 가능한 심리사회적 스트레스, 56%에서 전환증상 모델, 그리고 56%에서 가족 기능이상의 증거를 발견하였다. 이러한 사례의 41%에서 이차성 이득의 증거가 있었다. 240가지 아동기 전환장애 사례에 대한 최근 연구에서 애니 외(Ani, Reading, Lynn, Forlee, & Garralda, 2013)는 운동장애, 비정상

운동, 그리고 가성발작이 아동들에게서 가장 자주 보고되는 전환증상이라는 사실을 발견하였다. 감각기능 마비 또는 소실(예, 다리의 '히스테리성 마비' 또는 '히스테리성 실명')을 포함한 전형적인 전환장애는 오늘날 성인들에게서 비교적 드문 것 같지만, 아동들에게서는 때로 지속적으로 나타나고 있다. 신경학적 현상('가성발작')을 포함한 전환장애는 보다 흔할 수 있다.

아동의 신경학적 사례에 있어서, 보고된 명백한 신경학적 근거가 있는 발작과 동일한 아동에게 있어서의 가성발작의 발생은 진단을 딜레마에 빠뜨릴 수 있다. 이러한 아동들을 효과적으로 관리·치료하기 위해서는 면밀한 평가와 능숙한 개입이 필수로 요구된다. 와이닉 외(Wynick, Hobson, & Jones, 1997)에 의하면, 심인성 시각장애 또는 '시각적 전환반응visual conversion reactions' 사례들이 흔히 정신건강 전문가보다는 안과 의사들에 의해 발견된다. 이들은 또한 이러한 경우들이 환경적 스트레스와 관련이 있고, 제안이나 안심시키는 말에 더 잘 반응하는 경향이 있다고 발표하였다.

우리의 임상 경험에 있어서, 아동·청소년들의 전환장애는 보통 심각한 가족 갈등과 청소년에 대한 기대·행동의 결과에 있어서의 불일치와 연관이 있었다. 이 문제의 원천적인 증상 발현에 대해서는 흔히 촉발 스트레스 요인이 있다. 그러나 이 스트레스 요인은 항상 확실하게 확인되지는 않는다. 증상의 증감은 보통 아동의 가족, 학교, 및/또는 공동체 경험 내에서의 심리적 스트레스 증감과 연관이 있다. 때로 다른 신체증상들, 그리고 다른 신체증상과 관련 장애들과의 연합이 발생한다. 의존적 성격특성과 적대적 성격특성과의 연합 역시 발견되곤 한다. 동반이환 또는 향후 불안장애(특히 공황장애), 우울장애, 신체증상장애, 그리고 신경학적 및 기타 의학적 상태로의 진단이 고려되어야 하고, 용인 또는 배제되어야 한다. DSM-5에는 일반 인구에서보다 성격장애와의 동반 발생률이 더 높다고 명시되어 있다. 그러나 이러한 경우도 있지만, 이러한 진단들은 보통 아동 또는 청소년들에게 있어서는 자신 있게 내려질 수 없다(반사회성 성격장애는 18세 이전에는 진단될 수 없음).

높은 암시성과 이차성 이득(보통 비의도적인 환자 역할 행동에 대한 정적 또는 부적 강화)은 전환장애가 있는 아동·청소년들에게서 흔히 발견되지만, 이러한 특성은 일반 인구와 임상 인구에서 높은 기초율을 보이고 있다. 우리는 전환장애를 용인하기 위해 신뢰성 있게 암시성과 이차성 이득의 증거가 사용될 수 있다고 생각하지 않는다. 마찬가지로, 증상에 대한 명백한 관심 결여(개인이 전환장애에 의해 초래된 증상에 무관심한 상태)는 전환장애와 연관된 특징일 수 있다. 그러나 이 장애는 유의한 진단적 비중에 부합되는 적절한 정적 또는 부적 예측치도 제시되어 있지 않다. 시겔과 바텔(Siegel & Barthel, 1986)은 사례의 41%에서 이차성 이득의 증거를, 30%에서 전환장애로 인해 초래된 증상이 있었다고 발표하였다.

다른 의학적 상태에 영향을 미치는 심리적 요인

다른 의학적 상태에 영향을 미치는 심리적 요인은 DSM-5에서 정신장애로 격상되었다. 이 범주는 개인의 삶에 있어서 아주 오래전부터 잔존해오는 의학적 또는 신체적 문제가 있는 경우와 이러한 의학적 문제의 악화 또는 관리에 있어서 심리적 요인이 중요한 역할을 하고 있다는 증거 확인에 사용된다. 좋은 임상적 판단의 역할이 특히 이 범주에서 중요하다. 심리적 요인이 대부분의 질병과 회복 경과에 있어서 중요한 역할을 하겠지만, 이 범주는 그 역할이 임상 사례의 이해와 효과적인 관리에 있어서 명백히 중요한 경우들을 나타내기 위한 용도로 사용된다. 의학전문가와 학교심리학자들 간의 긴밀한 협력과 원활한 의사소통이야말로 이러한 경우들의 확인과 유용한 반응에 최상의 기반이 된다.

달리 명시된 신체증상 및 관련 장애와 명시되지 않는 신체증상 및 관련 장애

달리 명시된 신체증상 및 관련 장애와 명시되지 않는 신체증상 및 관련 장애는 확인된 패턴에 대한 기준에 완전하게 부합되지 않는 신체증상 및 관련 장애의 사례들에 대한 잔류 진단범주다. 예를 들면, 가성임신(자신이 임신했다는 잘못된 믿음, 보통 객관적인 임신 징후의 일부와 연관됨)은 때로 여자 청소년들에게서 발생하는데, 이 경우는 달리 명시된 신체증상 및 관련 장애로 진단된다. 명시되지 않는 신체증상 및 관련 장애 진단은 보다 명확한 진단을 내리기에는 정보가 부족한 경우에 사용된다.

인위성장애

인위성장애Factitious Disorders는 환자 역할을 하려는 명백한 동기만으로, 고의적으로 정신장애 또는 일반적인 의학적 상태의 증상이 있는 것처럼 가장하는 행위에 대한 진단명이다. 이에 비해 꾀병의 경우(추후 논의됨), 환자 역할에 대한 명백한 외적 강화(보상)가 결여되어 있다. 우리 두 사람은 이러한 행동을 하는 청소년을 거의 본 적이 없지만, 이는 항상 다른 정신장애와 연관이 있었다. 인위성장애는 문제와 호소내용이 의도적이면서도 고의적으로 지어낸 것이라는 점에서 DSM-5의 '신체증상 및 관련 장애' 장의 다른 장애들과는 다르다. 즉, 인위성장애가 있는 사람들은 '가장하는 것'을 알고 있다(꾀병을 부리는 사람들처럼).

　다른 사람에게 부과하는 인위성장애는 인위성장애의 특별한 경우다. 이 경우, 다른 사람(보통 자녀에 대해 불필요한 의학적 주의를 불러일으키는 부모)에게 증상이 있다는 주장 및/또는 생성시키는 한 사람이 속임수에 포함되어 있다('대리인에 의한 인위성장애factitious disorder by proxy'). 다른 인위성장애의 경우들과 유사하게, 가해자의 목적은 오로지 자신의 지위를 확보하고 희생자의 아픈 역할에 대해 주의를 집중시키는 것이다.

> **DSM-IV-TR 메모 10. DSM-5에서의 신체증상 및 관련 장애에 대한 변화**
>
> 　몇 가지 주요 변화가 DSM-5의 '신체증상 및 관련 장애' 장에서 다루고 있는 장애의 부류에 대해 이루어졌다. 4가지 장애(① 신체화장애, ② 감별불능성 신체형장애, ③ 통증장애, ④ 건강염려증)가 삭제되었다. 종전의 DSM-IV-TR의 신체형장애에 수록되었던 신체이형장애는 DSM-5에서는 '강박 및 관련 장애' 장에 수록되어 있다. 그리고 2가지 새로운 장애(신체증상장애와 질병불안장애)가 추가되었다. 한 가지 장애(전환장애)가 약간 수정되었을 뿐 그대로 남아 있다. DSM-IV-TR에서는 독립된 장으로 다루어졌던 인위성장애와 DSM-IV-TR에서는 '임상적 주의의 초점이 되는 기타 상태' 장에서 다루어졌던 다른 의학적 상태에 영향을 미치는 심리적 요인은 DSM-5의 '신체증상 및 관련 장애' 장에 수록되어 있다. 달리 명시되지 않는 신체형장애는 달리 명시된 및 명시되지 않는 신체증상 및 관련 장애 범주로 대체되었다. 따라서 '신체증상 및 관련 장애' 장에 수록되어 있는 7가지 장애는 ① 신체증상장애, ② 질병불안장애, ③ 전환장애(기능성 신경학적 증상 장애), ④ 다른 의학적 상태에 영향을 미치는 심리적 요인, ⑤ 인위성장애, ⑥ 달리 명시된 신체증상 및 관련 장애, ⑦ 명시되지 않는 신체증상 및 관련 장애다. DSM-IV-TR의 유사한 범위와 함께 이 장의 3가지 장애들에 대한 진단범주의 변동사항은 여기서 상세히 다루고 있다.
>
> **전환장애(기능성 신경학적 증상 장애)**
> 　전환장애에 대한 DSM-5의 기준은 DSM-IV-TR에서보다는 덜 엄격하다. 이 기준에서는 스트레스 요인이 증상 또는 결함에 앞서 반드시 있어야 한다는 필수요건이 없어졌다. 증상이 의도적으로

생성되거나 가장된 것이 아니어야 한다는 진단기준 역시 더 이상 존재하지 않는다. 명시자들은 DSM-IV-TR에 제공되었던 것들과 관련된 증상 유형과 기간에 있어서 보다 상세해졌다.

다른 의학적 상태에 영향을 미치는 심리적 요인

이 장애의 명시자들은 이 장해, 그리고 영향을 받은 의학적 상태를 설명한다고 생각되는 심리적 요인의 자원이 아니라 심각도에 대해서만 적용되도록 축소되었다.

인위성장애

DSM-5에는 DSM-IV-TR의 필수요건이었던 개인의 동기가 환자 역할을 하는 것으로 추정되어야 한다는 진단기준이 없다. DSM-5에서 인위성장애에는 ① 빈도수 명시자(즉, 단일 삽화 또는 재발성 삽화)와 ② 표적[즉, 스스로에게 부여된 인위성장애 vs. 타인에게 부여된 인위성장애(과거, 대리인에 의한 인위성장애)]이 포함되어 있다.

신체적 증상 발현을 포함하는 기타 정신장애/상태

의학적 치료를 멀리함

의학적 치료를 멀리함Nonadherence to Medical Treatment은 임상적 주의의 초점이 되는 기타 상태의 하나(DSM-5에서는 정신장애가 아님)로, 내담자가 치료에 협조하지 않는 점에 초점을 맞출 필요가 있는 상황에 적용할 수 있는 진단이다. 이처럼 의학적 치료를 멀리하는 것은 정상적인 아동 또는 청소년 발달, V 부호(예, 부모-아동 관계 문제)로 가장 잘 개념화되는 기타 상황, 또는 구체적인 정신장애(예, 적대적 반항장애)와 관련이 있을 수 있다. 이러한 상황과 관계없이 이 문제는 임상적 주의와 공식적인 확인이 필요할 정도로 심각하다. 이 문제의 잠재적 효과는 경미한 성가심에서부터 생명을 위협하는 의학적 결과에 이를 수 있다[예, 알코올 섭취 통제를 거부하는 당뇨병이 있는 남자아이, 또래집단으로부터 떨어져 있게 한다는 이유로 식이제한에 따르지 않으려 하는, 이전에 잘 통제되었던 페닐케톤뇨증(PKU)phenylketonuria(유아기에 지적장애를 일으키는 질환-역자주)을 앓고 있는 여자아이]].

꾀병

꾀병Malingering은 바라는 결과를 성취하기 위해 증상 또는 장애가 있는 척하는 의도적인 '속임수' 분류에 사용되는 V 부호다. DSM-5에 의하면, 꾀병과 인위성장애의 구별 기준은 외적 동기다. 꾀병의 경우, 병에 걸린 척하는 것에 대한 명백한 외적 보상(예, 금전적 이득 또는 근무 · 군복무 면제 등)이 있다. 이에 비해, 인위성장애의 경우에는 외적 동기가 보이지 않는다. 따라서 꾀병과 인위성장애의 감별 근거는 확인 가능한 보상 또는 외적 보상의 존재 여부다. 즉, 꾀병과 전환장애의 감별은 의식적 또는 의도성 여부에 달려있다. 아동 · 청소년들에게 있어서 꾀병의 예는 등교를 하지 않기 위해 아픈 척하는 것이다. 그러나 훨씬 더 심각한 경우는 오용 또는 되팔 수 있는 자극제 처방전을 얻기 위해 주의력결핍 과잉행동장애인 척하는 것이다.

적응장애, 명시되지 않는 경우

때로 심리학자들은 심리사회적 스트레스에 대한 반응으로 발달되었고 정신장애의 일반적인 기준에 부합되는 것처럼 보이는 신체적 문제를 접하게 될 것이다. 이러한 경우에는 적응장애, 명시되지 않는 경우로 진단될 수 있다.

해리장애

해리장애Dissociative Disorders는 '의식, 기억, 정체성, 정서, 지각, 신체 표상, 운동 통제, 행동의 붕괴 및/또는 단절'(p. 295/311)이 특징이다. 해리 증상은 전형적인 발달과 많은 정신장애에서 흔히 나타난다. 그렇지만 우리는 아동 또는 청소년들에게 해리장애를 일차 진단으로 내리는 경우에 주의할 것을 당부한다. 안타깝게도, '불보다 더 뜨거운' 이 주제를 둘러싼 엄청난 논란이 현재 양쪽의 견해에 관한 문헌들에서 제공되고 있다. 아동 해리 체크리스트Child Dissociative Checklist, 부모 보고 해리 체크리스트(Putnam et al., 1993), 그리고 청소년 자기보고 평가인 청소년 해리경험척도Adolescent Dissociative Experiences Scale(Armstrong et al., 1997) 같은 도구의 발달은 이 영역에서의 임상 평가의 가이드 역할을 한다. 이는 주의력결핍에 대한 평가가 여러 체크리스트들에 의해 보다 객관적 · 경험적 토대 위에 기반을 다지게 된 상황과 유사하다. IDEA 메모 11에는 해리장애가 IDEA의 특수교육 서비스 적격성과 얼마나 관련이 있는지에 대해 제시되어 있다.

> ### ⌐ IDEA 메모 11. 해리장애와 IDEA
>
> 해리 경험은 아동들에게 있어서 비교적 흔하고 뚜렷해 보이지 않지만, 뚜렷한 고통을 초래하거나 사회 또는 학업 적응을 손상시키는 심각하고 지속적인 해리 현상(즉, 해리장애)은 우리 경험상 아동·청소년들 사이에서는 드물다. 만일 아동·청소년에게 있어서 고도의 해리장애로 진단된다면, '고도 정서장애'를 나타내는 몇 가지 상태를 통해 IDEA의 특수교육 서비스에 대한 적격성의 근거가 될 수 있다. 만일 해리 증상이 학습을 저해한다면, 이는 지적, 감각, 또는 건강 요인에 의해 설명될 수 없는 '학습 불능'의 진단기준에 부합될 수 있다. 만일 해리 증상이 사회적 관계를 저해한다면, 이는 '또래 또는 교사들과의 만족스런 관계 구축 또는 유지 불능'을 초래할 수 있다. 끝으로, 만일 해리 증상이 사회적 일탈행위 또는 특이성 정서반응으로 이어진다면, 이는 '정상적인 상황에서의 부적절한 형태의 행동 또는 감정'을 초래한다[Individuals with Disability Education Improvement Act, 2004, Public Law 108-446, Paragraph (c)(4)(i)]. 앞서 불안과 기분 문제에 대해 논의한 것처럼(93쪽의 IDEA 메모 8과 120~121쪽의 IDEA 메모 9), IDEA 하에 교육적 수행에 관한 정서 장해의 효과에 대해 기록으로 남길 필요가 있다.

해리성 기억상실

해리성 기억상실Dissociative Amnesia(DSM-III와 DSM-III-R의 심인성 기억상실Psychogenic Amnesia)은 정상적인 망각치고는 너무 과도하고 다른 해리장애, 외상후 스트레스장애, 급성 스트레스장애, 신체증상장애, 또는 신경인지장애에 의해 설명되지 않는 중요한 개인 정보의 상실이 특징이다. 해리성 기억상실 증상은 아동·청소년들의 경우에는 흔히 외상 반응의 임상상의 일부로 나타난다. DSM-5에는 아동에게 있어서 해리성 기억상실의 감별진단은 몇 가지 발달 양상에 의해 복잡해지고 흔히 다수의 데이터 자원이 요구된다고 기술되어 있다(p. 299/320).

DSM-5에는 이전에 독립적인 장애였던 해리성 둔주Dissociative Fugue가 해리성 기억상실 진단범주의 명시자로 합쳐져 있다. 개인의 이전 정체성에 대한 혼란 또는 기억상실은 방황 또는 의도적인 여행을 동반한다고 기술되어 있다. 일반적으로 이러한 문제는 드문데, 청소년들에게 있어서는 더욱 그렇다. 발병은 보통 외상성 사건 또는 대처하기 힘든 스트레스와 연관되어 있다. 꾀병, 정신병적 장애, 조증 삽화, 그리고 복잡한 부분(측두엽 또는 정신운동) 발작을 동반한 신경학적 장애를 배제하기 위해서는 면밀한 평가가 요구된다.

해리성 정체성장애

해리성 정체성장애Dissociative Identity Disorder(DSM-IV와 DSM-IV-TR에서는 해리성 정체성장애, DSM-III-R에서는 다중성격장애Multiple Personality Disorder, 그리고 DSM-III에서는 다중성격으로 알려짐)는 여전히 흔히 다중성격장애의 약어, 즉 이러한 현상의 역사적인 진단명인 MPD로 알려져 있다. 한 가지 관련된 개념은 '허위-기억 증후군'으로, 해리성 정체성장애를 이해하기 힘든 임상 사례로서 자주 사용되는 것의 타당성에 도전하는 사람들에 의해 사용되는 표현이다. 몸 하나에 한 가지 이상의 성격이 있다는 생각에 불편해하는 임상가들은 몸 하나에 한 가지 이상의 정체성을 가지고 있다는 생각이 더 쉽다는 입장만큼이나 (DSM-5에서 존속된) DSM-IV의 진단명 변경을 더 반기고 있다. 여기에는 의미론적 세부 사항 이상의 것들(즉, 범죄 책임에 대한 쟁점, '회복된 기억'의 타당성, 수용 가능한 치료목표의 선택, 그리고 다른 중요한 염려)이 있다. 이러한 진단범주는 인간의 자기감, 정체성, 그리고 성격의 발달과 우여곡절에 관해 우리가 이해하고 있는 것에 관한 일련의 한계를 표시하고 있다. 이는 언제, 어떤 상황 하에서 개인이 자신의 신체가 실행하는 행위를 느끼고 설명할 수 있어야 하는가라는 질문에 대한 답변의 일부에 속한다.

우리는 일반적으로 아동 또는 청소년들에게 있어서 해리성 정체성장애 진단은 동료들과의 협의 후에 한해서 내릴 것을 권한다. 우리가 알고 있는 한, 문헌에서의 모든 주요한 논의에는 해리성 정체성장애와 기분장애, 불안장애, 성격장애, 섭식장애, 물질관련장애, 성적 및 성 정체성 장애, 그리고 때로 정신병적 장애와의 잦은 연관성에 대해 기록되어 있다. 특히 외상후 스트레스장애, 물질관련장애, 주요 우울장애, 그리고 경계성 성격장애와의 동반이환 진단이 주기적으로 발생하고 있다. 우리는 해리 현상이 실재한다고 확신하지만, 진단범주('당신이 마치 ~인 것처럼' 같은 치료적 은유라기보다는)로서의 해리성 정체성장애의 임상적 유용성은, 특히 아동들에 대한 사용에 대해서는 잘 정립되어 있지 않은 상태다. 그럼에도 불구하고, DSM-5의 진단으로서는 이용 가능하고, 이러한 현상은 아동 · 청소년들에게서 보고된다. 보이슨(Boyson, 2011)은 아동들에게 있어서의 해리성 정체성장애에 관한 문헌 검토 결과를 제공하면서, 이 인구에 있어서 이처럼 드문 장애에 관한 연구들이 아주 미미한 상태임을 지적하고 있다.

아동 구타, 성적 착취 및 학대, 및/또는 기본적인 발달상의 요구의 방임은 해리성 정체성장애와 연관된 것으로 흔히 보고되는 병리적인 양육방식 문제다. DSM-5에는 '임상적 주의의 초점이 되는 기타 상태' 장에 다음 3가지 문제(① 아동 신체적 학대, ② 아동 성적 학대, ③ 아동 방임)가 포함되어 있다. 이러한 폭넓은 범주 내에서 DSM-5에는 ① 조우 유형(초기 vs. 후기), ② 보고 상태(확인된 vs. 미심쩍은), ③ 사건과 관련된 기타 상황(부모 학대의 희생자에 대한 정신건강 서비스와의 만남 vs. 비부모 학대, 개인의 학대 과거력, 그리고 부모 대 비부모 학대의 가해자에 대한 정신건강 서비스의 만남)에 관해 보다 구체적으로 분류된 것이 제시되어 있다. 이러한 상태에 대해서는 불안장애에 관해 다루고 있는 이 책의 제9장에서 좀 더 심층적으로 논의된다.

이인성/비현실감 장애

명칭이 가리키는 바와 같이, 이인성장애Depersonalization Disorder에는 이인증depersonalization(자신에 관한 분리감 또는 비현실성)이나 비현실감Derealization(자신의 환경에 관한 분리감 및 비현실) 삽화 또는 둘 다가 포함된다. 간헐적인 이인증 및/또는 비현실감은 정상적인 청소년과 폭넓게 다양한 정신장애가 있는 청소년들에게 있어서 흔하다. 만일 증상이 심각한 고통 및/또는 손상을 초래하기에 충분할 정도로 잦고 강렬한 경우(이러한 요소들은 정신장애를 구성하고 있는 것으로 여겨짐)와 다른 정신장애와 물질사용과는 별개로 발생하는 경우에 한해서 이인성장애로 진단한다.

달리 명시된 및 명시되지 않는 해리장애

달리 명시된 해리장애Other Specified Dissociative Disorder와 명시되지 않는 해리장애Unspecified Dissociative Disorder 범주는 다양한 특이 사례 발현, 강압적 설득(예, 광신적 종교집단cults에의 교인모집)에의 만성 노출에 대한 반응, 해리성 황홀경장애dissociative trance disorders(문화권 현상), 그리고 해리성 정체성장애와 유사한 비전형적인 경우를 분류하기 위해 사용된다. 다음의 전문가 메모 5에는 이 범주에 속하는 것으로 보이는 '해리성 환각증Dissociative Hallucinosis'에 대해 기술되어 있다.

⊘ 전문가 메모 5. 해리성 환각증

너콤 외(Nurcombe et al., 1996)는 해리장애, 정신병적 장애, 그리고 외상후 스트레스장애의 특성을 지닌 상태처럼 보이는 '해리성 환각증'에 관해 논의하고 있다. 너콤 외는 정신병리에 있어서 수많은 역사적 용어들(히스테리성 정신병, 히스테리성 환각, 히스테리성 황혼상태[twilight state], 히스테리성 섬망, 히스테리성 황홀경, 히스테리성 가성정신병, 히스테리성 가성조현병, 히스테리성 가성치매, 최면상태, 몽유병적 위기[somnambulistic crisis], 심리적 자동증[automatism], 일과성 정신병적 삽화, 삽화성 조절곤란, 그리고 해리성 정신병)의 기저에는 지속적인 현상이 있다고 믿었다(p. 109). 이들은 정의 관련 특징을 다음과 같이 정리하고 있다(p. 110).

1. 급성 발병, 단기, 재발성 경과, 성격 악화 없음
2. 황홀경 유사 삽화인 변화된 의식
3. 과잉각성 및 부적 정서(두려움, 분노)
4. 충동적 공격성, 파괴성, 자살 행동, 또는 자해행동
5. 환청 및/또는 환시, 침습적 정신적 이미지, 악몽
6. 와해된 사고

이러한 범주에 대한 신뢰도와 진단적/치료적 타당도는 여전히 설득력 있게 입증되고 있다. 가장 적절한 DSM-5 진단은 아마도 달리 명시된 해리장애가 될 것이다. 우리는 유사한 증상(생생한 환각, 급성 혼란 및 혼미, 강렬한 부적 정동, 자해적 · 공격적 · 파괴적 행위, 해리 현상 등의 일과성 정신병적 삽화)을 보일 수 있는 경계성 성격장애의 배제(또는 용인)를 위해 면밀히 평가할 것을 권장한다.

11

품행문제

개관

가장 빈번한 교사 또는 부모로부터의 정신건강 의뢰의 근거가 규칙에 반항하는 몇 가지 행동 패턴이라는 소견은 학교심리학자들에게 익숙한 내용이다(Shamsie & Hluchy, 1991). 돌(Doll, 1996)의 역학적 연구들에 대한 검토에 의하면, 행동장애 (품행장애, 반항장애 또는 적대적 반항장애, 그리고 주의력결핍장애 또는 주의력결핍 과잉행동장애)는 학령기 아동들에게 있어서 가장 자주 진단되는 정신의학적 장애였다. 거의 20년이 지난 지금도, 이러한 진단들은 학교 장면에서 계속해서 심각한 임상적 주의를 집중시키고 있다(Hess, Pejic, & Castejon, 2014). 성인들에 대한 반항, 특정 장면에서의 기대를 위반하는 행동, 또래들에 대한 공격, 그리고 놀이 또는 일에서 타인과 협력하지 않는 아동들을 묘사하기 위해 다양한 명칭들이 심리학 문헌에서 사용되어 왔다. 20세기에 들어서면서는 '품행문제'라는 용어가 점차 자주 사용되기 시작했다. 정신역동 연구자들은 이를 '행동화 행동acting-out behavior' 으로 간주했는가 하면, '외재화externalizing' 행동들 간의 경험적 공변량분석이 등장하기도 했다. 그런가 하면 행동수정 옹호자들은 이를 '적대적 행동oppositional behavior'

이라고 말하는 경향이 있다. 경험적 증거들의 수가 늘어나면서 이러한 문제가 지속적이고, 시간 경과에 따라 개선되기보다는 악화되며, 아동의 경우 다수의 부정적인 결과가 예측된다는 결과들이 축적되기 시작했다. 후속 보고서들을 통해 이러한 문제가 흔히 치료가 어렵고, 전통적인 개입방법들은 그 유용성이 제한적이라는 사실이 알려졌다. 결국, 임상가들이 두려워했던 부분에 대한 경험적 확인이 이루어졌다. 이러한 행동문제는 다른 심각한 문제(물질오용과 성인 성격 장해)와 연관되어 있다. 파괴적 행동문제는 심리학자와 기타 아동 돌봄 전문가들의 서비스에 있어서 가장 도전적인 영역으로 남아 있다.

학교 장면에서의 파괴적 행동문제는 또래, 교사, 다른 교직원들과 반복적으로 갈등을 빚게 되는 형태로 나타난다. 이러한 문제가 있는 아동들은 공공연한 행동으로 인해 매우 자주 제재 또는 질책의 대상자들이다. 이 아동들은 보통 학교의 행정직원, 건물관리 근로자, 놀이터 감독자, 그리고 학교버스 기사들에게 잘 알려져 있다. 파괴적 행동문제는 상황성일 수 있지만, 보다 전형적으로는 아동의 제반 환경, 특히 자기조절, 협동행동, 순서 지키기, 그리고 운동과 활동 자제가 요구되는 상황들에 걸쳐 발생한다. 이러한 문제는 각 장면에서 성인들에게 명시적이고 뚜렷한 경향이 있다(행동이 '정신건강 문제'로 인식되지 않을 수 있지만). 더욱이, 파괴적 행동문제가 있는 아동의 보고내용과 이들에 관한 성인의 보고내용 간의 일치도는 비교적 좋은 편이다(Cantwell et al., 1997). 그러나 이러한 아동이 IDEA의 서비스 수혜자로 적격한지 여부는 매우 불분명하고 지속적인 논의가 필요한 문제다(IDEA 메모 12, 13 참조).

🔖 IDEA 메모 12. 파괴적 행동장애와 IDEA

DSM-5의 진단범주는 IDEA의 적격성 범주와 자동적으로 일치하지는 않는다. 동일한 명칭이 사용되는 경우조차, 정확한 정의(또는 정의의 결여)를 고려해보면, 흔히 이 2가지 체계에서 설명되는 행동문제가 과연 동일한지에 대해서는 의문의 여지가 있다. 만일 파괴적 행동이 기저의 정서적 쟁점이 되는 증상 발현이라면, 일부 파괴적 행동장애Disruptive Behavior Disorders는 IDEA의 '정서 장해' 영역에 속할 것이다(주의력결핍 과잉행동장애와 IDEA에 대한 분리된 논의에 대해서는 제12장 175쪽의 IDEA 메모 14를 참조할 것). IDEA의 주요 강조점은 아동의 학업적 또는 직업적 성공을 저해하는 장애 상태가 있는지 여부다. DSM-5의 거의 모든 진단에서 기능손상 기준에 대해 더욱 주의를 집중하는 것은 IDEA의 주요 강조점과 명백한 관련성이 있다. 이러한 점에서 학업 성취 또는 사회적 발달을 직접적으로 저해하는 증상이 있는 정신장애는 IDEA 분류와의 관련 여부를 확정하기가 더 쉽다.

품행장애의 핵심적 특징은 반복적인 주요 규칙 위반과 다른 사람들의 기본 권리를 무시하는 행위들로 이루어져 있다. 이러한 품행장애의 증상과 결과로 인해 IDEA의 '정서 장해'에 관한 기술 범주 하의 분류는 더욱 어려울 것이다. 우리의 견해로는, 이러한 문제들의 심각하고 만성적인 특성, 그리고 정서조절 결핍과의 직접적인 관련성을 고려한다면, 증상 정도가 심한 경우는 보통 적대적 반항장애Oppositional Defiant Disorder와 간헐적 폭발장애Intermittent Explosive Disorder로 진단될 수 있다. 그러나 이러한 장애들이 학문적 성취에 미치는 효과를 검증하기 위한 노력은 이러한 경우의 개선에 필요할 것이다. DSM-5에서의 중요한 변화는 이젠 품행장애와 적대적 반항장애 진단을 동시에 내릴 수 있게 된 점이다. 우리의 경험으로는, 품행장애가 있는 많은 또는 대부분의 청소년들이 적대적/반항적 특성도 지니고 있다(이는 품행장애가 있는 상황에서 이전의 적대적 반항장애의 배제를 위한 근거였음). 적대적 반항장애에 대한 DSM-5의 개념화에서는 기저의 정서 장해에 대한 강조점이 추가됨으로써, IDEA의 '정서 장해' 조항 하에 동시에 품행장애와 적대적 반항장애 증상으로 보이는 아동들을 용이하게 포함시킬 수 있게 되었다.

독자들이 알고 있어야 할 중요한 점은 IDEA와 DSM-5 범주는 자동적으로 호환되지 않는다는 것이다. 이 2가지 체계의 기본 목적, 구조, 그리고 방법은 서로 다르고, 한 가지 체계의 다른 체계에 대한 '매핑mapping'은 불완전하고 해석차의 여지가 있다. 만일 이 장애가 중요한 학업 및/또는 대인 간 쟁점과 연결되어 있다면, 객관적인 경우를 정신장애로 확진하는 것이 보통 학생이 IDEA 서비스에 적격하다는 자격 부여를 촉진할 것이다.

파괴적 행동의 경우, 적격성 결정에 있어서의 가장 큰 도전 중 하나는 문제 행동이 기저의 정서 장해의 증상이어야 한다는 필수요건이다. 명시적인 행동과 기저의 정서기능 간의 연관성을 입증하는 데 필요한 평가 방법과 결과의 필수요건은 주와 지역의 기준에 따라 달라서, 학교심리학자들로 하여금 품행장애가 있는 청소년들이 정서 장해 범주 하의 특수교육 서비스를 받을 수 있도록 옹호하는 일을 어렵게 만들 수 있다. 학군에 따라서는 이러한 행동이 기저의 정서 장해와 연결되어 있음이 명확하지 않은 경우에는 간헐적으로 파괴적 행동을 보이는 학생들을 대안적 행동장애 프로그램에 참여시키기 위한 정책과 절차를 마련하기도 한다. 이러한 청소년들은 '사회 부적응아'로 간주되고, 특수교육 서비스 적격자에서 배제된다. 이러한 상황은 청소년을 교육적ㆍ사회적ㆍ정신건강 서비스가 필요한 존재로 간주하는 학교심리학자들에게 압력으로 작용한다. 적대적 반항장애와 간헐적 폭발장애 사례들을 통해 새로운 진단범주를 만들기가 더 쉬워질 수 있다(163쪽의 DSM-IV-TR 메모 11 참조).

더 나아가서, 정신장애가 아닌 DSM-5의 일부 분류체계(V 부호)의 설정 역시 IDEA의 특수교육 서비스 추구의 근거로 삼을 수 있다. 정신의학적 분류는 학교와 지역사회에서 아동의 성공을 제한하는 지적ㆍ개인적ㆍ사회적 문제를 입증할 수 있다. 즉, 이러한 입증 자료는 IDEA의 적격성으로 들어가는 문을 열 수 있는 잠재력이 있다[그러나 이 경우, 160쪽 IDEA 메모 13(IDEA 적격성에 관한 유의사항)을 참조할 것].

> **IDEA 메모 13. 파괴적 행동장애에 대한 유의사항과 IDEA**
>
> IDEA 하의 심각한 품행문제가 있는 아동들을 포함시키는 문제를 둘러싸고 상당한 혼란과 의견불일치가 일어났다. IDEA에 있어서 '정서 장해'의 정의에는 행동이 '사회 부적응적'이지만 '심각한 정서 장해'로 정의되는 구체적인 상태에 속하지는 않는 아동의 배제가 포함되어 있다. 안타깝게도, '사회부적응'에 대한 정의는 제시되어 있지 않아서 무엇을 배제시켜 왔는지가 명확하지 않다. 보통의 해석은 만일 아동이 '심각한 정서 장해'로 확인되는 한 가지 또는 그 이상의 상태에 부합되지 않는다면, 비행 행동만으로는 특수 서비스에 적격하다는 자격을 얻지 못한다는 것이다. 중요한 사실은 해당 규정이 '사회부적응' 아동을 배제하지 못한다는 것이다. 즉, 해당 규정은 사회부적응이라는 사실만으로는 IDEA 하의 적격성 확정에는 불충분하다는 사실을 가리킨다. 더욱 안타까운 점은 일부 주 정책이 IDEA 하의 자격 부여로부터의 배제를 위해 DSM-5의 품행장애 또는 적대적 반항장애 진단을 사용해야 한다고 명문화한 사실이다. 이러한 입장은 해당 규정의 의도를 거스르는 것으로 보일 수 있고(Cline, 1990; Council for Children with Behavioral Disorders, 1987), 흔히 특수교육의 혜택을 받고 있는 인구와 상충될 수 있다(McGinnis, 1986).

적대적 · 규칙 위반 · 공격적 행동은 DSM-5의 일부 진단군에서 다루고 있다. 퍼스트(First, 2014)는 개업임상가들이 장애의 부류를 체계적으로 조사할 수 있도록 아동 또는 청소년들에게 있어서의 행동문제에 대한 감별진단 의사결정 흐름도를 제시하고 있다. 하지만 그의 유용한 논의에서조차 반드시 고려되었어야 할 진단의 일부가 누락되어 있다(예, 간헐적 폭발장애). 아동 또는 청소년의 호소내용에 대한 가장 명확한 진단적 분류를 확정함에 있어서 검사자는 청소년이 겪고 있을 수 있는 연관된 행동문제를 면밀히 고려해야 한다. 파괴적 행동문제는 다른 정신의학적 문제와 동반이환율이 높은 경향이 있다. 항상 그렇듯이, 일반적인 쟁점은 어떻게 하면 아동에 관한 모든 관련된 임상 정보, 그리고 아동의 문제와 상황을 가장 효과적이고 효율적으로 '찾아낼 것인가capture' 하는 것이다. 많은 파괴적 문제에 대해 자주 보고되는 동반이환된 상태들 중에는 우울장애, 불안장애, 학습장애, 배설장애, 의사소통장애, 그리고 (보통 청소년기의) 물질사용장애가 있다.

공식적인 진단들 외에, 다른 관련된 개인차가 DSM-5의 틀 내에서 기록될 수 있다. 파괴적 행동문제와 관련된 2가지 특성으로는 초기 기질과 지능이다. 행동문제 발달에 있어서 아동들 간의 초기 기질 차이의 잠재적 중요성이 점차 주목을 받고 있다. 이 책의 제3장에서 살펴본 바와 같이, 성격 특성과 기타 성격차에 관한 비범주적 정보는 공식적인 DSM-5 진단으로 이어지는 기록에 제시될 수 있다. 아동의 지능은 예후에 영향을 미치는 행동문제 과거력과 상호작용하는 것으로 보이는 또 다른 변수다. 일반적으로, 보다 높은 지능은 이러한 문제가 있는 아동들에게 있어 서 향후 성공적인 적응을 위한 보다 좋은 예후와 연관성이 있는 것으로 보인다. 지 적능력에 관한 자료는 진단적 분류에 포함되지는 않지만, 이 역시 기록에 명시될 수 있다.

파괴적 행동문제의 아동기 과거력은 많은 심각한 성인 대상의 진단(특히 반사회 성 성격장애, 경계성 성격장애, 조현병)과 연관이 있었다. 더욱이, 파괴적인 아동 들은 정신건강 진단을 받을 대상에 속하지 않는 경우에도 성인기가 되면 사회적응 문제를 보일 위험성이 높다. 즉, 부부갈등, 아동학대, 직업적 · 부적응적 · 법적 문 제가 이들에 대한 추적 평가에서 과도하게 나타난다. 일반적으로, 이러한 아동들 이 다른 사람들과 사회의 기대에 따라 적응하는 데 있어서, 이들의 문제가 더 커지 게 될 거라고 추정하는 것은 안전하지 않다.

끝으로, 많은 병리적 · 환경적 상황들이 파괴적 행동문제가 있는 많은 청소년들 의 삶에서 과도하게 나타나고 있다. 검사자는 학대, 방임, 및/또는 반사회적 태도 와 행동을 모방할 수 있는 청소년의 환경에 있어서의 증상 발현에 주의를 기울여 야 한다. 범죄 행동, 물질남용, 또는 기분장애의 가족력은 이러한 아동들의 배경에 서 흔히 보이는 환경적 역경에 기여할 수 있다.

감별진단

행동 장해의 한 가지 주요 패턴은 심각한 규칙 위반의 만성 과거력이다. 이러한 행 동 장해는 이 문구가 심리학 문헌에서 일반적으로 사용되고 있는 것처럼, '품행장 애'의 기본 개념이다. 일부 저자들이 유용한 진단으로서의 품행장애의 타당성에 대 해 이의를 제기했지만(Lewis, Lewis, Unger, & Goldman, 1984), 이 장애는 일반 적으로 경험적 · 임상적 문헌에 있어서 가장 지지받는 DSM-5 진단 중 하나다 (Robins, 1991). 이에 비해, 주요한 규칙 위반 또는 사람들이나 재산에 대해 공격 성까지는 나타내지 않는 정서 조절곤란, 반항적 행동, 그리고 앙갚음의 습관적 패 턴은 적대적 반항장애의 핵심 양상이다. 품행장애 및/또는 적대적 반항장애 기준

에 부합되지 않고 확인된 스트레스에 대한 반응인 것처럼 보이는 품행문제는 품행
장애 동반 적응장애의 기준에 부합될 수 있다. 간헐적 폭발장애는 아동·청소년들
에게 있어서 가장 흔히 나타나는, 반복되는 충동적·공격적 행동 패턴이다. 제I형
양극성장애, 가장 최근의 삽화 조증은 아동들에게 있어서는 드물고 청소년들에게
있어서는 빈번하지 않지만, 품행 증상들과 함께 발생하거나 발현될 수 있다. 끝으
로, 부적응 패턴이 되는 것으로 여겨지지 않는 별개의 비행 또는 반사회적 행동은
'임상적 주의의 초점이 되는 기타 상태' 장에서 상세히 설명하고 있는 아동 또는
청소년 반사회적 행동과 함께 분류될 수 있다(그렇지만 이 부호는 정신장애가 아
님). 아동이 명백한 품행장애, 적대적 반항장애, 간헐적 폭발장애, 또는 달리 명시
된 또는 명시되지 않는 파괴적, 충동조절 및 품행 장애를 나타내는 경우, 고려되고
용인/배제되어야 할 흔히 연관된 진단 또는 문제로는 주의력결핍 과잉행동장애,
물질사용장애, 학습장애, 정신지체, 기분장애, 불안장애, 그리고 학대 및/또는 방
치가 있다. 배제되어야 할 품행문제에 대한 대안적 설명으로는 일반적인 의학적
장애(두부외상의 최근 과거력, 발작, 또는 알려진 신경독소에의 노출)와 정신병적
장애가 있다. 다음 164쪽에 제시된 적용 메모 5에서는 이러한 모든 고려사항이 요
약되어 있다.

　부모와 교사들에 의해 작성된 행동평정척도는 빈도수에 있어서 성별에 따른 연
령집단의 정상 범위를 넘어서는 파괴적 행동 발생의 확정에 도움이 될 수 있다. 다
양한 가능성 사이에서의 감별진단에는 임상이나 구조화된 면담으로부터의 자료가
필수로 요구될 것이다. 주요 규칙 위반의 발생 외에, 품행장애와 관련해서 고려되
어야 할 또 다른 중요한 양상은 탐색 대상이 특정 행위의 발생이 아니라(이러한 행
위들이 아주 심각하더라도) 행동패턴이라는 것이다. 실제로, 품행장애 진단에 관한
어떤 실질적인 질문들은 거의 항상 시간의 흐름에 의해 해결된다. 품행장애가 있
는 아동·청소년들은 어떤 행동을 하는 것이 자신들의 최고의 이익을 위한 것이라
고 분명하게 인식하는 경우에도 병리적으로 자신들의 행동을 조절할 수 없다.

　만일 적대적 행동문제가 주요한 규칙 위반의 강도에는 도달하지 않았다면, 일차
적 감별진단은 적대적 반항장애와 달리 명시된 또는 명시되지 않는 파괴적, 충동
조절 및 품행 장애 사이의 것이 될 것이다. 다음에 제시된 DSM-IV-TR 메모 11에
서 논의되고 있는 것처럼, 품행장애 진단은 이젠 적대적 반항장애 진단과 동시에

내려질 수 있다. 즉, 이러한 변화는 정서조절 결핍 장애로서의 적대적 반항장애와 공격적 및 속임수 행동이 특징인 장애로서의 품행장애 사이의 차이를 반영하고 있다. 이러한 차이점은 학교심리학자들에게도 시사점을 던져주고 있다. 즉, 이는 정서조절곤란 장애로서의 기저의 개념화를 고려할 때, 정서 장해의 특수교육 범주 하의 적대적 반항장애가 있는 아동의 적격성에 대해 보다 강력한 정당성을 부여하고 있다. 더 나아가, 이는 '사회부적응'으로 인해 특수교육 서비스 범위 밖의 공격적·파괴적 행동만이 있는 청소년들을 보다 정확하게 위치시키고 있다. 비더만 외 (Biederman et al., 1996)가 언급한 바와 같이, 이 2가지 분류 사이의 경계는 특히 선을 긋기 어려울 수 있지만, 이 새로운 규칙을 통해 적대적 반항장애와 품행장애의 이중진단이 가능해진다. 따라서 검사자가 이 2가지 장애의 기준을 검토하고 적절한 경우 각 기준을 적용하는 것이 필수로 요구된다. 적대적 반항장애의 기준에 명백하게 부합되고 오직 한 가지 품행장애의 증상만이 포함되는 경우는 가장 심각한 증상에 대한 추가 표기와 함께 적대적 반항장애로 가장 잘 분류될 수 있다. 품행장애의 2가지 분명한 증상이 동반된 적대적 반항장애의 경우는 적대적 반항장애 진단과 결부된 품행장애의 잠정적 진단이 고려되어야 한다. 개인의 증상에 대해

DSM-IV-TR 메모 11. DSM-5에서 적대적 반항장애의 변화

적대적 반항장애의 진단기준은 DSM-IV-TR에서부터 업데이트되어 오면서 증상들이 행동문제의 3가지 핵심영역(① 분노/과민성 기분, ② 언쟁/반항적 행동, ③ 앙갚음)으로 조직되었다. 이러한 증상들의 특이성 역시 일부의 경우에서 개선되었다(예, 악의적 또는 복수 행동이 지난 6개월 이내에 적어도 2회 발생함). 부호 메모 역시 아동이 나이가 들면서 문제행동이 감소되는 현상과 함께 다른 발달수준에서의 진단방법에 있어서 보다 훌륭한 지침을 제공하고 있다. 이전 판과는 달리, DSM-5 기준에서는 다른 요인들(예, 성별, 문화)을 고려할 것을 나타내주고 있다.

DSM에서의 주요 변화는 품행장애와 관련된 적대적 반항장애의 개념화라는 사실을 주지할 필요가 있다. 좀 더 구체적으로 말하면, DSM-IV-TR에서는 아동 또는 청소년이 품행장애(또는 반사회성 성격장애)의 기준에 부합된다면 적대적 반항장애 진단은 배제되었다. 이와는 달리, DSM-5에서는 적대적 반항장애와 품행장애를 함께 진단할 수 있게 되었다. 이러한 변화는 이러한 장애들의 개념화에 있어서의 근본적인 차이에 뿌리를 두고 있다. 즉, 정서조절곤란은 적대적 반항장애의 핵심으로 간주되는 반면, 공격성, 속임수, 및/또는 재산 파괴는 품행장애의 핵심으로 간주된다. 이 2가지 행동 패턴이 나타나는 경우, DSM-5 진단기준 하에서는 적대적 반항장애와 품행장애의 이중진단이 적절하다.

적용 메모 5. 파괴적 행동문제에 대한 감별진단

고려할 것 :

품행장애

적대적 반항장애

품행 장해 동반 적응장애

제형 양극성장애, 가장 최근의 조증 삽화

간헐적 폭발장애

아동 또는 청소년 반사회적 행동(정신장애 아님. 임상적 주의의 초점이 되는 기타 상태에 수록됨)

추가로 고려할 것 :

주의력결핍 과잉행동장애

물질사용장애(청소년)

학습장애

지적장애

의사소통장애

불안장애

학대 또는 방임

배제할 것 :

공격적 또는 탈억제성disinhibited 행동과 연관이 있는 기타 의학적 상태

두부 외상, 발작, 또는 알려진 신경독neurotoxins 정신장애에의 노출의 최근 병력

경험적으로 입증된 예측력을 고려하는 것은 도움이 될 수 있다. 예를 들면, 프릭 외(Frick et al., 1994)의 연구에 의하면, 싸움과 다른 형태의 경미한 공격성은 흔히 적대적 반항장애와 연관이 있다.

높은 동반이환율에도 불구하고, 한편으로는 품행장애, 적대적 반항장애, 그리고 달리 명시된 또는 명시되지 않는 파괴적, 충동조절 및 품행 장애, 그리고 다른 한편으로 주의력결핍 과잉행동장애는 개념적·경험적으로 뚜렷이 다른 진단이다. 이들 장애들은 자주 연관성이 있는 것으로 보이지만, 각 장애 유형의 증거를 통해 구체적인 검토가 이루어짐으로써 다른 장애의 발현을 용인 또는 배제해야 한다.

우리는 파괴적 행동문제를 나타내는 아동 또는 청소년들을 대하는 학교심리학자

를 위해 다음과 같은 경험적 접근방법을 제안한다. 첫째, 이 사례는 품행장애의 핵심 양상이 발현되고 있는가? 만일 품행장애로 진단될 수 있다면, 이는 적응장애, 그리고 달리 명시된 또는 명시되지 않는 파괴적, 충동조절 및 품행 장애에 우선한다. 다음으로, 적대적 반항장애의 행동 장해는 정서조절곤란이라는 점을 명심하면서 적대적 반항장애의 진단기준을 고려한다. 만일 아동이 적어도 6세이고 공격적 발작의 지속적인 패턴을 보인다면, 간헐적 폭발장애 진단도 고려되어야 한다(후반부 논의 참조). 만일 품행장애 및/또는 적대적 반항장애의 패턴이 없다면, 그 행동이 심리사회적 스트레스에 대한 반응으로 발달되었는지 여부를 고려한다. 만일 그렇다면, 품행 장해 동반 적응장애로 진단되어야 한다. 끝으로, 만일 파괴적 행동장애의 특징적 양상이 발현되지만 어떤 구체적인 진단도 정당화되지 않는다면, 달리 명시된 또는 명시되지 않는 파괴적, 충동조절 및 품행 장애 진단이 내려져야 한다. DSM-5에서는 검사자가 개인의 관련된 기준에 관해 구체적인 세부사항을 제공하거나 달리 명시되지 않는 파괴적, 충동조절 및 품행 장애로 진단할 수 있도록 허용된다. 후자의 진단은 특히 응급실처럼 시간제한적으로 노출되는 상황에서 도움이 된다.

　주의력결핍 문제, 충동성, 과잉행동에 대한 평가에는 반드시 이러한 고려사항이 수반되어야 한다. 파괴적 행동장애와 주의력결핍 과잉행동장애 사이의 높은 동반 이환율을 고려할 때, 학교심리학자들은 행동문제를 보이는 사례를 검토하는 경우에 항상 주의력결핍 과잉행동장애 기준에 부합되는지를 고려해야 한다.

특이적 행동패턴

품행장애

품행장애 증상은 청소년들 사이에서 낮은 기초율에서 발생한다(이 비율은 이러한 증상들의 심각성/정신병리와 일치함). 그러므로 경험적 연구들이 이러한 증상들이 높은 긍정적인 예측력이 있지만 부정적인 예측력은 낮다는 사실을 지적하는 것은 그리 놀라운 일이 아니다. 즉, 품행장애 증상의 발현은 다른 증상들과 증후군에 대한 예측력이 높지만, 증상의 결여는 이 장애의 결여를 예측하지 못한다(Frick et al., 1994).

DSM-5에서 품행장애의 아형화에 대한 접근은 계속해서 증상의 발병 연령에 기반을 두고 있다. 만일 적어도 한 가지 품행장애 증상이 10세 이전에 발현되었다면 아동기 발병형으로, 모든 증상이 10세 이후에 발달되면 청소년 발병형으로 명시된다. (예를 들면, 명시되지 않는 발병 진단의 선택권은 적어도 한 가지 증상이 10세 이전에 나타났는지의 여부를 결정하기 위한 충분한 정보가 없는 경우에 제공된다. 또한 3가지 아형들은 독자적인 ICD-9-CM과 ICD-10-CM 부호를 받았다.) 아동기 발병형은 공격적 행동과 후기 성인 반사회성 성격장애의 위험과 보다 더 강력한 연관성이 있는 것으로 여겨진다. 아형에 대한 이러한 접근의 타당성에 대한 증거뿐 아니라 사회적 유대 패턴(사회화된/집단/갱 품행장애 vs. 사회화되지 않은/저사회화된/고립된 품행장애) 또는 공격성 패턴(충동적/반응적/적대적/정동적 공격성 vs. 통제적/순행적/도구적/약탈적 공격성; Christian, Frick, Hill, Tyler, & Frazier, 1997; Vitiello & Stoff, 1997 참조)을 기반으로 한 아형에 대한 타당성의 증거가 있다. 특정 유형분류체계가 다른 것에 비해 더 우수하다는 것은 아직 확실히 입증되지 않았다. DSM-II(American Psychiatric Association, 1968) 이래로 품행장애를 고려해온 DSM의 각 판에서는 다른 (그러나 관련된) 아형 접근법을 적용해왔다. 지난 판에서 이번 진단범주로의 변동사항에 관한 논의에 대해서는 앞서 제시된 품행장애에 관한 DSM-IV-TR 메모 12를 참조한다.

18세 이상의 내담자들에 대해서는 반사회성 성격장애 진단이 품행장애 진단보다 우선한다. 반사회성 성격장애의 진단에는 품행장애의 과거력이 필수로 요구되기 때문에 반사회성 성격장애의 기준에 부합되는 모든 내담자들은 과거에 품행장애 기준에 부합된 적이 있고 계속해서 이 기준에 부합될 것으로 추정된다. DSM-5에서는 인위적으로 복수진단을 산출하기보다는 반사회성 성격장애와 품행장애 진단을 동시에 내릴 수 없도록 하는 규칙을 제정함으로써 이러한 상황을 해결하고 있다.

품행장애와 강력하게 연관된 동반이환 진단에는 주의력결핍 과잉행동장애, 학습장애, 그리고 (청소년기의 경우) 물질사용장애가 포함된다. 품행장애가 있는 청소년들은 그 이전부터 더욱 흔히, 그리고 보다 집중적으로 알코올 및 기타 물질들을 사용하고, 보다 넓은 범위의 향정신성 물질들을 시도해본 경향이 있다. 흡입제사

> **DSM-IV-TR 메모 12. DSM-5에 있어서의 품행장애에 대한 변화**
>
> 품행장애의 진단범주는 제한된 친사회적 정서에 관한 명시자를 추가한 것을 제외하고는 대체로 변화되지 않은 상태로 남아 있다. 즉, 검사자들은 다음에 제시된 것들 중 2가지 또는 그 이상의 것들이 발현되는지의 여부를 나타내야 한다(① 뉘우침 또는 죄책감 결여, ② 냉담성-공감 결여, ③ 수행에 관한 무관심, ④ 피상적 또는 결핍된 정동). 이러한 특성의 발현에 관한 결정은 단지 자기보고가 아니라 반드시 일정 시간 동안 해당 청소년을 알아왔던 사람들(예, 교사, 부모, 또래)로부터의 입력 자료에 기반해야 한다. 다른 2가지 명시자[즉, 발병(아동기, 청소년기, 명시되지 않는)과 심각도(경도, 중등도, 고도)]는 동일한 상태로 남아 있다. 따라서 명시자는 다음과 같다.
>
> - 발병형 : 아동기, 청소년기, 또는 명시되지 않는
> - 제한된 친사회적 정서 동반 → 다음 중 적어도 2가지의 증거 :
>   - 뉘우침 또는 죄책감 결여
>   - 냉담성-공감 결여
>   - 수행에 대한 무관심
>   - 피상적 또는 결핍된 정동
> - 심각도 : 경도, 중등도, 고도
>
> 이전 판과 마찬가지로, 검사자들은 심각도 결정에 있어서 증상 수와 증상의 심각도를 고려해야 한다. 경도의 경우는 역치 이상의 증상이 거의 없어야 하고 다른 사람들에게 비교적 경미한 정도의 해를 초래해야 하는 반면, 고도의 경우는 역치 이상의 증상들이 많거나 다른 사람들에게 상당한 정도의 해를 입혀야 한다. 중등도의 경우는 이 2가지 극단 사이에 속한다.

용처럼 상당히 위험한 형태의 물질사용이 품행장애와 연관성이 있었다(McGarvey, Canterbury, & Waite, 1996). 특정 빈도수와 함께 발현되는 다른 동반이환 진단에는 기분장애, 불안장애, 그리고 경계성 지적기능(정신장애 아님)이 포함된다. 비특이성 주의력 문제, 검사를 통해 판명된 정상범위 내의 낮은 지능, 그리고 충동성역시 흔히 나타나는 특성이다. 여자 청소년들의 품행장애와 연관된 구체적인 위험성은 임신과 미혼모가 될 가능성이다(Zoccolillo, Meyers, & Assiter, 1997). 이는 새로운 어머니와 자녀에 대해 다수의 장·단기적 결과를 초래할 수 있는 문제이기도 하다. 품행장애가 있는 아동 또는 청소년의 경우, 충동조절이 필수로 요구되는 적응의 기타 영역에 대한 면밀한 검토가 요구된다.

품행장애의 경우에 있어서 동반이환 평가는 임상적으로 유용하다. 왜냐하면 이

는 성인 결과의 경과 · 예후와 연관된 하나의 변수로 보이기 때문이다. 일반적으로, 2가지 확인 가능한 장애가 있는 아동 · 청소년들은 한 가지만 있는 아동들에 비해 더 어려움을 겪는다. 3가지 장애가 있는 아동들은 2가지가 있는 아동들보다 더 어려움을 겪는다. 리넘(Lynam, 1996)은 자신의 연구를 근거로, 주의력결핍 과잉행동장애나 주의력결핍 과잉행동장애 유사 문제와 품행장애나 품행문제가 동반이환된 아동 또는 청소년들은 이러한 심각한 행동문제들 중 한 가지만 있는 청소년들에 비해 성인기에 들어서면서 만성 범죄행위를 저지를 위험성이 훨씬 더 크고, 결국 정신병자psychopathy로 진단을 받게 된다고 주장하였다. 우리 경험에 의하면, 청소년들에게 있어서 품행장애와 물질사용장애의 결합은 강력한 부정적인 시너지 효과를 나타낸다. 즉, 각 장애는 다른 문제 패턴과 연관된 부적응 상태를 명백하게 악화시킨다. 유사한 파괴적인 상호작용이 품행문제와 특정학습장애가 있는 아동들에게서 관찰될 수 있다. 동반이환된 문제들에 대한 면밀한 평가는 이러한 문제들이 진단기준에 부합되지 않더라도, 아동 또는 청소년의 이 세상에서의 몸부림에 대한 훨씬 더 완전한 그림을 얻을 수 있고, 추후 복잡한 문제에 대해 더 잘 예견할 수 있을 것이다.

적대적 반항장애

DSM-5에서 정의되는 적대적 반항장애Oppositional Defiant Disorder는 정서조절곤란이 진단의 핵심이다. DSM 이전 판으로부터의 변화는 적대적 반항장애와 품행장애 사이에 더 나은 차이점을 도출해내고 있고, 정서조절과 공격적 행동에 있어서의 심각한 붕괴를 분명히 밝히는 경우에는 이중진단이 허용되고 있다는 점이다. 그러나 이 기준의 엄격성으로 인해 학교, 지역사회, 및/또는 가정의 적응에 악영향을 미치는 문제행동이 있는 많은 아동들이 여전히 계속해서 진단에서 배제되고 있다. 이러한 많은 아동들은 증상이 전반적으로 발현되어야 한다는 필수요건 때문에 배제되고 있는 유사한 상황의 주의력결핍 과잉행동장애 경도의 경우와 마찬가지로, 결국 달리 명시된 파괴적, 충동조절 및 품행 장애 또는 명시되지 않는 파괴적, 충동조절 및 품행 장애로 진단될 것이다.

　이 시점에서의 증거에 의하면, 적대적 반항장애가 있는 모든 아동들이 심각한 품행장애를 발달시키는 것은 아니다. 실제로, 적대적 반항장애가 있는 아동들 중 연관된 기분 또는 불안 장애를 발달시키는 아동들이 있는 반면, 계속해서 적대적 반항장애를 나타내고, 또 일부는 더 이상 임상 진단이 필요하지 않은 상태까지 행동이 개선되는 아동들도 있다. 그럼에도 불구하고, 적대적 반항장애의 과거력이 있는 아동들은, 특히 치료 효과가 제한적인 경우, 이들의 행동화의 강도와 질의 악화 가능성이 재고되어야 하는 경우도 있다. 적대적 반항장애가 있는 것으로 적절히 분류된 하위세트의 아동들은 결국 품행장애를 발달시키고, 새로운 진단범주로 인해 졸지에 2가지 장애가 있는 것으로 분류되는 아동들도 있을 것이다. 지금까지의 경험적 연구들을 검토한 결과에 의하면, 적대적 반항장애와 품행장애는 뚜렷이 구분되지만, 서로 관련된 패턴들이 있다. 즉, 적대적 반항장애는 품행장애에 비해 조기 발병되는 경향이 있고, 적대적 반항장애의 과거력은 품행장애로 진단되는 아동들에게 있어서 거의 보편적이며(그러나 다시 말하면, 적대적 반항장애가 있는 모든 아동들이 품행장애로 이어지는 것은 아님), 적대적 반항장애 · 품행장애와 가족의 상관성이 품행장애와 유사하다고 보고되고 있다. 품행장애는 이러한 변수들 사이의 밀도가 더 높다는 특징이 있다(Lahey, Loeber, Quay, Frick, & Grimm, 1992; Loeber, Lahey, & Thomas, 1991). 적대적 반항장애와 품행장애로 확진하는 동시에 차별화하기 위한 가장 최적의 증상 세트를 확인하는 것은 여전히 도전 거리로 남아 있다. 예를 들면, 다른 사람들에 대한 빈번한 괴롭힘, 위협, 또는 협박과 관련된 품행장애 증상들은 실제로는 품행장애보다는 적대적 반항장애와 더 밀접하게 연관성이 있을 수 있다(Burns, Walsh, Owen, & Snell, 1997). 이것이 결정을 내리는 증상들 중 하나인 '경계성'의 경우, 전체 임상상 검토에 있어서 특별한 주의가 요망된다. 일부 증거에 의하면, 대체로 공격성 증상 발현을 근거로 적대적 반항장애와 아동기 발병 품행장애로 진단되는 아동들은 결국 반사회성 성격 장애로 진단될 위험성이 가장 높은 반면, 대체로 과민성 및/또는 기분과 관련된 기준을 근거로 적대적 반항장애로 진단되는 아동들은 삶에 있어서 향후 불안 또는 기분 장애로 진단될 가능성이 더 높다.

간헐적 폭발장애

'파괴적, 충동조절 및 품행 장애' 장에는 보통 개인의 적응에 전형적이지 않은 공격성에 대한 통제력 상실의 별개 삽화를 확인하기 위한 간헐적 폭발장애Intermittent

Explosive Disorder 분류가 포함되어 있다. 문제가 되고 있는 행동은 일반적으로 아주 강렬하고, 신체적 공격 또는 재산 파괴로 이어지며, 발생의 원인이 되는 촉발요인에 비해 너무 심한 정도로 판단된다. 여기서 중요한 점은 행동이 내담자의 정상적인 적응 또는 부적응 패턴과는 대조적인 수준이라는 것이다. 즉, 공격성이 이 아동에게는 전형적인 수준이 아니라는 점이다. 이 행동은 사전에 계획되거나 특정 용도에 의한 것이 아니어야 한다. 즉, 간헐적 폭발장애 진단은 실재하는 대상을 획득하기 위해 분노발작을 나타내거나 순향적 또는 약탈적인(품행장애의 경우에서처럼) 개인에게는 적절하지 않을 것이다. 극도의 공격성을 설명할 수 있는 다른 정신장애들(조증 삽화, 정신병적 장애, 경계성 또는 반사회성 성격장애)은 간헐적 폭발장애보다 우선하고, 이 진단이 적절하다는 판단이 내려지기 전에 배제되어야 할 것이다. 이와 유사하게, 특이적 공격성을 설명할 수 있는 물질사용 또는 의학적 상태도 배제될 필요가 있을 것이다. 결정적으로, 급성 공격적 삽화와 연결될 수 없는 의구심이 드는 신체적 상태나 사건 — 예컨대, 경도의 두부외상 과거력 — 이 있을 수 있다. 그러나 만일 이러한 신경학적 사건과 질환 사이의 인과관계에 대해 의미 있게 논의될 수 있다면, 간헐적 폭발장애로 진단되지 않을 것이다. 공격적 행동화로 인한 뇌손상의 경우, 진단은 다른 의학적 상태로 인한 성격변화, 공격형이 될 것이다. 이 예에서 입증하고 있는 것처럼, 대안적 설명의 배제는 간헐적 폭발장애의 진단에 중요하다. DSM-5 기준에 근거한 이 진단은 이제 행동이 전형적으로 이러한 장애와 함께 나타나고 추가적인 임상적 주의가 요망되는 수준을 넘어서는 주의력결핍 과잉행동장애, 품행장애, 적대적 반항장애, 또는 자폐스펙트럼장애와 동시에 배정될 수 있다(DSM-IV-TR 메모 13 참조). 전반적으로, DSM-5에는 이전 것보다 더 잘 정의된 이 장애의 기준이 제공되어 있고, 다른 가능한 진단들과 관련된 구체적인 필수요건에 대한 검토가 반드시 요구된다.

우리는 검사자들이 이 분류를 아동 또는 청소년들에게 적용함에 있어서 적절한 주의를 기울여줄 것을 권장한다. 이것이 즉각적으로 이해되지 않는 폭력 사례들에 대한 '잡낭'(온갖 잡동사니를 다 넣어두는 다목적용 자루 – 역자주)으로 사용되어서는 안 된다. 우리는 청소년의 실제 물질사용에 대해 보다 면밀한 검토를 함으로써 명백하게 부정적으로 여기던 간헐적 폭발장애의 가능성 문제를 해결한 몇 가지 사례들을 알고 있다. 그럼에도 불구하고, 이 진단이 가장 적합할 것 같은 사례들도

DSM-IV-TR 메모 13. DSM-5에서 간헐적 폭발장애의 변화

DSM-IV-TR에서 간헐적 폭발장애의 진단범주는 피상적이라는 말로 묘사될 수 있다. 왜냐하면 오직 2가지 기술적인 문장과 빈도수, 강도, 또는 기간 등의 필수요건에 대해 명시하지 않은 채, 배제 목록만 제공하고 있었기 때문이다. 이에 비해 DSM-5에서 제공되는 기준은 훨씬 더 상세해서, 검사자들에게 방향을 제공해주고 있다. 이 기준은 또한 간헐적 폭발장애를 공격적 충동에 '저항'하는 데 실패한 것으로 개념화하는 것으로부터 이러한 충동을 '조절'하는 데 실패한 것으로 언어적 표현에 변화를 줌으로써, 이 행동이 정서조절 장애이며, 실제로 개인의 영향 하에 있는 것임을 인정하고 있다. DSM-5에는 더 나아가 간헐적 폭발장애는 3개월 동안 최소한 평균적으로 매주 2회 손상을 초래하지 않는 언어적 공격성 또는 신체적 공격성 또는 12개월 동안 사람이나 물체에 손상을 초래하는 3가지 행동 발작을 통해 입증되어야 한다고 기술되어 있다. 간헐적 폭발장애는 6세 이전(또는 발달적으로 이에 상응하는 수준)에는 진단되지 않는다. 이 장애를 다른 장애들과 구별하는 것은 발작이 사전에 계획되거나 강화물(예, 주의, 갖고 싶은 장난감) 획득을 위해 실행한 것이 아니어야 한다. DSM-5에는 배제에 관해 보다 면밀한 논의가 제공되어 있다. 이전 판에서처럼, 행동이 다른 정신장애에 의해 더 잘 설명되는 경우, DSM-5에서는 간헐적 폭발장애를 배제한다. 그러나 DSM-5는 또한 이중진단이 허용되는 경우에 대해 보다 구체적으로 기술되어 있다. 좀 더 구체적으로 말하면, DSM-5에는 증상이 주의력결핍 과잉행동장애, 품행장애, 적대적 반항장애, 또는 자폐스펙트럼장애의 전형적인 상태보다 더 심각하고 그 자체로 임상적 주의가 요망되는 경우에는 간헐적 폭발장애 진단이 이러한 장애들과 함께 내려질 수 있다고 기록되어 있다. DSM-5에는 또한 간헐적 폭발장애 진단이 적응장애로 진단된 아동·청소년에 의해 나타나는 공격적 행동에 적절하지 않다는 내용이 덧붙여져 있다.

있으므로, '특이한 공격적 발작'이 보고되는 경우에는 이 진단이 고려되어야 한다. 추가로, 폭발적 행동과 많은 신경학적 장애와의 연관성과 이들을 설명으로 배제할 필요가 있는 경우에는 청소년에 대한 면밀한 의학적 평가가 요구될 것이다.

품행 장해 동반 적응장애

품행 장해 동반 적응장애Adjustment Disorder With Disturbance of Conduct 진단에는 2가지 초기 양상이 필수로 요구된다[① 확인된 상황성 스트레스와 행동문제(이 경우는 품행문제) 발달 사이에 명백한 기능적 관계 확인, ② 특정 증후군 또는 장애의 기준에 부합되지 않는 품행문제의 증상상]. 이 2가지 상태 중 어느 한 가지에 부합되지 않는다는 것은 이 진단을 내리면 안 된다는 것을 의미한다. 추가적인 고려사항은 이 진단은 보통 제한된 시간 동안 유지될 뿐이라는 사실이다. DSM-III와

DSM-III-R에 있어서 적응장애의 진단은 아동과 성인들에게 있어서 오직 6개월 동안에 한해서 타당했다. 즉, 이는 임상 경험과 경험적 문헌의 내용과 불일치하는 것이었다(Newcorn & Strain, 1992). DSM-IV의 경우에서처럼, DSM-5는 적응장애 진단들 중 기간 배제에 있어서 이전 판들에 비해 덜 엄격하지만, 개념화는 분명히 일과성 장애 상태를 유지하고 있다. 장기적인 문제에 대해서는 가장 적절한 진단을 재고해봐야 한다. 만일 행동문제가 촉발 스트레스 요인의 종료 이후 6개월 이상 지속된다면, 이 진단은 더 이상 적절하지 않다.

달리 명시된 또는 명시되지 않는 파괴적, 충동조절 및 품행 장애

DSM-5에서는 2가지 유사한 범주(① 달리 명시된 파괴적, 충동조절 및 품행 장애, ② 명시되지 않는 파괴적, 충동조절 및 품행 장애)를 추가함으로써 분류 문제를 다루는 데 있어서 검사자에게 보다 많은 융통성을 부여하고 있다. 이러한 범주의 잠재적 사용에는 아동·청소년들이 행동화 증거를 나타내지만, 활용 가능한 자료들은 오직 2가지 품행장애 증상만을 뒷받침하거나 어려움의 패턴이 필수로 요구되는 12개월 기간(지난 6개월 이내에 적어도 한 가지 증상이 있음) 이상 입증될 수 없는 경우들이 포함된다. 명시되지 않는 범주는 다른 진단에 이용할 수 있는 정보가 불충분한 경우에 유용하다. 시간의 흐름에 따라 지속적이고 점차 악화되는 품행문제의 폐해 경향성을 고려할 때, 검사자들은 초기에 달리 명시된 파괴적, 충동조절 및 품행 장애로 진단되는 많은 경우들이 뒤이어 자료들이 수집되면서 보다 구체적인 진단(품행장애 또는 적대적 반항장애)에 적합할 것으로 기대할 수 있다.

12

충동조절 문제

개관

앞 장에서 논의된 것처럼, 행동문제는 학교에서 가장 흔히 직면하고 있는 쟁점 중하나다. 품행문제 외에, 행동문제의 다른 주요 패턴은 인지적 초점, 충동조절, 그리고 행동에 대한 상황적 제약에 대해 반응하는 것의 어려움이다. 초점 맞추기와주의 전환, 충동조절, 그리고 자기조절의 어려움은 흔히 문헌에서는 실행기능 손상으로 개념화되는데, 이들은 교사, 부모, 그리고 아동 자신들에 대한 흔한 좌절의원천이다(저자 논평 4 참조). 주요한, 잘 알려진 증후군은 부주의성, 충동성·과잉행동 경험, 또는 이 2가지의 결합된 상태다(DuPaul, Stoner, & O'Reilly, 2014). 이러한 증상들은 DSM-5의 주의력결핍 과잉행동장애 진단에 적용된다.

> **저자 논평 4. 목요일 아동에 대한 동정**
>
> 이 책의 독자 대부분은 이 장에서 기술되는 '[여기에 자신의 직업을 기입할 것 : 교사, 상담, 학교심리학 등]에 스스로 발을 들여 놓기로 택한 것에 대해 애석하게 될 이유'를 나타내는 아

동들의 이야기를 듣게 될 것이다. 말할 것도 없이 충동조절과 주의력결핍이 있는 아동들을 돕는 일은 이들을 돌보고 교육하려는 성인들에게는 믿을 수 없을 정도로 도전적이면서 흔히 좌절감에 빠지게 할 수 있다. 이런 아동들은 때로 전형적으로 계획적으로 불복종적, 파탄적, 또는 파괴적이지는 않다는 사실을 기억하는 것이 도움이 될 수 있다. 이들은 스위치를 켜기 전에 믹서기 뚜껑 닫는 것을 '깜빡 했다'고 말하거나, 물에 젖은 핸드폰을 마이크로 오븐에 넣어서 말리는 것이 좋다고 말하는 경우에는 보통 아주 솔직하다. 문헌과 우리 자신의 경험에 의하면, 이러한 많은 아동들이 한치 앞을 내다보지 못한 결과에 의한 행위 때문에 또래와 성인들의 거부로 큰 고통을 당한다. 우리의 인상으로는 이러한 많은 아동들이 아침마다 "오늘은 다시 엉망으로 만들지 않게 해주세요."라는 희망으로 눈을 뜬다. 우리의 감각으로는 이러한 많은 희망들이 이루어지지 않는다.

주의력결핍 과잉행동장애(ADHD)

학교심리학자들이 가장 자주 듣는 진단 및 치료관련 질문들 중에는 흔히 주의력결핍 과잉행동장애Attention-Deficit/Hyperactivity Disorder로 진단되는 과활동성overactivity, 충동성impulsivity, 산만성distractibility 문제에 관한 것들이다. 이 주제를 둘러싼 많은 의문과 논란이 있지만, DSM-5의 주의력결핍 과잉행동장애의 개념화는 교육장면과 중요한 관련성이 있어 보인다(McBurnett, Lahey, & Pfiffner, 1993; IDEA 메모 14 참조).

DSM-5에서 주의력결핍 과잉행동장애의 진단은 적어도 2가지 주요 장면에서 아동의 적응에 부정적인 영향을 미치는 한 가지 또는 2가지 문제 증후군, 즉 부주의성inattention 및/또는 과잉행동hyperactivity과 충동성에 대한 임상적 확인에 초점을 맞춘다. DSM-III-R의 단일 장면에서의 증상 출현으로부터 DSM-IV의 2가지 장면('전반적인')에서의 증상 출현으로의 변화는 지각된 '경계성'인 경우들에 대한 과잉진단(과도한 허위양성 진단적 오류)을 언급하기 위해 DSM-5에서도 명확하게 유지되었다. 이는 ICD-9과 ICD-10의 정의와 일치된다. 궁극적인 효과는 주의력결핍 과잉행동장애를 가지고 있는 것으로 공식 확인된 아동의 인구를 줄이고, 주의력결핍 과잉행동장애로 진단되는 아동 인구의 손상에 대한 평균 심각도와 동질성을 늘리는 것이다. DSM 최근 판에서의 이 진단에 대한 수정내용은 DSM-IV-TR 메모 14에 상세히 제시되어 있다.

주의력결핍 과잉행동장애의 진단에는 복합형뿐 아니라 2가지 증상 발현(부주의

IDEA 메모 14. 주의력결핍 과잉행동장애와 IDEA

포함 가능성에 대한 논의에도 불구하고, 주의력결핍 과잉행동장애는 장애인교육법Education of the Handicapped Act(공법 94-142) 파트 B를 IDEA(공법 101-476)로 변형시킨 1990개정에서 '장애가 있는 아동'에 대한 정의에 적격한 상태들이 수록된 목록에 분리된 범주로 제시되지 않았다. 주의력결핍 과잉행동장애는 분리된 장애로 추가될 필요가 없다는 것은 미국교육부의 입장이었다. 왜냐하면 주의력결핍이 아동의 교육적 수행을 저해한다면, 특수 서비스가 필요한 아동은 '다른 건강손상' 범주 하의 서비스 수혜 자격을 얻을 수 있기 때문이었다(Davila, Williams, & MacDonald, 1991, pp. 2~3). 또한 주의력결핍 과잉행동장애의 증상들은 다른 법에 규정된 범주('특정학습장애' 또는 '심각한 정서 장해')에 대한 적격성 기준에 부합될 수 있다(Davila et al., 1991, p. 3). 따라서 주의력결핍 과잉행동장애의 증상이 아동의 학습을 손상시킨다면, 아동은 몇 가지 기존의 범주 하에 특수교육 및/또는 다른 서비스에 대해 자격을 얻을 수 있다. 그러나 주의력결핍 과잉행동장애 진단 자체만으로는 IDEA의 규정 하에서 아동이 서비스 수혜자격을 얻지 못하게 된다(Davila et al., 1991, p. 4). 즉, 아동이 '장애인handicapped person'의 정의에 부합되기에 충분할 정도로 증상이 심각한 경우에 한해서 서비스에 적격한 것으로 인정받게 될 것이다(Davila et al., 1991, p. 5). 동일한 논쟁이 '자폐증' 또는 '외상성 뇌손상'에 관해 벌어졌을 수 있다는 점을 고려하는 것은 흥미로운 일이다. 그러나 이러한 상태들은 IDEA의 자격 있는 상태들에 관한 목록에 분리된 범주로 명시되었다. IDEA의 특수교육 서비스 수혜자격이 없는 주의력결핍 과잉행동장애가 있는 학생들은 미국장애인법Americans with Disabilities Act, 504절에 따라 일반교육 프로그램 내의 수용시설에 대한 자격을 얻을 수 있다.

DSM-IV-TR 메모 14. DSM-5에서 주의력결핍 과잉행동장애의 변화

주의력결핍 과잉행동장애의 진단범주 내의 구체적인 증상 목록은 바뀌지 않았다. 그러나 결정에 대해서는 몇 가지 다른 변화가 있었다. 예를 들면, 이 책에서 이 장애의 위치가 변경되었다. 즉, DSM-5에서의 주의력결핍 과잉행동장애는 DSM-IV-TR에서처럼 유아기, 아동기, 또는 청소년기에 보통 처음 진단되는 장애가 아니라 신경발달장애에서 찾을 수 있다. 몇 가지 중요한 변화는 발달에 대해서도 이루어졌다. 첫째, 발병 연령이 7세에서 12세로 상향조정되었다. 추가로, 발달상의 조정이 이 기준에 대해 이루어졌다. 즉, 청소년 또는 성인들에 대한 진단에는 5가지 증상(6가지가 아니라)만이 필수로 요구된다. 끝으로, 명시자가 업데이트되었다. 아형에 대한 명시자가 증상발현 유형(즉, ① 복합형, ② 부주의 우세형, ③ 과잉행동/충동 우세형)으로 바뀌었다. '부분관해 상태' 명시자는 그대로 남아 있고, 심각도 명시자(즉, ① 경도, ② 중등도, ③ 고도)가 추가되었다. 최소한의 안내가 심각도 결정에 있어서 제공된다.

우세형과 과잉행동/충동 우세형)이 있다. 이 2가지 주요 증상 발현 간의 차이에 대한 타당성은 특히 학령기 아동들에 대해 임상적·경험적으로 잘 뒷받침되는 것 같다(Bauermeister, Canino, Polanczyk, & Rohde, 2010; Lahey, Schaughency, Hynd, Carlson, & Nieves, 1987). 만일 아동이 부주의 우세형과 과잉행동/충동 우세형 기준에 부합된다면, 복합형 진단이 내려진다. 과잉행동이 없는 주의력결핍(주의력결핍 과잉행동장애, 부주의 우세형)의 가능성 평가에 있어서, DSM-5의 진단기준 목록에는 포함되지 않는 2가지 증상('잦은 졸림과 처짐'과 '잦은 백일몽')을 고려해볼 가치가 있다. 둘 다는 높은 긍정적인 예측력(진단기준 목록상의 여러 증상들보다 실제로 더 좋음)이 있지만, 부정적인 예측력(달리 말하면, 이것의 결여는 정보를 제공하는 가치가 거의 없음을 의미함)이 낮다(Frick et al., 1994; Skirbekk, Hansen, Oerbeck, & Kristensen, 2011). 과잉행동/충동 우세형에 있어서 과도하게 이리저리 뛰어다니고 기어오르는 증상과 마치 모터에 의해 움직이는 것처럼 행동하는 증상은 지속적으로 높은 예측치를 보여 왔다. 이러한 특성의 증거는 과잉행동/충동 우세형 과잉행동장애를 강하게 암시하지만, 이러한 특성의 결여는 주의력결핍 과잉행동장애가 없음을 내포하지는 않는다(Frick et al., 1994). 이에 비해, 부주의성 증상은 아동 행동장애의 비교적 비특이성 증상일 수 있고(Halperin, Matier, Bedi, Sharma, & Newcorn, 1992), 주의력결핍 과잉행동장애, 파괴적 행동장애, 기분장애, 불안장애, 그리고 정신병적 장애들 사이의 감별에는 거의 도움이 되지 않는다. 부주의형 아동들은 사회적으로 고립될 수 있다. 이는 사회적 단서에 주의를 기울이기 어렵기 때문일 것이다(King et al., 2009).

DSM-IV에서 주의력결핍 과잉행동장애의 공식화에 있어서의 변화는 경험적 연구에 의해 뒷받침되는 부주의 우세형에 대한 구체적인 기준을 제공하고, 보다 더 손상된 여아들과 유치원 아동들을 확인해내는 등, 이 장애가 있는 인구의 이질성 감소라는 목적에 부합되는 것 같다(Lahey et al., 1994). 산만성-부주성과 과잉행동-충동성 증후군 사이의 감별로의 복귀는 잘 지지되고 있고(Bauermeister et al., 2010; Sabatino & Vance, 1994), 학교시스템 내에서 잘 받아들여지고 있는 것 같다(Erk, 1995; Gaub & Carlson, 1997). 그러나 주의력결핍 과잉행동장애의 증상 발현과 연관된 위험과 관계에 관한 의문점은 남아 있다. 파워와 두폴(Power & DuPaul, 1996a)은 과잉행동/충동 우세형이 결국 '복합형의 완전한 증상상을 나타낼' 위험에 처해 있는 어린 아동들을 확인해내기 위한 작동이 기능적으로 이루어지는지의 여부에 대해 의문을 제기하였다(p. 291).

DSM-IV-TR로부터 DSM-5로의 주의력결핍 과잉행동장애의 공식화에 있어서의 변화는 최소로 이루어졌다. 실제로, 주의력결핍 과잉행동장애의 증상 목록은 DSM-IV-TR의 것과 동일하다. 다만, 진단범주에 대해 몇 가지 다른 중요한 변경사항이 있다(DSM-IV-TR 메모 14 참조). 특히 증상 발현의 연령이 7~12세로 늘어난 것이다. 프랜시스(Frances, 2010)에 의하면, 이러한 변화는 주의력결핍 과잉행동장애로 진단되는 청소년의 수를 증가시킬 가능성이 있다.

노력은 확실히 주의력결핍 과잉행동장애의 범주를 학교 장면 내에서 유용하고 수용 가능하게 만드는 방향으로 전개되었다(McBurnett et al., 1993). 이러한 성취에도 불구하고, 진단된 인구의 높은 이질성에 관한 우려는 여전히 남아 있다(Baumgaertel, Wolraich, & Dietrich, 1995). 주의력결핍 과잉행동장애의 진단에 있어서 임상적 판단의 역할, 편견 가능성, 그리고 발달적으로 조정된 규준의 역할에 관한 의견불일치 역시 지속되고 있다(Power & DuPaul, 1996b). 이전 판과 마찬가지로, DSM-5에는 주의력결핍 과잉행동장애의 진단의 근거가 되는 임상 정보의 수집 방법에 대해 언급되어 있지 않다. 일부 관계자들은 연령 및 성별에 적합한 규준을 갖춘 행동평정척도의 사용을 강력하게 권장하고 있다(예, Barkley, 1990, 1991). 우리는 주의력결핍 과잉행동장애와 관련 장애의 평가에 있어서 이러한 도구들의 유용성을 발견하는 한편, 다층구조의 지원체계 내에서 이 도구들의 사용법과 다른 평가방법에 대한 지침을 제공하였다(Tobin, Schneider, & Landau, 2014). DSM-5에는 증상의 빈도수와 강도가 반드시 "발달수준과 불일치하고, 직접적으로 사회적·학업적/직업적 활동에 대해 부정적으로 영향을 미치는 수준까지"(p. 60/62, 추가된 강조점) 제시되어야 한다고 명시되어 있다. 본문에는 활동적인 아동에게 있어서 연령에 적절한 행동뿐 아니라 지적장애가 있는 아동에게 있어서는 아동의 정신연령에 대한 참조인의 관점으로부터의 행동을 고려할 필요성과 연관된 진단적 어려움에 대해 지적하고 있다. 검사자는 어떤 방식이든지 적절해 보이는 방식으로 자유롭게 이러한 비교를 해야 하지만, 연령별로 등급을 나눈 규준의 사용은 확실히 의사결정을 촉진한다. 그러나 행동평정척도들과 결정 규칙들은 검사자에게 정보를 제공하지만, 검사자의 궁극적인 책임은 줄여주지 않는다는 사

실을 기억할 필요가 있다. 행동평정척도들은 특히 청소년 인구들 사이의 하위문화
적 차이의 가능성을 고려할 때 자체적인 문제가 없는 것은 아니다(Reid, 1995).
DSM-5의 입장은 일부 사람들에게는 실망의 원천이지만, 이 점에 대해서는 분명하
다. 즉, 주의력결핍 과잉행동장애(또는 실제로, 특정 정신장애나 다른 상태의 진단
에서도)의 진단을 뒷받침하는 증상 발현의 확정은 전문적인 검사자의 임상적 판단
에 달려있다는 것이다.

　앞서 살펴본 바와 같이, 주의력결핍 과잉행동장애의 진단에 대한 논쟁의 또 다
른 지속적인 쟁점은 발병연령 기준에 관한 우려다. DSM-5에서는 적어도 '몇 가지'
주의력결핍 과잉행동장애 증상들이 발현되어야 하고, 아동이 12세에 도달하기 전
에 손상을 초래해야 한다는 필수요건이 있다. 이 진단기준은 DSM의 이전 판과는
달라진 내용이다. 이전 판들에서는 주의력결핍장애Attention-Deficit Disorder(DSM-III)
와 주의력결핍 과잉행동장애(DSM-III-R, DSM-IV, DSM-IV-TR)는 7세 이전에 발
병되어야 한다는 필수요건이 포함되어 있다. DSM-II의 아동기(또는 청소년기)의
과운동성hyperkinetic 반응에 대해서는 명시된 발병 기대 연령은 없었다. 이러한 필
수요건은 아동이 12세 이전에 주의력결핍 과잉행동장애의 진단기준에 완전히 부
합되어야 함(몇 가지 특성이 분명하고 이 연령이 되기 전에 아동의 삶에서 뚜렷한
부정적인 영향이 있어야 함)을 의미하는 것이 아니라는 점에 주목하라. 대부분 아
동의 주의력결핍 과잉행동장애의 임상 증상 발현에 대해 이 진단기준의 중요성은
미미하다. 대부분의 경우, 주의력결핍 과잉행동장애는 아동의 발달 초기에 나타나
고 다양한 보호자들에 의해 쉽게 언급된다.

　발병연령 기준에 있어서의 변화는 청소년과 성인들에게 있어서의 증상, 특히 주
의력 문제가 있는 사람들(이들 중 일부는 아동기 동안 이전에 진단되지 않았던 사
람들)을 검사하는 사람들의 문제를 개선할 수 있을 것이다. 이러한 변화는 특히 주
의력결핍 과잉행동장애, 부주의 우세형이 있는 아동·청소년들에게 도움이 될 것
이다(Applegate et al., 1997). 연령 필수요건을 이렇게 높인 것은 바클리와 비더
만(Barkley & Biederman, 1997)이 제기한 쟁점들을 축소시킬 수 있으나 제거하지
는 못할 것이다. 이들은 발병연령 기준 세트가 과학적 데이터에 의해 잘 뒷받침되
지 못하는 한편, 주의력결핍 과잉행동장애에 대한 평가를 받는 청소년과 성인들의
평가에 있어서 실행적 문제를 야기한다고 주장하였다. 특히 보호자들에 의한 후향

적 설명(설명의 일부는 관심 있는 시간으로부터 수년이 됨)의 정확성은 이들이 다소 극적인 행동에 포함되어 있는 경우에도 미심쩍을 수 있다. 바클리와 비더만 (Barkley & Biederman, 1997)이 제안한 것처럼, 발병연령 기준은 상당히 확대되었지만 삭제되지는 않았다. 그러나 현재로서는 이 진단기준은 자리를 지키고 있으므로, 분류에 필요한 요소로 고려되어야 한다. 달리 명시되지 않는 주의력결핍 과잉행동장애의 분류는 현재 주의력결핍 과잉행동장애의 증상 기준에 부합되는 아동 또는 청소년의 특이한 경우에 적절한 것이지만, 12세 이전에 손상을 초래하는 최소한 몇 가지 증상의 발병으로는 확진될 수 없다.

주의력결핍 과잉행동장애와 빈번히 동반이환되는 문제로는 학습장애, 파괴적 행동장애(품행장애, 적대적 반항장애, 간헐적 폭발장애, 그리고 달리 명시된 또는 명시되지 않는 파괴적, 충동조절 및 품행 장애), 기분장애, 그리고 (청소년들의 경우) 물질사용장애가 포함된다(Pliszka, 2015). 주의력결핍 과잉행동장애와 물질사용장애 및 물질사용 사이의 다양한 연결은 계속적인 연구와 관심의 주제가 되고 있다. 대규모의 뉴질랜드 아동 집단에 대한 린스키와 페르구손(Lynskey & Fergusson, 1995)의 분석에 의하면, 주의력결핍과 추후의 물질사용 사이의 연관성은 거의 전적으로 주의력 문제와 품행문제 사이의 연관성에 의해 매개되었다. 비록 이러한 결론은 후속 연구에 의해 지지되었지만, 주의력결핍 과잉행동장애와 품행문제 사이의 연관성은 주의력결핍 과잉행동장애가 있는 것으로 확인된 청소년들에게 있어서의 물질사용에 대해 면밀한 모니터링이 요구되기에 충분할 정도로 강하다.

주의력결핍 과잉행동장애와 양극성장애 사이의 관계에 대한 최적의 이해는 계속해서 개업 임상가와 연구자들의 도전거리다. 일부의 경우, 주의력결핍 과잉행동장애는 조증 증상이 발달하기 수년 전에 나타나고 제I형 양극성장애의 조기 발달의 증상 발현이 될 수 있다. 다른 경우에는 주의력결핍 과잉행동장애와 제I형 양극성장애가 뚜렷이 구분되는 것처럼 보이지만 동반이환된 상태다. 대규모 임상표본을 연구한 패라원 외(Faraone, Biederman, Mennin, Wozniak, & Spencer, 1997)는 아동들에게 있어서 동반이환된 DSM-III-R의 주의력결핍 과잉행동장애와 양극성장애는 가족의 차원에서 주의력결핍 과잉행동장애의 다른 패턴과는 뚜렷이 구분되었고, 이전의 문헌에서 '아동기 발병 양극성장애'로 불렸던 것을 반영하는 것일 수 있다. 이 시점에서 학교심리학자들을 위한 합리적인 권장사항은 아동이 주의력결핍 과잉행동장애 평가를 받고 있는 아동에게 있어서 조증 징후의 가능성에 대해 민감성을 유지하는 것이다.

주의력결핍 과잉행동장애의 임상상은 바뀔 수 있지만, 높은 비율의 경우들이 성인기에 진입하면서 학업 성취, 사회적 적응, 직업적 성공, 그리고 개인적 성취에 대한 높은 개인적 이환morbidity과 함께, 계속해서 임상적으로 의미 있는 증상들을 발현한다. 주의력결핍 과잉행동장애의 현재의 증상 패턴, 동반이환 가능성 문제, 그리고 아동 또는 청소년의 발달과 적응에 대한 기능적 영향에 대한 주기적인 재평가가 요구될 것 같다.

앞서 언급된 바와 같이, 청소년과 성인들에게 있어서 이 진단의 현재 인기 및/또는 우려를 고려할 때, 주의력결핍 과잉행동장애 진단의 필수요건인 발병연령은 주요 고려사항이다. 청소년기 초기까지 거슬러 올라갈 때, 유사한 문제의 과거력이 없는 상태에서 성인 또는 청소년 후기에 속하는 청소년에게 주의력결핍 과잉행동장애 유사 증상의 출현은 다른 DSM-5 진단들(예, 주요우울장애, 제I형 양극성장애, 적응장애, 불안장애, 그리고 명시되지 않는 신경인지장애) 또는 몇몇 일반적인 의학적 상태들(신경학적 및 전신 질환systemic diseases)과 더욱 일치될 것이다. 만일 대안적 설명이 배제된다면, 달리 명시된 또는 명시되지 않는 주의력결핍 과잉행동장애의 잔류 진단이 고려될 수 있다.

주의력결핍 과잉행동장애의 기준에 부합되는 아동들, 특히 과잉행동/충동 우세형과 복합형 아동들은 적대적 반항장애의 가능성도 함께 고려되어야 한다. 우리는 이 2가지 문제들 사이의 높은 일치율을 관찰했는데, 이는 문헌에서 흔히 보고되는 비율과 일치하는 것이다(Atkins, McKay, Talbott, & Arvanitis, 1996; Barkley, 2015). 품행장애는 주의력결핍 과잉행동장애와 높은 동반이환율을 보이는데(Abikoff & Klein, 1992), 이는 아동이 청소년기로 성장함에 따라 물질사용장애를 보이는 것과 같다(Barkley, 2015). 비더만(Biederman, 1991)은 주의력결핍 과잉행동장애의 이질성이 공격성의 발현 또는 결여가 중요한 아형 요인으로 고려됨으로써 의미 있게 감소될 수 있다고 주장하였다. 적어도 주의력결핍 과잉행동장애에 대해 보고된 부정적인 예후 연관성의 일부는 주의력결핍 과잉행동장애 증상에 의해서보다는 공격성에 의해 조정될 것이다(Hinshaw, 1992). 또한 공격성은 주의력결핍 과잉행동장애가 있는 아동들을 구분하기 위한 중요한 근거로 사용될 수 있다

(Roberts, 1990).

학습장애 역시 주의력결핍 과잉행동장애와 높은 연관성을 보이는데(Hinshaw, 1992), 특히 부주의 우세형과의 연관성이 높을 것이다(August & Garfinkel, 1989). 핼퍼린 외(Halperin et al., 1990)는 주의력결핍 과잉행동장애의 인지 대 행동에 의해 구분될 수 있는 아형을 제안하였다. 학습문제에 대한 면밀한 선별 작업은 항상 주의력결핍 과잉행동장애로 진단된 아동·청소년들에게 있어서 현명한 선택이다. 검사에 의한 지능은 주의력결핍 과잉행동장애가 있는 아동에게 있어서는 중요한 예후 요인일 수 있다(Aman, Pejeau, Osborne, Rojahn, & Handen, 1996). 아동의 정신능력에 관한 자료는 부호화할 수 있는 상태의 존재 여부와 상관없이 임상기록에 기입될 수 있다.

주의력결핍 과잉행동장애가 있는 아동들에게서 흔히 보이는 추가적인 동반이환된 상태는 기분장애와 불안장애다. DSM-III-R의 불안장애는 주의력결핍 과잉행동장애로 진단되는 아동의 30%까지 발생하는 것으로 보고되었다. 또한 DSM-III-R의 주요우울증은 동일한 비율로 주의력결핍 과잉행동장애와 동반 발생하는 것으로 나타났다(Barkley, 1991). 비더만(Biederman, 1991)은 주의력결핍 과잉행동장애를 정서문제의 추가 진단을 기반으로 아형화할 것을 제안하였다. 일반적으로, 앞서 언급된 바와 같이, 2가지 확인된 문제에 대한 예후는 한 가지에 대한 예후에 비해 더 좋지 않다. 또한 3가지 문제에 대한 예후는 마찬가지로 2가지에 대한 성과에 비해 더 좋지 않다.

주의력결핍 과잉행동장애 진단범주에 대한 검토 연구에서, 파워와 두폴(Power & DuPaul, 1996b)이 표명한 한 가지 우려는 의학적 모델이 문제 행동을 아동 내에서 장애의 증상 발현으로 개념화한다는 점에서, 이로 인해 아동과 아동의 돌봄 형태/상황 사이의 갈등에 영향을 미치는 환경적 요인에 대한 검사자의 민감성이 떨어질 수 있다는 것이다. DSM에서 주의력결핍 과잉행동장애와 모든 다른 정신장애들이 명시적으로 개인의 장애로 개념화되는 것이 바로 이 경우다. 이러한 견해를 받아들인다고 해서 반드시 장면setting 변수의 강력한 역할과 그 결과에 수반되는 것을 무시 또는 축소하는 것으로 이어지지는 않을 수 있지만, 검사자들은 신중하게 반드시 이러한 영향을 고려해야 할 것이다.

달리 명시된 또는 명시되지 않는 주의력결핍 과잉행동장애

달리 명시된 또는 명시되지 않는 주의력결핍 과잉행동장애 진단은 주의력결핍 과잉행동장애("기능 또는 발달을 저해하는 지속적인 부주의성 및/또는 과잉행동-충동성 패턴", p. 59/61)의 핵심 양상을 보이지만, 주의력결핍 과잉행동장애의 기준에 완전히 부합되지 않는 행동장애 진단을 위해 마련된 것이다. 예를 들면, 부주의 우세형 진단기준 목록으로부터 5가지 증상을, 과잉행동/충동 우세형 증상 목록으로 5가지 증상을 나타내는 아동을 고려해보라. 비록 이 아동이 10가지 주의력결핍 과잉행동장애 증상을 가지고 있지만, 아동은 한 집단 또는 다른 집단으로부터 6가지 필수요건을 보이지 않는다. 이 경우, 적절한 진단은 달리 명시된 주의력결핍 과잉행동장애(검사자가 제시된 기준을 명시하기로 선택하는 경우) 또는 명시되지 않는 주의력결핍 과잉행동장애(검사자가 아동에게서 관찰된 구체적인 기준을 밝히지 않기로 선택하는 경우)다. 십중팔구 이 아동의 후속 평가에서는 한 가지 또는 다른 목록으로부터의 또 다른 증상이 나타나서, 그 시점에서의 진단은 보다 구체적인 증상 발현에 따른 주의력결핍 과잉행동장애로 변경될 수 있다. 검사자는 이러한 경우가 한때는 주의력결핍 과잉행동장애의 3가지 구체적인 패턴(복합형, 부주의 우세형, 또는 과잉행동/충동 우세형) 중 한 가지에 대한 기준에 완전히 부합되었고, 시간의 흐름에 따라 증상의 일부(전부는 아님)가 관해를 보였으며, 계속해서 주의력결핍 과잉행동장애의 나머지 증상들에 대해 이차적인 임상적 손상 및/또는 고통을 보이는 아동의 것과 다르다는 사실에 주목해야 한다.

  12세 이후에 증상이 발병된 사람들에 대해 달리 명시된 또는 명시되지 않는 주의력결핍 과잉행동장애 범주의 사용도 가능하다. 그러나 우리의 경험에 의하면, 이러한 적용은 매우 특이한 경우다. 그러므로 우리는 이러한 적용에 있어서 주의할 것을 권장한다. 주의력결핍 과잉행동장애가 일반 출판물에서 인기를 얻고 익숙해지면서, 일부 사람들은 이 장애를 자신의 문제에 대한 설명으로 활용하기도 한다. 주의력 문제는 주의력결핍 과잉행동장애에만 독특한 증상은 아니고, 실제로 많은 정신장애 — 생산성 문제, 대인관계 문제, 그리고 충동성과 마찬가지로 — 에서도 흔하다. 이러한 문제들이 구체적인 행동 증후군의 맥락에서 발생하고, 적어도 2가지 장면에 걸쳐 손상을 초래하며, 삶의 초기에 발생하는 경우에 한해서, 보통 주의력결핍 과잉행동장애 진단을 적용한다.

기타 충동조절장애

DSM-5의 파괴적, 충동조절 및 품행 장애에 관한 장에 포함되는 것으로는 반사회성 성격장애, 방화광, 병적 도벽, 그리고 잔류 사례들(달리 명시된 및 명시되지 않는 파괴적, 충동조절 및 품행 장애)도 있다. 반사회성 성격장애Antisocial Personality Disorder는 18세 미만의 개인에게는 주어질 수 없는 유일한 DSM-5 진단이므로, 나이 든 청소년들에게는 예외적으로 사용되지 않는다. 반사회성 성격장애 진단 역시 DSM-5의 '성격장애' 장에 포함되어 있는데, 이 책의 제15장에서 청소년들에게 있어서의 성격 쟁점에 대해 보다 심층적으로 논의된다.

DSM-IV-TR에서 방화광Pyromania과 병적 도벽Kleptomania은 달리 분류되지 않는 충동조절장애 군에 포함되어 있었다. 이 2가지 진단들은 계속해서 ① 행위 전의 긴장감 상승과 ② 행위 후의 해방감, 즐거움, 또는 안도감 측면에서 논의되고 있다. 우리의 경험에 의하면, 이러한 기준들을 공동으로 충족시키는 행위들은 청소년들에게 있어서 특이한 반면, 도벽과 (간헐적) 방화는 흔히 품행장애 및/또는 비행의 맥락 안에서뿐만 아니라 일부 완벽하게 전형적인 아동들에게 있어서도 발생한다. 만일 이 행동이 품행장애나 조증 삽화에 의해 더 잘 설명되지 않는다면, 이러한 진단들 중 어떤 것도 사용되어서는 안 된다. 우리는 이러한 진단들이 고려되고 있는 경우에 대해 면밀한 검토를 권장한다.

우리는 청소년들에게 있어서 개인적으로나 전문적 장면에서 병적 도벽의 사례를 본 적은 없다. 이러한 현상의 실재에 대한 의심 없이, 우리는 이 장애가 드물고, 품행장애처럼 기능적인 이유에서 단순 도벽에 대한 보다 흔한 설명들은 단호히 배제될 필요가 있음을 제안한다. 우리는 많은 아동·청소년들에게 있어서 문제상problem picture의 일부로서 이러한 행동을 목격해왔다. 도벽은 품행장애가 있는 청소년들에게 있어서 빈번한 문제이며, 다음과 같은 이유로 특히 다루기 힘든 문제다. 즉, ① 도벽은 많은 다른 행동화 행동들보다 발생 빈도수가 낮은 경향이 있고, ② 보호자의 감독 범위 밖에서 발생하는 경향이 있다. 흔히 탐지와 감시가 미치지 못하는 공동체 내에서 발생하는 이러한 낮은 빈도수와 높은 진폭의 문제 행동들은 일관성 있게 만일의 사태에 대처하기 어려운 문제다.

　　DSM-5의 의미로 방화광 역시 청소년들에게 있어서 특이하다. 보다 일반적으로 방화 역시 품행장애 패턴의 일부, 즉 일탈행동(DSM-5의 '임상적 주의의 초점이 되는 기타 상태' 장에 수록된 아동 또는 청소년 반사회적 행동 진단으로 부호화 됨), 또는 평범한 아동에 의한 실험적 및 때로 비극적인 행위로 발생할 수 있는 낮은 빈도수와 높은 진폭의 행동이다. 방화의 빈도수, 기간, 상황, 보고된 동기, 그리고 경험에 대한 면밀한 평가가 이러한 행동의 임상 사례에 있어서 요구된다. 일반적으로 재발성 방화와 특별히 방화광 진단은 아동을 보호소 또는 대안적 생활시설에 수용시키려는 노력에 대해 극단적인 영향을 미칠 것이다. 많은, 대부분의 아동보호시설에서는 이러한 문제를 대처할 준비가 되어 있지 않고, 즉석에서 입소를 거부할 안전상의 쟁점으로 여긴다. 더 나아가, 이 장애명은 방화가 더 이상 쟁점이 되지 않게 된 이후조차 평생에 걸쳐 아동을 따라다니는 꼬리표가 되는 경향이 있다. 허위양성과 허위음성 진단의 잠재적으로 심각한 결과로 인해, 이 장애는 평가에 있어서 모든 검사자들이 극도로 경계를 게을리 하지 않아야 하고 면밀해야 할 필요가 있다. 방화는 심각하지만 정서·행동 문제가 있는 청소년들에게 있어서 빈도수가 낮은 문제로, 후속적인 경험적 연구가 도움이 될 것이다. 이 주제에 대한 보다 상세한 고려사항은 퍼트넘과 커크패트릭(Putnam & Kirkpatrick, 2005), 그리고 셀릭 외(Çelik, Aktepe, & Kocaman, 2014)의 논문에서 찾을 수 있다.

달리 명시된 또는 명시되지 않는 파괴적, 충동조절 및 품행 장애

DSM-5에서 다른 대부분의 진단의 경우처럼, 규정은 인식된 구체적인 범주에 대한 기준에 부합되지 않는 외재화 행동문제에 대해 제정되어 있고, 다른 문제 영역들과 마찬가지로 패턴에 대해서는 2가지 진단이 마련되어 있다. 이 2가지 중 하나인 '달리 명시된'은 입증된 패턴이 진단군에 속해 있는 특정 진단의 기준에 부합되지 않는 이유를 명시한다. 다른 진단인 '명시되지 않는'은 특정 사례가 확인된 패턴들 중 한 가지 내에 부합되지 않는 이유를 제시하지 않는다. 다른 영역에 대해서는 이러한 진단 둘 다는 DSM-5과 ICD-9-CM 및 ICD-10에 포함되어 있고, 둘 다 특유의 식별자identifiers를 가지고 있다. 이 2가지에서는 행동이 기능적 적응에 있어서 심각한 개인적 고통 또는 심각한 손상을 초래하는 행동을 필수로 요구하고 있다. 즉, 둘 다에서는 정신장애의 일반적인 필수요건에 부합되어야 한다는 것을 필수로 요구하고 있다. 이 2가지에는 기본적인 문제가 파괴적, 충동조절, 또는 품행 장애의 특성이어야 한다는 필수요건이 제시되어 있다(즉, 둘 다에서 장애가 근본적으로 이 진단군에 초점을 맞춘 문제 유형이어야 한다는 필수요건이 있음). '달리 명시된' 범주는 독특한 증상 발현과 기간 또는 기준 수가 부족한 증상 발현을 다루기 위해 사용될 수 있다. 본문에는 '명시되지 않는'에는 활용 가능한 정보가 충분하지 않은 상황들이 포함될 수 있다고 명시되어 있다. 그렇지만 만일 현재 기록의 명백한 결핍에 대해 상세하게 설명되어야 한다면, 이 진단은 '달리 명시된' 범주로 옮겨가야 할 것이다.

13

고도로 초점화된 증상패턴

개관

아동·청소년들에게서 흔히 볼 수 있는 많은 행동문제들은 주로 단일 증상들 또는 국한된 문제 영역 주위의 것들이다. 역사적으로, 섭식문제, 수면, 배설, 운동, 말, 그리고 기타 초점화된 기능 장해들은 '습관 문제'로 논의되었다. DSM-II에서 이러한 문제들은 '특이성 증상'이라는 제목의 한 절에 수록되었다. DSM-III 이후로, 이 이질적인 장애들로 구성된 집단은 몇 개의 범주로 나뉘었다. 장애에 따라서는 '유아기, 아동기, 또는 청소년기에 보통 처음 진단되는 장애' 장에 수록되는가 하면, 구체적인 문제 영역(예, 수면장애, 섭식장애)을 다루는 장에 수록되기도 하였다. 그러던 중, DSM-5로 개정되면서 이 장애들은 영향받은 기능을 반영하는 독립된 장으로 더욱 세분화되었다(① 급식 및 섭식장애, ② 배설장애, ③ 수면-각성장애, ④ 성별 불쾌감, ⑤ 변태성욕장애). 학령기 아동들에게 있어서 보다 자주 나타나는 이러한 증상들 중에는 섭식, 배설, 그리고 수면문제가 있다. 우리는 이 장에서 성적 및 성별 정체성에 관한 쟁점들과 함께 이러한 장애들에 대해 논의한다. 이들은 각 집단별로 DSM-5에 나와 있는 순서에 맞추어 제시되어 있다.

섭식문제

섭식행동 장해, 다이어트, 그리고 체중이 평가되는 경우, DSM-5의 한 가지 영역, 즉 '급식 및 섭식장애' 장(pp. 329~354/353~382)이 고려될 필요가 있다. 이 장에는 ① 이식증, ② 되새김장애, ③ 회피적/제한적 음식섭취장애(DSM-5에서 새로이 추가됨), ④ 신경성 식욕부진증, ⑤ 신경성 폭식증, ⑥ 폭식장애, ⑦ 달리 명시된 급식 또는 섭식장애, ⑧ 명시되지 않는 급식 또는 섭식장애가 포함되어 있다. 이러한 배치는 급식 및 섭식 문제를 3가지로 나누어 수록했다는 점에서 이전 판에 비해 중요한 개선점으로 보인다. 이 장 외에, 과체중과 비만에 관한 짤막한 기술은 '임상적 주의의 초점이 되는 기타 상태' 장(pp. 715~727/787~802)의 '의학적 치료를 멀리함' 절에서 찾을 수 있다. 비만과 과식은 DSM-5에서는 장애로 간주되지 않는다. 그러나 DSM-5의 '신체증상 및 관련 장애' 장에서는 다른 의학적 상태에 영향을 미치는 심리적 요인으로 언급되고 있다.

구체적인 섭식행동(증상들)은 일차적 또는 몇몇 정신장애의 연관된 증상으로 발생할 수 있다. 예를 들면, 뚜렷한 체중 감소나 증가 및/또는 식욕 감소나 증가는 주요우울장애, 기분부전장애, 또는 달리 명시된 우울장애의 증상일 수 있다. 식욕 상실은 범불안장애의 상황에서 발생할 수 있다. 그리고 음식 의례food rituals는 강박장애 또는 조현병의 경과 중에 발달될 수 있다. 그러나 한 가지 일차성 임상적 주의의 초점이 음식 섭취와 다이어트가 포함된 문제의 반복적인 패턴이 되는 경우, 섭식 관련 정신장애가 고려되어야 한다.

이식증과 되새김장애 같은 몇몇 섭식장애는 아동기 초기에 더 자주 발생하지만, 평생에 걸쳐 진단될 수 있다. 아동기 초기가 지나면, 이러한 장애들은 지적장애, 자폐스펙트럼장애, 및/또는 기타 정신장애들과 동반이환의 가능성이 높아진다. 신경성 식욕부진증과 신경성 폭식증을 비롯한 다른 섭식장애들은 청소년기에 더 자주 발생하는 경향이 있지만, 아동기(및 성인의 삶) 동안에는 몇몇 심각한 사건과 함께 발생하는 경향이 있다. 청소년과 성인들에게 있어서, 섭식장애의 가장 유용한 범주화와 이러한 증후군들 사이의 경계는 계속해서 적극적으로 연구되어야 할 영역들이다. 전체 연령층의 내담자들에 대해서는 섭식문제와 생리학적 문제 및 의학적 불안정성과의 연관성을 염두에 두어야 한다(Palla & Litt, 1988). 종단연구들은 계속해서 역기능적 섭식행동 패턴의 복잡성뿐 아니라 다른 패턴의 정서·행동 부적응과의 다양한 연관성을 강조하고 있다(Hall, Slim, Hawker, & Salmond, 1984). IDEA와 관련된 섭식장애에 관한 논의는 193쪽의 IDEA 메모 15를 참조하라.

특이성 급식 및 섭식 장해 패턴

이식증

이식증Pica은 적어도 1개월 동안 비영양성 물질의 지속적인 섭취가 핵심 증상이다. '청소scavenging 행동'은 비음식 물질의 섭식을 묘사하기 위해 때로 문헌에서 사용되는 대안적 문구다. 역사적으로, 질병분류학적 관점에서 이 영역에 대한 분류는 먹는 물질을 확인하기 위함이었다[예, '토식증/흙먹기증'(진흙 또는 기타 흙 같은 물질 섭식), '식분증/똥을 먹는 병'(배설물 섭식), '모식증/털을 먹는 병'(털 섭식)]. 간헐적인 비영양성 물질을 입에 넣기, 씹기, 또는 섭식은 생후 첫 2년 동안에는 특이한 일은 아니다. 따라서 이러한 행동이 문제가 되지 않는다면, 이식증으로 진단되어서는 안 된다. 이식증은 발달적으로 지연된 인구에서 더 자주 발생하는 것처럼 보이고 자극이 제한된 환경에서 더 흔히 발생할 수 있다. 이식증의 경우, 주요 관심사는 중독, 특히 고도로 유독성인 납 성분에의 노출 위험이다. 이식증은 연관된 부적응적(예, 자폐스펙트럼 장애 또는 조현병) 또는 신경학적 장애(예, 클라인-레빈 증후군Kleine-Levin syndrome)의 폭넓은 증상 패턴으로서 발생할 수 있다. 이러한 경우에 있어서 만일 섭식 장해가 공식적인 임상적 주의(예, 치료계획, 행동 수정 프로그램, 또는 유사한 치료 초점)가 필요할 만큼 충분히 심각하다면, 이식증의 분리된 진단이 내려져야 한다.

되새김장애

되새김장애Rumination Disorder에는 전형적으로 유아 또는 아주 어린 아동에게 있어서 음식의 지속성 역류와 되씹기가 포함된다. 이러한 증상들은 정상적인 섭식행동 기간 후에 발생하여 적어도 1개월 동안 지속된다. 흔히 전반적 발달지연과 연관성이 있다. 만일 연관된 자폐스펙트럼장애 또는 지적장애가 있다면, 초점화된 치료가 필요한 경우에 한해서 되새김장애는 독립적으로 진단되어야 한다. 신경성 식욕부진증 또는 신경성 폭식증(후반부 논의 참조 논의) 경과 동안의 되새김은 분리해서 진단되지 않는다.

회피적/제한적 음식섭취장애

회피적/제한적 음식섭취장애Avoidant/Restrictive Food Intake Disorder는 DSM-5에서 새롭게 소개된 장애다. 이 장애는 이전에 DSM-IV-TR 하에서 유아기 또는 아동기 초기 급식장애로 진단되었을 수 있었던 유아와 아동들뿐 아니라 먹지 않거나 경구 음식섭취에 있어서 극도로 제한적인 전체 연령의 사람들에 대해 적용하기 위한 의도로 만들어졌다. 이 장애의 진단범주에 부합되는 사람들은 적어도 다음 중 한 가지의 증거가 있다[① 뚜렷한 체중감소(또는 아동기에 기대되는 체중 증가 실패), ② 영양결핍, ③ 영양보충제에 대한 요구, ④ 사회적 기능의 심각한 저해]. 생물학적 원인을 배제하기 위해서는 면밀한 의학적 평가가 요구된다. 일차성 기질적 원인들이 배제된 경우, 가능한 기여 요인들로는 돌봄을 어렵게 만들 수 있는 개인의 특성뿐 아니라 부적절한 기술과 지식 또는 부적응성에 대한 보호자(들)의 책임이 포함된다. 발현 증상으로는 과민성, 무기력, 위축, 그리고 낮은 이완능력이 포함된다.

　회피적/제한적 음식섭취장애의 진단은 아동 치료에 있어서 특히 도움이 될 수 있다. 브라이언트-워와 라스크(Bryant-Waugh & Lask, 1995)는 섭식장애 클리닉 의뢰 건수의 25%가 DSM-IV에 의해 잘 분류되지 않았다는 사실을 발견하였다. 이들이 발견한 비전형적인 패턴에는 '음식회피 정서장애food avoidance emotional disorder', '선택적 섭식selective eating', 그리고 '광범위한 거부증후군pervasive refusal syndrome'이 포함되었다(Bryant-Waugh & Lask, 1995). 이러한 제시어들은 회피적/제한적 음식섭취장애의 진단기준에 잘 부합된다.

신경성 식욕부진증

신경성 식욕부진증Anorexia Nervosa은 비만에 대한 병적인 공포 또는 체중 증가를 막는 행동과 신체상에 있어서의 지각 장해와 연관된 정상 체중 상실(또는 시간이 흐르면서 체중 증가 실패)로 이어지는 음식 섭취의 제한이 특징이다. 신경성 식욕부진증은 사례의 대부분이 여성일 정도로 남성보다 여성의 유병률이 높은 몇몇 장애들 중 하나다. 임상적 신경성 식욕부진증은 흔히 청소년기에 발병된다. 그러나 신체상과 체중에 대한 염려는 흔히 사춘기 이전에 발달된다(Sands, Tricker, Sherman, Armatas, & Maschette, 1997). DSM의 이전 판에서는 '식욕부진증'(식욕 상실)이라는 용어는 부적절한 명칭이라는 점을 지적하였다. 신경성 식욕부진증이 있는 대부분의 여성들은 식욕 상실을 보고하기보다는 과도한 체중 증가에 대한 훨씬 더 강력한 공포심을 나타냈기 때문이었다. 자기 유도식 구토('두 손가락 화장실 질주 two-finger restroom run')에 의존하는 신경성 식욕부진증이 있는 내담자의 대중적 이미지 역시 완전히 정확한 것이 아니다. 신경성 식욕부진증이 있는 사람들의 일부는 '제거 행동'(자기 유도식 구토 및/또는 구토제, 변비약, 이뇨제, 또는 관장제 남용)을 하지 않는다. 우리의 임상 경험에 있어서 자주 또는 더 자주 과도하게 섭식을 제한하는 보다 단조로운 행동이 고빈도 및 장기간의 운동과 연관되어 나타난다. 신경성 식욕부진증이 있는 아동을 임상적으로 확인할 수 있는 지표는 과체중에 대한 공포와 왜곡된 신체상과 결합된 정상 미만의 체중이다.

신경성 폭식증

신경성 폭식증Bulimia Nervosa은 개인(보통 여성)이 체중과 몸매에 과도하게 집착하면서도 일정 기간 동안 섭식에 대한 통제력 상실을 경험하는 장해 패턴이다. 많은 양의 다양한 음식, 흔히 고칼로리 음식이 섭취된다. 이러한 '폭식binge' 삽화에도 불구하고, 젊은 여성들은 정상 체중을 유지한다. 주기적으로 맹렬한 과식에도 불구하고 안정적인 체중을 유지하려면, 섭취된 과도한 칼로리를 몸으로부터 제거하는 보상 메커니즘이 필수로 요구된다. 이것이 신경성 폭식증의 폭식-제거 사이클의 절반인 '제거purge'다. 폭식 기간 동안 섭취된 과도한 칼로리를 버리기 위해 자기 유도식 구토, 구토제ㆍ이뇨제ㆍ변비약 및/또는 관장제 남용, 과도한 운동, 그리고 전적인 금식이 단독으로 또는 다양한 복합 형태로 사용된다. 신경성 폭식증 행동, 특히 사용되는 보상 메커니즘은 의학적으로 위험하다. 신경성 폭식증의 치사율에 기여하는 한 가지 요인(제거행동이 포함되는 경우의 신경성 식욕부진증 치사율과 마찬가지로)은 제거행동에 의한 전해질 불균형과 연관성이 있는 갑작스런 관상동맥 차단이다. 의학적 병발 중 재발성 구토와 연관된 심각한 치과 문제가 자주 나타난다.

신경성 폭식증과 연관되어 자주 나타나는 행동문제로는 자살 행동뿐 아니라 우울증과 자해다. 신경성 식욕부진증 증상이 있는 청소년들의 경우에는 더 많은 물질사용이 발견되었다. 또한 신경성 폭식증과 물질사용 증가의 결합은 여성 청소년들에게 있어서 충동적 행동화(자살 시도, 도벽, 성적 활동)가 예측된다(Wiederman & Pryor, 1996). 성격장애는 신경성 식욕부진증보다 신경성 폭식증과 더욱 흔히 연관될 수 있다. 또한 경계성 성격장애와의 동반이환 진단은 배제되어야 한다. 신경성 식욕부진증과 마찬가지로 신경성 폭식증은 잠재적으로 생명을 위협하는 장애다. 임상 상황은 아동의 정상적인 외모에 의해 복잡해진다. 이는 이러한 치명적인 부적응 패턴의 발견을 방해한다. 아동기-발병 신경성 폭식증의 경우, 연관된 우울증과 낮은 자기상 문제가 보고된다(Bryant-Waugh & Lask, 1995).

폭식장애

폭식장애Binge-Eating Disorder는 DSM-IV의 부록 B에 있는 추가연구를 위해 제안된 범주에 수록되어 있었지만, DSM-5에서는 섭식장애 장에 포함되어 있다. 폭식장애는 비정상적인 섭취 패턴, 섭식에 대한 평상시의 선택 또는 조절 감각의 상실, 그리고 고통이 수반된 장애다. 이 장애와 신경성 폭식증을 구분하는 것은 제거, 과도한 운동, 그리고 구토제, 이뇨제, 변비약, 및/또는 관장 같은 위험한 보상행동의 결여다.

달리 명시된 또는 명시되지 않는 급식 또는 섭식장애

잔류 범주인 달리 명시된 급식 또는 섭식장애Other Specified Feeding or Eating Disorder는 구체적인 섭식장애의 진단기준에 완전히 부합되지 않거나 기타 비전형적 섭식패턴을 보이는 임상 사례들에 대해 사용된다. 명시되지 않는 급식 또는 섭식장애 Unspecified Feeding or Eating Disorder 범주를 통해 임상가들은 심각한 급식 및/또는 섭식 장해가 발현되지만, 다른 섭식장애 기준에 부합되지 않고 임상가들이 정보가 충분하지 않거나, 특정 증상을 명시화하지 않기로 선택한 사례들을 명시할 수 있다.

다른 의학적 상태에 영향을 미치는 심리적 요인

섭식문제와 관련된 마지막 범주인 다른 의학적 상태에 영향을 미치는 심리적 요인은 정서·행동 문제가 과식에 기여하는 사례를 기술하는 데 사용될 수 있다. 비만은 ICD-9-CM과 ICD-10에 일반적인 의학적 상태로 포함되어 있다. 그러나 단순한 과식은 DSM-5에서는 정신장애로 간주되지 않는다. 만일 심리적 요인이 비만에 중요한 역할을 한다는 명백한 증거가 있다면 이 진단이 적절하다.

섭식장애에 대한 임상적 고려사항

신경성 식욕부진증과 현재 또는 향후의 주요우울 삽화 사이에 강한 연관성이 있음이 보고되고 있다. 또한 우리는 섭식장애가 있는 아동·청소년들에게 있어서 기분장해 또는 기분장애의 가능성에 대해 면밀히 평가할 것을 권장한다. 자살은 신경성 식욕부진증과 연관된 사망률에 기여하는 요인이므로, 자살의 위험성에 대해 면밀히 평가되어야 한다. 기아(만일 발생한다면, 제거행동도 포함)와 연관이 있는 의학적 합병증과 자살 위험성으로 인해, 신경성 식욕부진증은 생명을 위협하는 정신장애라는 점에서 공격적인 치료가 필수로 요구된다. 신경성 식욕부진증은 불안장애와도 동반 발생한다. 또한 신경성 식욕부진증이 있는 나이 든 청소년과 성인들에게 있어서 동반이환된 성격 특성 장해 또는 성격장애가 있을 수 있다. 강박장애와 강박성 성격장애는 신경성 식욕부진증이 있는 환자들, 특히 제한형 환자들에게

IDEA 메모 15. 섭식장애와 IDEA

섭식문제는 우리 사회에서 나이 든 아동·청소년들에게 있어서 흔한 것 같다. 또한 설문조사들은 명시되지 않는 섭식장애로 분류될 수 있는 섭식 장해의 충격적인 발병률을 보고하고 있다 (Steiner & Lock, 1998). 그러나 이러한 유병률에도 불구하고 섭식문제는 직접적으로 학교심리학자들의 주의를 거의 끌지 못하고 있다. 우리는 개별교육프로그램(IEP)에서 언급된 섭식장애에 관한 쟁점을 거의 보지 못하였다. 섭식장애는 IDEA 범주에 속해 있지 않다. 그러나 이 장애의 증상과 연관된 도전거리는 '심각한 정서 장해'에 대한 IDEA 범주 하에 학생에게 서비스 수혜자격 부여에 대한 것이다. 이에 대한 근거와 검증은 기분장애에 대해 사용된 것과 유사할 것이다(97쪽의 IDEA 메모 8 참조).

DSM-IV-TR 메모 15. DSM-5에서 급식 및 섭식장애의 변화

급식 및 섭식장애의 진단범주를 고려할 때, 많은 것들이 동일한 상태로 남아 있지만, 몇 가지 중요한 차이점이 제시되어 있다. 한 가지 주요한 개선점은 모든 급식 및 섭식장애가 이젠 한 장에 수록된 것이다. 한 가지 장애에 대한 DSM-5의 진단범주는 DSM-IV-TR에 제시된 것과 동일한(예, 이식증) 반면, 대부분의 다른 급식 및 섭식장애의 기준은 경미한 정도의 변동이 있었다. 두드러지게 눈에 띄는 것은 유아기 또는 아동기 초기의 급식장애를 삭제하고, 이전 범주의 대체 · 확장을 목적으로 회피적/제한적 음식섭취장애를 새로 추가한 사실이다. 여기에는 이 장애에 있어서 변화된 점들을 정리한 내용의 일부다.

이식증

변경된 내용 없음.

되새김장애

DSM-5의 진단범주에는 DSM-IV-TR에는 없었던 '관해 상태' 명시자가 포함되어 있다.

회피적/제한적 음식섭취장애(DSM-5에 처음 수록됨)

이 범주는 이전에 DSM-IV-TR에서 유아기 또는 아동기 초기의 급식장애로 진단되었을 사람들뿐 아니라 나이가 들고 음식 회피 또는 심각할 정도로 제한된 음식섭취 문제를 겪고 있는 사람들에게 적용하기 위한 목적으로 만들어졌다. 이 범주는 이 장애가 체중, 신체상, 또는 몸매에 대한 지각에 있어서 장해가 없는 상태에서 발생해야 한다는 점에서 신경성 식욕부진증과 신경성 폭식증과는 뚜렷이 구분된다.

신경성 식욕부진증

DSM-IV-TR에서 이 장애에는 연령과 신장 대비 '정상' 체중(기대수준의 85% 미만으로 정의됨) 또는 그 이상의 체중유지 거부 증상이 포함된다. DSM-5에서는 저체중으로 이어지는 신체적 요구와 관련된 섭취 제한에 초점을 맞추고 있다. DSM-5에서는 저체중을 "최소한의 정상 미만, 또는 아동 · 청소년들의 경우, 최소한의 기대수준 미만의 체중"(p. 338/364)으로 정의된다. 이 진단범주에서는 무월경 여성이 적어도 연속적으로 월경주기 3회를 건너뛰는 경험을 더 이상 필수로 요구하지 않는다. DSM-IV-TR과 DSM-5에는 유형의 명시자(제한형과 폭식/제거형)가 포함되어 있다. DSM-5에는 2가지 추가 범주에 대한 명시자[관해(부분관해 상태, 완전관해 상태)와 심각도(경도, 중등도, 고도, 극도)]가 있다. 후자는 계산된 신체질량지수(BMI)$^{Body\ Mass\ Index}$에 기초한다.

신경성 폭식증

이 진단범주는 이 장애와 동일하지만, 명시자는 변동이 있다. 좀 더 구체적으로 말하면, 유형 명시자(제거형$^{purging\ type}$, 비제거형$^{nonpurging\ type}$)는 삭제되었고, 2가지 새로운 명시자[관해(부분관해 상태, 완전관해 상태)와 심각도(경도, 중등도, 고도, 극도)]가 추가되었다. 후자의 명시자는 주당 보상행동의 평균 횟수에 기초한다.

폭식장애

DSM-IV-TR의 '추가연구를 위한 기준 세트와 축' 장으로부터 옮겨진 폭식장애는 DSM-5의 '급식 및 섭식 장애' 장에 새로운 장애로 모습을 드러냈다. 폭식장애의 기준은 빈도수와 기간이 DSM-IV-TR에서 6개월 동안 주당 2회로부터 DSM-5에서는 3개월 동안 주당 1회로 줄어든 것 외에는 대체로 동일하다. 또한 DSM-5에는 폭식장애 명시자[관해(부분관해 상태, 완전관해 상태)와 심각도(경도, 중등도, 고도, 극도)]가 포함되어 있다. 심각도는 주당 폭식 삽화수를 기반으로 정해진다.

달리 명시된 또는 명시되지 않는 급식 또는 섭식장애 범주

DSM-IV-TR의 달리 명시되지 않는 섭식장애 범주와 마찬가지로, 달리 명시된 급식 또는 섭식장애의 범주는 급식 또는 섭식에 있어서 아역치 장해들에 대해 적용된다. DSM-5에는 이 범주에 대한 명시자의 5가지 예((① 비전형적인 신경성 식욕부진증, ② 낮은 빈도수 및/또는 제한된 기간의 신경성 폭식증, ③ 낮은 빈도수 및/또는 제한된 기간의 폭식장애, ④ 제거장애, ⑤ 야식증후군)가 제시되어 있다. 명시되지 않는 급식 또는 섭식장애 범주는 급식 또는 섭식에 있어서 임상적으로 심각한 장해가 발현되지만, 임상가가 충분한 정보가 없거나 개인의 증상 발현에 대해 보다 구체화시키지 않기로 선택하는 경우에 사용된다.

서 과도하게 발생할 수 있다(Thornton & Russell, 1997).

신경성 식욕부진증은 보통 여성 임상 인구의 측면에서 논의되지만, 보고된 사례의 5~10%가 남성이라는 사실을 기억할 필요가 있다. 더욱이, 남성의 비율은 아동기 발병 사례에서 더욱 늘어날 수 있다(Bryant-Waugh & Lask, 1995).

배설장애

DSM-5에는 2가지 정의된 배설장애Elimination Disorders(유뇨증과 유분증) 진단이 제공된다. 이 2가지 배설장애 외에도 2가지 다른 범주(달리 명시된 배설장애와 명시되지 않는 배설장애)가 있다. 전자는 유뇨증과 유분증 진단범주에 완전히 부합되지 않는 배설장애 증상이 있는 사람들에 대해 적용되는 반면, 후자는 임상가가 부합되지 않는 기준을 명시하지 않기로 선택하거나 구체적인 진단을 내리는 데 있어서 이용 가능한 충분한 정보가 없는 경우에 사용된다. 유뇨증과 유분증의 진단기준 세트는 명확하고 사건, 발병 연령, 주간/야간 패턴, 그리고 배뇨자제 과거력의 빈도수에 관한 경험적 문헌에 의해 뒷받침되는 기능적 차이를 잘 반영하고 있다.

유뇨증은 정의상, 질병 또는 구조적 비정상성(기질적 요실금의 경우)에 의해 유발되지 않아야 한다는 점이 강조될 필요가 있다. 달리 말하면, 유뇨증 진단을 고려하기에 앞서 의학적 상태는 배제하는 것이 필수다. '일차 경과'의 야간형 단독 유뇨증의 병인에 대한 연구에 의하면, 이 장애는 생물학적 기반을 두고 있고, 감염 및 전신질환과 연관된 요실금과는 뚜렷이 구분된다. 유뇨증과 요실금은 교사와 학교심리학자들의 주의를 끌 것이다. 적절한 의학적 평가를 통해 기질적 원인이 배제되었음을 확인하는 것이 중요하다. 명백한 '유뇨증'은 청소년 발병 당뇨병뿐 아니라 겸상 적혈구 빈혈(흑인에게서만 볼 수 있는 유전병 – 역자주) 또는 관련 장애들의 초기 증상일 수 있다. 아동에게 있어서의 기질성 요실금의 경우는 드물지만(몇몇 추산치에 의하면, 침대 또는 옷에 오줌싸기가 없는 모든 사례의 5% 미만에는 질병 또는 구조적 비정상성이 포함되어 있음), 이러한 경우들이 정확하게 확인·치료되는 것은 아동과 관련된 모든 전문가들의 책임이라는 사실을 유념해야 한다. 이와 유사하게, 유분증 증상에 대한 의학적 설명은 이 배설장애 진단이 내려질 수 있기 전에 반드시 배제되어야 한다.

우리의 경험에 있어서 교직원들은 배설장애를 특히 문제로 간주한다. 배설장애는 파괴적이고, 당혹스럽게 하며, 증상이 학교에서 발현되는 경우에는 비밀이 유지되는 치료를 제공해야 할 임상가의 의무를 시험하기도 한다. 예를 들면, 우리 중 한 사람은 한 여자아이가 배설문제를 해결했다는 이유로 학교 뉴스레터에서 공개적으로 박수갈채를 받았다는 사실을 알고는 충격을 받았다. 다행스러운 것은 기저에 의학적 상태가 없다고 추정되는 이러한 쟁점들이 치료에 대한 아동과 아동의 삶에서 중요한 성인들의 협조가 있다면, 비교적 치료가 쉽다는 사실이다.

성별 불쾌감

성별 불쾌감Gender Dysphoria은 한편으로는 남성, 여성, 또는 양성적인 사람으로서 개인의 자기감과 다른 한편으로는 자신에게 할당된 성별 사이의 기본적인 갈등이 특징이다. 이들은 어느 연령에서든지 임상적 주의를 받게 될 수 있다. 부호는 내담자의 연령에 기반한다. 아동들에게 있어서의 성별 불쾌감과 청소년 또는 성인들에게 있어서의 성별 불쾌감의 ICD-9-CM 부호는 다르다. 또한 개인의 경험과 성별

IDEA 메모 16. 성별 불쾌감과 IDEA

성별 불쾌감은 매우 구체적이고 청소년들에게 있어서는 드문 패턴이며, IDEA의 특수교육 또는 기타 특수 서비스에 대한 자격을 부여하는 상태 목록에는 수록되어 있지 않다. 그러나 이 진단은 '정서 장해' 범주를 통한 IDEA 서비스 수혜 자격을 부여할 수 있는 대상에 속한다. 좀 더 명확하게 말하면, 아동에게 서비스 수혜 자격을 부여할 수 있는 것은 성별 불쾌감 경험 자체가 아니라 정서 장해 또는 기타 건강-손상 범주 하에 서비스에 대한 필요성으로 이어질 수 있는 사고, 감정, 사회적 관계에 있어서 관련된 장해다. 성별 불쾌감의 장·단기적인 결과는 특히 남성들에게는 심각하고 부정적이다. 젊은 여성들은 또래와 성인 보호자들이 자신들의 성역할 행동의 위반에 대해 보다 관용적이라는 사실을 알 수 있을 것이다. 그러나 젊은 남성은 냉혹한 거부와 사회적 학대와 마주하게 되는 경향이 있다. 자살사고 및/또는 자해에 대한 평가에는 세심한 주의가 요망되는데, 이러한 요소들이 이러한 청소년들과 빈번한 연관성이 있는 문제가 되는 경향이 있기 때문이다(Skagerberg, Parkinson, & Carmichael, 2013; Spack et al., 2012). 배척과 고립이 청소년들의 사회성 발달에 대한 부정적인 영향은 극심하고 오래 지속될 수 있고, 성인으로서의 사회적 적응에까지 영향이 확대될 수 있다.

할당 사이의 불일치와 관련된 고통 등 일련의 이질적인 잔류 문제들을 위한 달리 명시된 성별 불쾌감 범주가 있다. 이러한 장애들과의 조우는 대부분의 학교 및 아동 임상심리학자들의 경험에 있어서 드물 것이다. 다수의 임상적·사회적 쟁점들이 성별 불쾌감의 심리적·의학적 치료에 의해 제기된다(Nordyke, Baer, Etzel, & LeBlanc, 1977; Rekers & Lovaas, 1974; Wolfe, 1979; Zucker, 1990). 처음 확인된 이후, 특화된 평가시설에의 의뢰는 보통 가장 적절한 조치다(Cohen-Kettenis & van Goozen, 1997). 성별 불쾌감이 있는 청소년과의 작업에 있어서, 이 장애가 내재화된 행동문제 증상과 분리불안장애와 연관성이 있다는 사실을 알고 있을 필요가 있다(Bradley & Zucker, 1997 참조). 다음의 IDEA 메모 16에는 성별 불쾌감이 IDEA의 서비스 적격성과 어떻게 관련되는지에 대해 제시되어 있다.

변태성욕장애

변태성욕장애Paraphilias는 청소년기의 관심사가 되고 있다. 변태성욕장애는 도착적인 성적 흥분, 충동, 또는 행동을 반영한다. 몇 가지 전형적인 패턴(① 관음장애, ② 노출장애, ③ 마찰도착장애, ④ 성적피학장애, ⑤ 성적가학장애, ⑥ 소아성애

전문가 메모 6. 비의사에 의한 의학적 진단 사용

다음의 예에 제시된 것처럼, 우리는 학교심리학자 또는 기타 비의학전문가의 모든 의학적 정보 또는 결정사항 제시를 최선의 임상활동으로 권장한다.

어머니는 자녀가 청소년 발병 당뇨가 있다고 보고하였음
유전학적 핵형이 3염색체성 21로 판명됨
발작장애로 진단됨
소아과 전문의, 제임스 리, MD.

장애, ⑦ 물품음란장애, ⑧ 복장도착장애)이 DSM-5에서 명시되어 있고, 2가지 잔류 범주(달리 명시된 변태성욕장애와 명시되지 않는 변태성욕장애)가 덜 흔한 패턴들(① 전화기호증telephone scatologia, ② 시체성애증necrophilia, ③ 동물성애증zoophilia, ④ 대변기호증coprophilia, ⑤ 관장기벽증klismaphilia, ⑥ 소변성애증urophilia, 몇 가지만 언급하기 위함)을 위해 마련되어 있다. 정신장애 진단은 전형적으로 심각한 기능상의 결과(임상적으로 관련된 고통 또는 손상)를 초래하는 행동 패턴(단일한 행동이 아님)을 나타낸다는 사실을 재고할 가치가 있다. 때로 심리학자는 '친구'가 충격적인 성적 행동이 포함된 꿈을 꾼 것에 대해 염려하는 십 대를 상담할 때가 있다. 꿈을 치료적으로 사용하든 그렇지 않든 간에, 꿈의 내용은 변태성욕장애 진단의 근거가 되지 않는다(보통 이러한 사실은 십 대들에게는 위안이 됨). 울퍼트 외(Wulfert, Greenway, & Dougher, 1996)는 '강화기반장애reinforcement-based disorders'의 기능 분석을 기반으로 소아성애증과 알코올중독 사이에 흥미로운 평행선을 그었다.

수면-각성장애

수면문제는 아동들 사이에 흔할 것이다. 그러나 이 장애는 흔히 심리평가를 기반으로 진단되지 않는다. 수면-각성장애Sleep-Wake Disorders에는 수면, 수면단계, 또는 추이와 연관된 수면과 비정상적인 행동의 질, 시간, 또는 시기 문제들이 포함되어 있다. 수면-각성장애는 DSM-5에서는 10가지 주요 장애 그룹[① 불면장애, ② 과 다수면장애, ③ 기면증, ④ 호흡관련 수면장애(즉, 폐쇄성 수면 무호흡 저호흡, 중추성 수면무호흡증, 그리고 수면관련 환기저하), ⑤ 일주기리듬수면-각성장애(지연된 수면위상형, 앞당겨진 수면위상형, 불규칙한 수면-각성형, 비24시간 수면-각성형, 교대근무형), ⑥ 사건수면(즉, 비급속안구운동 수면각성장애Non-Rapid Eye Movement Sleep Arousal Disorders)(한국어 번역판에서는 'NREM 수면각성장애'로 번역됨 –역자주), ⑦ 악몽장애, ⑧ 급속안구운동 수면행동장애Rapid Eye Movement Sleep Behavior Disorder(한국어 번역판에서는 'REM 수면행동장애'로 번역됨 –역자주), ⑨ 하지불안 증후군, ⑩ 물질/약물치료로 유발된 수면장애]으로 구분되어 있다. 수면장애의 다른 진단범주 체계로는 **국제수면장애분류체계, 제3판**(ICSD-3; American Academy of Sleep Medicine, 2014)이 있다. 소어피(Thorpy, 2012)는 ICD-10, ICSD-2, 그리고 (당시는 출간예정이었던) DSM-5 등의 수면장애 분류체계들을 검토하였다.

DSM-5에는 수면장애 의학에 있어서의 진보에 관한 논의가 수록되어 있고, 이에 따라 이 장의 장애들이 정리되어 있다. 이전 판에서처럼, DSM-5의 본문에 수록되어 있는 진단범주들은 **국제수면장애분류체계, 개정판**(ICSD-2; American Sleep Disorders Association, 1997)의 것과 각각 관련되어 있다. 이 분류체계는 미국수면의학학술원American Academy of Sleep Medicine에서 출간되어 수면장애 전문 연구자와 임상의들의 중요한 참고문헌으로 사용되고 있다. ICSD는 최근 개정되어 제3판으로 재출간되었다(American Academy of Sleep Medicine, 2014). 그동안 몇 차례의 교신이 이루어졌고, DSM-5와 특화된 영역의 다른 영향력 있는 자료들을 관련시키는 노력이 이 분류체계의 발달에 중요한 원동력이 되었다.

다른 정신장애와 연관되어 발생하는 수면문제는 임상 장면에서 어떤 규칙성이 있는 상태로 나타나는데, 특히 기분장애 또는 불안장애 상황에서 그렇다. 달리 명시된 수면-각성 장애의 독립적인 진단은 수면문제가 치료의 초점이 되기에 충분히 심각한 상태인 경우에 한해서 내려진다. 동일한 원리가 물질/약물치료로 유발된 수면장애에도 적용된다.

한 가지 관련된 현상은 '이갈이bruxism'다. 야간 이갈이는 흔히 수면문제의 일반적인 소제목 하에서 다루어진다. 유익한 검토논문에서 글라로스와 멜라메드(Glaros & Melamed, 1992)는 다음과 같은 정의를 내리고 있다. 즉, "이갈이는 악물기, 갈기, **빨기**, 두드리기 등, 치아의 비기능성 접촉이다"(p. 192). 이갈이는 보통 아동 또는 청소년의 심리적 적응에 대한 염려보다는 잠재적 치아 손상 때문에 중요하다. 스트레스가 이갈이에 기여하는 요인으로 주목받고 있기는 하지만, 문헌에 의하면 일반적으로 이갈이를 하는 대부분의 아동들에게 정신장애가 있는 것은 아니다(Glaros & Melamed, 1992). 이갈이는 ICD-9-CM에서는 정신장애(306.8, '달리 명시된 심리생리학적 기능이상, 이갈이')로 간주되지만, DSM-5에는 수록되지 않았다. 상황이 정신장애의 일반적인 기준에 부합되는 경우, 야간 이갈이는 달리 명시된 수면장애로 부호화될 수 있다. 유일한 관심사가 치아에 관한 것인 경우, 주간 이갈이는 사례개념화에 기록될 수 있다. 이갈이의 경우, 모든 DSM-5 진단범주에는 적격한 ICD-9-CM/ICD-10 진단부호들이 수록되어 있는 반면, 그 반대는 그렇지 않다는 일반적인 견해가 상세히 기술되어 있다(ICD-9-CM/ ICD-10의 진단범주에는 DSM-5의 진단범주에 대해서는 언급되어 있지 않다는 의미임 — 역자 주). 일부 정신건강과 의학적 상태는 이갈이 — 특히 뇌성마비, 지적장애 일반적으로, 3염색체성 21(다운증후군) — 의 위험요인이며, 치료에는 흔히 자극제가 사용된다(Glaros & Melamed, 1992).

14

물질관련 문제 및 기타 중독 행동

개관

DSM-5의 '물질관련 및 중독 장애' 장은 근본적으로 수정되었다. DSM-Ⅲ에서 DSM-Ⅳ-TR에 이르기까지 줄곧 다른 의미로 사용되었던 '남용'과 '의존'은 폐기되었고, 물질사용장애의 단일 범주로 대체되었다. 물질관련장애는 2가지의 넓은 진단군, 즉 ① 물질사용장애와 ② 물질로 유발된 장애로 나뉘었다. 물질로 유발된 장애는 다른 정신장애들 중 하나의 형태로 제시되어 있지만, 임상가가 처방약물인지, 선별적으로 복용한 물질인지, 또는 내담자가 노출되어온 독소 등, 화학물질의 직접적인 결과인지의 여부를 판단하도록 되어 있다. 그런 다음, 물질사용 문제는 이전 판들에서처럼 남용 물질에 따라 하위분류된다. 추가적인 진단범주로는 도박장애Gambling Disorder 진단이 제시되어 있다. 이 장애는 현재로서는 DSM-5에서 공식적으로 언급만 되어 있는 행동중독이다(인터넷게임장애Internet Gaming Disorder는 정신장애로 간주되지 않지만, 연구기준 세트가 카페인사용장애Caffeine Use Disorder와 함께 추가 연구가 필요한 진단적 상태 장에 수록되어 있음). 물질사용장애는 경과/관해 상태와 심각도(확인된 진단범주 수에 따라)에 의해 세분화될 수 있다. 또한 중독과 금단 같은 물질사용의 직접적인 결과를 반영하는 상황에 대한 추가적인 범주들이 있다. DSM-5의 다른 장에서처럼, 그동안 더욱 세세한 임상 증상 포착에 필요한 확장된 명시자 확보를 위해 상당한 노력이 있어 왔다.

이전 판들처럼, DSM-5에는 물질사용장애 군에는 물질특이적 진단들뿐 아니라 물질로 유발된 장애, 물질중독, 그리고 물질금단이 마련되어 있다. 일반적인 아동 임상가들의 경우, 물질사용장애는 가장 자주 적용되는 물질과 관련된 진단일 것이다. 응급서비스와 물질남용 프로그램에서 활동하는 임상가들은 더욱 자주 중독과 금단 증상 발현을 볼 것이다. 그렇지만 모든 정신건강 전문가들은 이러한 가능성뿐 아니라 흔한 정신건강 패턴처럼 보이는 물질로 유발된 증상 발현의 가능성에 주의를 기울여야 한다. 본문에서는 독자들에게 미국이 ICD-9에서 ICD-10의 사용으로 옮겨갈 것임에 대해 경종을 울리고 있다. ICD-10에서는 물질사용과 물질로 유발된 측면이 합쳐질 것이다. 예를 들면, ICD-9-CM에서는 금단과 남용에 각각 분리된 진단이 내려지지만, ICD-10에서는 단일 진단이 내려질 것이다(즉, 금단은 항상 남용을 시사하게 됨).

DSM-5에서의 물질사용장애에 대한 기본 접근은 '물질사용과 관련된 병리적 행동 패턴'에 초점이 맞추어져 있다(p. 483/529). 이러한 결정에 이르기 위한 진단기준 증상들은 4가지 일반 영역(① 통제력 손상, ② 사회적 손상, ③ 위험한 사용, ④ 약리학적 기준)으로 구성되어 있다. 10가지의 다른 물질사용 부류에 대한 증상 수와 역치 기준은 각각 다르다. 심각도는 입증된 증상 수를 기초로 결정된다. '조기'와 '지속적' 관해의 명시자는 여전히 남아 있지만, '조기' 명시자는 보다 더 구체적으로 제시되어 있다(적어도 3개월 동안 증상이 없어야 함). '지속적 관해'는 이전과 동일하게 남아 있다(적어도 12개월 동안 증상이 없어야 함). 개별사례의 경우, 많은 물질 특이적 적응들에 대한 명시자를 결정에 있어서 검사자는 구체적인 장애에 대해 편람을 참조하면 될 것이다. 예를 들면, 알코올사용장애의 경우, '관해 상태'는 적어도 3가지 증상이 필수로 요구되지만, 12개월 미만 동안 증상이 없거나('조기') 12개월 이상 동안 증상이 없어야 하고('지속적'), 알코올 사용에 대한 '갈망', 또는 강한 욕구나 충동에 대해서는 예외이며, 갈망이 지속되는 경우에는 '관해 상태' 식별수식자가 주어질 수 있다.

DSM-5에는 편람의 이전 판에 언급되었던 10가지 물질 부류가 그대로 남아 있

표 14.1 DSM-5의 물질관련 및 중독 장애와 연관된 약물 부류

알코올	아편계
카페인	진정제, 수면제, 항불안제
대마계	자극제
환각제[a]	담배
흡입제	기타(또는 알려지지 않은) 물질

[a] 환각제는 다시 펜시클리딘/유사-활성 아리시클로헥시라민과 기타 환각제로 나뉜다.

다(표 14.1 참조). 본문에는 이러한 '부류'의 물질들이 뚜렷이 구분되지 않는다고 적혀있다. 저자들은 과도하게 사용되는 제반 물질들은 뇌의 보상체계 활성화에 영향을 미친다고 주장하고 있다. 이 진술은 사실이고, 재론할 여지가 없을 것이다. 다른 비판적 관점은 이렇게 묶는 것에 대한 것일 수 있다. 이렇게 묶는 것은 어떤 논리 정연한 이론적 또는 약리학적 틀에 의한 것보다는 역사적·문화적 실행에 더 기반을 둔 것 같다. 그럼에도 불구하고, 이는 대체로 물질사용 치료센터에서 흔히 보이는 관례에 따른 것이다. 독자들은 카페인사용이 중독과 금단을 유발할 수 있지만, 물질사용장애로 진단될 수 없다는 사실을 알고 있을 필요가 있다. 카페인사용장애는 정신장애로 간주되지는 않지만, 추가 연구가 필요한 진단적 상태 장에는 수록되어 있다.

엄밀히 말하면, DSM-5 저자들에게 있어서 향정신성 물질의 분류는 매우 도전적인 과업이다(Hart & Ksir, 2012). 물질은 화학물질 구조(예, 삼환계 약제)에 의해, 물질의 공통적인 생리학적 효과(예, 선택적 세로토닌 재흡수 억제제) 중 하나에 의해, 또는 한 가지 또는 그 이상의 물질의 공통적인 행동적 또는 인지적 효과(예, 항우울제)에 의해 분류될 수 있다. 동일한 물질이라도 많은 분류 도식의 여러 곳에 위치할 수 있다. 또한 다른 화학물질이라도 동일한 소제목 내에서 발견될 수 있다. 물질남용 치료 분야에서는 수십 년 동안 기본적인 정의와 관련된 쟁점에 대해 언급하기 위한 시도가 있었지만, 어떤 도식 제안도 보편적인 지지를 얻거나 수용되지는 못하였다. DSM-5는 문제성 있는 물질사용에 관한 논의에 대해 유용하고 실행상의 일관성을 갖추기 위한 미국정신의학회의 최근 시도를 대변하고 있다. 이 시점에서 장단점을 따지는 것은 무의미하다. 이전 판들의 틀을 지속적으로 활용하는 것은 역학적 작업을 촉진할 수 있다는 이점이 있다. 검사자는 구체적인 남용물질(예, 알프라졸람)에 대해 알고 있는 경우, 물질 집단에 대한 부호와 함께 이러한 구체적인 정보가 진단에 주어진다는 사실에 주목해야 한다.

305.40 진정제, 수면제, 또는 항불안제 남용, 경도 [2가지에서 3가지 증상]

보다는

305.40 알프라졸람 남용, 경도 [2가지에서 3가지 증상]

이와 유사하게, 구체적인 남용물질이 알려져 있지만 10가지로 명시된 영역 중 한 가지 내에 속하지 않는 경우, 이 진단에는 물질의 명칭을 붙이는 한편 다른 물질사용장애에 대해서는 ICD 부호를 사용하게 될 것이다(예, 305.90 동화 스테로이드 남용, 경도).

기타 중독 행동

물질사용장애 외에, 물질관련 및 중독 장애 장에는 '행동중독'인 도박장애가 포함되어 있다. 도박장애Gambling Disorder는 DSM-IV-TR에 처음 포함되었고, 이 진단은 계속해서 유지되고 있다. 기타 '반복행동'은 DSM-5에 포함되지 않았다. 본문에는 다른 가능한 행동중독(예, '섹스중독', '운동중독', '쇼핑중독')이 이 시점에서 포함될 중요한 매개변수들에 관한 충분한 '동료 검토' 증거가 부족하다고 명시되어 있다. 다른 가능한 행동 과잉의 가능성(하지만 인터넷게임장애는 추가 연구가 필요한 진단적 상태 장에 들어 있음)으로서의 인터넷중독장애나 과도한 자위(이 또한 뇌의 보상회로 활성화에 달려있을 것으로 추정됨)가 도박과 어떻게 다른지에 대한 언급은 없다. 도박이 병적 도벽과 어떻게 다른지에 대한 논의 역시 없다. 물질장애에 관한 장에 행동 패턴들이 포함될 의미가 있는지의 여부는 다시 말하지만, 이 책의 범위를 벗어나는 주제다. 기본 개요에 있어서 DSM-5에서는 계속해서 DSM-IV와 DSM-IV-TR에 수록되었던 물질과 행동의 폭넓은 범주를 계속해서 유지하고 있다.

동반이환

물질사용 문제의 많은 경우들과 혼재된 쟁점은 다른 정서적·행동적·환경적 문제들과의 동반이환comorbidity이다. 빈번한 동반이환이 정신병리의 거의 모든 영역에서의 반복적인 쟁점인 반면, 물질사용과 함께 다른 심리적 요인, 상황성 역경, 그리고 발달적·사회학적 추세의 역할을 푸는 데 있어서 특별한 어려움이 있다. 청소년들에게 있어서의 물질사용 문제는 다른 정신건강 쟁점들에 의해 증가 추세에 있고, 다른 정신건강 문제를 악화시키는 경향이 있다. 다수의 정보제공자들을 활용한 면밀한 평가는 진단상diagnostic picture을 명료화하는 데 도움이 된다. 그러나 정서적 고통, 상황성 기회와 압력, 그리고 물질사용의 시작, 지속, 악화 사이의 상호관계에 대한 명확하게 이해하기에는 흔히 도전이 될 것이다. 동반 발생하는 우울증, 불안, 품행 쟁점(임상과 하위임상 둘 다), 그리고 상황성 스트레스 요인에 대해서는 세심한 주의가 요망된다. 물질사용과 기타 정신건강 문제가 동반이환되는 경우, 최선의 결과를 위해 이 2가지 문제 영역에 대한 동시치료가 요구된다.

아동·청소년 물질사용 진단에 있어서의 지속적 쟁점

담배, 알코올, 불법물질의 사용은 미국 내 청소년들 사이에서 흔하다. 스웬슨 외(Swendsen et al., 2012)는 전국적인 설문조사 결과 검토를 통해 미국 청소년들의 약 78%가 17세가 되기까지 알코올을 사용한 적이 있었고, 47%는 정기적으로 술을 마셨으며(해당 연도에 12회 음주를 한 것으로 정의됨), 59~71%는 대마를 시도하였고, 4~6%는 코카인을 시도한 적이 있다는 사실을 발표했다. 청소년들의 약물실험은 위험요인이지만, 성인기로 이어지는 임상적으로 심각한 물질사용 문제에 대한 신뢰할 만한 예측변수는 아니다. 물질사용장애를 발달시킬 가능성이 있는 사람을 신뢰성 있게 예측할 수 있는 단일 변수나 이론은 없다(Meyers & Dick, 2010). 일부 연구자들은 25세 이전에 알코올 의존의 진단범주에 부합되는 청소년들을 "성인들에게 있어서 관찰되는 것보다 덜 심각한 형태의 알코올사용장애를 나타내는 '청소년 알코올 의존'형의 증상 발현"(Caetano & Babor, 2006, p. 111)으로 묘사했다.

우리는 아동·청소년들이 뇌가 성인으로 잘 성숙해가는 생애 첫 25년이 지날 때까지 향정신성 화학물질 실험을 연기할 것을 바라지만, 현실은 그렇지 않다. 우리는 물질을 사용하는 사회에 살고 있다. 많은 사람들이 매일같이 삶의 질을 높이기 위해 생물 활성 물질들을 자유롭게 사용하고 있다(예, 법적 자극제, 항히스타민제, 충혈완화제, 혈압 치료약물, 수면보조제). 이러한 물질들 중 일부(예, 카페인)는 '약물'로 생각조차 하지 않을 정도로 성인과 아동들 사이에 자주 사용되고 있다. 그런가 하면 '좋은 약물'(즉, '치료약물')로 여겨지는 약물들도 있다. 우리는 성인들 사이에서의 '여가용 약물'(예, 알코올, 담배, 일부 주의 경우에는 대마초)의 사용은 수용하면서 청소년들에게 있어서는 이를 '지위 범죄status offenses'로 취급하기도 한다. 우리 사회에서 여러 형태의 물질사용이 수용 가능하다는 사실은 전체 인구에서 물질남용의 정의를 내리기 위한 노력을 복잡하게 만들고 있다. 이로 인해 십 대들에게 급속도로 확대되고 있는 사용(및 남용) 패턴을 저지해야 하는 시점을 정하는 일은 더욱 어려워지고 있다.

DSM-5에서는 물질사용 영향의 4가지 광범위한 영역(① 손상된 조절능력, ② 사회적 손상, ③ 위험한 사용, ④ 약리학적 기준)의 고려사항을 강조함으로써, 이러한 도전적인 대대적인 사업에 도움을 주고 있다. 물질사용이 청소년의 삶에 미치는 부정적인 영향에 초점을 맞추는 것은 임상가들에게 진단과 치료적 논거를 위한 지침을 제공한다. 그러나 완벽한 해결방법은 없다. 불법물질 사용이 우연히 밝혀지고, 물질사용으로 인한 문제가 없다고 주장하며, 그러면서도 심리적 기준에는 부합되지 않고, 물질사용이 '별일 아니라는' 입장을 고수하는 십 대와의 직면을 상상하기는 쉽다. 우리들 중 얼마나 많은 사람들이 이러한 상황을 기꺼이 무시할 것인가? 어떤 정도로는 전문가들은 우리가 완벽하게 청소년들이 임상적으로 심각한 물질사용 패턴(우리는 확실히 보다 강렬한 수준의 사용에 대해 더 전문적 능력을 발휘함)을 확인할 수 없을 뿐 아니라, 청소년들이 성인으로서의 삶까지 물질사용 문제가 계속될 가능성도 그리 높지는 않을 거라는 모호함과 함께 살아갈 필요가 있다(다시 말해서, 우리는 보다 심각하고 오래 지속된 패턴들, 특히 동반이환된 행동·정서 문제에 대해 우리의 전문적 능력을 발휘할 수 있지만, 이 경우에도 개별적인 예측에는 오류가 뒤따르기 마련임). 특정 물질들에 대해 우리는 진단적 비중[예, 코카인과 니코틴은 중독성이 높음. 펜시클리딘(PCP)과 3,4-메틸렌디옥시-메탐페타민(MDMA; 엑스터시, 몰리)은 중추신경계 손상의 잠재성이 있음]을 할애하는 데 보다 자신감을 느낄 수 있다. 그러나 모든 물질사용에 대해서는 위험이 도사리고 있다(치료약물로 간주되는 좋은 물질조차도). 특정한 사용 패턴은 우리로 하여금 청소년의 발달 또는 안전(즉, 사용에 전념하는 시간과 자원 증가와 이전의 친사회적 활동 또는 친구들에 대한 관심 감소)에 대해 염려를 낳게 할 수 있지만, 청소년기는 흔히 활동, 흥미, 그리고 유대에 있어서 극적인 변화를 겪는 시기다. 발병 연령은 흔히 가장 강력한 문제에 대한 예측변수 중 하나로 간주된다. 또한 우리중 많은 사람들이 십 대들에 대해서보다는 아동들에 대한 염려의 낮은 역치를 가지고 있다. 결국, 가장 중요한 사실은 우리가 청소년들에게 있어서 어떤 의미 있는 물질사용 진단에 도달할 수 있도록 아동 자신, 아동이 처한 상황, 그리고 물질사용이 아동의 기능에 어떻게 영향을 미치고 있는지에 대한 면밀하고 철저한 평가 외에는 다른 대안이 없을 것이라는 점이다.

DSM-5 내에서 주요한 하위분류로는 약리학적 분류가 남아 있다. 이 부분은 다소 어려움이 있다. 크로울리(Crowley, 2006)에 의하면, 기침 억제제인 코리시딘 HBP 기침 · 감기 알약('트리플 C'로 알려져 있음)이 청소년들에게 남용되고 있지만, 범주화가 어렵다. 즉, "이 약물의 주요 활성제인 덱스트로메토르판은 시그마 아편계 수용체에 있는 d-이성체 아편계이지만, 무 수용체mu receptor와는 연관성이 거의 없는 것으로 생각된다. 활성 대사물질은 펜시클리딘과 마찬가지로 NMDA [N-메틸]-D-아스파르트산 수용체를 차단한다. 임상가와 연구자들은 '트리플 C'를 아편계 약물들과 함께 범주화할 것인지, 아니면 '펜시클리딘 또는 펜시클리딘 유사 물질들' 사이에 범주화할 것인지에 대한 안내 지침은 현재로서는 가지고 있지 않다"(p. 121). 그는 또한 인기 있는 '클럽 약물들'이 혼합성 약리학적 성질을 가지고 있을 수 있음을 지적하고 있다.

한 가지 고려할 가능성은 단일 아형 분류체계가 이 시점에서 가장 유용한 지침이 아닐 수 있다는 것이다. 바보르와 캐타노(Babor & Caetano, 2006)는 물질사용 장애의 아형들에 관한 현재 상황을 고려해보고 최적의 유형분류체계의 특성을 검토하였다. 이 연구자들은 자신들이 검토한 연구에서, 알코올사용 문제에 대해 관찰된 일관성 있는 패턴은 취약 요인(예, 알코올 남용 가족력, 아동기 행동장애)과 심각도(사용의 만성성, 발병 연령, 증상 수)를 기초로 2가지 폭넓은 집단으로 분류하는 것이라고 제안하였다. 이 2요인 모델을 고려하는 것은 임상 분석에 유용할 수 있지만, 이 시점에서는 진단체계로 부호화될 수 있을 정도로 충분한 경험적 자료에 의해 뒷받침되고 있지는 않은 실정이다.

그리고 청소년들에게 있어서의 물질 사용과 남용에 대한 쟁점과 마주하고 있는 피로에 지친 임상가들을 위한 최종적인 고려사항으로는 이러한 추가적인 도전이다. 즉, 우리의 어린 내담자들에게 있어서 가장 잘 보고되는 상태와 완전히 정직한 상태에서조차, 내담자 자신은 자신이 어떤 물질을 실제로 소비했는지에 관해 모르고 있거나, 혼란스러워 하거나, 고의적으로 얼버무릴 수 있다. 응급실 또는 의학적 장면에서 근무한 사람의 경우, 보고된 섭취와 독소학 보고서의 잦은 불일치는 그리 놀랄 일은 아니다. 이러한 불일치의 일부는 고의적인 축소와 부인을 나타내고 있지만, 다른 예들은 명백하게 '정직'은 하지만 '비현실적인' 보고인 것 같다. 즉, 아이들은 우리에게 자신들이 소비했다고 생각하는 것을 말하지만, 현실은 다른 것이다. 청소년들이 물질남용을 하는 대부분의 경우, 어느 시점에서 이들은 범죄 또는 범죄행동을 저지르려는 사람들과 거래해야 한다. 때로 불법물질 판매자들이 실제로 판매하고 있는 것들을 왜곡해서 나타내고 있는 현실은 그리 충격적이지는 않다. 또한 공급자들조차 실제로 제품에 어떤 화학물질이 들어 있는지 잘 모르거나 무시할 수 있다. 알코올, 담배, 그리고 카페인 제품(및 일부 주에서는 대마초 수준까지)은 규제를 받는 반면, 불법물질은 보통 규격화되지 않은 상태로 만들어진다. 실제 치료약물의 경우, 해외 또는 '암흑시장 판매망'을 통한 불법적인 출처로부터 구하게 되는 경우에는 품질관리에 있어서 문제가 있을 수 있다. 적용하려는 분류체계와 관계없이, 청소년들에게 있어서 잠재적 물질사용 문제에 대한 가장 기본적·근본적인 평가원칙은 그것에 관해 직접적으로 묻는 것이다. 담배 사용, 알코올 사용, 불법약물 사용, 대마초 사용(많은 십 대와 성인들은 대마초를 불법약물로 여기지 않음), 치료약물 사용, 그리고 규정 준수에 관한 문의는 어떤 심리적 평가에 있어서도 통상적인 절차의 일부가 되어야 한다. 물질사용이 심각한 요인이 아니라고 판명된다면, 소모 시간을 최소화하기 위해 간편 선별 질문과 탐색을 사용해도 좋다[예, CRAFFT 청소년용 선별검사(Knight, Sherritt, Shrier, Harris, & Chang, 2002), National Institute on Alcohol Abuse and Alcohol Intoxication (NIAAA), 2011]. 탐지되지 않은 물질사용 문제는 청소년들에게 있어서 정신건강과 적응 문제에의 중요한 기여요인이다. 내담자들은 축소, 은폐, 거짓말을 할 수 있다. 그렇지만 많은 십 대들조차 분명하고 비판단적인 방식으로 직접 질문을 받는다면, 묻기만 해도 자신들의 화학물질 사용에 대한 정보를 제공할 것이다.

> ### IDEA 메모 17. 알코올, 물질사용장애, 그리고 IDEA
>
> 알코올 및 물질사용장애는 IDEA에 수록된 장애가 아니다. 만일 장애가 학습 또는 학교 출석 같은 주요 생활 활동을 심각하게 제한한다면, 이 장애들은 미국인 장애법/504절에서 다루어질 수 있게 될 것이다.

15

성격장애

아동 · 청소년의 성격장애 진단 : 논란과 유의사항

성격장애가 실제로 아동 · 청소년들에게 발생하는지에 대한 질문은 비교적 새롭게 대두된 것인 동시에 논란을 불러일으켜 왔다. '성격장애personality disorder'의 기본 개념은 다수의 장면에 걸쳐 개인의 적응 또는 기능이 절충된 단호하고 과도한 특성의 지속적인 패턴이다. 물론 '성격'의 구인은 심리학에서 오래된 것으로, 성격에 관한 연구는 사회과학 내에 있는 다양한 집단의 관심들을 반영해왔다. 행위에 있어서 신뢰성 있고, 교차상황적 일관성이 있다는 발상은 1960~1970년대에 일부 심리학자들에 의해 도전을 받았다(가장 주목할 만한 인물로는 미셸Mischel, 1968). 그러나 보다 최근의 개념화에서 많은 이론가들은 인간 행동에 있어서 어느 정도의 일관성을 수용하고 있어서, 성격에 대한 전통적인 관념과 아주 유사한 입장을 취하고 있는 것 같다. 더 나아가, 성격장애에 대한 인지행동 치료적 접근들은 새로워진 성격 개념에 대한 수용을 확고히 했다(Beck, Freeman, & Associates, 1990; Linehan, 1993; Turkat, 1990; Young, 1990). 그렇지만 일부 행동주의 이론가들은 여전히 이 개념의 유용성을 받아들이지 않고 있다(Koerner, Kohlenberg, &

Parker, 1996의 예시 참조). 성격장애는 본래 DSM-II에서는 성격특성의 병리적 과장pathological exaggerations 상태로서 다른 임상증후군들과 분리되어 있지 않았다. 이러한 기본적인 견해는 DSM-5에서도 유지되고 있다. 그렇지만 다축적 접근의 폐지로, 성격장애는 더 이상 다른 임상적 장애들과 분리된 집단으로 편성되지 않는다.

성격 진단은 DSM-5의 구축에 있어서 가장 뜨거운 논쟁을 불러일으키는 영역 중 하나였을 거라는 사실을 고려해볼 가치가 있다. 이 편람에는 부각된 다른 관점들과 2가지 핵심 관점이 제공되어 있다고 적혀있다. DSM-5의 제II편(진단범주와 부호)에는 DSM-IV와 DSM-IV-TR로부터 업데이트된 10가지 성격장애 진단(추가로, 다른 의학적 상태로 인한 성격변화 및 달리 명시된 성격장애와 명시되지 않는 성격장애)이 제시되어 있다. 이 범위는 DSM-III에서 부각되었는데, 이는 데어도어 밀론Theodore Millon의 성격모델에 의해 상당히 영향을 받은 근본적으로 동일한 범주적 모델이다. DSM-5의 제III편(새로 개발된 평가치와 모델)에서는 '성격장애에 대한 대안적 DSM-5 모델'로 불리는 절이 제시되어 있다. 이 절에는 많은 심리학적 연구에서 널리 받아들여진 성격 5요인 모델에 의해 상당히 영향을 받은 차원적 모델이 제시되어 있다. 본문에는 "2가지 견해가 각각 임상적 수련과 연구 계획에 도움이 될 것으로 기대한다."(p. 645/703)는 긍정적인 견해가 제시되어 있다. 그렇지만 좀 더 냉소적인 견해는 일단의 세계적인 전문가들이 최적의 성격장애 개념화·측정·진단법에 대해 의견의 일치를 볼 수 없었던 사실에 대한 것이다. 이 영역에서 지나치게 단호하거나 결정적인 진술을 제공함에 있어서 주의와 자제가 요망되는 것으로 추론하는 것이 합리적일 것이다.

DSM-5에서는 '성격특질personality traits'을 "개인적·사회적 상황에 직면할 때 나타나는 환경과 자신에 대하여 지각, 관계, 사고하는 지속적인 유형"(p. 647/705)이라고 정의하고 있다. 성격장애는 성격특질이 경직되고 부적응적이며, 현저한 성격적 고통 또는 기능손상을 유발하는 것(정신장애의 근본적인 진단기준임)이 특징이다. 성격장애의 역기능적 패턴이 반드시 환경적 장면들의 범위에 걸쳐 명백하게 나타나고, 시간의 흐름에 따라 일관성 있고 지속적이며, 청소년기 또는 성인기 초기까지 명백히 나타났다는 증거가 있어야 한다. 성격문제에 대한 이러한 기본적인 견해로부터 아동·청소년들에 대해 성격장애 범주의 사용에 있어서 내재된 갈등이 수면 위로 떠오르고 있다. 성격장애의 정의에 있어서 명백한 것은 이렇게 과도하게 경직된 특성이 삶에 있어서 비교적 조기에 발현되어야 한다(또한 임상 진단을 위해 이용 가능해야 한다는 점)는 믿음이다. 그러나 다른 관점에서 보면, 우리는 아동기 또는 청소년기에 있어서 성격장애 진단을 얼마만큼 신뢰할 수 있는지에 대해 의문을 제기해볼 수 있다. 과연 어린아이가 보통 비교적 몇 안 되는 환경에서 경험하는 경우, 이러한 행동 패턴이 이 장면에 걸쳐 얼마나 안정적일 것인가를 어느 정도의 범위까지 평가할 수 있을까? 또한 이 아이가 자신의 잠재적 평생의 작은 부분만 살아온 시간에 대해 우리는 얼마나 안정적이라고 말할 수 있을까? 아동·청소년들에게 적용하는 성격장애 범주의 안정성과 타당성에 대한 최선의 경험적 사례는 반사회성 성격장애Antisocial Personality Disorder에 대해 적용될 수 있을 것이다. 이는 내담자가 18세 미만인 경우에 명시적으로 진단할 수 없는 유일한 성격장애다.

반사회성 성격장애의 예외와 함께 성격장애 진단은 나이 든 아동·청소년들에게 사용이 가능하다. DSM-5에는 18세 미만의 내담자에 대해서는 적어도 1년간 진단적 양상에 대한 명백한 증거가 있어야 한다는 필수요건이 있다(p. 647/705). 그러나 우리가 권장하는 것은 청소년들에게 있어서 성격장애 진단의 사용에 유의해야 한다는 것이다(Lewis, 1996 참조). 역기능적 성격특질은 아이의 문제 이해에 유용할 수 있고, 치료적 변화를 위한 가치 있는 목표를 설정할 수 있음을 나타낸다. 그렇지만 아이의 문제를 성격장애로 개념화하려는 결정은 흔히 개인의 삶에 있어서 첫 25년 동안 발달 결핍이 있다는 생각이 안정적이라는 사실을 암시한다는 문제가 있다. 우리가 조언하고 싶은 것은 성격장애 진단의 사용에 관한 결정의 일부로, 검사자들은 구체적인 범주의 기준뿐 아니라 성격장애의 일반적인 진단기준(pp. 646~647/705~706)을 고려하라는 것이다. 가장 유용한 발견적 해법은 인내다. 즉, 아이가 실제로 성격장애가 있다면 문제는 계속될 것이고, 이 장애의 존재에 관한 더 많은 증거들이 축적될 것이다. 이러한 현실은 아이의 적응력을 향상시키기 위한 치료적 노력이 연기될 필요가 있음을 의미하지는 않는다. 평가자는 문제가 있는 행동 패턴을 확인할 수 있고, 이것들을 변화 노력의 초점으로 삼을 수 있다. 만일 행동문제가 이러한 노력에 저항한다면, 성격장애의 사례임이 더욱 확실시될 것이다. 만일 조정이 이루어지고 적응력과 기능수준이 향상된다면, 더 이상 질문이 필요 없을 것이다.

성격장애 진단에 관한 기타 유의사항

DSM-5에서는 기분 또는 불안 장애의 활동성 삽화 동안 성격장애 진단에 유의해 줄 것을 권장하고 있다. 그 이유는 이러한 장애들의 증상들은 성격특질처럼 보일 수 있어서 내담자의 오래된 기질에 대한 후향적retrospective 평가를 복잡하게 만들 수 있기 때문이다. 이러한 유의사항은 꽤 사려 깊은 것 같다. 기분 및 불안 문제와 연관된 인지적 양상은 후향적 보고를 왜곡할 수 있다. 또한 우울 증상이 있는 아동 또는 청소년과의 상호작용 경험은 '병전 성격 양상'에 관한 면담을 나누고 있는 보호자의 후향적 인상에 영향을 미칠 수 있다. 성격특질과 잠재적으로 역기능적인 성격특질은 항상 진단적 인상에 있어서 눈에 띌 수 있지만, 우리는 성격장애가 기분, 불안, 신체증상 또는 해리장애의 급성 삽화 동안 수집된 자료만을 근거로 성격장애로 진단하지 말 것을 권장한다.

성격장애의 잠재적 진단에 있어서 특별히 주의해야 하는 또 다른 고려사항은 물질오용과의 잠재적 관련성이다. 성인들에게 있어서 성격장애 진단의 신뢰성에 관한 문헌에서는 활성화된 물질남용이나 의존 기간 동안 또는 물질의존으로부터의 해독 기간 동안 이 진단을 내릴 위험성이 있음을 지적하고 있다. 아동 또는 청소년에 의한 활동성 물질 사용 전에 경직되고 역기능적인 성격특질의 병전 발생 연수years의 명백한 증거가 없는 상황이라면, 우리는 성격장애 진단을 물질을 전혀 사용하지 않는 생활의 안정적인 기간이 확립된 이후까지 연기할 것을 권장한다. 그럼에도 불구하고, 청소년들에게 있어서 물질사용장애와 경계성 성격장애 사이, 그리고 특히 물질사용장애, 주요우울장애, 그리고 경계성 성격장애 사이에 유의한 연관성이 있음이 보고되었다(Grilo, Walker, Becker, Edell, & McGlashan, 1997).

성격장애 진단은 흔히 다른 정신장애 진단들과 함께 내려진다(Lewinsohn, Rohde, Seeley, & Klein, 1997). 성격장애 진단은 또한 문제가 있는 청소년들에게 있어서 큰 고통 및 기능손상과 연관이 있다(Bernstein et al., 1993). 끝으로, 청소년 성격장애의 일부 진단은 시간의 흐름에 따라 안정적이지만, 많은 성격장애들의 경우, 2년간의 추적연구의 종결시점에 성격장애가 있음이 입증될 만한 증거가 발견되지 않았다(Bernstein et al., 1993). 성격 현상이 유형으로서보다는 특질로서 더 잘 개념화될 수 있다는 다수의 지적들을 고려할 때, 성격패턴 문제에 대한 범주적 모

IDEA 메모 18. 성격장애와 IDEA

우리는 아동 또는 청소년에게 있어서 성격장애 진단을 기반으로 IDEA 특수교육 서비스의 적격성 여부가 탐색된 경우에 대해 알지 못한다. 성격장애 증상 발현으로 분류되는 청소년들에게 있어서 높은 동반이환율이 있다고 보고된 다른 정신장애들을 고려해볼 때, 다른 정신장애를 기반으로 적격성이 입증되어 특수교육 또는 다른 서비스를 받고 있는 성격장애 아동 · 청소년들이 있을 가능성은 있다. 그럼에도 불구하고, B군(극적-정서적) 성격장애들의 파괴적인 특성을 고려할 때, 이는 결국 아동이 IDEA의 특수교육 서비스가 필요하다는 일차적 또는 유일한 이유의 근거가 될 것이다. 성격장애의 특성(① 지속성, ② 변화에의 저항, ③ 경직성, ④ 비적응성)에는 '정서 장해'의 적격성 범주의 기본 필수요건의 대부분이 언급되어 있어야 한다.

이를 진척시키는 학교심리학자의 핵심 과업은 이러한 특성으로 인한 아동 또는 청소년의 학업 수행에서 발현된 기능 제한을 입증하는 것이다. 이러한 입증은 도전이 될 수도, 그렇지 않을 수도 있다. 성격특질 장해가 있는 일부 아동 · 청소년들의 경우, 이들의 학업성취의 저해는 모든 관찰자들에게 명백한 증거가 된다. 그러나 경계성 특성을 보이는 일부 청소년들은 학업활동에 최선을 다할 수도 있다는 것이 우리의 경험이다. 학업에 있어서 이용 가능한 구조와 주의력은 이들의 경직되고 극단적인 기질을 제한하고, 이들의 삶의 다른 영역에서는 보이지 않는 자신감과 성공 성취에 도움이 된다. 사회부적응 문제를 IDEA에 포함시키는 것에 대한 지속적인 논의를 통해 성격장애가 IDEA에서 어떻게 다루어져야 하는지에 관한 질문에 대해 더 많은 주의를 집중시켜야 한다.

델에 있어서의 내재적 한계점들이 있을 수 있다.

이러한 선결 문제들을 고려해볼 때, 이제 DSM-5 내에서 성격장애의 3가지 폭넓은 진단군[A군(특이한-괴상한), B군(극적-정서적), C군(불안-공포)]을 고려해보기로 하자. IDEA 메모 18에는 일반적인 성격장애와 특별히 B군 장애가 IDEA 서비스 적격성과 어떻게 관련되어 있는지에 대해 제시되어 있다.

A군(특이한-괴상한) 성격장애

정의상, 아동기 또는 사춘기 청소년의 전조 상태(즉, 품행장애)를 나타내는 반사회성 성격장애를 제외한다면, 청소년들에게 있어서 성격장애 현상이 존재한다는 가장 좋은 증거는 특이한-괴상한 성격장애군(편집성 · 조현성 · 조현형 성격장애)으로부터의 범주들로 정리될 수 있다. 이 모두는 징후 발현과 사회적 결과(또래 거부, 골리기)의 유사성과 함께, 아동기에 처음으로 명백해지는 것으로 기술되어 있다.

이러한 문제의 악화 가능성에 있어서 '교정적인' 또래 피드백으로부터의 사회적 고립의 역할에 대한 논의는 이러한 작업의 범위를 벗어나는 것이지만, 분명히 후속 연구가 필요한 영역이기는 하다. 관련 문헌에 의하면, 극단적인 형태(즉, 진단 가능한)의 이 모든 3가지 패턴들은 매우 안정적일 수 있다. 이러한 결론은 특히 조현형 성격장애에 관해서는 흥미롭다. 이는 본래 조현병의 전조로 개념화되었지만, 그 후로는 신빙성이 없어졌다. DSM-5에서는 조현성 및 조현형 성격장애와 자폐스펙트럼 및 언어장애, 그리고 편집성 성격장애와 정신병적 장애 사이의 구별에 대한 잠재적인 어려움을 지적하고 있다. 이러한 감별은 사회적 손상과 제한된 레파토리의 심각도와 시간과 상황에 따른 증상 발현의 파급성에 기초한다. 아동 · 청소년들에 대한 성격장애 진단의 사용(앞서 논의된 바와 같이)에 관한 일반적인 유의사항 역시 A군 범주에 적용되지만, 이 특정 진단군은 타당한 임상적 사용과 계속적인 경험적 연구 영역들로 구성되어 있는 것 같다.

B군(극적-정서적) 성격장애

반사회성 성격장애

앞서 언급된 것처럼, 18세 이전에는 반사회성 성격장애로 진단될 수 없다. 그러나 정의에 의하면, 15세 이전에는 기존의 품행장애가 있다. 우리는 관찰된 반사회적 행동의 지속이 개인이 18세에 도달할 때 반사회성 성격장애의 임상적 진단을 정당화하게 되는 경우들을 청소년 분류체계에 명시할 가치가 있다는 사실을 알게 되었다.

경계성 성격장애

다루기 힘든 청소년들을 경계성 성격장애Borderline Personality Disorder 발현으로 개념화하는 것의 유용성은 의심할 여지없이 계속해서 논쟁을 불러일으킬 것이다(Bleiberg, 1994; Lewis, 1996). 이는 특히 이 장애에 대한 몇몇 경험적으로 타당화된 치료들이 있기 때문이다. 물질남용 · 정신보건사업부(SAMHSA; 2015)의 국립증거기반프로그램 · 실행등록소(NREPP)에는 현재 경계성 성격장애에 대한 4가지 경험적으로 뒷받침된 개입방법 목록이 마련되어 있다[① 변증법적 행동치료, ② 정서적 예측 가능성 및 문제해결을 위한 체계훈련(STEPPS), ③ 역동적 해체심리치료, ④ 심리 교육적 다중가족집단]. 우리의 경험에 의하면, 이 성격장애 범주가 청소년(특히 만성 문제, 치료에 대한 좋지 않은 반응, 그리고 쉽게 만족하지 않는 성격 양상이 있는 청소년들) 분류에 있어서 가장 흔히 적용된다. 그러나 인구의 이질성에 대한 염려, 아동들에게 있어서 '경계성' 특성 또는 경계성 성격장애 진단조차 성인들에게 있어서 이 장애 진단의 좋은 예측변수가 아닐 가능성(Lewis, 1996), 그리고 우리가 특히 문제가 있는 내담자들에게 해로운 꼬리표 붙이기 이상의 것 외에는 거의 하고 있는 일이 없을 수 있다는 염려에도 불구하고, 청소년들에게 있어서 경계성 성격장애는 독자적으로 생존 가능한 진단범주일 수 있다는 몇 가지 증거가 있다 (Ludolph et al., 1990; Westen, Ludolph, Lerner, Ruffins, & Wiss, 1990). 거즈더 외(Guzder, Paris, Zelkowitz, & Marchessault, 1996)의 아동들에게 있어서 경계성 병리의 위험요인에 관한 연구는 고려해볼 만한 가치가 있다. 이 연구자들은 성적 학대, 신체적 학대, 심각한 방임, 그리고 부모의 물질남용 또는 범죄행동이 경계성 성격장애로 진단을 받은 아동들과 그렇지 않은 아동 집단을 구분하는 요소들이라는 사실을 발견했다(경계성 진단을 위한 아동 면담을 통해 이루어짐). 앞서 인용했던 그릴로 외(Grilo et al., 1997)의 연구에서는 주요우울장애, 물질사용장애, 그리고 특히 주요우울장애와 물질사용장애가 결합된 진단을 받은 입원 청소년들에게 있어서 경계성 성격장애 발생률이 높은 것으로 보고되었다.

우리는 때로 청소년에 의해 발현된 경계성 특성 확인이 유용하다는 사실을 알았다. 이러한 특성들은 사례개념화에 있어서 확인, 목록화, 또는 논의될 수 있다. 그러나 우리는 청소년에게 DSM-5의 경계성 성격장애 진단 적용에 대해 자신감을 느낄 수 있는 경우는 거의 없었다. 골드먼 외(Goldman, D'Angelo, Demaso, & Mezzacappa, 1992)는 청소년들에게 보다 더 적용 가능하게 할 수 있도록 DSM-III-R의 경계성 성격장애 진단기준 세트를 수정할 것을 제안하고 있다. 만일 십 대가 이렇게 수정된 진단기준 세트에 의해 확인되지만 DSM-5 기준에는 부합되지 않는다면, 최선의 행동 방침은 달리 명시된 성격장애로 진단하는 한편, 이 아동이 진단기준의 실험세트에 부합된다고 설명하는 것이다. 우리는 여전히 청소년들에게 있어서 경계성 성격장애 개념화의 유용성에 대해 최대한 유의할 것을 조언하고 싶다. 왜냐하면 청소년들에게 있어서 이 진단은 추적조사에서 성격장애 진단보다는 다른 정신건강 진단과 보다 더 강한 연관성이 있는 것 같기 때문이다(Lewis, 1996).

또 다른 진단적 관심은 다수의 정신장애들이 경계성 성격장애와 관련해서 나타날 수 있다는 사실이다. 기분장애, 불안장애, 물질사용장애, 주의력결핍 과잉행동장애, 품행장애, 그리고 (몇몇 사례에서) 해리장애가 동시에 발생할 수 있다. 경계성 성격장애와 우울장애의 결합은 특히 자살 위험이 있을 수 있다(Pfeffer, 1992). 비치명적 자해행동의 반복적인 사례들은 거의 질병특유적pathognomonic 경계성 성격장애다(Linehan, 1993). 그렇지만 이러한 증상들과 다양한 하위문화적으로 뒷받침되는 '청소년의 일탈행동'[예, 품행장애가 있는 청소년과 극도로 반항적인 또는 특이한 (그렇지만 정신질환은 없는) 청소년들에게서 볼 수 있는 비전문적인 문신 새기기, 보디 피어싱, 장식적 흉터 등] 사이의 감별에 있어서는 주의를 기울여야 한다.

경계성 성격장애 진단범주에 관한 최종적인 염려는 이 독립체의 명칭이다. '경계성 성격'이라는 용어는 신경학적 구조와 정신병적 보상작용 상실 사이의 성격조직의 중간 상태를 나타내는 것으로서의 임상적 현상에 대한 종래의 정신분석적 개념화의 유물이다. 이 구조적 모델은 현재 논의에서 거의 언급되지 않는다. 환자 집단, 환자 옹호자 집단, 그리고 일부 전문가들은 이러한 명칭에 불만을 표시했지만, 전문적 문헌에서 대안적 명칭에 대한 의견일치는 없었다. 우리가 들어온 잠재적 대안적 명칭들 중에는 '정서적으로 불안정한 성격', '정서적으로 조절불능 성격', 그리고 '복잡한 외상성 성격장애'가 있다. 이 모든 대안적 명칭들에는 개념적 · 이론적 어려움이 있다. 요컨대, 이는 거의 현재의 명칭 같지는 않지만, 안타깝게도 보다 수용 가능한 대안을 제시한 사람이 아직 없어서, 이 상황은 DSM-5에서도 계속되고 있다.

연극성 성격장애

DSM-5에서는 연극성 성격장애Histrionic Personality Disorder에 있어서의 발달적 쟁점에 관한 구체적인 정보가 제공되지 않았다.

자기애성 성격장애

DSM-5에서는 자기애적 특성이 청소년기에 흔하다는 점만이 명시되어 있을 뿐, 자기애성 성격장애^{Narcissistic Personality Disorder} 발달의 예측에 대해서는 다루고 있지 않다. 병리적인 자기애적 특성은 아동기와 청소년기에 발달되는 것 같지만, 이러한 점이 청소년기의 성격장애 진단에 유용하다는 점은 검증되지 않았다. 명백하게 극단적인 자기애적 특성은 사례개념화와 관리에 도움이 될 수 있다.

C군(불안-공포) 성격장애

회피성 성격장애

DSM-5에는 수줍고 회피적인 특성이 아동들에게 있어서 흔히 발생하는 것이므로, 필연적으로 회피성 성격장애^{Avoidant Personality Disorder}로 발달되지는 않는다고 명시되어 있다. 회피성 성격 문제에 관한 문헌에 의하면, 이러한 장애들은 보통 낯선 사람들에 대한 수줍음이 흔히 나타나는 아동기에 시작된다. 그러나 전형적인 발달 경과에 있어서 이러한 과도한 공포 반응은 사회적 경험의 증가에 따라 감소되는 반면, 문제는 개인의 연령 및 경험과 함께 증가하여 결국 회피성 성격장애가 있는 사람이라는 꼬리표가 붙여질 것이다. 청소년들에 대한 이러한 잠재적 문제가 있다는 사실에 대해 민감하고 사려 깊게 대처해야 할 것이다. 그렇지만 사회적으로 억제된 청소년들에게 성격장애의 꼬리표를 붙이는 것은 신중해야 할 것이다.

DSM-5에서는 사회불안장애가 회피성 성격장애 증상과 많은 부분이 중첩된다는 점을 지적하고 있다. 실제로, 이 2가지 범주는 동일한 문제에 대해 2가지 다른 개념화가 될 수 있다. 사회불안장애는 흔히 심각한 회피적 특성을 보이는 아동에 대해 정확한 진단이 될 것이다. 또한 이러한 진단은 아동들에게 성격장애 진단을 사용함에 있어서 내재되는 문제를 피하게 될 것이다.

의존성 성격장애

DSM-5에는 또한 의존적 패턴이 발달적으로 전형적이고 적절하다는 점에서 아동 · 청소년들에 대해 의존성 성격장애^{Dependent Personality Disorder} 범주 사용에 유의할 것을 권장하고 있다. 만일 발현되는 문제에 보호자와는 별도의 기능이 포함되어 있다면, 분리불안장애 범주가 고려되어야 한다. 우리의 임상 작업에 있어서 아동·청소년들에게서 의존적 특성이 우리들 눈에 띈 적은 있지만, 청소년들에게 성격장애 진단을 내린 적은 없었다.

강박성 성격장애

DSM-5에는 아동·청소년들에 대한 강박성 성격장애Obsessive-Compulsive Personality Disorder 범주의 사용에 관한 정보가 제시되어 있지 않다. 우리는 전문가로서의 업무에 있어서 이 진단을 사용한 임상 사례를 접해보지 않았다. 흔한 실수는 강박성 성격장애를 강박장애로 혼동하는 것이다. 후자의 범주에는 구체적인 증상들(강박사고obsessions 또는 강박행동compulsions)이 포함되는 반면, 성격장애 패턴은 "유연성, 개방성, 효율성을 희생하면서 질서, 완벽주의, 그리고 정신 및 대인 간 통제에 대한 집착"이 포함되어 있다(p. 678/741). 이러한 꼬리표에 있어서의 공통적인 요소들(공통적인 정신역동적 양상에 이전의 믿음을 반영하는)에도 불구하고, 활용 가능한 증거에 의하면, 이 2가지 문제는 경험적으로 연결되어 있지 않다. 강박성 성격장애가 있는 성인들은 특히 강박장애도 나타나는 경향이 있는 것 같지 않을 뿐 아니라 강박성 성격장애는 강박장애 증상을 나타내는 사람들에게 있어서 자주 보고되지도 않는다. 그렇지만 일부 임상 사례에서 이 2가지 진단들이 동반이환 되었다고 보고되었다.

잔류 사례

일반적 성격장애General Personality Disorder 기준(pp. 646~647/705)에는 부합되지만, 구체적인 DSM-5의 범주적 진단들 중 한 가지 기준에는 부합되지 않는 경우에는 2가지 선택권이 제공된다. 이러한 선택권은 내담자가 구체적인 성격장애 기준을 충족시키지 못한 구체적인 사유를 임상가가 나타내는지의 여부에 따라 다르다. 다른 영역에서처럼, 달리 명시된 성격장애 진단에는 이러한 경우에 대한 특이성이 포함될 것이다. 본문의 예로는 '혼합형 성격 양상'(p. 684/747)이다. 명시되지 않는 성격장애 진단은 검사자가 구체적인 성격장애 진단에 도달하지 못한 이유를 명시하지 않는 경우에 사용된다. 본문에는 보다 구체적인 진단을 내릴 수 있을 정도로 정보가 충분하지 않거나 정보를 공유하지 않기로 선택하는 경우의 예들이 제시되어 있다. 우리의 의견으로는, 좋은 임상 보고서에는 이러한 논의가 포함되어 있다. 따라서 명시되지 않는 성격장애 범주는 드물게 사용되는 진단이 되기를 바란다.

DSM-5의 대안적 성격장애 모델

DSM-5의 제III편에 포함되어 있는 새로 개발된 평가치와 모델은 성격 기능의 차원적 모델에 기반하고 있지만, 6가지 성격장애 외에 7번째 성격장애 범주(성격장애가 있는 것으로 판단되지만, 6가지 구체적인 범주 중 한 가지가 충족되지 않는 경우를 위해 명시된 특성)로 이어지는 성격장애의 대안적 분류다. 이 접근에서는 성격 기능의 수준, 병리적 성격특질의 발현, 그리고 특질과 손상의 파급성과 안정성이 고려된다. 성격특질 모델은 대략 성격 5요인 모델과 일치한다. 이 모델은 한 가지 성격이론의 일반 모델과 성격장애에 관한 과거 문헌의 결합을 시도하고 있다. 본문의 제II편에서는 이전의 범주적 모델을 유지하고 있고, 제III편에서는 새롭게 제안된 모델을 포함시키기로 한 미국정신의학회 이사회의 결정에 대해 논의하고 있다.

　대안적 성격장애 편은 전통적인 성격장애 모델에 비해 몇 가지 이점이 있을 수 있다. 개업 임상가와 연구자들 사이에 임상적 실천에 있어서 얼마나 유용하고 얼마만큼 수용될 것인지는 두고 볼 일이다. 이는 실제로 아동·청소년들에게 있어서 성격장애 진단을 내리는 것에 대한 우리의 근본적인 염려에 대해서는 그 어떤 것도 언급하지 않고 있다. 성격장애는 성격특질이 너무 경직되고, 극단적이며, 이러한 특질이 상황의 폭넓은 범위에서 부적응적임이 입증되고, 평생의 대부분 시간 동안 계속될 정도로 지속적인 사람들에 관한 타당하고 유용한 사고방식일 수 있다. 성격에 있어서의 개인차(근본적으로 생물학적 또는 학습된 것, 또는 생물학과 경험의 상호작용으로 간주하든 간에)는 삶의 초기에 발생한다. 아동들은 경험에의 적응력에 있어서 개인차를 보인다. 또한 이들은 이러한 삶의 경험으로부터 받은 영향을 후속 경험으로 가지고 간다. 그렇기는 하지만, 우리가 여전히 성장·발달의 필수적인 기간을 지나고 있는 아동 또는 청소년들에 대해 얼마나 자신 있게 성격장애로 진단할 수 있을 것인지는 의문점이 있다.

대부분의 일반적인 정의와 특히 DSM 정의에 의하면, 성격장애는 지속적이고 교차 상황적이다. 얼마나 오랫동안 지속되는가? 편람에서는 적어도 1년을 제안하고 있다(p. 647/706). 그러나 우리는 이 진단기준이 평생 동안 개인을 당연히 따라다닐 이 심각한 꼬리표 적용을 결정하는 데 있어서 완전히 부적절한 것 같다. 부적응 패턴은 얼마나 만연되어 있어야 하는가? 편람에는 '사회적 · 개인적 맥락의 넓은 범위'(p. 647/705)와 '사회적 · 개인적 상황의 폭넓은 범위'(p. 647/705)라고 언급되어 있지만, 아동 또는 청소년들이 얼마나 폭넓은 사회적 · 개인적 상황의 범위를 경험했어야 하는가? 아동들과, 보다 약한 정도로, 청소년들은 상황적 경험에 있어서 가족, 공동체, 그리고 학교에 의존적이다. 청소년이 자신의 사회적 세계와 환경 구축에 있어서 자율성을 신장시켜 나가는 경우, 좁게 한정시킨 청소년의 세계 내에서 지속적으로 부적응적인 것처럼 보이는 정도는 보다 덜한 것 같다.

아동 · 청소년들을 평가하는 경우, 우리는 능력과 성격 특성에 있어서의 개인차에 주의를 기울이는 것이 임상적으로 유용하다는 사실을 알게 된다. 교실 또는 이웃 같은 흔한 장면에서 극도로 역기능적인 특성, 그리고 지속적으로 부정적인 결과를 마주 대하고 있는 특성에 대해 논의하는 것은 청소년에 대한 포괄적인 평가에 있어서 매우 가치 있는 일이다. 이러한 특성들이 미처 경험하지 못한 환경에 처해 있는 아동에게 지속되고 영향을 미칠 거라는 결론으로 추론적 도약을 하는 것은 거의 정당화될 수 없는 것 같다. 요약하면, 우리는 성격장애 진단이 우리의 청소년들과의 작업, 즉 평가 또는 치료에 기여하는 바가 거의 없다는 사실을 알게 된다.

16

추가 부호와 범주

기타 정신장애

DSM-5에서는 DSM-IV의 분류체계에서 소개되었던 범위와 유연성의 일부를 보존하는 동시에 잔류 진단(즉, 이전의 '달리 명시되지 않는' 진단)에 대한 (가능한) 과잉 의존을 줄이고자 하고 있다. 영역 특이적인 달리 명시된 및 명시되지 않는 범주외에, 검사자들에 의해 관찰되는 잠재적 정신건강 염려에 대한 추가적인 범위를 제공하는 4가지 광역 진단(① 다른 의학적 상태로 인한 달리 명시된 정신장애, ② 다른 의학적 상태로 인한 명시되지 않는 정신장애, ③ 달리 명시된 정신장애, ④ 명시되지 않는 정신장애)이 있다. 이 모든 4가지 진단들은 정신장애에 속한다. 즉, 검사자가 이러한 진단들 중 한 가지를 사용한다는 것은 특정 사례가 DSM-5 내에 속하는 정신장애의 기본 정의에 부합된다고 결론을 내리고 있음을 의미한다. 그러나 검사자의 결론은 또한 특정 사례가 문제 행동의 보다 초점이 맞추어진 영역에 있어서의 진단기준에 부합되지 않거나, 보다 구체적인 범주에 대한 기준에의 부합 여부를 나타내는 정보가 적절하지 않다는 것이다. 다시 말하면, '달리 명시된'과 '명시되지 않는'의 차이는 검사자가 발현된 증상이 보다 구체적인 진단기준에 부합

되지 않는 이유를 소통하기를 선택하거나('달리 명시된'), 아니면 이러한 정보를 제
공하지 않기로 선택하는가('명시되지 않는')이다. 본문에 의하면, '명시되지 않는'
으로 시작되는 진단명은 일부 장면(예, 응급실에서의 짧은 대면)에서 사용될 가능
성이 높다. 이는 비록 당시에 정보가 불충분했음을 나타내는 것에 불과한 것일 수
있지만, 이처럼 진단이 내려진 근거를 제시하는 것은 좋은 임상적 실천이다. 이러
한 점을 감안할 때, 쉽게 가늠할 수 없는 경우는 '달리 명시된'으로 분류될 가능성
이 높다.

　흥미롭게도, DSM-5에서 사라진 2가지 진단은 DSM-IV-TR의 V71.09 진단 또
는 상태 없음(축 I 또는 축 II에서 사용되었음)과 799.9 진단 유보(이 진단 역시 축
I과 II에서 사용되었음)다. 진단 없음 범주는 확정적인 진술이었다. 즉, 이 범주는
학교심리학자가 아동과 그의 상황을 평가해서 정신장애가 없다는 결론을 내리는
데 사용되던 것이었다. 아동의 삶 또는 그의 행동에 있어서 문제가 있을 수 있지
만, 이러한 문제들은 정신장애의 정의에 미치지 못한다. 이에 비해 진단 유보 범주
는 의구심이 드는 진술이었다. 즉, 이 범주는 검사자가 정신장애의 (결여 또는) 발
현에 대해 확실한 결론 도출을 꺼릴 때 사용되던 것이었다. 이러한 진단은 답이 아
니었다. 단지 자료를 수집해서 보다 확실한 결론 도출을 위해서는 보다 많은 시간
이 필요하다는 진술이었다. 이러한 대안들이 DSM-5에 제시되지 않은 이유는 명확
하지 않다.

임상적 주의의 초점이 되는 기타 상태

DSM-5에서 극히 중요한 부분은 '임상적 주의의 초점이 되는 기타 상태'에 관한
장이다. 이 장에서는 아동의 적응과 기능에 심각하게 영향을 미칠 수 있지만,
DSM의 틀 내에서는 '정신장애'로 간주되지 않는 문제와 도전거리를 다루고 있다.
DSM이 개인에게 초점을 맞추고 있는 의학적 모델을 따르고 있다는 사실을 떠올려
보라. 즉, 정신장애는 개인에 의해 경험되고 증상이 발현된 상태에 대한 기술이다.
관계적 또는 상황적 쟁점들(예, 아동학대 또는 가난)은 상당히 중요한 요인이며 치
료적 주의가 요망되는 것으로 알려져 있지만, 이들은 정신장애가 아니다. 본문의
이 부분에서는 이러한 '기타 상태들'의 많은 것들을 다루고 있고 관련된 ICD 부호

들이 제시되어 있다. 첨언하건대, 역사적으로 ICD-9-CM에 수록된 이러한 상태의 대부분은 'V'자로 시작되어 글자와 숫자로 지정된 부호로 식별되었다는 사실을 알고 있을 필요가 있다. 이는 모두 숫자로 표기되었던 ICD-9-CM에 수록된 장애들과는 다른 양상이었다. 이러한 '기타 상태들'은 흔히 'V 부호'로 불린다. 모든 부호에 대해 글자와 숫자로 된 체계로 변경된 ICD-10에서 이러한 기타 상태들은 Z자로 시작된다.

청소년 대상의 심리학자와 다른 정신건강 개업 임상가들에게 기타 상태 편의 중요성은 아무리 강조해도 지나치지 않는다. 이들은 아동의 행동에 영향을 미치는 많은 경험들을 개선 또는 악화시키는 상태들이다. 가족체계에 있어서의 갈등, 교육 및 (일부 십 대들의 경우) 직업적 어려움, 그리고 이 모든 형태에 있어서의 학대는 잘 알려진 적응, 자존감, 그리고 대인 간 기능에 대한 환경적 영향들이다. 다른 상황적 쟁점들(예, 가난, 무주택/노숙, 그리고 차별 또는 박해)은 너무도 많은 청소년들의 삶을 엉망으로 만든다. 안타깝게도, 일부 청소년들은 계획되지 않은 임신, 테러 또는 전쟁에의 노출, 그리고 피해자 또는 가해자로서 법적 체계에의 연루로부터의 도전에 노출된다. DSM-5는 ICD-9-CM과 ICD-10에서 이용 가능한 기타 상태들에 대한 부호를 훨씬 더 광범위하게 제공하고 있다는 점에서 칭찬받아 마땅하다. 이처럼 확대된 범위는 부분적으로 ICD 부호가 있든 없든 간에, 이러한 요인들 중 많은 것들이 축 IV(심리사회적·환경적 문제)에서 논의되었던 이전의 다축체계로부터의 이동을 반영하는 것일 수 있다.

이 장에서 몇몇 상태/부호들은 특별한 주목을 받을 만하다. 예를 들면, 경계성 지적기능 부호는 청소년의 정신능력이 지적장애 기준에 속하지는 않지만, 임상적 주의의 초점이 되거나 청소년의 적응, 치료에의 반응, 또는 예후에 있어서 유의한 영향으로 간주되는 경우에 대한 명칭으로 DSM-IV-TR로부터 계속해서 사용되고 있다. 일반 인구의 약 6%는 IQ가 70~79 사이이다. 이 사람들의 대부분은 DSM-5에서는 지적장애 기준에는 부합되지 않을 것이다. 그렇지만 이들의 교육적 성패, 직업적 미래, 환경적 도전에 적응할 수 있는 능력, 그리고 대처기제는 이들의 낮은 인지 능력에 의해 심각한 영향을 받을 수 있다. 이들은 정신장애를 발달시킬 위험이 클 수 있다. 또한 이들의 적응은 적절한 지원과 필요하다면, 상담에 의해 크게 향상될 수 있다. 기타 상태들과 마찬가지로, 공식적인 명칭과 부호(ICD-9-CM의

V62.89 또는 ICD-10의 R41.83)는 요구, 서비스에의 접근, 그리고 발달적 위험과 경험적으로 지지되는 교육적 개입에 대한 후속 연구의 근거가 되는 기록을 제공할 수 있다.

아동 또는 청소년 반사회적 행동Child or Adolescent Antisocial Behavior(V71.02/Z72.810) 범주에는 품행장애나 간헐적 폭발장애 같은 정신장애의 기준에 부합되지 않는 청소년들에게 있어서 심각한 비행 또는 범죄 행위가 있는 경우에 대해 언급되어 있다. 우리의 청소년 사법체계를 거쳐 가는 많은 청소년들이 정신장애를 가지고 있지는 않지만(또한 많은 아동들이 흔히 인식되지 않는 행위를 저지르지만, 이는 또 다른 쟁점이고 도전임), 심각한 삶의 결과를 초래할 수 있는 위험 및/또는 불법 행동에 관여하고 있다. 여기서 흥미로운 모순점은 이러한 범주의 명칭이 많은 초보 전문가들에게는 품행장애 같은 실제의 정신장애보다 더욱 강력하게 유죄를 시사하는 것처럼 들리게 된다는 것이다. 그럼에도 불구하고, 이 명칭은 흔히 품행장애보다 덜 불길한 예후의 시사점을 가지고 있다. 비행에 관한 보다 폭넓은 사회학적 · 심리학적 문헌에 등장하는 것들이 이 범주에 해당될 것이다.

문화동화 곤란Acculturation Difficulty(V62.4/Z60.3)에는 새로운 문화로 이동할 때 보통 수반되는 적응 문제에 대해 언급되어 있다. 미국으로의 이민과 새로운 가정으로의 문화동화를 둘러싼 지속적인 쟁점은 이 국가의 일부 영역에서 특히 흔하다. 그러나 이러한 쟁점들은 장면에 관계없이 어떤 정신건강 전문가라도 부딪치게 될 수 있다. 이와 유사하게, 청소년들에게 있어서 괴롭힘의 해로운 효과에 대한 향상된 지각은 사회적 배제 또는 거부Social Exclusion or Rejection(V62.4/Z60.4)와 (감지된) 불리한 차별 또는 박해의 표적Target of (Perceived) Adverse Discrimination of Persecution (V62.4/Z60.5) 범주에 있어서 이 문제에 대한 명확한 명칭 제정의 진가를 알 수 있게 된다. 독자들은 이 2가지 부호에 대해 ICD-9에 비해 ICD-10에서 구체성이 향상되었음을 알게 될 것이다.

빈곤과 저소득에의 노출과 기타 불리한 환경적 상황을 기록하기 위한 부호들 외에, DSM-5에는 적절한 치료 자원 결여를 나타내기 위해 2가지 부호(① 건강관리 시설 이용 불가 또는 접근 불가, ② 기타 조력기관의 이용 불가 또는 접근 불가)가 마련되어 있다. 과거 수년간의 모든 노력에도 불구하고, 다수의 청소년들은 기본 의학적 및 다른 건강관리 서비스에의 접근이 결여되어 있는 가정에서 살고 있다.

청소년들의 심리적 적응에 있어서 행동·정서 문제에 대한 경험적으로 지지받는 치료법 개발이라는 난제는 이러한 특화된 치료법들을 지원하는 훈련받은 개업 임상가 또는 기관들이 지역사회 내에 없다는 사실이다. 따라서 이러한 부호들은 결코 답이 될 수 없고, 적어도 이러한 문제를 기록으로 남길 수 있다는 사실만으로도 문제해결을 위한 일보를 내딛는 것이다.

이 진단군에서 독자들의 주의를 끌 만한 2가지 다른 범주로는 '의학적 치료를 멀리함Nonadherence to Medical Treatment'(V15.81/Z91.19)과 꾀병(V65.2/Z76.5)이다. 의학적 치료를 멀리함은 어떤 인구에서든지 쟁점이 될 수 있지만, 스스로 치료를 찾지 않는 청소년들 대부분에게 있어서는 중요한 쟁점이다. 청소년과 성인들에 대한 정신건강 문제에 있어서 근본적인 차이점은 자기 주도적으로 정신건강 서비스를 찾는 성인들에 비해 대부분의 아동들은 성인들의 염려 때문에 성인 보호자들에 의해 정신건강 시설을 찾게 된다는 사실이다. 이러한 의뢰의 차이점은 많은 다른 방식으로 나타난다. 이는 일반 인구와 임상 인구 사이에 흔히 보고되는 유병률의 차이에 극적으로 영향을 미치는 한 가지 요인이다. 정신건강 서비스의 기초적 측면은 내담자로 하여금 도움이 되는 활동 참여를 촉진하기 위한 작업관계를 구축하는 것이다. 이는 이를 실행에 옮기는 것이 스트레스를 유발하거나, 익숙하지 않거나, 언뜻 낯선 방식처럼 여겨지는 경우에도 그렇다. 치료를 멀리함의 범주는 우리가 이러한 치료적 관계 구축에 실패한 것에 대해 '희생자를 비난하는 것'으로 비춰질 수 있지만, 이는 문제의 특성에 대해 집중 조명할 수 있는 수단을 제공할 수 있다.

치료에 대한 고의적인 비협조에 비해, 꾀병은 어떤 외적 이득을 위해 병에 걸렸다는 인상의 고의적인 생성 또는 가정을 의미한다. 명백한 문제가 실제 문제가 아닌 경우에 대한 3가지 DSM 범주의 초점으로는 ① 전환장애, ② 인위성장애, ③ 꾀병이 있다. 각각의 경우에 있어서 우리는 어떤 의미에서 증상들이 '사실'이 아니라고 본다. 이 3가지 진단 간의 차이점은 ① 증상들이 내담자에 의해 고의적·의도적·계획적으로 생성되고 있는지와 ② 증상 생성을 위한 명백한 외적 동기가 있는지의 여부에 달려있다. 전환장애에 있어서 명백한 신체적, 감각, 또는 신경학적 결손의 증상들은 어떤 의학적 부상, 질병, 또는 전통적인 신경학적 상태의 결과는 아니지만, 내담자는 '가장'하지는 않는다. 즉, 속이지는 않는다. 내담자의 지각은 보고된 위약감, 실명, 또는 발작에 대한 진성 경험이다. 여기에는 외적·이차성 이득이 있을 수 있지만, 전환 증상의 동기는 보통 우발적 사건 유지에 있어서 일차성이다. 꾀병의 경우, 개인은 '속인다'. 개인은 자신이 고의적으로 증상이 있는 척하려는 것을 알고 있다. 또한 개인은 분명한 동기를 위해 증상이 있는 척한다(예, 장해보상금 수령, 일 회피, 또는 학교에 가지 않고 집에 머무르기 위함). 인위성장애에 있어서 개인은 또한 의도적으로 자신의 의도를 감추지만, 그 동기는 오직 환자, 아프거나 질환이 있는 사람으로서의 특별한 지위를 나타내려는 것이다. 꾀병은 보다 경미하고 일시적인 발현 상태로, 청소년들에게 있어서 매우 흔하지만, 임상 사례는 드물다. 마찬가지로, 전환장애와 인위성장애 역시 청소년들에게 있어서 드물다. 대리인에 의한 인위성장애는 성인이 '아픈 자녀의 부모' 지위를 얻기 위해 자신의 자녀에게 증상이 있는 것처럼 허위로 조작하는 장애로, 아동학대로 될 가능성이 있고 기타 상태 분류로부터 적절한 DSM-5 분류를 받게 될 것이다.

이들은 DSM-5의 이 절에 있어서 가능한 범주들 중 일부에 해당된다. 이 장에 대한 숙독과 숙고를 통해 청소년의 상황, 도전, 그리고 적응의 다양한 측면을 확인·기록할 수 있는 전문가의 역량을 크게 증진시킬 수 있을 것이다.

최근의 측정과 모델

학교심리학자들이 알고 있을 필요가 있는 마지막 진단범주 세트는 DSM-5 제III편, 새로 개발된 평가치와 모델에 제시되어 있다. 이 절에는 연구를 할 만한 충분한 가치가 있지만 DSM-5의 주요 본문에는 포함될 준비가 되지 않았다고 판단되는 제안된 범주, 대안적 이론모델, 그리고 기타 기능성 평가가 수록되어 있다. 이 범주들 중 일부는 이미 이 책의 앞부분에서 논의되었다. 이러한 구체적인 진단범주들 중 하나가 사용될 수 있는 거의 모든 경우에 있어서, 이 진단은 적절한 DSM 분류에서 공식적으로 달리 명시된 범주로 부호화되어야 한다. 이러한 패턴들의 진단기준 세트 제공은 이들에 대한 DSM-5의 미래 버전(DSM-5.2 등) 또는 DSM-6에의 포함을 뒷받침(또는 거부)할 연구 촉진과 데이터베이스 창출에 도움이 될 것이다.

제III편에는 교차편집 증상평가, 정신병 증상 심각도에 대한 임상가 평정 차원,

그리고 세계보건기구 장애평가목록(WHODAS 2.0; Üstün et al., 2010) 등, 많은 평가 측정방법들에 대해 논의되어 있다. 문화적 구조화에 대한 쟁점은 DSM의 이전 판들보다 더 많은 주목을 받고 있다. 또한 문화적 개념화 면접(CFI)에 대해서도 검토되어 있다. 성격장애의 차원적 평가에 대한 쟁점도 언급되어 있다. 이러한 요소들의 포함은 잠재적으로 도움이 될 뿐 아니라 DSM에게는 값진 추가 자산이다. 이러한 평가에 대한 접근이 임상적 실천과 기록에 어느 정도까지 영향을 미치기 시작하는지를 지켜보는 것은 흥미로울 일일 것이다. 성인 내담자들의 경우, WHODAS 2.0은 DSM-III에서 DSM-IV-TR에 이르기까지 임상가들에 의해 내려진 축 V의 전반적 기능평가(GAF) 평정보다 더 우수한 대체 도구로 간주된다. WHODAS의 한 가지 버전은 여러 형태로 활용 가능한 내담자 자기보고 장치다. WHODAS의 '타인' 평정 및 치료자 평정 버전 역시 이용 가능하지만, 임상가들이 바뀐 도구들을 사용하기에 앞서 적절한 훈련을 받을 것이 권장된다. WHODAS는 자유롭게 활용이 가능하고 많은 연구들에 의해 뒷받침되고 있다는 이점이 있다(Üstün et al., 2010). 실제로 얼마나 자주 사용될 것인지는 두고 볼 일이다. 또 다른 쟁점은 WHODAS의 아동·청소년용의 필요성이다. WHODAS의 청소년용은 아직 개발되지 않았지만, 세계보건기구에서는 한 가지를 개발 중에 있다. 청소년 평가·진단에 도움을 줄 청소년 자기보고 평가와 부모/타인 성인 정보제공자용이 있다면 도움이 될 것이다.

제III편의 '추가 연구가 필요한 진단적 상태' 장에는 8가지 제안된 진단범주들(① 약화된 정신병 증후군, ② 단기 경조증 동반 우울 삽화, ③ 지속성 복합 사별장애, ④ 카페인사용장애, ⑤ 인터넷게임장애, ⑥ 태아기 알코올 노출과 연관된 신경행동장애, ⑦ 자살행동장애, ⑧ 비자살성 자해)에 대한 연구 진단기준 세트가 포함되어 있다. 후반의 4가지에는 청소년들에게 명백히 잠재적 적용가능성이 있다. 예상컨대, 인터넷게임장애는 물질남용과 중독행동장애 진단군 구성에 있어서 도박장애와 합쳐질 것이다. 태아 알코올 노출과 연관된 신경행동장애는 태아 알코올 증후군의 행동적 결과를 보다 더 명료하게 하려는 의도가 있다. 마지막 2가지 잠재적 진단들(자살 행동과 고의적 자해)은 정신건강에서 관심사의 주요 영역에 대한 분류를 제공할 것이다. 이 제안된 범주들의 장단점에 대한 언급은 하지 않고, 우리는 이 범주들이 현재로서는 DSM-5 내에서 이용 가능하지 않다는 사실만 밝힌다. 이러한 행동들이 현재 DSM-5 범주 내에서 어떻게 다루어지게 될 것인지는 본문에서는 명확하지 않다. 자살과 준자살 행동은 많은 DSM-5 진단의 증상일 수 있다. 만일 구체적인 진단의 기준에 완전히 부합되지 않는다면, 대부분의 경우는 '달리 명시된'을 택하게 될 것이다. 명시되지 않는 신경인지장애 선택은 태아 알코올 노출과 연관된 신경행동장애의 가능한 현재의 분류일 것 같다. 이용 가능한 진단에서 자멸적인 인터넷게임행동은 어떻게 다루어져야 하는지는 명확하지 않다.

3

학교에서의 DSM-5 적용 : 쟁점과 논의

대학원생들에게 심리평가 과목을 가르치는 데 있어서 우리는 가장 중요한 과업의 하나가 학생들로 하여금 심리검사psychological testing와 심리평가psychological assessment의 차이에 대한 이해를 돕는 것임을 알게 되었다. 검사는 본질적으로 비교적 쉽고 단순하게 가르칠 수 있는 기계적인 과정이다. 가장 도전적인 심리검사들조차—검사자에게 필수로 요구되는 과업의 관점으로부터—평균 지능을 가진 고등학교 졸업생들에게도 적절하게 가르칠 수 있다. 이에 비해, 심리평가는 고도로 요구되는 것이 많고, 인간 문제에 대한 이해, 정확한 검사에 있어서의 쟁점에 관한 인식, 평가에 대한 활용 가능한 접근방법의 특성에 관한 지식, 그리고 각 경우에 있어서 의뢰를 위한 질문에 답할 수 있는 평가 방법의 창출을 위해 이 모든 이해와 지식의 통합이 필수로 요구되는 전문적인 수준의 과업이다. 이러한 논리를 고려해볼 때, 정신의학적 분류에는 일련의 진단기준을 암기하는 이상이 포함되어 있다는 결론에 이르게 된다. 대부분의 경우, 우리는 학생들에게 DSM 진단기준 세트를 암기만 하지 않도록 권한다. 평가자들이 필요로 하는 것은 인간 평가과정의 이해, 사용될 분류체계에 대해 속속들이 잘 아는 것(단순 암기된 지식이 아니라), 그리고 가장 적절한 진단부호의 심사숙고한 선택이다. 대부분의 다른 인간 활동처럼, 정신의학적 분류 과정은 많은 다른 행동 체계, 윤리와 가치 강령, 그리고 사람들과의 상호작용이다. 이 마지막 장들에서는 청소년들의 정서·행동 문제 분류에 있어서 DSM-5의 역량 있고 전문적인 사용과 관련된 몇 가지 주제들에 관해 살펴보기로 한다.

17

평가 윤리와 전문적 책임

정신건강 평가에 있어서의 학교심리학자의 역할

정서·행동 분류에 있어서 어떤 전문직들이 개입해야 하는지에 대한 쟁점은 합리적·덜 합리적 요소들이 뒤섞여 있는 복잡한 사안이다. 어떤 활동이 요구되는지에 대해서도 일치된 의견은 없다('정신의학적 진단', '정신건강 평가', '행동적 진단' 등). 전문가로서의 자부심과 자만심, 의학적·심리학적 실행에 대한 법적 정의, 전문가의 자율성과 경제적 경쟁에 대한 학파/협회의 쟁점, 그리고 20세기와 21세기 초엽의 정신건강 진료 형태의 형성과 재형성에 기여해온 사회적 힘 등 이 모두가 각기 역할을 해왔다. 독립적인 전문직으로서 심리학의 폭넓은 주제에 대해 다루는 것은 이 책의 범위를 벗어나는 것이지만, 행동 분류에 있어서 학교심리학자들이 어떤 역할을 수행해야 하는지에 대한 구체적인 질문은 중요하다.

심리학자들은 오래전부터 행동·정서 장애의 분류에 관여해왔다. 이렇게 관여해온 한 가지 분명한 영역은 정신건강 서비스 내에서의 심리검사였다. 검사는 오랜 기간 심리학자들의 특수 분야였고, 검사가 평가과정에 가치가 있음이 입증된 수준에 도달하기까지 이 과정에 심리학자들이 투입되었다(다른 반대 의견이 있었음에도 불구하고). 지적·학업적·인지적 장애들에 대해 공식적인 심리측정학적 평가의 역할은 매우 중요하다. 학파와 관계없이 공식적인 능력검사 없이 지적장애, 학습장애, 또는 치매를 진단하려는 전문가는 아마 없을 것이다. 많은 아동기 문제, 기분 및 불안 문제의 평가를 위한 증상보고척도, 그리고 성격기능 이상 모델에 대한 기질 및 사회적 관계에 대한 전반적인 측정 평가에 대한 행동평정척도의 기여에 대한 자료는 잘 축적되어 있다. 대부분의 심리학 훈련 프로그램의 일부인 평가에 대한 폭넓은 준비가 심리학자들로 하여금 부적응 패턴에 대해 신뢰성·타당성 있는 평가업무를 수행할 수 있는 최적의 위치를 차지할 수 있게 한다는 주장은 충분히 논쟁거리가 될 수 있다. 넓은 범위의 전문적 장면에 있어서 임상 및 상담심리학자들은 일상적으로 DSM-5 형식 내에서 내담자 분류 업무를 담당하게 될 것이다.

학교심리학자들은 다른 응용분야 심리학자들 못지않게 행동과 행동문제의 평가와 기술에 관여해왔다. 그러나 이들의 업무상의 전통은 적어도 학교에서 근무하는 경우, 흔히 정신의학적 분류체계의 언어로 이러한 평가결과를 발표하는 일에는 관여하지 않았다. 학교심리학자들의 고도로 능숙한 평가는 보통 교육 시스템 내에서 아동의 특수 서비스 적격성을 확정짓거나, 개별교육프로그램(IEP) 계획을 돕거나, 아동·청소년들의 교육진로의 경과 동안 변화와 진척상황을 모니터링하는 일에 중점을 두어 왔다. 이러한 기능들 중 첫 번째 것은 주로 아주 다르고 전문화된 분류체계의 맥락에서 수행되어 왔다. 이 분류체계는 주로 학교 장면과 교육목적 내에서 제한적으로 개발된 것이었다. 대부분의 학교심리학자들의 심리평가에는 행동관찰, 심리검사, 과거사 기록, 그리고 아동 또는 청소년의 삶에 있어서의 중요한 타인들의 보고 내용들이 포함되어 있지만, 보통 이 정보가 DSM-5 분류체계 내에서 어떻게 제시될 것인지에 대한 내용은 담고 있지 않았다. 최근까지 이러한 업무는 학교심리학자들의 핵심 역할로 인식되지 않았다.

그러나 수많은 영향력이 작용하게 되면서 급기야 이러한 상황에 변화가 일어나기 시작했다. 학교심리학자들과 이들을 고용한 교육체계는 정신의학적 분류가 학교심리학자의 역할의 일부가 되어야 하는지의 여부에 대해 점차 관심이 높아지고 있다. 한 가지 명백한 것은 이 쟁점에 강력하게 작용하는 요인은 경제다. 정신건강 진단은 학교 내에서의 심리서비스에 대한 재정지원의 다른 잠재적 자원(주와 연방정부 기관들뿐 아니라 보험회사의 '제3자 지급인')에의 접근성을 용이하게 한다.

지속적으로 서비스 범위를 확대해 나가기 위한 입법부의 권한 강화에 따라, 이에 상응하는 추가 재정지원이 없는 상태에서 학교는 재정적 지원의 한계까지 압박을 받고 있다. 일부 학교들은 아동·청소년의 정신건강 문제를 겨냥한 평가에 있어서 심리서비스 윤리와 전문적 책임을 위한 상업적 보험과 메디케이드(미국의 저소득층 의료 보장 제도 – 역자주) 재정지원의 접근 가능성 타진을 시작하였다. 그러나 재정지원에 대한 접근은 거의 항상 DSM 분류가 필수로 요구되는데, 학교 시스템 내에서 정신의학적 분류의 쟁점을 다룰 수 있는 자격을 가장 잘 갖추고 있는 사람은 학교심리학자다.

　학교, 클리닉, 레지던트, 병원 장면에서의 우리의 경험을 고려해볼 때, 우리는 학교심리학자들이 임상 및 상담심리학 분야의 동료들처럼 정신의학적 분류를 능숙하게 할 수 있다고 주장함에 있어 추호의 망설임이 없다. 부적응 이해는 모든 응용 심리학자들의 핵심 과업이다. 또한 DSM-5 분류체계는 정신병리 치료에 중요한 도구다. 우리는 모든 응용 전문분야에 있어서의 심리학자들은 이 도구의 지속적인 발달과 적용에 있어서 역할을 개발·유지할 필요가 있다고 주장한다. 그렇게 하지 않으면, 정신건강 분야에 있어서 심리학자들이 설 땅이 없어질 위험성이 점점 높아질 것이다.

　전문적인 심리학의 적용은 모든 주에서 법적으로 규정된 활동이다. 주 면허법마다 공식적인 정신의학적 진단에 대한 심리학자의 역할 인식에 있어서 차이가 있다. 전문적 역할 확대를 고려하는 심리학자라면 적절한 훈련과 수퍼비전을 받아야 하고, 새로운 진료 활동의 잠재적 영역에 관한 법적 규정을 면밀히 검토해야 할 것이다(전문가 메모 7 참조). 이러한 상황에서 정신건강 진료에 대한 전문성을 갖추고 있는 변호사와의 자문은 당연히 권장할 만하다. 그럼에도 신중한 접근, 즉 아동·청소년의 정서·행동 문제를 부호화하기 위해 DSM-5 분류체계를 활용하는 등의 전문성을 개발하는 것은 학교심리학자들에게 적절한 전문적 활동이다. 더 나아가, 이러한 전문성은 점차 요구가 커질 것이고, DSM-5의 사용은 결국 현재 임상 및 상담심리학자들과 마찬가지로 학교심리학자들의 핵심 활동이 될 것이다.

최적의 진단을 위한 학교심리학자들에 대한 권고사항

새로운 영역에서의 역량 발달을 위해서는 한 가지 활동만으로 충분하지 않다. 정신건강 진단에 있어서 새로운 기술 개발을 원하는 학교심리학자는 다른 새로운 기술 세트의 발달과 동일한 방식을 따라야 한다. 독립적인 진료활동의 초기 단계를 거치면서 읽기와 연구, 계속적인 교육 워크숍, 수퍼비전 하의 실습, 그리고 빈번한 전문가 자문은 모든 심리학자들의 지속적인 전문적 발달을 위한 제반 절차다. 전문적 심리학의 다양한 방면에서의 참여 준비를 위한 증빙서류를 준비하는 것은 정신건강 진단기술 개발과 마찬가지로 면밀히 진행되어야 한다. 순수하게 호기심 어린 동료들의 일상적인 문의로부터 특정 분류에 대해 마음에 들어하지 않는 변호사의 날카로운 조사에 이르기까지의 모든 것이 학교심리학자들에게는 어떻게 정신건강 진단에 참여하고, 어떻게 이러한 역할을 준비할 것인지 설명할 수 있는 기회가 될 수 있다.

🔖 전문가 메모 7. 정신건강 진단에 관한 미국의 학군 정책 및 주법

학교심리학자 또는 관련 정신건강 전문가가 정신의학적 진단의 실행적 쟁점에 직면할 준비를 하게 되면서, 이 활동에 대한 관련 기관의 지침과 법 규정을 검토하는 것은 신중한 태도다. 학군, 특수교육 단위, 그리고 다른 고용주들은 행동 분류의 사용에 적용되는 공식적 또는 비공식적 정책을 마련하고 있을 수 있다. 정신장애 진단의 전문적 행위에 대한 규정 또는 주 정부에 의한 면허법이 제정되어 있을 수 있다. 관련 정책과 법령 검토, 전문가협회로부터의 입력사항 탐색, 그리고 경험이 풍부한 동료들의 자문 모두는 잠재적 문제 조망, 적절한 해결방안 모색, 그리고 전문가 발달의 새로운 영역으로 이동할 때 흔히 가질 수 있는 불안 감소에 도움이 될 수 있다. 일부 주의 학교심리학자 협회는 진단 쟁점에 대해 언급한 제3자 변제 탐색을 위한 권장사항을 개발하였다(Elliott et al., 1993의 예시 참조).

18

사례기록

진단을 위한 데이터와 관련 문서

아동 · 청소년 사례기록에는 심리서비스 제공에 필요한 제반 핵심 기록과 문서가 들어 있다. 이러한 기록의 일부로는 정신건강 분류와 진단 쟁점에 관한 자료가 반드시 포함되어 있어야 한다. 여러 장면에서 응용심리학자들에게는 진단 다음에 이러한 분류를 뒷받침하는 자료(예, '~에 의해 발현된 품행장애') 기입이 필수로 요구된다. 이러한 작업을 습관화할 필요가 있다. 사례일지에 진행 중이거나 최종 진단을 뒷받침하는 징후와 증상 목록을 기록하는 것은 바람직한 일이다. 이미 작성된 진단 관련 진술을 방어하기 위한 최선의 방법은 분류의 근거가 되는 행동 현상을 드러나게 하는 것이다. 정신건강 기록은 오랫동안 개인을 따라다니는 것이므로, 향후 진단 검토가 가능하도록 충분한 근거 기록과 자료를 보존하는 것이 중요하다.

비밀유지, 정보의 자유, 부모 · 아동의 권리

심리학자의 전문적 활동에 있어서 고려해야 할 중요한 문제는 내담자의 사생활과

정보에 대한 비밀유지confidentiality다. 미국 내 대부분의 주에서는 전문직의 윤리적 필수요건 외에도, 심리 관련 기록의 법적 방출을 보호하고, 상황을 관리하기 위한 구체적인 법적 필수요건을 마련하고 있다. 만일 정신건강 분류가 아동 · 청소년의 학교기록의 일부가 된다면, 비밀유지에 관한 추가적인 법적 필수요건이 적용되는지의 여부 결정이 권장된다. 정신건강 정보 관리를 위한 법령은 교육관련 자료의 성격에 따라 다를 수 있다. 정신건강 비밀유지에 관한 법률은 특히 청소년들에 대해서는 복잡할 수 있다. 청소년들은 아동에 비해 자율성이 더 높지만, 그래도 아직은 완전히 독립적인 대상으로 다루어질 수 없기 때문이다.

학교는 보통 무단 방출 없이 정보 보유뿐 아니라 부모 또는 기타 법적 보호자에게 정보를 제공할 책임이 있다. 기록의 공유에는 전형적으로 정신건강 정보가 포함된다. 개업심리학자는 성숙한 내담자 또는 미성숙한 내담자의 부모와 내담자의 정신의학적 진단에 대한 논의에 편안해할 필요가 있다. 또는 십 대 내담자의 경우, 해당 청소년과 그의 부모 둘 다와의 논의에 대해서도 마찬가지다. 다시 강조하지만, 특정 상태에 적용되는 구체적인 법적 명령과 특정 작업 장면의 방침과 절차에 대해 잘 알고 있어야 한다. 정신건강 분류에 관한 쟁점에 있어서, 이러한 분류가 과거에 학교 시스템 내에서 실행되지 않아 왔다는 점에서 실행 중인 정책이 없을 수 있다. 문서화된 정책 개발이 이러한 실행 영역에 영입된 학교심리학자의 첫 과업들 중 하나가 될 수 있다.

사례기록으로부터 노출된 정보에 대해서는 반드시 기록으로 남겨 놓는 것이 좋다. 만일 기록 사본을 방출해야 한다면, 우리는 정보방출 양식에 어떤 문서가 복사되었고, 언제, 누구에게 방출되었는지를 기록으로 남겨 놓을 것을 권장한다. 만일 구두로 방출되었다면, 우리는 사례일지에 논의된 정보를 요약해서 기록으로 남길 것을 권장한다.

기록관리

정신건강 기록은 안전하게 보관될 필요가 있다. 이는 내담자의 비밀을 보호하는 한편, 내담자의 요청이 있을 때 합법적으로 방출하기 위함이다. 적응적 · 부적응적인 인간발달에 대해 보다 명확하게 이해하기 위한 시도에 있어서 종단적 데이터베이스의 중요성은 부인할 수 없을 것 같다. 어려운 진단적 질문을 해결하기 위한 가장 확고한 근거는 흔히 시간이 흐르면서 한 아동·청소년의 문제 발생 경과에 대한 기록에서 찾을 수 있다.

기록의 안전한 보관과 관리 제공이 학교 시스템에 대한 새로운 책임이 되어서는 안 된다. 그러나 DSM-5 진단이 학교기록 내에서 생성된 사례 자료에 추가되는 경우라면, 정신건강 기록에 관한 주 정부의 기록관리 필수요건을 검토하는 것이 신중한 선택일 수 있다(전문가 메모 8 참조). 앞서 살펴본 바와 같이, 법은 교육적 기록에 대한 것과 정신건강 기록에 대한 것이 다를 수 있다. 만일 DSM-5 진단이 아동의 교육관련 파일에 포함되어 있다면, 이러한 기록들은 법정에 의해 정신건강 기록으로 간주될 가능성이 높고, 적용 가능한 비밀유지 활동이 적용될 것이다.

전문가 메모 8. 정신건강 기록관리

심리학자와 기타 정신건강 전문가들 사이에는 "정신건강 기록은 얼마나 오랫동안 보관되어야 하는가? 영원히에다가 7년을 더한 기간!"이라는 우스갯소리가 있다. 이 농담에서 제기된 질문에 대해서는 절대적인 답은 없지만, 이는 학교심리학자와 학군에 대해서는 중요한 실행적 쟁점이 될 수 있다. 정신건강 기록의 적절한 관리에 관한 관련 주 법령은 교육적 기록에 관한 법령과는 다를 수 있다. 게다가, 정신건강 기록의 잠재적인 역할은 전문가의 과실 또는 책임이 제기되는 경우, 중요한 고려사항이 된다. 학교심리학자는 정신건강 기록 관리에 관한 쟁점들을 면밀히 고려해야 한다. 또한 학군은 공식적인 정책을 개발해야 한다(만일 없다면). 미국심리학회(APA, 2007)의 가이드라인 같은 자료를 검토해보는 것은 좋은 출발점이다.

19

학교 내 평가·진단을 위한 변제방안 탐색

의사들의 현재 절차상의 전문용어 부호

미국의학협회의 **현재절차용어집(CPT)**은 정신건강 문제에 대한 진단적 절차를 포함한 의학적 절차 확인에 사용되는 체계다. 이는 본래 의사들에 의해 수행된 서비스를 보고하는 수단으로 1966년 미국의학협회에 의해 개발되었다. 코드는 현재 매년 개정되고 있고, 미국의학협회로부터 이용 가능하다. CPT에는 전문적 활동을 확인하기 위한 기술적인 구문이 제시되어 있고, 각 서비스에는 5자리 숫자로 된 코드가 배정되어 있다(예, 심리학자에 의한 심리검사는 96101로 코드화됨). 여기에는 건강관리활동 기록, 특히 제3자 지급인(즉, 보험회사, 주 또는 연방정부 기관)과 소통하는 독특한 방법이 제시되어 있다. CPT의 1983년 업데이트 판은 보건관리재정부(HCFA)에 의해 메디케어와 메디케이드 프로그램 서비스 보고를 위한 이 기관의 공통 절차 코드체계의 일부로 채택되었고, 이후 수차례의 개정을 거쳐 이러한 변제의 잠재적 자원에의 접근을 위한 일차적 근거로 기능해왔다(Schmidt, Yowell, & Jaffe, 2010). 대부분의 보험회사들은 보험료 청구에 사용될 CPT 코드를 필수로 요구하고 있다. 보험회사 또는 공공 프로그램으로부터 변제를 청구하려는 학교심리학자 또는 학교 시스템은 보통 이러한 코드들을 통해 대금 청구에 필요한 서류를 작성할 수 있을 필요가 있을 것이다. CPT 코드의 사용에 관한 정보는 미국의학협회, 미국심리학회, 그리고 기타 전문가 협회들을 통해 구할 수 있다. 심리평가 및 진단과 관련된 전문적 활동의 대부분은 다음의 CPT 코드에 제시되어 있다[① 90101, 심리학자에 의한 시간당 심리검사, 해석, 보고, ② 96102, 기술자에 의한 시간당 심리검사, ③ 96103, 컴퓨터에 의한 심리검사(심리학자의 해석·보고 시간 포함), ④ 96111, 발달검사(연장된), ⑤ 96116, 신경행동상태검사, ⑥ 96118, 심리학자에 의한 신경심리학적 검사, 해석, 보고, ⑦ 96119, 기술자에 의한 신경심리학적 검사, 해석, 보고, ⑧ 96120, 컴퓨터에 의한 신경심리학적 검사(심리학자의 해석·보고 포함)]. 심리치료와 기타 서비스에 대한 다른 코드들이 마련되어 있다.

대부분의 제3자 지급인에 대한 대금 청구서 제출은 보통 HCFA-1500 양식으로 불리는 표준건강보험청구서 양식의 사용이 필수로 요구되거나 이로 인해 절차가 용이해진다. 이 양식(의학적 장면과 의사들을 위한 사업용품을 제공하는 많은 회사들로부터 구할 수 있음)에는 서비스 제공자에 관한 정보뿐 아니라 환자, 환자의 보험, 수행된 의학적 절차, 그리고 이러한 것들과 진단과의 관계에 관한 정보의 기록을 위한 표준화된 형식이 마련되어 있다. 어느 복잡한 체계와 마찬가지로, HCFA-1500과의 첫 경험은 깊은 좌절감을 느낄 수 있다. 그러나 잠재적 심리서비스 범위와 절차는 실제로 아주 제한되어 있다. 또한 심리평가에 대한 대금 청구는 일단 이 양식과 어느 정도 익숙해진 다음에는 보통 기술지원 스태프의 분야가 될 수 있다. (물론, 이 양식을 누가 작성하는지와 상관없이 이 양식에 서명하는 면허증을 소지한 심리학자는 기재된 정보의 정확성에 대해 책임이 있으므로, 변제를 위한 제반 서류를 면밀히 검토해야 한다.)

기준으로서의 '의학적 요구'

상업적인 보험회사와 정부의 보험프로그램에서는[예, 메디케어, 메디케이드, 사회보장, 민간인 건강·메디케이드 표준서비스 프로그램(CHAMPUS)] 의학적 변제에 대해 다양한 방식으로 통제·제한하고 있다. 많은 관심은 치료에 대한 변제에 모아지고 있지만, 평가서비스가 보험정책에 의해 다루어진다면 평가 역시 이 지침에서 다루어질 것이다. 전형적으로, 정책에는 '의학적으로 필요한' 서비스 또는 이러한 조치에 대한 몇 가지 다른 문구에 한해서 잠재적 변제 대상으로 고려될 것이라는 점이 명시되어 있다. 일부 정책에는 의사가 의뢰하는 서비스에 한해서 변제하도록 명시되어 있을 것이다. 제3자 지급인은 흔히 '의학적으로 필요한지'의 여부에 대해 최종 결정을 내린다. 예를 들면, 일부 보험회사들은 반사회적 행동(V71.02 [Z72.810], 아동 또는 청소년 반사회적 행동 — '임상적 주의의 초점이 되는 기타 상태' 분류)만의 문제가 있는 청소년을 치료하기 위한 심리서비스에 대해서는 이 명칭이 정신장애가 아니라는 이유로 변제에 적절하다고 여기지 않을 수 있다. 동일한 보험회사는 312.32 [F91.2], 품행장애, 청소년-발병형, 또는 309.3 [F43.24], 품행 장해가 있는 적응장애로 진단을 받은 다른 아동에게는 정확하게 동일한 서비스에 대해 변제를 해줄 수 있다.

이렇게 차이가 나는 결정은 심리학자들에게 좌절을 안겨줄 수 있다. 왜냐하면 이 2가지 경우에 대해 정확하게 동일한 심리서비스가 제공되기 때문이다. 그러나 이러한 결정은 보험회사의 관점에서는 이해가 된다. 두 번째 경우에 제시된 문제는 정신장애로 간주되기 때문이다. 보험계약자는 정신장애의 보장범위에 대해 보험료를 납부해왔다. 또한 이 보장범위를 제시하는 것은 보험회사의 의무이기도 하다. 보험회사는 보험계약자에게 무제한적인 도움을 제공하거나 심리학자의 '선한' 서비스 제공에 대해 지원할 의무는 없다는 사실에 주목하라. 보험가입자에 대한 보험업자의 의무는 보험약관에 명기되어 있다. 보험회사는 보험계약자의 친구이고 잘 보살펴줄 것임을 암시하는 흔한 홍보주제에도 불구하고, 실제 관계는 계약과 법에 의해 엄정하게 관리된다. 보험계약자의 계약에 들어 있지 않은 보험료 청구에 대해 변제하는 것은 보험회사의 입장에서는 비윤리적 행위가 될 것이라는 사실을 기억해야 한다. 이러한 행동은 회사 주주들의 합법적인 이익을 감소시킬 것이고, 궁극적으로는 전체 계약자들의 보험료 상승으로 이어질 수 있다.

정신의학적 진단 결정에 있어서 평가와 평가 서비스는 흔히 치료 서비스보다는 정신건강 정책에서 보다 폭넓게 다루어진다. 예를 들면, 일부 경우에 있어서 잠재적 정신장애 평가는 궁극적으로 진단된 장애가 보장 범위에 적격하지 않은 경우조차 변제에 적격하다고 결정될 수 있다. 적격한 장애가 평가과정(즉, '배제' 상태)에서 적극적으로 고려되고 있는 한, 이 과정 자체는 적격한 것일 수 있다. 그러나 개별 정책은 매우 다양하고, 심리적 상태, 서비스, 또는 보험회사를 일반화해서 신뢰하는 것은 결코 안전하지 않다. 중요한 것은 내담자가 제3자 보험업자에게 구매한 보험계약서 또는 내담자의 고용주에 의해 협의된 계약서다.

심리서비스에 대한 잠재적 보험금 변제는 보험계약자의 보험증권 상에 명기되어 있는 정신건강 서비스 범위의 정확한 성격에 따라 다를 것이다. 정신건강 서비스에 대한 대부분의 정책은 재정적 만회에 앞서 반드시 충족되어야 할 '공제'에 관한 조항이 있고, 전형적으로 그 영역에서의 서비스에 대해 '보통 및 관례적인 비용'의 비율만을 변제 및/또는 매년 또는 평생 동안 특정 장애에 대해 '한정caps'시킬 수 있다. 이에 따라 잠재적 총 변제액의 상한선이 설정된다. 이러한 서비스가 제공되기 전에 얼마나 서비스를 받을 것인지에 대한 면밀하고 정확한 결정에 의해 큰 불행을 피할 수 있다. 내담자들은 흔히 자신의 의료보험 정책이 정신건강 서비스 지원에 얼마나 도움이 될 것인지에 대해 과대평가한다. 다소 오래되었지만, 스몰(Small, 1991)의 저서는 이 주제에 관한 몇 안 되는 출판된 참고문헌 중 하나다. 전문가 협회들에 의해 제공되는 온라인 자원은 이 주제에 관한 가장 도움이 되는 현존하는 자원일 수 있다.

대금 청구에 있어서의 윤리적 · 전문적 책임

학교심리학자들은 보통 심리평가 수행에 있어서 경험이 많다. 이러한 평가의 산물은 DSM-5 언어로 표현되지 않았을 수 있다. 그러나 면밀하고 정확한 평가 과정은 능숙하게 훈련된 모든 학교심리학자들에게 있어서 잘 발달되었다. DSM-5 분류체계의 활용에 있어서 이러한 기술의 적용은 경미한 정도의 확대다. 학교심리학자들은 보통 타고난 성향과 공식적인 훈련을 통해 내담자들에게 도움이 되는 정신적인 세트를 지니고 있다. 이들은 아동 · 청소년들, 이들의 교사, 그리고 이들의 부모와 가족에게 가능한 한 많은 도움을 제공할 수 있도록 동기화되어 있다. 그러나 학교심리학자들은 보통 심리서비스에 대한 대금 청구와 보험회사 또는 기타 제3자 보험업자들과 상호작용에 있어서는 경험이 많지 않다. 이에 대한 노출의 결여는 몇 가지 잠재적인 어려움의 원인이 된다.

　　심리서비스에 대한 변제 신청을 하는 역할을 맡게 되는 학교심리학자는 자신의 전문적 역할과 책임을 통해 면밀하게 생각해볼 필요가 있다. 심리평가를 담당하는 학교심리학자들의 직무는 청소년과 특정 환경에 놓여 있을 가능성이 있는 청소년의 상황에 대해 최적의 평가를 내리는 것이다. DSM-5 분류체계를 활용하는 심리학자의 직무는 가장 적절한 DSM-5 부호(들)로 그 결과를 제시하는 것 — 청소년이 처해 있는 상황의 핵심 양상을 가장 정확하고 타당하게 나타내는 DSM-5 범주(들)를 선택하는 것이다. 학교심리학자의 직무는 특정한 상황에서 학교 시스템 또는 아이의 부모가 보험금을 받을 수 있도록 돕는 것이 아니다. 최소한 변제를 받기 위해 가능한 모든 노력을 다하는 것은 학교심리학자의 직접적인 책임은 아니다.

　　확실한 것은 심리학자가 (적절한 정보방출 절차에 따라) 보험금 청구를 위한 기록을 제공해야 한다는 것이다. 학교 시스템은 보험료를 청구할 수 있다. 보험료 청구는 심리학자가 해야 할 일의 일부가 될 수 있다(물론 전문가로서의 효율적 시간활용에 속하는 것은 아니지만, 이러한 경우가 발생할 수 있음). 그러나 변제 여부에 대한 쟁점이 진단적 분류의 결정에 영향을 주어서는 안 된다. 보험회사에서 의료보험 정책에 따른 변제 가능성을 심의하는 과정에서 발생하는 일로 인해 진단적 결정이 영향을 받아서는 안 된다. 변제 결정이 진단 결정에 영향을 주어서는 안 된다. 만일 변제 결정과 관련된 고려사항이 진단 분류에 영향을 미치게 된다면, 이 과정의 근본적인 타당성이 침해될 것이다. 평가의 온전성이 상실되고 말 것이다. 이러한 경우, 행동적 사실 외의 것에 대해 진단의 근거를 두는 것은 비윤리적이다. 이런 식으로 진단이 변제받기 위한 수단으로 악용된다면, 이는 불법적인 행위로, 보험회사 또는 다른 제3자 지급인에 대한 사기 행위로 간주된다.

　　진단관련 과목을 수강하는 대학원생들은 실수에 대해 불안해한다. 이들은 자신들이 내린 진단이 틀릴 것에 대해 염려한다. 이들은 자신의 진단이 맞다고 확신하고 싶어 한다. 이러한 염려는 어느 정도는 이해할 만하고 합리적이지만, 현실은 인간 행동에 대한 진단은 기껏해야 특정 시점에서 수집된 데이터에 근거하여 계산된 가설일 뿐이다. 그 후에 수집되는 정보에 따라 진단은 얼마든지 바뀔 수 있다. 이러한 업데이트는 첫 번째 진단이 잘못된 것이고 두 번째 것이 옳은 것임을 의미하지 않는다. 둘 다 특정 진단 시점에서 수집된 자료에 근거한 것일 뿐이다. 우리가 이 책에서 반복해서 강조한 것처럼, 임상적 판단은 DSM-5 분류체계에 있어서 지속적으로 결정적인 역할을 한다. 임상적 판단은 진단을 담당하는 전문가에 의해 수집된 자료에 대한 해석이다. 진단을 뒷받침하는 것은 다양한 정보의 비중이다. 지금까지 많은 노력이 DSM-5 진단의 객관성을 극대화하는 데 투입되었지만, 이에 대한 의견차는 여전히 큰 실정이다. 검사자 2인은 한 가지 사례에 대해 합법적으로 서로 다른 최종 분류에 도달할 수 있다. 우리는 이러한 차이를 해소하기 위해 최선의 노력을 다해야 하지만, DSM-5의 적용에 있어서 이러한 일의 발생이 완전히 없어질 수는 없을 것이다.

전문직뿐 아니라 우리 사회도 완벽한 의견일치를 기대할 수는 없다. 그럼에도 심리학자들에게는 일정한 규칙 내에서의 업무 수행이 기대된다. 적절한 정신의학적 진단에 대한 궁극적인 규칙은 분류가 각각의 경우에 대해 수집되는 행동 중심의 데이터에 근거할 필요가 있다는 것이다. 이러한 근거를 기반으로 활동하는 심리학자는 특정 분류를 충분히 정당화할 수 있는 데이터를 제시할 수 있을 것이다. 비록 추후에 이 진단이 올바르지 않다고 판명되더라도, 심리학자가 옳다는 믿음으로 실행한다면, 그 자신 또는 소속기관에 대한 위험은 거의 없다. 다시 말하면, 사회는 심리학자들이 완벽할 것을 기대하지 않는다. 다만, 심리학자들이 규정 내에서 활동해줄 것을 기대한다. 만일 진단이 특정한 경우의 알려진 사실이 아니라 특정한 고려사항에 기반하고 있다면 심리학자는 개인적으로뿐 아니라 공적인 지위와 심리학의 평판에 있어서 큰 위험에 처할 수 있다.

정신건강 서비스에 대한 대금 청구의 현실성과 관련된 법적 · 윤리적 관심에 관한 세부 논의는 이 책의 범위를 벗어나는 일이다. 그러나 독자들은 이러한 주제들에 대해 상세히 탐색해보기 바란다. 미국심리학회, 미국학교심리학자협회, 미국상담학회 같은 전문기관에서 제공하는 온라인 자원이 좋은 출발점이 될 것이다. 각 기관마다 이러한 측면의 전문적 진료 활동의 실행을 돕기 위한 자료들을 (회원들에 한해서) 제공하고 있다.

진단상의 의견불일치

한 가지 관련된 쟁점은 진단자들 사이의 의견불일치에 관한 것이다. DSM-III에 도입된 대대적인 변화 이면의 한 가지 원동력(그 이후의 개정에 있어서도 계속해서 영향을 주었음)은 정신의학적 진단에 있어서 보다 높은 신뢰도에 대한 요구였다. 많은 정신의학적 장애들에 대해 감별적 치료가 가능하게 되면서 치료평가 연구에 대한 요구가 생겨났다. 그러나 이러한 연구에 있어서는 치료집단과 통제집단 설정을 위한 신뢰할 수 있고 타당한 분류체계가 필수로 요구되었다. DSM-II는 신뢰할 수 없다는 일반적인 인식이 있었다. 적절한 신뢰도가 없다면, 타당도는 고려할 가치가 없었다. DSM-III, DSM-III-R, DSM-IV, DSM-IV-TR, 그리고 DSM-5의 객관성, 명시적인 진단기준 세트, 그리고 진단적 결정 규칙 제정에는 신뢰도를 수용 가능한 수준까지 끌어올리려는 의도가 있었다. 현장연구 자료를 검토한 연구에 의하면, 이러한 방향으로의 상당한 진척이 있었다는 결과가 있었다. 데이터가 동일하다면, 다른 평가자들은 이전의 분류도구보다는 DSM-5를 통해 동일하거나 관련된 진단에 도달할 가능성이 높아졌을 것이다.

그러나 앞 문장에 있어서 '데이터가 동일하다면'이라는 말이 핵심 문구다. 정신건강 전문가들은 업무를 수행할 정보가 항상 동일하지는 않다. 진단적 데이터를 효율적 · 포괄적으로 도출하는 기술을 발전시키는 것은 다양한 분야에 속한 전문가들의 주요 커리어상의 과업이다. DSM-5 진단에 도달하기 위해 필요한 데이터를 수집하는 과업은 이 책의 의도 또는 범위를 벗어난다. 그러나 다른 참고문헌에는 이 중요한 주제에 대해 언급되어 있다(Kronenberger & Meyer, 2001; Meyer & Weaver, 2006). DSM-5의 한 가지 분명한 이점은 진단의 개념화를 확정, 지원, 기록하는 데 있어서 어떤 정보 유형이 도움이 되고 필요한지에 대해 비교적 명확하게 계통적으로 서술되어 있는 점이다.

평가자의 과업은 항상 해당 시점에 아동 또는 청소년들로부터 수집된 구체적인 데이터를 기반으로 가장 적절하고 정확하게 분류하는 것이다. 이러한 개념화가 항상 다른 정신건강 전문가들의 이전의 또는 미래의 평가와 항상 일치하지는 않을 것이라는 사실이 강조될 필요가 있다. 만일 진단이 해당 시점에 이용 가능한 모든 데이터에 대해 최적의 개념화에 기반을 두고 있다면 이는 올바른 진단이다. 다른 전문가들은 추가적인 역사적 사실, 부수적인 보고, 임상적 관찰, 치료 노력에 대한 반응 보고서, 및/또는 후속 경과에 관한 데이터 등의 혜택을 누릴 수 있을 것이다. 부분적으로, 이러한 데이터를 기반으로 아동 · 청소년이 직면하고 있는 어려움에 대한 새로운 개념화가 이루어질 것이다. 이러한 상황은 최초의 진단이 잘못되었거나 틀렸음을 의미하지는 않는다. 다시 말해서, 진단이 해당 시점에 수집된 정보에 온당하게 근거한 것이라면, 올바른 진단이라는 것이다. 진단 개념화를 수정하는 것은 누구의 입장에서든지 오류를 암시하지는 않는다. 아동 또는 청소년 보호에 관여하고 있는 2명의 전문가들 사이에 의견차가 있음을 의미하는 것도 아니다. 앞서 언급된 바와 같이, DSM-5에는 임상적 판단, 증상 행동의 기능적 유의성에 대한 감별적 평가, 그리고 사례개념화에 영향을 미치는 경우의 특이한 양상에 대해 관심을 가질 수 있는 상당한 기회가 마련되어 있다. 그러나 이러한 유연성에는 대가가 따르기 마련이다. 즉, 다른 정신건강 전문가들은 항상 아동의 경우를 동일한 방식으로 가장 잘 개념화된 것으로 보지는 않을 것이다. DSM 체계는 진단적 차이점을 객관적으로 검토하는 데 사용될 수 있는 틀을 제공하고 있지만, 이러한 차이는 항상 완전히 해결되지는 않을 것이다.

　다시 한 번 반복해서 말하면, 학교심리학자의 직무는 아동 또는 청소년의 정서·행동 문제를 공정하고, 객관적이며, 포괄적인 방식으로 평가하고, 변제받는 것만을 목적으로 또는 다른 동기에 의한 것이 아니라 현재 수집 가능한 사실을 기반으로 진단적 개념화를 하는 것이다. 만일 다른 전문가가 다른 진단에 도달한다면, 이는 흥미로울 수 있고 논의할 가치가 있겠지만, 그렇다고 해서 반드시 그 심리학자의 진단 결과에 다른 뜻이 암시하고 있음을 의미하는 것은 아니다. 모든 전문가들은 수집 가능한 새로운 정보를 고려할 필요가 있다. 진단은 새로운 데이터를 근거로 수정될 수 있지만, 이렇게 수정이 가능하다고 해서 이전의 분류가 잘못되었음을 의미하지는 않는다. 아동·청소년과 그의 상황에 대해 당시에 이해한 것을 기반으로 실행된 진단이 전적으로 정확할 것이다.

20

DSM-5와 장애가 있는 사람들 : 교육개선법

DSM-5 분류체계와 2004 IDEA 및 이와 관련된 2006 규정들 간의 구체적인 비교가 이 책의 제II부 내내 IDEA 메모에서 이루어졌다. 보다 일반적인 관점에서 볼 때, 학교심리학자 또는 다른 아동보호 전문가들에게 있어서 가장 중요한 고려사항은 명백한 공통점에도 불구하고 DSM-5와 IDEA 체계는 아동의 적응문제에 대한 2가지 뚜렷이 다른 관점들로 구성되어 있다는 사실이다. DSM-5와 IDEA에는 청소년들의 행동 패턴이 분류되어 있고, 분류에 있어서는 범주적 접근방법이 적용되었다. 또한 아동·청소년들을 위한 자원(특수 서비스, 치료, 약물치료, 배치) 할당에 일차적으로 적용하는 방식이 사용되었다. 이 2가지 체계는 분류체계의 다양한 관점, 경험적 데이터, 논의, 그리고 절충점을 고려함으로써 도달된 인간에 관한 기록들을 중심으로 섬세하게 구성되어 있다. 그러나 이러한 중요한 유사성 이면에는 범위, 초점, 방법론, 그리고 목적에 있어서는 2가지 질적으로 다른 행동 분류를 초래하는 큰 차이가 있다. 이러한 중요한 차이점은 DSM-5와 IDEA의 호환을 어렵게 하고 있다. DSM-5의 진단범주들은 이전 판에 비해 IDEA 분류 범주에 맞추어 조정되어 있어서 그나마 훨씬 더 나아진 상태이지만, 임상 요소들(예, 자폐증, 학습장애, 그리고 지적장애)의 주요하게 중첩된 부분이 있는 경우조차 여전히 IDEA 범주의 단순한 세트 또는 하위세트와 완벽하게 연결되어 있지 않은 실정이다.

DSM-5의 범위는 의도적으로 폭넓게 되어 있는데, 이는 평생에 걸쳐 모든 중요한 행동·적응 문제를 분류할 수 있게 하기 위함이다. DSM-III에서 제기된 우려로 촉발된 중요한 개념적·방법론적 변화에 대해 비판하고 있는 일부 사람들은 DSM 체계가 너무 포괄적이라는 우려를 표명하고 있다. 즉, 이들의 주장은 생활적응에 관한 쟁점과 공통적인 인간 경험에 관한 사소한 문제들이 정신의학 또는 의학 영역의 확장을 위한 '정신장애'로 각색되었다는 것이다. 이러한 우려의 목소리는 차치하더라도, DSM-5의 의도된 범위가 IDEA에서 초점을 맞추고 있는 범위에 비해 지나치게 방대하다는 사실에는 누구나 동의할 것이다. DSM-5에 상세히 제시되어 있는 상당수의 정신장애들은 IDEA의 목적과는 무관하다. DSM-5는 심각한 개인적 고통 또는 생활 적응에 명백한 손상을 초래하거나(정신장애) 치료 또는 다른 형태의 개입(V 부호)의 적절한 대상이 된다고 판단되는 문제(V 부호)가 되는 행동 패턴의 확인에 초점을 맞추고 있다. 이와는 달리, IDEA는 적절한 치료가 이루어지지 않으면 아동 또는 청소년이 공교육의 혜택을 받지 못하게 할 수 있는 심리적 또는 의학적 장애의 확인에 초점을 맞추고 있다. 아동·청소년들에게 영향을 주는 많은 (그러나 모두는 아님) DSM-5 정신장애와 일부 V 부호들은 IDEA 하의 장애에 대한 개념화 내에 속하는 것 같다. 그러나 완벽하게 일치하지는 않고, 흔히 진단 자체보다는 특징에 따라 차이가 있다(예, 정신장애 또는 상태의 특정한 징후 발현, 영향을 받은 장면, 그리고 전반적 적응 또는 교육적 기능에 대한 영향).

DSM-5에는 방법론에 근거한 정신장애 기록을 위한 객관적인 기준이 설정되어 있다. 그러나 몇 가지 중요한 예외를 제외하면, 증상 기준과 관련된 자료수집 방법은 검사자에게 맡겨진다. 임상적 판단의 역할은 매우 중요한데, 이는 임상의학의 수련범위 내에 있는 DSM-5의 기원과 일치한다. IDEA의 범주로 사용되는 정확한 기준은 중요한 수준까지 각 주와 학군에게 맡겨져 있다. 그러나 자료수집, 분석, 그리고 데이터의 질과 수용 가능성의 결정 방법은 IDEA와 IDEA의 개정판에 명시되어 있다[즉, 비차별적 및 여러 전문분야에 걸친 평가, 부모 개입, 그리고 개별교육프로그램(IEP)]. 이러한 중요한 기능적 차이점은 이 2가지 체제들의 서로 다른 목적에서 파생된 것이다. DSM-5는 궁극적으로 임상 치료 개선을 위한 임상 치료와 연구를 목적으로 신뢰성 있고 타당한 분류를 목표로 삼고 있다. 이에 비해, IDEA는 궁극적으로 미국의 모든 어린이들이 공정하고 동등하게 공교육으로부터의 혜택을 받을 수 있게 하기 위한 안전장치 제공을 목표로 삼고 있다. 이러한 사항들은 둘 다 중요하면서도 칭찬할 만한 목표이지만, 이들은 서로 다르다. 즉, 이 2가지 노력은 동일한 것처럼 들리지만(예, IDEA의 '지적장애'와 DSM-5의 지적장애), 그 산물은 차이가 있다.

   IDEA 법 내에서 제공되는 '행동장애'의 정의 그 자체는 많은 근거로 비판을 받아왔고(Cline, 1990; Council for Children with Behavioral Disorders, 1987), 대안적인 정의들이 제안되어 왔다(Forness & Knitzer, 1990). 연방정부 내에서조차 '정서 장해'의 정의들이 일치되지 않고 있다(Substance Abuse and Mental Health Services Administration, 2015). 이러한 정의들은 미국이 아동의 학습과 발달에 영향을 미치는 다양한 교육적 · 경제적 · 정치적 · 의학적 · 사회적 · 심리적 욕구와 현실에 적응하기 위해 분투하게 되면서 지속적인 논의와 논쟁의 주제가 될 것이다. DSM-5 정신장애의 기록은 흔히, 아마도 보통, IDEA 하의 특수교육 또는 다른 특수 서비스를 받을 자격이 있는 아동 또는 청소년에 대한 잠재적 분류와 연관성이 있을 것이다. DSM-5 진단에 포함되어 있는 정보(증상, 심각도, 경과, 효과, 예후)는 긍정적이거나 부정적이거나 IDEA 하의 적격성 확정에 거의 항상 관련될 것이다. 그러나 DSM-5의 범주는 IDEA의 것과 동일하지 않다. 차이가 있다면, 경계선(예, 연령 또는 지적장애 수준), 개념화(IDEA의 질량 범주 vs. DSM-5의 분자 범주), 또는 정확한 명칭들 내의 사소한 정도일 것이다. 그러나 근본적인 현실은 DSM-5의 정신장애 진단을 받은 일부 아동들이 IDEA 하의 서비스 자격을 받지 못하는가 하면, IDEA 하의 서비스를 받을 자격이 있는 아동의 일부는 DSM-5에 의해 정의되는 정신장애가 없다는 사실이다. 이러한 것들은 서로 관련은 있지만 분리되어 있는 분류체계라는 문제에서 기인된다. 학교심리학자는 각 결정에 있어서 중요한 역할을 할 수 있지만, 각각의 탐색 유형에 따라 독특한 질문을 던지고 있어서 당연히 그에 대한 독특한 답을 얻게 될 것이다.

21

DSM-5에 대한 문제

이 책에서는 정신의학적 분류에 대한 다양한 찬반양론에 대해서는 다루고 있지 않다. 장단점에 대해서는 그동안 되풀이해서 논쟁을 벌여왔고, 이러한 쟁점을 계속해서 고려할 좋은 이유가 있다. 일정 시간 동안 학교의 복도를 걸어보지 않은 사람은 실제로 사람의 말이 상처를 줄 수 있고, 별명(비공식적이든 공식적이든)이 흉기로 둔갑할 수 있으며, 이로 인한 정서적 통증이 신체적 통증처럼 감지될 수 있다는 주장에 대해 의문을 제기할 수 없을 것이다. 아동·청소년의 정신건강 진단에의 우연한 노출 가능성과 뒤이은 짓궂은 또래의 비행과 잔혹 행위의 잠재성은 아주 실질적인 문제다. 그렇지만 사람의 말 역시 안심을 시키기도 하고 이해를 돕기도 한다. 때로 어떤 문제에 대한 명칭을 갖게 된다는 것은 다른 아동·청소년들도 유사한 어려움을 겪는다는 사실을 이해할 수 있게 될 뿐 아니라 위로 제공과 자기수용의 출발점이 될 수 있다. 우리는 정신의학적 분류를 인간 문제를 다루는 데 도움이 되는 도구로 간주한다. 모든 도구들이 그렇듯이, 이 또한 잘 사용될 수 있는가 하면 그렇지 못한 경우도 있을 수 있고, 사람들의 삶에 좋은 또는 나쁜 결과를 초래할 수 있다. 따라서 우리는 최적의 도구들을 확보할 필요가 있고, 이러한 도구들을 잘 사용할 필요가 있다. 도구의 품질 또는 도구의 적용에 있어서의 결함은 우리의 효과성을 떨어뜨릴 수 있다.

　일반적인 분류체계로서 DSM-5의 강점과 약점, 그리고 특히 아동들에 대한 DSM-5의 사용은 많은 비판적인 시선을 받아 왔다. 이러한 상황은 지극히 당연하다. 활발한 평가만이 인간 적응이라는 도전을 보다 효과적으로 나타내기 위한 미래의 시도에 유용하게 작용할 수 있다. 이 책에서 우리는 DSM-5 사용을 위한 결정은 이미 내려졌다고 추정한다. 또한 우리는 성인 또는 아동들에게 DSM-5의 사용에 대한 다양한 개념적 · 경험적 · 실행적 비판에 대해서는 거의 주의를 기울이지 않았다. 그러나 글을 마치기에 앞서, 우리는 적어도 그동안 다양한 연구자들과 개업 임상가들에 의해 진척된 주요 관심사에 대해 간단히 살펴보고자 한다. 이러한 중요한 영역에 대한 보다 완전한 치료와 DSM 이전 판에 대한 중요한 분석을 다룬 문헌들을 인용하려면, 다음의 문헌들을 참고하라(Achenbach & McConaughy, 1996; Jensen & Hoagwood, 1997; Scotti, Morris, McNeil, & Hawkins, 1996; Silk, Nath, Siegel, & Kendall, 2000). 최근 판(DSM-5)에 대한 중요한 검토에 대한 것은 프랜시스(Frances, 2013)와 그린버그(Greenberg, 2013)를 참조한다.

정신의학적 분류 전반에 대한 문제

DSM-5의 사용에 대해 표출된 문제는 흔히 아동 전반에 대한 정신의학적 진단에 대한 부담감에서 시작해서, 이러한 특정 분류체계의 구체적인 실제 또는 잠재적 약점으로 이어진다. 자주 논의되고 있는 일반적인 문제에는 편견과 오점화 초래, 내담자가 부당하게 자신의 행동문제에 대해 일부 책임을 져야 하는 대상으로의 묘사('피해자 비난'), 내담자에 대한 진단 배정과 동시에 잘못된 조기 탐색 종결에의 기여, 복잡한 인간문제의 과잉단순화, 그리고 중요한 개인차 무시 등에 관한 쟁점들이 포함되어 있다. 이러한 문제들은 이상행동의 체계적인 분류에 관한 문제점으로 목소리를 높일 수 있다. 잠재적인 대안적 해결에는 행동을 전혀 분류하지 않는 것(만일 가능하다면), 순수하게 행동에 대한 개별기술적idiographic 또는 기능성 분석, 또는 행동변화 요구를 보다 긍정적인 용어로 나타내는 것(행동에 대한 이상적인 또는 성장기반의 개념화) 등이 포함된다. DSM-5는 정신의학적 분류에 내재된 문제의 구체적인 예로 사용될 수 있지만, 문제는 흔히 이 체계에 한정된 것은 아니다. 우리가 돕고자 하는 사람들에 대해 부정적인 결과 투성이로 보이는 것은 인간의 문제 자체를 분류하기 위한 노력이다.

어떤 의미에서, 이러한 논의는 실로 '학문적'이다. 왜냐하면 우리는 사람들을 공식적 · 비공식적으로 분류하고 있고, 앞으로도 감별 과업, 치료, 학습 환경, 그리고 할당할 자원이 있는 한 계속해서 하게 될 것이기 때문이다. 그러나 보다 근본적인 의미에서 볼 때 이러한 논의는 중요하다. 즉, 이러한 문제와 대화는 우리 행위의 효과를 고려할 필요성이 있음을 상기시켜주는 데 도움이 된다. 안타깝게도, 아동의 차트에 기록된 지적장애라는 임상 진단과 놀이터 건너편에서 들려오는 "지체아 Retard!"라고 비웃는 아픔 사이에는 연결고리가 있다. 우리는 이러한 진단들을 금지시킴으로써 모욕을 제거할 수는 없다. 그러나 우리의 말이 많은 의도되지 않은 결과를 초래할 수 있다는 현실을 무시하는 것은 어리석은 일일 것이다. 새로운 명칭으로 대체하는 것은 기껏해야 일시적인 해결방법이다. 불과 몇 년 전만 해도, '발달장애developmental disability'는 지적장애가 있는 아동들에 대해 선호하는 문구가 되기 시작했다. 어느 전문학술지에서 이 방식으로 사용된 문구를 읽은 지 2개월도 채 안 돼서 우리는 동네 놀이터에서 "야, 디디You DD!"(발달장애를 의미하는 'developmental disability'의 첫 글자를 따서 발달장애가 있는 아이를 조롱하는 별칭 또는 욕설을 의미함 – 역자주)라는 욕설을 듣게 되었다. 우리의 언어를 주기적으로 살펴보고, 해롭거나 정서적으로 상처를 주는 의미로 쓰이는 용어와 문구를 피하는 것은 우리의 의무다. 그러나 여기서 실질적으로 진척을 이루기 위해서는 우리 사회에서 전반적으로 행동상의 차이와 이러한 도전에 대해 언급하는 방식에 관해 지속적이고 솔직한 대화가 필수로 요구된다. DSM-5는 다른 대안적인 분류체계들에 비해 보다 더 객관적 · 경험적으로 타당화된 정신의학적 분류체계로서, 다른 어떤 것보다도 이러한 대화의 좋은 기반을 제공하고 있다.

또 다른 중요한 문제는 정신의학적 분류에 있어서 인종 또는 민족에 대한 편견의 가능성이다. 보다 객관적인 진단기준의 발달이 거의 확실하게 이 영역에서 도움이 되었지만, DSM의 이전 판들에 있어서 문제가 있었다는 것에 주목하지 않을 수 없는 경험적 증거가 있었다(Pavkov, Lewis, & Lyons, 1989). DSM-5에는 진단에 있어서의 문화적 개념화에 관한 광범위한 논의뿐 아니라 고통의 문화적 개념

용어 해설이 포함되어 있다. 실질적인 임상 진료에 관한 이러한 부록의 영향은 지켜봐야 할 것이다.

이러한 노력에도 불구하고, 적응문제 분류에 있어서의 문화적 차이를 이해하기 위한 최선의 방법에 관해 많은 근본적인 의문점들이 남아 있다(Stein, 1993). 20년 전, 세르반테스와 아로요(Cervantes & Arroyo, 1994)는 히스패닉 아동·청소년들에 대한 DSM-IV의 사용에 관해 논의하면서, 증가 일로에 있는 이 인구에 대한 분류체계의 적용에 있어서 잠재적인 문화적 편견의 최소화를 목표로 여러 권장사항들을 제시하였다. 세르반테스와 아로요가 지적한 것처럼, 이 영역에서 지침 역할을 할 경험적 데이터가 거의 없었다. 안타깝게도, 이러한 정보의 결여상태는 여전히 유지되고 있다. 노빈스 외(Novins et al., 1997)는 미국 원주민 아동들에 대한 DSM-IV 접근에 관한 상세한 예시들을 제시하였다. 이들은 DSM-IV의 개선된 가용 범위와 민족과 문화적 배경과 관련된 지속적인 제한점에 관해 논의하였다. 이들의 질문은 동일하게 DSM-5에도 적용될 것이다. 이러한 도전에 적용할 절대적인 지침은 없다. 일부 학자들은 '문화권 증후군culture-bound syndrome'(Bartholomew, 1995) 개념에 대해서조차 의문을 제기하였다. 그러나 문화적 유산이 행동에 영향을 주고, 이로 인해 광범위하게 행동의 일탈에 영향을 미친다는 주장에 대해 이의를 제기하는 사람은 거의 없을 것이다. 미국 인구 내의 소수집단과 하위집단들을 위한 문화적으로 적절한 서비스 증진을 위해서는 경험적 연구와 개방적인 대화가 요구된다.

DSM-5의 전반적인 개념화와 구조에 대한 문제

여전히 일반적인 수준이지만, DSM-5와 보다 직접적으로 관련해서, 이 분류체계의 전반적인 개념화와 구조와 관한 우려의 목소리가 있다. DSM-5에서는 범주적 모델을 사용하고 있고, 임상 평가에 의존하고 있으며, 복수진단을 허용하고 있고, 흔히 다중감정polycritic 진단기준 세트(예, 9가지 중 6개 또는 15개 증상 목록 중 3가지가 필수요건 충족에 충분함)를 사용하고 있다. 이러한 특징들은 모두 긍정적·부정적인 논평을 받아왔다.

레비 외(Levy, Hay, McStephen, Wood, & Waldman, 1997)는 일단의 1,938

가족들로부터의 데이터를 분석하였다. 그 결과, 주의력결핍 과잉행동장애는 범주적 장애로서보다는 연속선을 따라 변이하는 행동의 극단적인 표현으로 보인다는 결론을 내렸다. 셰이위츠 외(Shaywitz, Escobar, & colleagues, 1990)는 '난독증'에 관하여 유사한 우려를 제기하였다. 또한 우울, 불안, 물질사용, 사회적 고립, 자동사고, 현실검증, 섭식 장해, 수면문제, 그리고 사실상 DSM-5 내에서 개념화된 2개 중 하나 꼴의 어려움에 관해 의문점을 제기하였다. DSM-5 내의 연속선에 관한 몇몇 논의가 있지만, DSM-5는 여전히 범주적 체계를 고수하고 있다. 예를 들면, 자폐스펙트럼장애는 이전의 몇 가지 범주들이 합쳐진 단일 범주다. 또한 인간의 가변성은 지속적일 수 있지만, 이에 대한 우리의 반응은 그렇지 않다. 아동은 3교시에 도서열람실로 갈 수도 있고 가지 않을 수도 있으며, 자극제 약물치료를 위한 처방이 이루어질 수 있거나 그렇지 않을 수 있고, 상담이 권장되기도 하고 그렇지 않기도 하다. 구체적인 배정이 이루어져야 하는 한, 연속변수조차도 어떤 방식으로든 이분법화될 것이다. 즉, 특정 시점까지 아동은 계속해서 정규수업을 받는다. 만일 변수가 이 역치보다 더 지나치면, 대안적 계획이 작동된다. 인간의 가변성은 당연히 차원을 따라 지속적일 수 있지만, 이에 대한 우리의 반응은 보통 범주적 특성(예, 갈 것인가/가지 않을 것인가)을 띨 것이라는 현실에 대한 최선의 대처방법은 여전히 도전과제로 남아 있다.

　DSM-5 체계에서의 임상적 판단과 의사결정에 대한 궁극적인 의존에 대해서는 이미 수차례 언급되었다. 이는 DSM-5의 강점이자 약점이기도 하다. 명쾌한 진술과 객관적인 기준에 따른 인간의 판단과 의사결정은 가장 섬세하고 미묘한 문제해결의 가능한 방법들을 제공한다. 인간의 마음은 다수의 요인들을 저울질해서 결론에 도달할 수 있는 능력이 있다. 현재로서는 DSM-5에서 다루고 있는 전체 영역을 고려할 때, 이보다 뛰어난 기계적인 의사결정 알고리즘은 없다. 동시에, 이러한 임상적 판단에 대한 의존은 진단과정에서 편견, 특이한 결정, 오류, 그리고 의도적인 우회의 가능성을 가져올 수 있다. 개별 평가자들은 진단 업무의 질과 정확성에 대해 책임이 있다. 지속적인 교육, 자문, 그리고 이전의 결정에 대한 검토는 DSM-5의 적절하고 정확한 적용을 위한 핵심이다.

　DSM-5에 관한 또 다른 일련의 의혹은 진단범주의 수와 빈번한 복수진단에 관한 것이다. 이 체계는 지나치게 복잡하고, 너무나 많은 진단들이 있어서 개업 임상가가 진단명들 간에 신뢰성 있게 구분하지 못할 거라는 비판을 받아왔다. 정신의학적 진단의 동반이환은 DSM-IV에서는 예외라기보다 규칙이었다는 일반적인 관찰은 DSM-5에서도 계속됨으로써 문제를 초래할 가능성이 있을 것 같다. ICD 체계는 지금까지 대부분의 이전 판에서 정신건강 진단을 한 가지만 내리도록 강조함으로써, 그리고 복합범주(예, 혼재성 불안 및 우울장애)의 사용을 통해 행동 분류의 수를 줄이기 위한 방법을 추구해왔다. 다수의 행동분류를 제공하고 동시진단을 허용하는 의도적인 전략에는 가능한 정신건강 문제에 대한 가장 포괄적인 설명을 계속해서 제공하도록 하기 위한 DSM-5 저자들의 의도가 담겨있다. 기본적인 현실은 인간 행동이 상당히 복잡하고 문제 있는 징후 발현 역시 크게 다르지 않다는 것이며, 우리들 대부분은 한 가지 어려움만을 가지고 있는 것이 아니라 복합적인 문제를 가지고 있다는 것이다. DSM-5는 인간의 행동문제의 범위와 특성에 대해 가급적 충분히 반영하기 위해 노력하고 있다. 이를 위해서는 반드시 복잡하고 정교한 형식을 갖출 필요는 없다. 범주의 수를 억제하거나 줄이기 위한 노력은 보다 높은 수준의 감별(그래서 보다 많은 범주와 보다 많은 수의 범주화)을 성취하기 위한 노력과 함께 진행되고 있다.

DSM-5에 관한 구체적인 문제

또 다른 수준에 관한 것은 DSM-5의 범주, 기준, 그리고 진단 역치[DSM-IV-TR (대부분)로부터 이월된 것과 처음으로 사용 및 평가되는 새로운 개념화]에 관한 구체적인 문제 또는 비판이다.

　아동 대 청소년 대 성인들에게 있어서의 행동문제의 분류들 사이의 관계는 지속적인 관심거리로 남아 있다. DSM-IV에서의 '아동' 진단의 많은 것들이 DSM-5에서는 진단의 주제 영역(우울장애, 불안장애 등)으로 흡수되었다. 더욱 큰 관심이 일부 진단기준 세트(예, 아동들에게 있어서의 외상후 스트레스장애, 성인들에게 있어서의 주의력결핍 과잉행동장애) 내의 발달적으로 특징적인 증상 발현의 확인에 집중되었다. 지속적인 역학적 · 일반적 인구에 관한 연구는 예컨대 자폐증, 주의력 문제, 그리고 기분 장해의 전형적인 발병과 경과에 대한 우리의 이해를 계속해서 높여주고 있다. 이러한 노력에도 불구하고, 아동기와 청소년기 문제 확인을 위한 가장 유용한 경계선과 개념화에 관한 문제는 여전히 많은 논쟁과 논의의 주제로 남아 있다. 예를 들면, 상당한 논쟁과 노력으로 인해 DSM-5에서 제안된 파괴적, 충동조절 및 품행 장애 범주는 또 다시 다중영역의 현장 검증에 들어갔다. 이러한 노력에도 불구하고, 우리는 범주들 사이(예, 품행장애와 적대적 반항장애)와 범주 내에서의 경계(예, 주의력결핍 과잉행동장애의 부주의 우세형과 과잉행동-충동 우세형)에 대해 지속적인 불만이 있을 것임을 예견하고 있다.

많은 진단범주에 관한 경험적 연구들은 다음과 같이 두드러지게 일치된 소견으로 결론을 내렸다. 첫째, 진단 역치는 직접적으로 특정 문제를 나타내는 것으로 확인된 인구의 크기로 해석된다. 둘째, 보다 포괄적인 정의는 이질성을 증가시키고 확인된 인구에 있어서 장해의 평균 심각도를 감소시킨다. 셋째, 진단의 정확성을 위한 '최적 표준'이 없다면, 보통 특정 증상 빈도수의 역치가 다른 것보다 우수하다는 것을 명백하게 입증할 수 있는 자연발생적인 절단점은 없다. 점차 차별화된 개입과 경험적으로 뒷받침되는 치료 선택이 계속해서 개발됨에 따라 허위양성 대 허위음성 오류에 대한 잠재적 비용이 향후 진단체계의 재구조화에 있어서 더 큰 역할을 하게 될 것이다. 우리는 감별진단에 대한 도전이 DSM-5이 존속하는 한 지속적인 문제 영역으로 남게 될 것이고, 이러한 욕구를 언급할 다양한 도구와 접근은 계속해서 등장할 것으로 예측한다.

아동·청소년에 대한 DSM-5 진단범주의 대부분에 포함시킨 '임상적으로 심각한 손상'의 강조 역시 논평을 받을 만하다. 이렇게 조치한 의도는 경미하거나 사소한 삶의 문제를 정신장애로 허위양성 진단을 내리는 것을 줄이자는 것이었다. 왜냐하면 경미한 정도의 특정 패턴이 정식 진단범주에 부합되는 일이 발생했기 때문이었다. DSM-5에서 정신장애를 정의하는 목적은 행위와 감정의 비정상 패턴들을 분명하게 확인·분류하기 위해서다. 이렇게 강조하는 이유는 청소년의 전반적 기능에 초점을 맞추는 것이 필수로 요구되기 때문이다. DSM-IV의 축 V, 전반적 기능평가(GAF)의 폐기로, 청소년들에게 있어서의 적응과 기능을 계량화하고 객관적으로 평가할 수 있는 새로운 접근법이 요구될 것이다.

자료수집의 다양한 방법론의 범위, 그리고 이에 대한 의존은 DSM-5에 대한 의문이 계속되는 또 다른 영역이다. 이 책의 앞부분에서 논의된 것처럼, DSM-5에서는 극히 일부 진단적 결정(지적장애, 학습장애, 의사소통장애, 특정 인지적 문제)

에 대해서만 공식적인 심리평가 또는 기타 평가가 요구된다. 일반적인 임상진료의 경우, 다양한 다른 문제영역에 대한 평가에는 흔히 자기보고 도구, 행동 평정척도, 그리고 구조화된 면담이 사용된다. 주의력결핍 과잉행동장애 평가를 받게 되는 청소년들을 대상으로 활동하는 많은 연구자와 개업 임상가들은 자연스런 생활 장면에서 아동의 행동에 친숙한 한 명 이상의 정보제공자들에게 아동의 핵심 증상에 대한 연령규준 및 성별규준 행동척도를 실시할 것을 주장한다. 아동기와 청소년 우울, 불안, 해리증상, 수면문제, 품행문제, 그리고 다른 영역에서의 부적응과 고통 평가에 있어서 자기보고 및 행동평정 증상척도들의 사용이 증가 추세에 있다. 포괄적이고 영역별로 구조화된 면접법들이 아동기 행동문제 평가를 목적으로 개발되었다. 이러한 일반적으로 긍정적인 발달은 이들 자체의 일련의 방법론적 쟁점과 문제들을 불러일으키고 있다. 예를 들면, 얼마나 많은 성인 정보제공자가 아동에 대한 주의력결핍 과잉행동장애 평정척도를 작성해야 하는가? 어떤 척도를 사용해야 하는가? 그리고 검사자는 보고 내용들 간의 불일치를 어떻게 처리해야 하는가? 이러한 질문들은 복잡하면서도 중요하며, 흔히 분명하고 확실한 답이 없다. 보조도구들은 명백하게 DSM-5 분류의 객관도와 신뢰도를 높일 수 있는 잠재력이 있다. 그러나 이 잠재력을 실현하는 데에는 많은 경험적 연구들이 필수로 요구될 것이다. 객관적이고, 신뢰성이 있으며, 경험적으로 타당화된 진단범주의 이용 가능성만이 이러한 지속적이고 중요한 작업을 촉진시킬 수 있다.

올바른 것을 얻었는가?

우리는 DSM-5를 어떻게 평가해야 하는가? 이 질문에는 많은 가능한 답변들이 있다. 이 답변의 일부는 시간이 지나야 밝혀질 것이다. 즉, 개정된 분류체계는 제공자, 제3자 보험업자, 정부기관, 연구자, 그리고 일반 언론계에 의해 사용될 것인가? 외부에는 DSM-5와의 다소 심각한 경쟁 상대들이 도사리고 있다. 국립정신보건원은 공적 자금을 지원받기 위한 연구제안서 평가를 위해 자체적으로 분류체계를 개발하고 있다. 일부 임상가들은 ICD-10을 검토하고 있고, 결국 ICD-11을 실질적인 대안으로 검토하고 있다. 사기성 노름판에서 노는 것에 관한 고리타분한 농담에 대해 정곡을 찌르는 말처럼, DSM이 '이 동네에서 유일한 놀이'가 될 것인지는 더 이상 분명하지 않다.

과학적인 기록으로서의 "올바른 것을 얻었는가?"라는 질문은 신뢰도와 타당도에 관한 쟁점을 불러일으킨다. 이러한 쟁점은 분수령이 되는 DSM-III 출판 이래로 상당한 주목을 받아왔다. 임상가와 연구자들이 얼마나 더 이러한 질문을 지속적으로 사용할 것인지, 그리고 얼마나 잘 개정된 범주가 아동들에게 있어서의 정신적·행동적 도전의 핵심적이고 유용하게 분류할 것인지에 대한 자료를 제시하는 출판물들이 대거 생겨날 것임은 의심할 여지가 없을 것이다.

DSM-5에 대해 수많은 비판의 목소리가 있을 수 있고 또한 있게 되겠지만, 어떻게 인간이 삶에서 어려움과 삶이 이들에게 부여하는 고통에 빠지게 되는지를 이해하는 것이 현재로서는 고도로 훈련되고, 경험이 많으며, 헌신적인 전문가들로 구성된 대규모 집단들이 최선의 노력을 경주해야 할 일일 것이다. 셀 수 없는 시간들이 기존의 임상연구 문헌들에 대한 면밀한 검토, 원고 작성 및 비평, 그리고 수년간의 경험을 통해 강력하게 구축된 입장에 대한 논의에 투입되었다. 우리 손에 쥐고 있는 산물이 필연적으로 절충을 의미하는 집단적인 노력의 결과라는 사실을 기억할 필요가 있다. 의견의 일치는 흔히 완전한 의견의 일치와 동일함을 의미하지 않는다. 우리는 이 과정이 좀 더 투명했으면 하고 바랐을 수는 있다. 우리로서는 최종 산물보다는 논쟁과 의견 불일치로부터 더욱 배울 것이 많았을지 모른다. 그러나 그 결과로 인한 기록 자료가 현재 우리가 가지고 있는 것이다.

일부 저자들은 정신장애가 신경학적 과정의 측면에서 궁극적으로 이해될 것이고, 모든 정서·행동 장애들이 문제가 있는 생물학적 기제에 기반을 두고 있다고 확신하고 있다. 이러한 생각은 본래 크래펠린식 믿음이다. 우리는 아직 이렇게 완전히 이해하지 못하고 있기 때문에, 우리가 사용하고 있는 현상학적·명시적인 기술 범주가 우리에게 필요한 중재도구다. 많은 또는 대부분의 정신장애에 있어서 생물학적 요인들이 어느 정도 명백하게 관련되어 있지만, 이러한 입장의 극단적인 버전은 이것이 만들어졌던 1세기 전 무렵만큼이나 오늘날 여전히 의문 상태로 남아 있다. 우리에게는 오늘날의 정신장애가 사람들이 경험하는 어려움에 대한 이해를 돕기 위해 사람들에 의해 창출된 추상적인 개념처럼 보인다. 정신의 추상적 개념은 매우 유용할 수 있지만, 이들은 일차적인 의미에서 '참'일 수 있거나 그렇지 않을 수 있다. 유용성은 이 범주가 얼마나 근본적으로 올바른가보다는 평가를 위해 보다 나은 측정치일 수 있다.

만일 DSM-5가 행동 적응의 원인과 영향에 대해 보다 나은 연구를 촉진한다면, 우리 내담자들의 삶에 대한 보다 연민 어린 이해심을 불러일으킨다면, 보다 효과적인 정신장애 치료 발달이 가능하게 된다면, 그만큼 기여를 잘한 것일 수 있다. 우리의 의견으로는, 성과가 질문에 대한 궁극적인 답변이 될 것이다.

맺음말

행동과 행동문제에 대한 주의 깊은 평가가 기본적인 방식으로 적응과 정신병리에 대한 이해 증진에 기여해왔다는 것이 우리의 믿음이다. 이 과정의 일부로서, 정신의학적 분류는 아동 · 청소년의 행동 · 정서 문제에 관한 연구에 있어서 중요한 역할을 해왔고, 또한 그 역할을 계속해 나갈 것으로 보인다. 정신의학적 분류는 또한 임상 활동에 있어서 중요한 절차상의 역할을 하고 있다. 즉, 의학적 · 심리학적 · 교육적 개입의 선택이 점차 이러한 분류를 기반으로 이루어지고 있다. DSM-5 체계가 평가 실시를 위한 유일한 근거는 아니지만, 그리고 (이 장에서 언급된 것처럼) 결코 완벽한 체계는 아니지만, 중요한 도구인 것은 사실이다.

심리학 전문직이 21세기를 거치면서 우리는 교육 장면에서 전문성을 실행에 옮기는 심리학자들이 DSM 분류체계의 적용이 점차 증가하는 것을 목격할 것으로 믿는다. 아동기 장애들의 유병률에 관한 최근 논의에서, 연구자들은 아동 · 청소년의 20~25%가 특정 시점에서 심각한 정신건강 문제를 겪을 것으로 추산하고 있다 (Ghandour, Kogan, Blumberg, Jones, & Perrin, 2012). 이 추정치에 의하면, 상당히 많은 인구가 서비스를 필요로 하고 있다. 우리는 심리학자들의 전문가 훈련은 정신건강 분류를 실천하고, 이 활동을 장차 이들에게 점차 강하게 요구될 것으로 예상되는 전문적 책임으로 여기는 데 있어서 좋은 기반을 제공한다고 생각한다. 우리는 이 책이 이러한 추가적인 역할에 있어서의 기능을 시작하는 학교심리학자와 다른 아동 임상전문가들에게 도움이 되기를 바란다.

참고문헌

Abikoff, H., & Klein, R. G. (1992). Attention-deficit hyperactivity and conduct disorder: Comorbidity and implications for treatment. *Journal of Consulting and Clinical Psychology, 60,* 881–892.

Achenbach, T. M., & McConaughy, S. H. (1996). Relations between DSM-IV and empirically based assessment. *School Psychology Review, 25,* 329–341.

Adams, G. B., Waas, G. A., March, J. S., & Smith, M. C. (1994). Obsessive–compulsive disorder in children and adolescents: The role of the school psychologist in identification, assessment, and treatment. *School Psychology Quarterly, 9,* 274–294.

Aman, M. G., Hammer, D., & Rojahn, J. (1993). Mental retardation. In T. H. Ollendick & M. Hersen (Eds.), *Handbook of child and adolescent assessment* (pp. 321–345). Needham Heights, MA: Allyn & Bacon.

Aman, M. G., Pejeau, C., Osborne, P., Rojahn, J., & Handen, B. (1996). Four-year follow-up of children with low intelligence and ADHD. *Research in Developmental Disabilities, 17,* 417–432.

American Academy of Sleep Medicine. (2014). *International classification of sleep disorders: Diagnostic and coding manual* (3rd ed.). Darien, IL: American Academy of Sleep Medicine.

American Psychiatric Association. (1968). *Diagnostic and statistical manual of mental disorders* (2nd ed.). Washington, DC: Author.

American Psychiatric Association. (1980). *Diagnostic and statistical manual of mental disorders* (3rd ed.). Washington, DC: Author.

American Psychiatric Association. (1987). *Diagnostic and statistical manual of mental disorders* (3rd ed., rev.). Washington, DC: Author.

American Psychiatric Association. (1994). *Diagnostic and statistical manual of mental disorders* (4th ed.). Washington, DC: Author.

American Psychiatric Association. (2000). *Diagnostic and statistical manual of mental disorders* (4th ed., text rev.). Washington, DC: Author.

American Psychiatric Association. (2013a). *Desk reference to the diagnostic criteria from DSM-5.* Arlington, VA: Author.

American Psychiatric Association. (2013b). *Diagnostic and statistical manual of mental disorders* (5th ed.). Arlington, VA: Author.

American Psychological Association. (2007). Record keeping guidelines. *American Psychologist, 62,* 993–1004.

American Sleep Disorders Association. (1997). *The international classification of sleep disorders, revised.* Rochester, MN: Author.

American Speech–Language–Hearing Association. (2012). ASHA's recommended revisions to DSM-5: June 2012 comments. Retrieved March 16, 2015, from *www.asha.org.*

Ani, C., Reading, R., Lynn, R., Forlee, S., & Garralda, E. (2013). Incidence and 12-month outcome of non-transient childhood conversion disorder in the UK and Ireland. *British Journal of Psychiatry, 202,* 413–418.

Applegate, B., Lahey, B. B., Hart, E. L., Biederman, J., Hynd, G. W., Barkley, R. A., et al. (1997). Validity of the age-of-onset criterion for ADHD: A report from the DSM-IV field trials. *Journal of the American Academy of Child and Adolescent Psychiatry, 36,* 1211–1221.

Armstrong, J. G., Putnam, F. W., Carlson, E. B., Libero, D. Z., & Smith, S. R. (1997). Development and validation of a measure of adolescent dissociation: The Adolescent Dissociative Experiences Scale. *Journal of Nervous and Mental Disease, 185,* 491–497.

Asarnow, J. R. (1994). Annotation: Childhood-onset schizophrenia. *Journal of Child Psychiatry and Psychology, 35,* 1345–1371.

Asarnow, R. F. (2013). Childhood schizophrenia. In T. P. Beauchaine & S. P. Hinshaw (Eds.), *Child and adolescent psychopathology* (4th ed., pp. 685–713). Hoboken, NJ: Wiley.

Atkins, M. S., McKay, M. M., Talbott, E., & Arvanitis, P. (1996). DSM-IV diagnosis of conduct disorder and oppositional defiant disorder: Implications and guidelines for school mental health teams. *School Psychology Review, 25,* 274–283.

August, G. J., & Garfinkel, B. D. (1989). Behavioral and cognitive subtypes of ADHD. *Journal of the American Academy of Child and Adolescent Psychiatry, 28,* 739–748.

Babor, T. F., & Caetano, R. (2006). Subtypes of substance dependence and abuse: Implications for diagnostic classification and empirical research. *Addiction, 101,* 104–110.

Barkley, R. A. (1990). *Attention-deficit hyperactivity disorder: A handbook for diagnosis and treatment.* New York: Guilford Press.

Barkley, R. A. (1991). Diagnosis and assessment of attention-deficit hyperactivity disorder. *Comprehensive Mental Health Care, 1,* 27–43.

Barkley, R. A. (2015). Psychological assessment of children with ADHD. In R. A. Barkley (Ed.), *Attention-deficit/hyperactivity disorder: A handbook for diagnosis and treatment* (4th ed., pp. 455–474). New York: Guilford Press.

Barkley, R. A., & Biederman, J. (1997). Toward a broader definition of the age-of-onset criterion for attention-deficit/hyperactivity disorder. *Journal of the American Academy of Child and Adolescent Psychiatry, 36,* 1204–1210.

Bartholomew, R. E. (1995). Culture-bound syndromes as fakery. *Skeptical Inquirer, 19,* 36–41.

Bauermeister, J. J., Canino, G., Polanczyk, G., & Rohde, L. A. (2010). ADHD across cultures: Is there evidence for a bidimensional organization of symptoms? *Journal of Clinical Child and Adolescent Psychology, 39,* 362–372.

Baumgaertel, A., Wolraich, M. L., & Dietrich, M. (1995). Comparison of diagnostic criteria for attention-deficit disorders in a German elementary school sample. *Journal of the American Academy of Child and Adolescent Psychiatry, 34,* 629–638.

Beck, A. T., Freeman, A., & Associates. (1990). *Cognitive therapy of personality disorders.* New York: Guilford Press.

Begali, V. (1992). *Head injury in children and adolescents: A resource and review for school and allied professionals.* Brandon, VT: Clinical Psychology.

Bernstein, D. P., Cohen, P., Velez, C. N., Schwab-Stone, M., Siever, L. J., & Shinsato, L. (1993). Prevalence and stability of the DSM-III-R personality disorders in a community-based survey of adolescents. *American Journal of Psychiatry, 150,* 1237–1243.

Bernstein, G. A., & Borchardt, C. M. (1991). Anxiety disorders of childhood and adolescence: A critical review. *Journal of the American Academy of Child and Adolescent Psychiatry, 30,* 519–532.

Biederman, J. (1991). Attention-deficit hyperactivity disorder (ADHD). *Annals of Clinical Psychiatry, 3,* 9–22.

Biederman, J. (1997). Is there a childhood form of bipolar disorder? *Harvard Mental Health Letter, 13,* 8.

Biederman, J., Faraone, S. V., Marrs, A., Moore, P., Garcia, J., Ablon, S., et al. (1997). Panic disorder and agoraphobia in consecutively referred children and adolescents. *Journal of the American Academy of Child and Adolescent Psychiatry, 36,* 214–223.

Biederman, J., Faraone, S. V., Milberger, S., Jetton, J. G., Chen, L., Mick, E., et al. (1996). Is childhood oppositional defiant disorder a precursor to adolescent conduct disorder?: Findings from a four-year follow-up study of children with ADHD. *Journal of the American Academy of Child and Adolescent Psychiatry, 35,* 1193–1204.

Birmaher, B., Gill, M. K., Axelson, D. A., Goldstein, B. I., Goldstein, T. R., Yu, H., et al. (2014). Longitudinal trajectories and associated baseline predictors in youths with bipolar spectrum disorders. *American Journal of Psychiatry, 171,* 990–999.

Birmaher, B., Khetarpal, S., Brent, D., Cully, M., Balach, L., Kaufman, J., et al. (1997). The Screen for Child Anxiety Related Emotional Disorders (SCARED): Scale construction and psychometric characteristics. *Journal of the American Academy of Child and Adolescent Psychiatry, 36,* 545–553.

Birmaher, B., Ryan, N. D., Williamson, D. E., Brent, D. A., Kaufman, J., Dahl, R. E., et al. (1996). Childhood and adolescent depression: A review of the past 10 years: Part I. *Journal of the American Academy of Child and Adolescent Psychiatry, 35,* 1427–1439.

Bleiberg, E. (1994). Borderline disorders in children and adolescents: The concept, the diagnosis, and the controversies. *Bulletin of the Menninger Clinic, 58,* 169–196.

Bloch, M. H., Panza, K. E., Grant, J. E., Pittenger, C., & Leckman, J. F. (2013). N-acetylcysteine in the treatment of pediatric trichotillomania: A randomized, double-blind, placebo-controlled add-on trial. *Journal of the American Academy of Child and Adolescent Psychiatry, 52,* 231–240.

Blom, M., & Oberink, R. (2012). The validity of the DSM-IV PTSD criteria in children and adolescents: A review. *Clinical Child Psychology and Psychiatry, 17,* 571–601.

Boyson, G. A. (2011). The scientific status of childhood dissociative identity disorder: A review of published research. *Psychotherapy and Psychosomatics, 80,* 329–334.

Bradley, S. J., & Zucker, K. J. (1997). Gender identity disorder: A review of the past 10 years. *Journal of the American Academy of Child and Adolescent Psychiatry, 36,* 872–880.

Bray, M. A., Kehle, T. J., & Theodore, L. A. (2014). Best practices in the assessment and remediation of communication disorders. In P. L. Harrison & A. Thomas (Eds.), *Best practices in school psychology: Data-based and collaborative decision making* (pp. 355–365). Bethesda, MD: National Association of School Psychologists.

Bregman, J. D. (1991). Current developments in the understanding of mental retardation: Part II. *Psychopathology, 30,* 861–872.

Brown, G., Chadwick, O., Shaffer, D., Rutter, M., & Traub, M. (1981). A prospective study of children with head injuries: III. Psychiatric sequelae. *Psychological Medicine, 11,* 63–78.

Bryant-Waugh, R., & Lask, B. (1995). Annotation: Eating disorders in children. *Journal of Child Psychiatry and Psychology, 36,* 191–202.

Burke, J. D., Boylan, K., Rowe, R., Duku, E., Stepp, S. D., Hipwell, A. E., et al. (2014). Identifying the irritability dimension of ODD: Application of a modified bifactor model across five large community samples of children. *Journal of Abnormal Psychology, 123,* 841–851.

Burns, G. L., Walsh, J. A., Owens, S. M., & Snell, J. (1997). Internal validity of attention-deficit/hyperactivity disorder, oppositional defiant disorder, and overt conduct disorder symptoms in young children: Implications from teacher ratings for a dimensional approach to symptom validity. *Journal of Clinical Child Psychology, 26,* 266–275.

Caetano, R., & Babor, T. F. (2006). Diagnosis of alcohol dependence in epidemiological surveys: An epidemic of youthful alcohol dependence or a case of measurement error? *Addiction, 101,* 111–114.

Cahill, L. M., Murdoch, B. E., & Theodoros, D. G. (2005). Articulatory function following traumatic brain injury in childhood: A perceptual and instrumental analysis. *Brain Injury, 19*(1), 55–79.

Campbell, M., & Malone, R. P. (1991). Mental retardation and psychiatric disorders. *Hospital and Community Psychiatry, 42,* 374–379.

Cantwell, D., & Baker, L. (1987). *Developmental speech and language disorders.* New York: Guilford Press.

Cantwell, D., Lewinsohn, P. M., Rohde, P., & Seeley, J. R. (1997). Correspondence between adolescent report and parent report of psychiatric diagnostic date. *Journal of the American Academy of Child and Adolescent Psychiatry, 36,* 610–619.

Carbone, D., Schmidt, L. A., Cunningham, C. C., McHolm, A. E., Edison, S., St. Pierre, J., et al. (2010). Behavioral and socio-emotional functioning in children with selective mutism: A comparison with anxious and typically developing children across multiple informants. *Journal of Abnormal Child Psychology, 38,* 1057–1067.

Carlson, G. A., & Meyer, S. E. (2006). Phenomenology and diagnosis of bipolar disorder in children, adolescents, and adults: Complexities and developmental issues. *Development and Psychopathology, 18,* 939–969.

Carney, J., & Schoenbrodt, L. (1994). Educational implications of traumatic brain injury. *Pediatric Annals, 23,* 47–52.

Carpenter, W. T., Heinrichs, D. W., & Wagman, A. M. I. (1988). Deficit and nondeficit forms of schizophrenia: The concept. *American Journal of Psychiatry, 145,* 578–583.

Carr, A. (2009). Bipolar disorder in young people: Description, assessment, and evidence-based treatment. *Developmental Neurorehabilitation, 12,* 427–441.

Çelik, F. H., Aktepe, E., & Kocaman, O. (2014). Pathological fire setting behavior in children and adolescents. *TAF Preventive Medicine Bulletin, 13,* 245–256.

Cervantes, R. C., & Arroyo, W. (1994). DSM-IV: Implications for Hispanic children and adolescents. *Hispanic Journal of Behavioral Sciences, 16,* 8–27.

Christian, R. E., Frick, P. J., Hill, N. L., Tyler, L., & Frazer, D. R. (1997). Psychopathy and conduct problems in children: II. Implications for subtyping children with conduct problems. *Journal of the American Academy of Child and Adolescent Psychiatry, 36,* 233–241.

Cicchetti, D., & Toth, S. L. (1998). The development of depression in children and adolescents. *American Psychologist, 53,* 221–241.

Clarizio, H. R., & Payette, K. (1990). A survey of school psychologists' perspectives and practices with childhood depression. *Psychology in the Schools, 27,* 57–63.

Cline, D. H. (1990). A legal analysis of policy initiatives to exclude handicapped/disruptive students from special education. *Behavioral Disorders, 15,* 159–173.

Cohen, N. J. (2001). *Language impairment and psychopathology in infants, children, and adolescents.* Thousand Oaks, CA: Sage.

Cohen-Kettenis, P. T., & van Goozen, S. H. M. (1997). Sex reassignment of adolescent transsexuals: A follow-up study. *Journal of the American Academy of Child and Adolescent Psychiatry, 36,* 263–271.

Colker, R., Shaywitz, S., Shaywitz, B., & Simon, J. (2014). Comments on proposed DSM-5 criteria for specific learning disorder from a legal and medical/scientific perspective. Retrieved from *http://dyslexia.yale.edu/CommentsDSM5ColkerShaywitzSimon.pdf.*

Council for Children with Behavioral Disorders. (1987). Position paper on definition and identification of students with behavioral disorders. *Behavioral Disorders, 13,* 9–19.

Creak, E. M. (1961). Schizophrenic syndrome in children: Progress of a working party. *Cerebral Palsy Bulletin, 3,* 501–503.

Creak, E. M. (1963). Childhood psychosis. *British Journal of Psychiatry, 109,* 84–89.

Crowley, T. J. (2006). Adolescents and substance-related disorders: Research agenda to guide decisions on *Diagnostic and Statistical Manual of Mental Disorders,* fifth edition (DSM-V). *Addiction, 101,* 115–124.

Cummings, C. M., Caporino, N. E., & Kendall, P. C. (2014). Comorbidity of anxiety and depression in children and adolescents: 20 years after. *Psychological Bulletin, 140,* 816–845.

Davies, S. C. (2014). Best practices in working with children with traumatic brain injuries. In P. L. Harrison & A. Thomas (Eds.), *Best practices in school psychology: Systems-level services* (pp. 405–421). Bethesda, MD: National Association of School Psychologists.

Davila, R. R., Williams, M. L., & MacDonald, J. T. (1991, September 16). *Clarification of policy to address the needs of children with attention-deficit disorders within general and/or special education* [Memorandum]. Washington, DC: U.S. Department of Education, Office of Special Education and Rehabilitative Services.

Deykin, E. Y., & Buka, S. L. (1997). Prevalence and risk factors for posttraumatic stress disorder among chemically dependent adolescents. *American Journal of Psychiatry, 154,* 752–757.

Doll, B. (1996). Prevalence of psychiatric disorders in children and youth: An agenda for advocacy by school psychology. *School Psychology Quarterly, 11,* 20–47.

Dummit, E. S., III, Klein, R. G., Tancer, N. K., Asche, B., Martin, J., & Fairbanks, J. A. (1997). Systematic assessment of 50 children with selective mutism. *Journal of the American Academy of Child and Adolescent Psychiatry, 36,* 653–660.

DuPaul, G. J., Stoner, G., & O'Reilly, M. J. (2014). Best practices in classroom interventions for attention problems. In P. L. Harrison & A. Thomas (Eds.), *Best practices in school psychology: Student-level services* (pp. 335–347). Bethesda, MD: National Association of School Psychologists.

Einfeld, S. L., & Aman, M. (1995). Issues in the taxonomy of psychopathology in mental retardation. *Journal of Autism and Developmental Disorders, 25,* 143–167.

Einfeld, S. L., Ellis, L. A., & Emerson, E. (2011). Comorbidity of intellectual disability and mental disorder in children and adolescents: A systematic review. *Journal of Intellectual and Developmental Disability, 36,* 137–143.

Elliott, C., Pruett, S., Vaal, J., Agner, J., Havey, M., Boyd, L., et al. (1993). *Best practices for third party reimbursement.* Bloomingdale: Illinois School Psychologists Association.

Emslie, G. J., Kennard, B. D., & Kowatch, R. A. (1995). Affective disorders in children: Diagnosis and management. *Journal of Child Neurology, 10*(Suppl. 1), S42–S49.

Erk, R. R. (1995). The evolution of attention-deficit disorders terminology. *Elementary School Guidance and Counseling, 29,* 243–248.

Ewing-Cobbs, L., Miner, M. E., Fletcher, J. M., & Levin, H. S. (1989). Intellectual, motor, and language sequelae following closed head injury in infants and preschoolers. *Journal of Pediatric Psychology, 14,* 531–547.

Faraone, S. V., Biederman, J., Mennin, D., Wozniak, J., & Spencer, T. (1997). Attention-deficit/hyperactivity disorder with bipolar disorder: A familial subtype? *Journal of the American Academy of Child and Adolescent Psychiatry, 36,* 1378–1387.

Faul, M., Xu, L., Wald, M. M., & Coronado, V. G. (2010). *Traumatic brain injury in the United States: Emergency department visits, hospitalizations and deaths 2002–2006.* Atlanta, GA: Centers for Disease Control and Prevention, National Center for Injury Prevention and Control.

Fauman, M. A. (1994). *Study guide to DSM-IV.* Washington, DC: American Psychiatric Press.

Fay, G. C., Jaffe, K. M., Polissar, N. L., Liao, S., Rivara, J. B., & Martin, K. M. (1994). Outcome of pediatric traumatic brain injury at three years: A cohort study. *Archives of Physical Medicine and Rehabilitation, 75,* 733–741.

First, M. B. (2014). *DSM-5 handbook of differential diagnosis* [Electronic resource]. Arlington, VA: American Psychiatric Publishing.

Fitzgerald, M. M., & Cohen, J. A. (2012). Trauma-focused cognitive behavior therapy for school psychologists. *Journal of Applied School Psychology, 28,* 294–315.

Flanagan, D. P., & Alfonso, V. C. (2010). *Essentials of specific learning disability identification.* Hoboken, NJ: Wiley.

Flessner, C. A. (2011). Cognitive-behavioral therapy for childhood repetitive behavior disorders: Tic disorders and trichotillomania. *Child and Adolescent Psychiatric Clinics of North America, 20*, 319–328.

Fletcher, J. M., Ewing-Cobbs, L., Miner, M. E., Levin, H. S., & Eisenberg, H. M. (1990). Behavioral changes after closed head injury in children. *Journal of Consulting and Clinical Psychology, 58*, 93–98.

Fletcher-Flinn, C., Elmes, H., & Strugnell, D. (1997). Visual–perceptual and phonological factors in the acquisition of literacy among children with congenital developmental coordination disorder. *Developmental Medicine and Child Neurology, 39*, 158–166.

Forness, S. R., & Knitzer, J. (1990). A new proposed definition and terminology to replace "serious emotional disturbance" in Individuals with Disabilities Education Act. *School Psychology Review, 21*, 12–20.

Frances, A. (2010). Increasing the age at onset for ADHD? *American Journal of Psychiatry, 167*, 718.

Frances, A. (2013). *Saving normal: An insider's revolt against out-of-control psychiatric diagnosis, DSM-5, big pharma, and the medicalization of ordinary life.* New York: Morrow.

Francis, G., Last, C. G., & Strauss, C. C. (1987). Expression of separation anxiety disorder: The roles of age and gender. *Child Psychiatry and Human Development, 18*, 82–89.

Francis, G., Last, C. G., & Strauss, C. C. (1992). Avoidant disorder and social phobia in children and adolescents. *Journal of the American Academy of Child and Adolescent Psychiatry, 31*, 1086–1089.

Frick, P. J., Barry, C.T., & Kamphaus, R. W. (2009). *Clinical assessment of child and adolescent personality and behavior* (3rd ed.) New York: Springer.

Frick, P. J., Kamphaus, R. W., Lahey, B. B., Loeber, R., Christ, M. A. G., Hart, E. L., et al. (1991). Academic underachievement and the disruptive behavior disorders. *Journal of Consulting and Clinical Psychology, 59*, 289–294.

Frick, P. J., Lahey, B. B., Applegate, B., Kerdyck, L., Ollendick, T., Hynd, G. W., et al. (1994). DSM-IV field trials for the disruptive behavior disorders: Symptom utility estimates. *Journal of the American Academy of Child and Adolescent Psychiatry, 33*, 529–539.

Fritz, G., Fritsch, S., & Hagino, O. (1997). Somatoform disorders in children and adolescents: A review of the past 10 years. *Journal of the American Academy of Child and Adolescent Psychiatry, 36*, 1329–1339.

Garber, J., & Weersing, V. R. (2010). Comorbidity of anxiety and depression in youth: Implications for treatment and prevention. *Clinical Psychology: Science and Practice, 17*, 293–306.

Gaub, M., & Carlson, C. L. (1997). Behavioral characteristics of DSM-IV ADHD subtypes in a school-based population. *Journal of Abnormal Child Psychology, 25*, 103–111.

Geller, B., & Luby, J. (1997). Child and adolescent bipolar disorder: A review of the past 10 years. *Journal of the American Academy of Child and Adolescent Psychiatry, 36,* 1168–1176.

Geller, B., Sun, K., Zimerman, B., Luby, J., Frazier, J., & Williams, M. (1995). Complex and rapid-cycling in bipolar children and adolescents: A preliminary study. *Journal of Affective Disorders, 34,* 259–268.

Ghandour, R. M., Kogan, M. D., Blumberg, S. J., Jones, J. R., & Perrin, J. M. (2012). Mental health conditions among school-aged children: Geographic and sociodemographic patterns in prevalence and treatment. *Journal of Developmental and Behavioral Pediatrics, 33,* 42–54.

Giaconia, R. M., Reinherz, H. Z., Silverman, A. B., Pakiz, B., Frost, A. K., & Cohen, E. (1995). Traumas and posttraumatic stress disorder in a community population of older adolescents. *Journal of the American Academy of Child and Adolescent Psychiatry, 34,* 1369–1380.

Giedd, J. N., Swedo, S. S., Lowe, C. H., & Rosenthal, N. E. (1998). Case series: Pediatric seasonal affective disorder: A follow-up report. *Journal of the American Academy of Child and Adolescent Psychiatry, 37,* 218–220.

Glaros, A. G., & Melamed, B. G. (1992). Bruxism in children: Etiology and treatment. *Applied and Preventive Psychology, 1,* 191–199.

Goldman, S. J., D'Angelo, E. J., Demaso, D. R., & Mezzacappa, E. (1992). Physical and sexual abuse histories among children with borderline personality disorder. *American Journal of Psychiatry, 149,* 1723–1726.

Goodheart, C. D. (2014). *A primer for ICD-10-CM users.* Washington, DC: American Psychological Association.

Greenberg, G. (2013). *The book of woe: The DSM and the unmaking of psychiatry.* New York: Blue Rider Press.

Gresham, F. M., MacMillan, D. L., & Bocian, K. M. (1998). Agreement between school study team decisions and authoritative definitions in classifications of students at-risk for mild disabilities. *School Psychology Quarterly, 13,* 181–191.

Gresham, F. M., MacMillan, D. L., & Siperstein, G. N. (1995). Critical analysis of the 1992 AAMR definition: Implications for school psychology. *School Psychology Quarterly, 10,* 1–19.

Grilo, C. M., Walker, M. L., Becker, D. E., Edell, W. S., & McGlashan, T. H. (1997). Personality disorders in adolescents with major depression, substance use disorders, and coexisting major depression and substance use disorders. *Journal of Consulting and Clinical Psychology, 65,* 328–332.

Grossman, H. (1983). *Classification in mental retardation* (3rd rev.). Washington, DC: American Association on Mental Deficiency.

Gullone, E. (2000). The development of normal fear: A century of research. *Clinical Psychology Review, 20,* 429–451.

Guzder, J., Paris, J., Zelkowitz, P., & Marchessault, K. (1996). Risk factors for borderline pathology in children. *Journal of the American Academy of Child and Adolescent Psychiatry, 35,* 26–33.

Hall, A., Slim, E., Hawker, F., & Salmond, C. (1984). Anorexia nervosa:

Long-term outcome in 50 female patients. *British Journal of Psychiatry, 145*, 407–413.

Halperin, J. M., Matier, K., Bedi, G., Sharma, V., & Newcorn, J. H. (1992). Specificity of inattention, impulsivity, and hyperactivity to the diagnosis of attention-deficit/hyperactivity disorder. *Journal of the American Academy of Child and Adolescent Psychiatry, 31*, 190–196.

Halperin, J. M., Newcorn, J. H., Sharma, V., Healey, J. M., Wolf, L. E., Pascualvaca, D. M., et al. (1990). Inattentive and noninattentive ADHD children: Do they constitute a unitary group? *Journal of Abnormal Child Psychology, 18*, 437–449.

Hardman, M. L., Drew, C. J., & Egan, M. W. (2014). *Human exceptionality: School, community, and family* (11th ed.). Belmont, CA: Wadsworth Cengage Learning.

Harris, J. C. (2006). *Intellectual disability: Understanding its development, causes, classification, evaluation, and treatment.* New York: Oxford University Press.

Hart, C., & Ksir, C. (2012). *Drugs, society, and human behavior* (15th ed.). New York: McGraw-Hill.

Hayward, C., Killen, J. D., Kramer, H. C., Blair-Greiner, A., Strachowski, D., Cunning, D., et al. (1997). Assessment and phenomenology of nonclinical panic attacks in adolescent girls. *Journal of Anxiety Disorders, 11*, 17–32.

Heber, R. (1959). A manual on terminology and classification in mental retardation. *American Journal of Mental Deficiency, 56*(Suppl. 64), 1–111.

Heber, R. (1961). Modifications in the manual on terminology and classification in mental retardation. *American Journal of Mental Deficiency, 65*, 499–500.

Hellgren, L., Gillberg, I. C., Bahenholm, A., & Gillberg, C. (1994). Children with deficits in attention, motor control and perception (DAMP) almost grown up: Psychiatric and personality disorders at age 16 years. *Journal of Child Psychiatry and Psychology, 35*, 1255–1271.

Henderson, S. E., Barnett, A., & Henderson, L. (1994). Visuospatial difficulties and clumsiness: On the interpretation of conjoined deficits. *Journal of Child Psychiatry and Psychology, 35*, 961–969.

Herbert, J. (1995). An overview of the current status of social phobia. *Applied and Preventive Psychology, 4*, 39–51.

Hess, R. S., Pejic, V., & Castejon, K. S. (2014). Best practices in delivering culturally responsive, tiered-level supports for youth with behavioral challenges. In P. L. Harrison & A. Thomas (Eds.), *Best practices in school psychology: Student-level services* (pp. 321–334). Bethesda, MD: National Association of School Psychologists.

Hinshaw, S. P. (1992). Academic underachievement, attention deficits, and aggression: Comorbidity and implications for intervention. *Journal of Consulting and Clinical Psychology, 60*, 893–903.

Horowitz, M., Siegel, B., Holen, A., Bonanno, G. A., Milbrath, C., & Stinson,

C. H. (1997). Diagnostic criteria for complicated grief disorder. *American Journal of Psychiatry, 154*, 904–910.

Individuals with Disabilities Education Improvement Act of 2004. Public Law No. 108-446, 20 U. S. C. §§ 1400 et seq. (2004). Amendments to Individuals with Disabilities Education Act of 1990. Public Law No. 101-476, 20 U. S. C. § 1401 et seq.

Isaac, G. (1991). Bipolar disorder in prepubertal children in a special education setting: Is it rare? *Journal of Clinical Psychiatry, 52*, 165–168.

Jacobson, J. W. (1982). Problem behavior and psychiatric impairment in a developmentally disabled population: I. Behavior frequency. *Applied Research in Mental Retardation, 3*, 121–139.

Jensen, P. S., & Hoagwood, K. (1997). The book of names: DSM-IV in context. *Development and Psychopathology, 9*, 231–249.

Jordan, F. M., Murdoch, B. E., Buttsworth, D. L., & Hudson-Tennent, L. J. (1995). Speech and language performance of brain-injured children. *Aphasiology, 9*, 23–32.

Jordan, F. M., Ozanne, A. E., & Murdoch, B. E. (1988). Long-term speech and language disorders subsequent to closed head injury in children. *Brain Injury, 2*, 179–185.

Jordan, F. M., Ozanne, A. E., & Murdoch, B. E. (1990). Performance of closed head-injured children on a naming task. *Brain Injury, 4*, 27–32.

Kashani, J. H., Allan, W. D., Beck, N. C., Jr., Bledsoe, Y., & Reid, J. C. (1997). Dysthymic disorder in clinically referred preschool children. *Journal of the American Academy of Child and Adolescent Psychiatry, 36*, 1426–1433.

Kashani, J. H., Holcomb, W. R., & Orvaschel, H. (1986). Depression and depressive symptoms in preschool children from the general population. *American Journal of Psychiatry, 143*, 1138–1143.

Katon, W. (1993). Somatization disorder, hypochondriasis, and conversion disorder. In D. Dunner (Ed.), *Current psychiatric therapy* (pp. 314–320). Philadelphia: Saunders.

Kay, S. R. (1989). Cognitive battery for differential diagnosis of mental retardation vs. psychosis. *Research in Developmental Disabilities, 10*, 251–260.

Kearney, C., Albano, A. M., Eisen, A. R., Allan, W. D., & Barlow, D. H. (1997). The phenomenology of panic disorder in youngsters: An empirical study of a clinical sample. *Journal of Anxiety Disorders, 11*, 49–62.

Keeton, C. P., & Budinger, M. C. (2012). Social phobia and selective mutism. *Child and Adolescent Psychiatric Clinics, 21*, 621–641.

Keller, M. B. (1994). Course, outcome and impact on the community. *Acta Psychiatrica Scandinavica, 89*, 24–34.

Kessler, R. C., Avenevoli, S., Costello, J., Georgiades, K., Green, J. G., Gruber, M. J., et al. (2012). Prevalence, persistence, and sociodemographic correlates of DSM-IV disorders in the National Comorbidity Survey Replication Adolescent Supplement. *Archives of General Psychiatry, 69*, 372–380.

Kessler, R. C., Berglund, P., Demler, O., Jin, R., Merikangas, K. R., & Walters, E. E. (2005). Lifetime prevalence and age-of-onset distributions of DSM-IV disorders in the National Comorbidity Survey Replication. *Archives of General Psychiatry, 62,* 593–602.

Khan, A., Cowan, C., & Roy, A. (1997). Personality disorders in people with learning disabilities: A community survey. *Journal of Intellectual Disability Research, 41,* 324–330.

King, B. H., DeAntonio, C., McCracken, J. T., Forness, S. R., & Ackerland, V. (1994). Psychiatric consultation in severe and profound mental retardation. *American Journal of Psychiatry, 151,* 1802–1808.

King, B. H., State, M. W., Shah, B., Davanzo, P., & Dykens, E. (1997). Mental retardation: A review of the past 10 years: Part 1. *Journal of the American Academy of Child and Adolescent Psychiatry, 36,* 1656–1663.

King, S., Waschbusch, D. A., Pelham, W. E., Jr., Frankland, B. W., Andrade, B. F., Jacques, S., et al. (2009). Social information processing in elementary-school-aged children with ADHD: Mediator effects and comparisons with typical children. *Journal of Abnormal Child Psychology, 37,* 579–589.

Kirk, S. A., & Kutchins, H. (1992). *The selling of DSM: The rhetoric of science in psychiatry.* New York: Aldine de Gruyter.

Knight, J. R., Sherritt, L., Shrier, L. A., Harris, S. K., & Chang, G. (2002). Validity of the CRAFFT substance abuse screening test among adolescent clinic patients. *Archives of Pediatric Adolescent Medicine, 156,* 607–614.

Knights, R. M., Ivan, L. P., Ventureyra, E. C. G., Bentivoglio, C., Stoddart, C., Winogron, W., et al. (1991). The effects of head injury in children on neuropsychological and behavioral functioning. *Brain Injury, 5,* 339–351.

Koerner, K., Kohlenberg, R. J., & Parker, C. R. (1996). Diagnosis of personality disorder: A radical behavioral alternative. *Journal of Consulting and Clinical Psychology, 64,* 1169–1176.

Kopp, S., & Gillberg, C. (1997). Selective mutism: A population-based study: A research note. *Journal of Child Psychology and Psychiatry, 38,* 257–262.

Kronenberger, W. G., & Meyer, R. G. (2001). *The child clinician's handbook* (2nd ed.). Boston: Allyn & Bacon.

Kutchins, H., & Kirk, S. A. (1995). DSM-IV: Does bigger and newer mean better? *Harvard Mental Health Letter, 11,* 4–6.

Lahey, B. B., Applegate, B., McBurnett, K., Biederman, J., Greenhill, L., Hynd, G. W., et al. (1994). DSM-IV field trials for attention-deficit/hyperactivity disorder in children and adolescents. *American Journal of Psychiatry, 151,* 1673–1685.

Lahey, B. B., Loeber, R., Quay, H. C., Frick, P. J., & Grimm, J. (1992). Oppositional–defiant and conduct disorders: Issues to be resolved in DSM-IV. *Journal of the American Academy of Child and Adolescent Psychiatry, 31,* 539–545.

Lahey, B. B., Schaughency, E., Hynd, G., Carlson, C., & Nieves, N. (1987).

Attention-deficit disorder with and without hyperactivity: Comparison of behavioral characteristics of clinic-referred children. *Journal of the American Academy of Child Psychiatry, 26,* 718–723.

Last, C. G., Francis, G., Hersen, M., Kazdin, A. E., & Strauss, C. C. (1987). Separation anxiety and school phobia: A comparison using DSM-III criteria. *American Journal of Psychiatry, 144,* 653–657.

Lehmkuhl, G., Blanz, B., Lehmkuhl, U., & Braum-Scharm, H. (1989). Conversion disorder (DSM-III 300.11): Symptomatology and course in childhood and adolescence. *European Archives of Psychiatry and Neurological Sciences, 238,* 155–160.

Leibenluft, E., Cohen, P., Gorrindo, T., Brook, J. S., & Pine, D. S. (2006). Chronic versus episodic irritability in youth: A community-based, longitudinal study of clinical and diagnostic associations. *Journal of Child and Adolescent Psychopharmacology, 16,* 456–466.

Levy, E., Hay, D. A., McStephen, M., Wood, C., & Waldman, I. (1997). Attention-deficit/hyperactivity disorder: A category or a continuum? Genetic analysis of a large-scale twin study. *Journal of the American Academy of Child and Adolescent Psychiatry, 36,* 737–744.

Lewinsohn, P. M., Rohde, P., Seeley, J. R., & Klein, D. N. (1997). Axis II psychopathology as a function of Axis I disorders in childhood and adolescence. *Journal of the American Academy of Child and Adolescent Psychiatry, 36,* 1752–1759.

Lewis, D. O., Lewis, M., Unger, L., & Goldman, C. (1984). Conduct disorder and its synonyms: Diagnoses of dubious validity and usefulness. *American Journal of Psychiatry, 141,* 514–519.

Lewis, M. (1996). Borderline features in childhood disorders. In F. R. Volkmar (Ed.), *Psychoses and pervasive developmental disorders in childhood and adolescence* (pp. 103–123). Washington, DC: American Psychiatric Press.

Linehan, M. M. (1993). *Cognitive-behavioral treatment of borderline personality disorder.* New York: Guilford Press.

Loeber, R., Lahey, B. B., & Thomas, C. (1991). Diagnostic conundrum of oppositional–defiant disorder and conduct disorder. *Journal of Abnormal Psychology, 100,* 379–390.

Lovaas, I., Newsom, C., & Hickman, C. (1987). Self-stimulatory behavior and perceptual reinforcement. *Journal of Applied Behavior Analysis, 20,* 45–68.

Ludolph, P. S., Westen, D., Misle, B., Jackson, A., Wixom, J., & Wiss, F. C. (1990). The borderline diagnosis in adolescents: Symptoms and developmental history. *American Journal of Psychiatry, 147,* 470–476.

Lynam, D. R. (1996). Early identification of the chronic offender: Who is the fledgling psychopath? *Psychological Bulletin, 120,* 209–234.

Lynskey, M., & Fergusson, D. M. (1995). Childhood conduct problems, attention-deficit behaviors, and adolescent alcohol, tobacco, and illicit drug use. *Journal of Abnormal Child Psychology, 23,* 281–302.

MacMillan, D. L., Gresham, F. M., Siperstein, G. N., & Bocian, K. M. (1996). The labyrinth of IDEA: School decisions on referred students with subaverage general intelligence. *American Journal of Mental Retardation,* *101,* 161–174.

March, J. S., & Leonard, H. L. (1996). Obsessive–compulsive disorder in children and adolescents: A review of the past 10 years. *Journal of the American Academy of Child and Adolescent Psychiatry, 35,* 1265–1273.

Marks, I. M. (1969). *Fears and phobias.* Oxford, UK: Academic Press.

Marks, I. (1988). Blood–injury phobia: A review. *American Journal of Psychiatry, 145,* 1207–1213.

Mash, E. J., & Barkley, R. A. (Eds.). (2009). *Assessment of childhood disorders* (4th ed.). New York: Guilford Press.

Mash, E. J., & Barkley, R. A. (Eds.). (2014). *Child psychopathology* (3rd ed.). New York: Guilford Press.

Max, J. E., & Dunisch, D. L. (1997). Traumatic brain injury in a child psychiatry outpatient clinic: A controlled study. *Journal of the American Academy of Child and Adolescent Psychiatry, 36,* 404–411.

Max, J. E., Robin, D. A., Lindgren, S. D., Smith, W. L., Sato, Y., Mattheis, P. J., et al. (1997). Traumatic brain injury in children and adolescents: Psychiatric disorders at two years. *Journal of the American Academy of Child and Adolescent Psychiatry, 36,* 1278–1285.

Max, J. E., Sharma, A., & Qurashi, M. I. (1997). Traumatic brain injury in a child psychiatric inpatient population: A controlled study. *Journal of the American Academy of Child and Adolescent Psychiatry, 36,* 1595–1601.

Max, J. E., Smith, W. L., Sato, Y., Mattheis, P. J., Castillo, C. S., Lindgren, S. D., et al. (1997). Traumatic brain injury in children and adolescents: Psychiatric disorders in the first three months. *Journal of the American Academy of Child and Adolescent Psychiatry, 36,* 94–102.

McBride, G. M., Willis, J. O., & Dumont, R. (2014). Best practices in applying legal standards for students with disabilities. In P. L. Harrison & A. Thomas (Eds.), *Best practices in school psychology: Foundations* (pp. 421–436). Bethesda, MD: National Association of School Psychologists.

McBurnett, K., Lahey, B. B., & Pfiffner, L. J. (1993). Diagnosis of attention-deficit disorders in DSM-IV: Scientific basis and implications for education. *Exceptional Children, 60,* 108–117.

McGarvey, E. L., Canterbury, R. J., & Waite, D. (1996). Delinquency and family problems in incarcerated adolescents with and without a history of inhalant use. *Addictive Behavior, 21,* 537–542.

McGinnis, E. (1986). *The relationship between psychiatric hospitalization and special education placement.* Unpublished doctoral dissertation, University of Iowa.

McGlashan, T. H. (1988). Adolescent versus adult onset of mania. *American Journal of Psychiatry, 145,* 221–223.

McLaughlin, K. A., Koenen, K. C., Hill, E. D., Petukhova, M., Sampson, N. A., Zaslavsky, A. M., et al. (2013). Trauma exposure and posttraumatic stress disorder in a national sample of adolescents. *Journal of the American Academy of Child and Adolescent Psychiatry, 52,* 815–830.

McNally, R. J. (1993). Stressors that produce posttraumatic stress disorder in children. In J. R. T. Davidson & E. B. Foa (Eds.), *Posttraumatic stress disorder: DSM-IV and beyond* (pp. 57–74). Washington, DC: American Psychiatric Press.

Menolascino, F. J. (1988). Mental illness in the mentally retarded: Diagnostic and treatment issues. In J. A. Stark, F. J. Menolascino, M. H. Albarelli, & V. C. Gray (Eds.), *Mental retardation and mental health: Classification, diagnosis, treatment, services* (pp. 109–123). New York: Springer-Verlag.

Meyer, R. G., & Weaver, C. M. (2006). *The clinician's handbook: Integrated diagnostics, assessment, and intervention in adult and adolescent psychopathology* (5th ed.). Needham Heights, MA: Allyn & Bacon.

Meyers, J. L., & Dick, D. M. (2010). Genetic and environmental risk factors for adolescent-onset substance use disorders. *Child and Adolescent Psychiatric Clinics of North America, 19,* 465–477.

Miller, L. C., Barrett, C. L., & Hampe, E. (1974). Phobias of childhood in a prescientific era. In A. Davids (Ed.), *Child personality and psychopathology: Current topics* (Vol. 1, pp. 89–134). New York: Wiley.

Milne, J. M., Garrison, C. Z., Addy, C. L., McKeown, R. E., Jackson, K. L., Cuffe, S. P., et al. (1995). Frequency of phobic disorder in a community sample of young adolescents. *Journal of the American Academy of Child and Adolescent Psychiatry, 34,* 1202–1211.

Mischel, W. (1968). *Personality and assessment.* New York: Wiley.

Morgan, S. B. (1990). Early childhood autism: Current perspectives on definition, assessment, and treatment. In S. B. Morgan & T. M. Okwumabua (Eds.), *Child and adolescent disorders: Developmental and health psychology perspectives* (pp. 3–45). Hillsdale, NJ: Erlbaum.

Motta, R. W. (1995). Childhood posttraumatic stress disorder and the schools. *Canadian Journal of School Psychology, 11,* 65–78.

Mrazek, D. A. (1994). Psychiatric aspects of somatic disease and disorders. In M. Rutter, E. Taylor, & L. Hersov (Eds.), *Child and adolescent psychiatry: Modern approaches* (pp. 697–710). Oxford, UK: Blackwell.

Namasivayam, A. K., Pukonen, M., Goshulak, D., Yu, V. Y., Kadis, D. S., Kroll, R., et al. (2013). Relationship between speech motor control and speech intelligibility in children with speech sound disorders. *Journal of Communication Disorders, 46,* 264–280.

National Institute on Alcohol Abuse and Alcoholism. (2011). *Alcohol screening and brief intervention for youth: A practitioner's guide.* Rockville, MD: National Institute on Alcohol Abuse and Alcoholism Publications. Retrieved from *http://pubs.niaaa.nih.gov/publications/Practitioner/YouthGuide/YouthGuideOrderForm.htm.*

Newcorn, J. H., & Strain, J. (1992). Adjustment disorder in children and adolescents. *Journal of the American Academy of Child and Adolescent Psychiatry, 31,* 318–327.

Nordyke, N. S., Baer, D. M., Etzel, B. C., & LeBlanc, J. M. (1977). Implications of the stereotyping of modification of sex role. *Journal of Applied Behavior Analysis, 10,* 553–557.

Novins, D. K., Bechtold, D. W., Sack, W. H., Thompson, J., Carter, D. R., & Manson, S. M. (1997). The DSM-IV outline for cultural formulation: A critical demonstration with American Indian children. *Journal of the American Academy of Child and Adolescent Psychiatry, 36,* 1244–1251.

Nurcombe, B., Mitchell, W., Begtrup, R., Tramontana, M., LaBarbera, J., & Pruitt, J. (1996). Dissociative hallucinosis and allied conditions. In F. R. Volkmar (Ed.), *Psychoses and pervasive developmental disorders in childhood and adolescence* (pp. 107–128). Washington, DC: American Psychiatric Press.

Oakland, T. (1992). School dropouts: Characteristics and prevention. *Applied and Preventive Psychology, 1,* 201–208.

Palla, B., & Litt, I. R. (1988). Medical complications of eating disorders in adolescents. *Pediatrics, 81,* 613–623.

Pauls, D. L., Alsobrook, J. P., II, Goodman, W., Rasmussen, S., & Leckman, J. F. (1995). A family study of obsessive–compulsive disorder. *American Journal of Psychiatry, 152,* 76–84.

Pavkov, T. W., Lewis, D. A., & Lyons, J. S. (1989). Psychiatric diagnosis and racial bias: An empirical investigation. *Professional Psychology: Research and Practice, 20,* 364–368.

Pfeffer, C. R. (1992). Relationship between depression and suicidal behavior. In M. Shafii & S. L. Shafii (Eds.), *Clinical guide to depression in children and adolescents* (pp. 115–126). Washington, DC: American Psychiatric Press.

Pfefferbaum, B. (1997). Posttraumatic stress disorder in children: A review of the past 10 years. *Journal of the American Academy of Child and Adolescent Psychiatry, 36,* 1503–1511.

Pietrini, P., Dani, A., Furey, M. L., Alexander, G. E., Freo, U., Grady, C. L., et al. (1997). Low glucose metabolism during brain stimulation in older Down's syndrome subjects at risk for Alzheimer's disease prior to dementia. *American Journal of Psychiatry, 154,* 1063–1069.

Pilowsky, D. (1986). Problems in determining the presence of hallucinations in children. In D. Pilowsky & W. Chambers (Eds.), *Hallucinations in children* (pp. 1–16). Washington, DC: American Psychiatric Press.

Pliszka, S. R. (2015). Comorbid psychiatric disorders in children with ADHD. In R. A. Barkley (Ed.), *Attention-deficit/hyperactivity disorder: A handbook for diagnosis and treatment* (4th ed., pp. 140–168). New York: Guilford Press.

Power, T. J., & DuPaul, G. J. (1996a). Attention-deficit/hyperactivity disorder: The reemergence of subtypes. *School Psychology Review, 25,* 284–296.

Power, T. J., & DuPaul, G. J. (1996b). Implications of DSM-IV for the practice of school psychology: Introduction to the mini-series. *School Psychology Review, 25,* 255–258.

Putnam, F. W. (1996). Posttraumatic stress disorder in children and adolescents.

In L. J. Dickstein, M. B. Riba, & J. M. Oldham (Eds.), *Review of psychiatry* (Vol. 15, pp. 447–468). Washington, DC: American Psychiatric Press.

Putnam, F. W., Helmers, K., & Trickett, P. K. (1993). Development, reliability and validity of a child dissociation scale. *Child Abuse and Neglect, 17,* 731–741.

Putnam, C. T., & Kirkpatrick, J. T. (2005, May). Juvenile firesetting: A research overview. *Juvenile Justice Bulletin.* Retrieved November 30, 2014, from *www.ojp.usdoj.gov.*

Rapee, R. M., Schniering, C. A., & Hudson, J. L. (2009). Anxiety disorders during childhood and adolescence: Origins and treatment. *Annual Review of Clinical Psychology, 5,* 311–341.

Rapoport, J. L. (1997). What is known about childhood schizophrenia? *Harvard Mental Health Letter, 14,* 8.

Reeves, R. R., & Bullen, J. A. (1995). Mnemonics for ten DSM-IV disorders. *Journal of Nervous and Mental Disease, 183,* 550–551.

Reid, R. (1995). Assessment of ADHD with culturally different groups: The use of behavioral rating scales. *School Psychology Review, 24,* 537–560.

Reiss, S. (1994). Issues in defining mental retardation. *American Journal on Mental Retardation, 99,* 1–7.

Rekers, G. A., & Lovaas, I. O. (1974). Behavioral treatment of deviant sex role behaviors in a male child. *Journal of Applied Behavior Analysis, 7,* 173–190.

Rind, B., Tromovitch, P., & Bauserman, R. (1998). A meta-analytic examination of assumed properties of child sexual abuse using college samples. *Psychological Bulletin, 124,* 22–53.

Rivara, J. B., Jaffe, K. M., Fay, G. C., Polissar, N. L., Martin, K. M., Shurtleff, H. A., et al. (1993). Family functioning and injury severity as predictors of child functioning one year following traumatic brain injury. *Archives of Physical Medicine and Rehabilitation, 74,* 1047–1055.

Roberts, M. A. (1990). A behavioral observation method for differentiating hyperactive and aggressive boys. *Journal of Abnormal Child Psychology, 18,* 131–142.

Robins, L. R. (1991). Conduct disorder. *Journal of Child Psychiatry and Psychology, 32,* 193–212.

Rourke, B. P. (1989). *Nonverbal learning disabilities: The syndrome and the model.* New York: Guilford Press.

Russell, A. T., Bott, L., & Sammons, C. (1989). The phenomenology of schizophrenia occurring in childhood. *Journal of the American Academy of Child and Adolescent Psychiatry, 28,* 399–407.

Rutter, M. (1981). Psychological sequelae of brain damage in children. *American Journal of Psychiatry, 138,* 1533–1544.

Ryan, N. D., Puig-Antich, J., Ambrosini, P., Rabinovich, H., Robinson, D., Nelson, B., et al. (1987). The clinical picture of major depression in children and adolescents. *Archives of General Psychiatry, 44,* 854–861.

Sabatino, D. A., & Vance, H. B. (1994). Is the diagnosis of attention-deficit/

hyperactivity disorder meaningful? *Psychology in the Schools, 31*, 188–196.

Sands, R., Tricker, J., Sherman, C., Armatas, C., & Maschette, W. (1997). Disordered eating patterns, body image, self-esteem, and physical activity in preadolescent school children. *International Journal of Eating Disorders, 21*, 159–166.

Schalock, R. L., Borthwick-Duffy, S. A., Bradley, V. J., Buntinx, W. H. E., Coulter, D. L., Craig, E. M., et al. (2010). *Intellectual disability: Definition, classification, and systems of supports* (11th ed.). Washington, DC: American Association on Intellectual and Developmental Disabilities.

Scheeringa, M. S., Zeanah, C. H., & Cohen, J. A. (2011). PTSD in children and adolescents: Toward an empirically based algorithm. *Depression and Anxiety, 28*, 770–782.

Schmidt, C. W., Jr., Yowell, R. K., & Jaffe, E. (2010). *Procedure coding handbook for psychiatrists.* Washington, DC: American Psychiatric Publishing.

Schulte, I. E., & Petermann, F. (2011). Somatoform disorders: 30 years of debate about criteria! What about children and adolescents? *Journal of Psychosomatic Research, 70*, 218–228.

Schwarz, E. D., & Kowalski, J. M. (1991). Posttraumatic stress disorder after a school shooting: Effects of symptom threshold selection and diagnosis by DSM-III, DSM-III-R, or proposed DSM-IV. *American Journal of Psychiatry, 148*, 592–597.

Scott, S. (1994). Mental retardation. In M. Rutter, E. Taylor, & L. Hersov (Eds.), *Child and adolescent psychiatry: Modern approaches* (3rd ed., pp. 616–646). Oxford, UK: Blackwell.

Scotti, J. R., Morris, T. L., McNeil, C. B., & Hawkins, R. P. (1996). DSM-IV and disorders of childhood and adolescence: Can structural criteria be functional? *Journal of Consulting and Clinical Psychology, 64*, 1177–1191.

Shamsie, J., & Hluchy, C. (1991). Youth with conduct disorder: A challenge to be met. *Canadian Journal of Psychiatry, 36*, 405–414.

Shaywitz, S. E., Escobar, M. E., Shaywitz, B. A., Fletcher, J. M., & Makuch, R. (1990). Evidence that dyslexia may represent the lower tail of a normal distribution of reading ability. *New England Journal of Medicine, 326*, 145–150.

Shaywitz, S. E., Shaywitz, B. A., Fletcher, J. M., & Escobar, M. E. (1990). Prevalence of reading disability in boys and girls: Results of the Connecticut longitudinal study. *Journal of the American Medical Association, 264*, 998–1002.

Siegel, M., & Barthel, R. P. (1986). Conversion disorders on a child psychiatry consultation service. *Psychosomatics, 27*, 201–204.

Silk, J. S., Nath, S. R., Siegel, L. R., & Kendall, P. C. (2000). Conceptualizing mental disorders in children: Where have we been and where are we going? *Development and Psychopathology, 12*, 713–735.

Simeon, J. G. (1989). Depressive disorders in children and adolescents. *Psychiatry Journal of the University of Ottawa, 14*, 356–361.

Skagerberg, E., Parkinson, R., & Carmichael, P. (2013). Self-harming thoughts and behaviors in a group of children and adolescents with gender dysphoria. *International Journal of Transgenderism, 14,* 86–92.

Skirbekk, B., Hansen, B. H., Oerbeck, B., & Kristensen, H. (2011). The relationship between sluggish cognitive tempo, subtypes of attention-deficit/hyperactivity disorder, and anxiety disorders. *Journal of Abnormal Child Psychology, 39,* 513–525.

Skodol, A. E. (1989). *Problems in differential diagnosis: From DSM-III to DSM-III-R in clinical practice.* Washington, DC: American Psychiatric Press.

Slater, E. J., & Bassett, S. S. (1988). Adolescents with closed head injuries: A report of initial cognitive deficits. *American Journal of Diseases of Children, 142,* 1048–1051.

Small, R. F. (1991). *Maximizing third-party reimbursement in your mental health practice.* Sarasota, FL: Professional Resource Exchange.

Smart, D., Sanson, A., & Prior, M. (1996). Connections between reading disability and behavior problems: Testing temporal and causal hypotheses. *Journal of Abnormal Child Psychology, 24,* 363–383.

Spack, N. P., Edwards-Leeper, L., Feldman, H. A., Leibowitz, S., Mandel, F., Diamond, D. A., et al. (2012). Children and adolescents with gender identity disorder referred to a pediatric medical center. *Pediatrics, 129,* 418–425.

State, M. W., King, B. H., & Dykens, E. (1997). Mental retardation: A review of the past 10 years: Part II. *Journal of the American Academy of Child and Adolescent Psychiatry, 36,* 1664–1671.

Stein, D. J. (1993). Cross-cultural psychiatry and the DSM-IV. *Comprehensive Psychiatry, 34,* 322–329.

Steiner, H., & Lock, J. (1998). Anorexia nervosa and bulimia in children and adolescents: A review of the past 10 years. *Journal of the American Academy of Child and Adolescent Psychiatry, 37,* 352–359.

Steinhausen, H. C., & Juzi, C. (1996). Elective mutism: An analysis of 100 cases. *Journal of the American Academy of Child and Adolescent Psychiatry, 35,* 606–614.

Strauss, C. C., Lease, C. A., Last, C. G., & Francis, G. (1988). Overanxious disorder: An examination of developmental differences. *Journal of Abnormal Child Psychology, 16,* 433–443.

Strub, R. L., & Black, F. W. (1988). *Neurobehavioral disorders: A clinical approach.* Philadelphia: Davis.

Substance Abuse and Mental Health Services Administration. (2015). National Registry of Evidence-based Programs and Practices (NREPP). Retrieved March 22, 2015, from *www.nrepp.samhsa.gov.*

Suveg, C., Aschenbrand, S. G., & Kendall, P. C. (2005). Separation anxiety disorder, panic disorder, and school refusal. *Child and Adolescent Psychiatric Clinics of North America, 14,* 773–795.

Swedo, S. E., Leonard, H. L., Mittleman, B. B., Allen, A. J., Rapoport, J. L.,

Dow, S. P., et al. (1997). Identification of children with pediatric autoimmune neuropsychiatric disorders associated with streptococcal infections by a marker associated with rheumatic fever. *American Journal of Psychiatry, 154*, 110–112.

Swedo, S. E., Rapoport, J. L., Leonard, H., Lenane, M., & Cheslow, D. (1989). Obsessive–compulsive disorder in children and adolescents: Clinical phenomenology of 70 consecutive cases. *Archives of General Psychiatry, 46*, 335–341.

Swendsen, J., Burstein, M., Case, B., Conway, K. P., Dierker, L., He, J., et al. (2012). Use and abuse of alcohol and illicit drugs in U.S. adolescents. *Archives of General Psychiatry, 69*, 390–398.

Szymanski, L. S. (1994). Mental retardation and mental health: Concepts, aetiology and incidence. In N. Bouras (Ed.), *Mental health in mental retardation: Recent advances and practices* (pp. 19–33). Cambridge, UK: Cambridge University Press.

Thornton, C., & Russell, J. (1997). Obsessive–compulsive comorbidity in the dieting disorders. *International Journal of Eating Disorders, 21*, 83–87.

Thorpy, M. J. (2012). Classification of sleep disorders. *Neurotherapeutics, 9*, 687–701.

Tobin, R. M., Schneider, W. J., & Landau, S. (2014). Best practices in the assessment of youth with attention-deficit/hyperactivity disorder within a multitiered services framework. In P. L. Harrison & A. Thomas (Eds.), *Best practices in school psychology: Data-based and collaborative decision making* (pp. 391–404). Bethesda, MD: National Association of School Psychologists.

Tsai, L. Y. (2014). Impact of DSM-5 on epidemiology of autism spectrum disorder. *Research in Autism Spectrum Disorders, 8*, 1454–1470.

Tumuluru, R., Yaylayan, S., Weller, E. B., & Weller, R. A. (1996). Affective psychoses: I. Major depression with psychosis. In F. R. Volkmar (Ed.), *Psychoses and pervasive developmental disorders in childhood and adolescence* (pp. 49–69). Washington, DC: American Psychiatric Press.

Turkat, I. D. (1990). *The personality disorders: A psychological approach to clinical management.* New York: Pergamon Press.

U.S. Department of Education. (2015). Individuals with Disabilities Education Improvement Act of 2004. Retrieved March 16, 2015, from *www.gpo.gov/fdsys/pkg/PLAW-108publ446/html/PLAW-108publ446.htm.*

Üstün, T. B., Chatterji, S., Kostanjsek, N., Rehm, J., Kennedy, C., Epping-Jordan, J., et al. (2010). Developing the World Health Organization Disability Assessment Schedule 2.0. *Bulletin of the World Health Organization, 88*, 815–823.

Vitiello, B., & Stoff, D. M. (1997). Subtypes of aggression and their relevance to child psychiatry. *Journal of the American Academy of Child and Adolescent Psychiatry, 36*, 307–315.

Wakefield, J. C. (2013). DSM-5: An overview of changes and controversies. *Clinical Social Work Journal, 41*, 139–154.

Walter, A. L., & Carter, A. S. (1997). Gilles de la Tourette's syndrome in childhood: A guide for school professionals. *School Psychology Review, 26*, 28–46.

Weinberg, W. A., & Brumback, R. A. (1976). Mania in childhood: Case studies and literature review. *American Journal of Diseases of Children, 130*, 380–385.

Werry, J. S. (1996). Childhood schizophrenia. In F. R. Volkmar (Ed.), *Psychoses and pervasive developmental disorders in childhood and adolescence* (pp. 1–56). Washington, DC: American Psychiatric Press.

Westen, D., Ludolph, P., Lerner, H., Ruffins, S., & Wiss, F. C. (1990). Object relations in borderline adolescents. *Journal of the American Academy of Child and Adolescent Psychiatry, 29*, 338–348.

Whitaker, S., & Read, S. (2006). The prevalence of psychiatric disorders among people with intellectual disabilities: An analysis of the literature. *Journal of Applied Research in Intellectual Disabilities, 19*(4), 330–345.

Wiederman, M. W., & Pryor, T. (1996). Substance use and impulsive behaviors among adolescents with eating disorders. *Addictive Behaviors, 21*, 269–272.

Wolfe, B. E. (1979). Behavioral treatment of childhood gender disorders. *Behavior Modification, 4*, 550–575.

Wolpe, J. (1990). *The practice of behavior therapy* (4th ed.). New York: Pergamon Press.

Woolgar, M., & Scott, S. (2014). The negative consequences of over-diagnosing attachment disorders in adopted children: The importance of comprehensive formulations. *Clinical Child Psychology and Psychiatry, 19*, 355–366.

World Health Organization. (1977). *Manual of the International Statistical Classification of Diseases, Injuries, and Causes of Death* (9th rev., 2 vols.). Geneva, Switzerland: Author.

World Health Organization. (1992). *Manual of the International Statistical Classification of Diseases and Related Health Problems* (10th rev., 3 vols.). Geneva, Switzerland: Author.

World Health Organization. (1993). *The ICD-10 classification of mental and behavioural disorders: Diagnostic criteria for research.* Geneva, Switzerland: Author.

Wulfert, E., Greenway, D. E., & Dougher, M. J. (1996). A logical functional analysis of reinforcement-based disorders: Alcoholism and pedophilia. *Journal of Consulting and Clinical Psychology, 64*, 1140–1151.

Wynick, S., Hobson, R. P., & Jones, R. B. (1997). Psychogenic disorders of vision in childhood ("visual conversion reactions"): Perspectives from adolescence: A research note. *Journal of Child Psychiatry and Psychology, 38*, 375–379.

Yaylayan, S., Tumuluru, R., Weller, E. B., & Weller, R. A. (1996). Affective psychoses: II. Bipolar disorder with psychosis. In F. R. Volkmar (Ed.), *Psychoses and pervasive developmental disorders in childhood and adolescence* (pp. 71–88). Washington, DC: American Psychiatric Press.

Yoo, J. H., Valdovinos, M. G., & Schroeder, S. R. (2012). The epidemiology of psychopathology in people with intellectual disability: A forty-year review. In R. M. Hodapp (Ed.), *International review of research in developmental disabilities* (Vol. 42, pp. 31–56). San Diego, CA: Elsevier Science.

Yorbik, O., Birmaher, B., Axelson, D., Williamson, D. E., & Ryan, N. D. (2004). Clinical characteristics of depressive symptoms in children and adolescents with major depressive disorder. *Journal of Clinical Psychiatry, 65,* 1654–1659.

Yorkston, K. M., Jaffe, K. M., Polissar, N. L., Liao, S., & Fay, G. C. (1997). Written language production and neuropsychological function in children with traumatic brain injury. *Archives of Physical Medicine and Rehabilitation, 78,* 1096–1102.

Young, J. E. (1990). *Cognitive therapy for personality disorders: A schema-focused approach.* Sarasota, FL: Professional Resources Exchange.

Zoccolillo, M., Meyers, J., & Assiter, S. (1997). Conduct disorder, substance dependence, and adolescent motherhood. *American Journal of Orthopsychiatry, 67,* 152–157.

Zucker, K. J. (1990). Treatment of gender identity disorders in children. In R. Blanchard & B. W. Steiner (Eds.), *Clinical management of gender identity disorders in children and adults* (pp. 25–47). Washington, DC: American Psychiatric Association.

Zumeta, R. O., Zirkel, P. A., & Danielson, L. (2014). Identifying specific learning disabilities: Legislation, regulation, and court decisions. *Topics in Language Disorders, 34,* 8–24.

찾아보기

【기타】

저자 소개

Renée M. Tobin, Ph.D

일리노이 주의 면허가 있는 학교심리학자이면서 일리노이주립대학교 심리학과 교수이기도 하다. *Journal of Psychoeducational Assessment*의 부편집자이자, *Journal of School Psychology*의 편집국 일원으로 봉사하고 있다. 주 연구 분야는 성격과 사회성 발달로, 유청소년의 정서조절과정 촉진에 중점을 두고 있다.

Alvin E. House, Ph.D

일리노이주립대학교 심리학과 명예교수다. 그의 전문적 실행과 연구는 학교, 직업, 의학, 그리고 법의학적 자문에 있어서의 평가결과 적용에 초점을 맞추고 있다. *The First Session with Children and Adolescents*의 저자이며, 아동의 관찰평가 편람의 공동저자이기도 하다. 또한 출판물로는 지능, 성격, 그리고 신경심리학적 검사에 관한 학술지 논문과 서적의 장들이 있다.

역자 소개

강진령 Jin-ryung Kang, Ph.D. in Counseling Psychology

미국 인디애나대학교 상담심리학 석사(M.S.) · 박사(Ph.D.)
미국 일리노이주립대학교 임상인턴
미국 플로리다대학교 초빙교수 역임
현재 경희대학교 교수

[주요 저서]

상담연습 : 치료적 의사소통 기술 (2016, 학지사)
학교상담과 생활지도 (2015, 학지사)
반항적인 아동 · 청소년 상담 (공저, 2014, 학지사)
집단상담과 치료 (2012, 학지사)
집단과정과 기술 (2012, 학지사)
학교 집단상담 (2012, 학지사)
집단상담의 실제 (제2판, 2011, 학지사)
상담과 심리치료 (개정판, 2010, 양서원)
상담자 윤리 (공저, 2009, 학지사)
상담심리용어사전 (2008, 양서원) 외 다수

[주요 역서]

DSM-5 Selections (신경발달장애, 조현병 스펙트럼 및 기타 정신병적 장애, 우울장애, 불안장애,
　급식 및 섭식 장애, 수면-각성장애) (학지사, 2017)
DSM-5 임상사례집 (학지사, 2016)
APA 논문작성법 (제6판, 학지사, 2013)
상담 · 심리치료 실습과 수련감독 전략 (역서, 학지사, 2010)
간편 정신장애진단통계편람/DSM-IV-TR : Mini-D (학지사, 2008) 외 다수